DER DOM ZU WORMS
KRONE DER STADT

Peter Kohlgraf · Tobias Schäfer · Felicitas Janson (Hgg.)

DER DOM ZU WORMS
KRONE DER STADT

Festschrift zum
1000-jährigen Weihejubiläum
des Doms

SCHNELL + STEINER

ALTERA LAVRENTI
INCENDIA
NON SINT

INHALT

Vorwort 7

Karl Kardinal Lehmann †
Das Bistum Worms und sein Dom
Zur heutigen Sorge des Bistums für eine große Überlieferung 11

I. Architektur und Bauplastik des Wormser Doms

Aquilante De Filippo · Lena Schulten · Matthias Untermann
Der Ostbau des Wormser Doms
Ergebnisse der bauhistorischen Untersuchungen 2007–2015 27

Dethard von Winterfeld
Offene Fragen zur Baugeschichte des Wormser Doms 43

Aquilante De Filippo
Die romanische Bauskulptur des Wormser Doms 47

Eduard Sebald
Gotisch und romanisch? Das Hauptportal auf der Südseite des Wormser Doms 61

Clemens Kosch
Der Westchor des Wormser Doms
Zu Bautypus und Funktionen 67

Wilfried E. Keil
Bemerkungen zur Bautechnik der Ostteile des Doms zu Worms 75

Rainer Cebulla
Überblick zur Restaurierung des Doms 2002–2017
Wie renoviert man einen Dom? 81

Diana Ecker
Von Stuckmarmor bis Grünspan
Erkenntnisse aus den Restaurierungsmaßnahmen
der Kirchlichen Denkmalpflege 2005–2015 89

Worms, Dom, Blick in die Gewölbe von Westchor und westlichem Chorturm

II. Historische Aufsätze

Stefan Weinfurter
Der entkleidete Bischof
Worms und der Stauferkaiser Friedrich II. 105

Gerold Bönnen
Der Wormser Dom und seine Bedeutung für die Stadt Worms und die Stadtgeschichte 119

Franz Brendle
Stift und Stadt Worms, das Reich und die Reformation 139

III. Rundgang

Irene Spille
Dom St. Peter in Worms – Rundgang 153

Peter Reifenberg
Das salische Kruzifix des Wormser Doms 177

Thomas Förster
Die Wormser Tafeln, um 1260 179

Clemens Kosch · Felicitas Janson
Das Wandbild des hl. Christophorus 180

IV. Zur Ausstattung im Wormser Dom

Meinrad von Engelberg
Der barocke Hochaltar des Wormser Doms 185

Luzie Bratner
Das Chorgestühl im Wormser Dom
Meisterstück des Rokoko 203

Sandra Ehses
Zur Geschichte der Orgeln im Dom zu Worms 211

Dan Zerfass
Die Orgeln des Wormser Doms 215

Günter Schneider
Die Glocken des Wormser Doms 221

V. Lebendige Gemeinde

Peter Kohlgraf, Bischof von Mainz
Der Dom – Eine Predigt in Stein 231

Tobias Schäfer
Der Dom und seine Gemeinde 233

Anhang

Zeittafel 242
Die Bischöfe von Worms 244
Bildnachweise 246
Autorinnen und Autoren 247

VORWORT

Seit 1000 Jahren ist der Wormser Dom, dieses beeindruckende und hochbedeutsame Bauwerk, ein Ort der Begegnung für die Menschen, mit Gott und der Geschichte ihrer Stadt. Vielfältige Ereignisse und Angebote begleiten die Feier des 1000-jährigen Weihejubiläums, angefangen mit der feierlichen Eröffnung durch Bischof Peter Kohlgraf am 28. Januar 2018. »Aufgeschlossen« – lautet das Motto, das nicht nur den Schlüssel Petri, des Dompatrons, als altes Wappensymbol in Erinnerung bringt. Der Dom wird selbst zum Schlüssel, der das Herz aufschließt und die Menschen für die Geschichte, die Kunst des Doms und für seine Botschaft öffnet. So ist das Jubiläum Grund und Anlass, eine umfangreiche und reich bebilderte Festschrift zum Wormser Dom, der »Krone der Stadt«, herauszugeben.

Der hier vorgelegte Band führt im Dom gehaltene wissenschaftliche Vorträge zu seiner Geschichte, zur Architektur und Ausstattung zusammen. Die 2010/2011 veranstaltete Reihe der Katholischen Akademie des Bistums Mainz in Kooperation mit dem Katholischen Bildungswerk Rheinhessen und der Pfarrei Dom und St. Martin in Worms mit der besonderen Unterstützung durch den damaligen Dompropst Engelbert Prieß wurde um einige Artikel und einen Rundgang mit vielen Farbabbildungen bereichert, letzteres ein seit Jahren ausstehendes Desiderat der Fachliteratur. Die Vorträge sind für diese Festschrift ausgearbeitet und auf den Forschungsstand bis 2015 gebracht worden.

Wir bedanken uns bei den Autoren für die Beiträge, die erneute Bearbeitung und vielfältige Unterstützung bei der Erstellung des Bandes. Unser Dank gilt allen Institutionen und Privatpersonen, die uns bei der Bildsuche unterstützt haben. Dies gilt vor allem dem Fotografen Norbert Rau aus Worms, der viele hervorragende Aufnahmen beigesteuert hat. Dem Verlag Schnell und Steiner sei für seine Beharrlichkeit und die Übernahme in das Verlagsprogramm sowie eine umfassende verlegerische Betreuung des Bandes gedankt.

Kurz vor der Drucklegung verstarb völlig unerwartet Prof. Dr. Stefan Weinfurter, einer der renommiertesten Mittelalter-Historiker und Beitragsautor in diesem Band. Er wird uns allen fehlen.

Der Wormser Dom ist Teil der Wormser Geschichte und wirkt als Kulturträger in die heutige moderne Stadt hinein. Und so bleibt festzuhalten: Wir feiern nicht tausend Jahre alte Steine, sondern der Dom ist für uns Bild einer lebendigen Kirche und Ort, wo Gott auch heute und in Zukunft den Menschen begegnen will.

Die historischen Beiträge behandeln vor allem das Verhältnis von Dom und Stadt, zunächst als Zentrum der Königspräsenz, beispielhaft dargestellt von Stefan Weinfurter an der kaiserlichen Politik und der Inszenierung des Kaiserbesuchs Friedrichs II. 1235. Die Bestände des Stadtarchivs erlauben die Behandlung der wechselvollen Beziehungen zwischen Bischof, Stift und dem Rat der Stadt im hohen Mittelalter sowie anhand bislang unveröffentlichten Bildmaterials auch für das späte 19. und 20. Jahrhundert (Gerold Bönnen). Franz Brendle stellt die städtische Reformation in der Reichsstadt Worms dar, besonders im Hinblick auf Dom und Stadt.

Ausgehend von der in den Jahren seit 2002 durchgeführten Außenrestaurierung, zu der ein eigener zusammenfassender Zwischenbericht von Rainer Cebulla vorliegt, und neuen Ergebnissen dendrochronologischer Untersuchungen, präsentiert die Forschergruppe der Universität Heidelberg um Matthias Untermann die seit 2010 erarbeiteten Ergebnisse zur Datierung des Ostbaus des Wormser Doms. Die offenen Fragen zur Baugeschichte des Wormser Doms profiliert Dethard von Winterfeld. Weitere Forschungsbeiträge sind bei der 2018 in Worms stattfindenden Tagung zu »Worms 1018-2018 – zu Dom und Stadt« zu erwarten. Ergänzt werden die architekturgeschichtlichen Beiträge durch technische Beobachtungen am Mauerwerk (Wilfried E. Keil) und die ausführliche stilistische Einteilung der romanischen Bauskulptur in Werkgruppen (Aquilante De Filippo). Der Bewahrung romanischer Bauskulptur bei der Errichtung des gotischen Südportals und der Bedeutung des singulären Bildprogramms ist ein eigener Beitrag von Eduard Sebald gewidmet.

Die Vielfalt der Ausstattung und den trotz der Verluste reichen Denkmälerbestand führt ein ausführlich bebilderter Rundgang durch den Dom vor Augen (Irene Spille), der auch die Bedeutung der ehemaligen Kreuzgangreliefs hervorhebt sowie nicht mehr im Dom befindliche Kunstwerke, etwa die Wormser Altartafeln, heute im Landesmuseum Darmstadt.

Dem Hochaltar von Balthasar Neumann (1687-1753), Auftakt und Bezugspunkt für die »Barockisierung« des Ostchors im Wormser Dom, sowie der Frage nach seiner Angemessenheit im Raum widmet sich Meinrad von Engelberg. Das dazugehörige Chorgestühl des Hofschreiners und Architekten Franz Anton Herrmann (1711–1770) behandelt Luzie Bratner und ordnet das Werk in das Schaffen seines Schöpfers ein. Ein Bericht der Kirchlichen Denkmalpflege stellt sowohl deren Problematik im Dom und überraschende Entdeckungen vor ebenso wie die in naher Zukunft anstehenden Projekte (Diana Ecker).

Zum Kultus im Dom gehören auch die Kirchenmusik und die nur fragmentarisch überlieferte Geschichte der Orgeln (Sandra Ehses). Den im Dom befindlichen Instrumenten, die die Wormser Kirchenmusik zusammen mit den Chören weit über die Stadtgrenzen hinaus bekannt gemacht haben, widmet sich der Beitrag des Domorganisten Dan Zerfass. Ein Höhepunkt des Jubiläums waren die Ankunft und die Weihe der neuen Glocken im Wormser Dom, über deren Geschichte und Disposition der Glockensachverständige des Bistums Mainz, Günter Schneider, informiert.

Der Dom ist ein Ort der Liturgie als Haus Gottes und der Menschen. Die Doppelchörigkeit des Wormser Doms erklärt Clemens Kosch aus der Liturgie- und Frömmigkeitsgeschichte des Mittelalters. Seine heutige Bedeutung spiegelt sich in vielfältigen pastoralen Angeboten der Gemeinde Dom und St. Martin, auch neuen Ansätzen in der Tourismuspastoral, über die Dompropst Tobias Schäfer berichtet.

Eine wertvolle Erinnerung ist die historische Einführung der Vortragsreihe durch Karl Kardinal Lehmann, den am 11. März 2018 verstorbenen langjährigen und hochverehrten Bischof von Mainz, die wir in diese Festschrift aufnehmen. Sein Vortragstitel »Die große Sorge des Bistums für eine große Überlieferung« lässt die hohe Wertschätzung für das 1806 im Bistum Mainz aufgegangene Bistum Worms erkennen. Im Jahr 2018 hat dies sein Nachfolger, Bischof Peter Kohlgraf, erneut in der Festpredigt zur Eröffnung des Domjubiläums zum Ausdruck gebracht.

Die Vielseitigkeit der Themen spiegelt die Vielfalt des Doms selbst und lädt zu weiteren Fragen und Forschungen in der Zukunft ein.

Die Herausgeber

Karl Kardinal Lehmann †,
Bischof von Mainz

DAS BISTUM WORMS UND SEIN DOM

ZUR HEUTIGEN SORGE DES BISTUMS MAINZ FÜR EINE GROSSE ÜBERLIEFERUNG

Der Grund für meinen Beitrag in der Vortragsreihe »Der Wormser Dom – Krone der Stadt« geht am deutlichsten aus dem Wappen des Bischofs von Mainz hervor. Bei meiner Ernennung zum Bischof 1983 und den Überlegungen zur Zusammensetzung des Wappens wurde betont, dass gewöhnlich im Wappen des Bischofs von Mainz Hinweise auf das früher selbstständige, seit Beginn des 19. Jahrhunderts definitiv in Mainz aufgegangene Bistum Worms[1] aufgenommen werden.

Es handele sich dabei um einen meist silbrigen Schlüssel – wohl im Anschluss an den heiligen Petrus als Patron – und gewöhnlich vier goldenen, manchmal auch silbernen Schindeln. Dies hat mir mein Heraldiker bestätigt, so dass ich mit dem Mainzer Rad besonders auch die Verpflichtung lebendiger Erinnerung an das Bistum Worms in meinem Bischofswappen habe. Damit war für mich aber auch der Auftrag deutlich, das ehemalige Bistum Worms in der Geschichte des Bistums Mainz nicht zu vergessen, sondern lebendig zu erhalten. Darum habe ich immer wieder den Aufenthalt und den Kontakt mit Worms gesucht und entsprechende Bemühungen gefördert, wie z. B. auch die Herausgabe einer Geschichte des Bistums Worms,[2] bewusst eine eigene Veröffentlichung neben dem fünfbändigen Handbuch der Mainzer Kirchengeschichte.

I.

Der Dom steht auf der höchsten Erhebung des Stadtgebietes. Dies hatte den Vorteil, dass er wohl immer hochwasserfrei war. Es ist auch ein Grund, warum die Siedlungsgeschichte weit in diesen Bereich zurückreicht. Wahrscheinlich war er seit dem dritten Jahrtausend vor Christus besiedelt. Ein Vorzug für die ganze Region bestand auch darin, dass diese Gegend auf dem linken Rheinufer am Übergang wichtiger Fernwege gelegen war. Bis heute hat Worms eine verkehrsmäßig günstige Lage, die der Stadt freilich nicht immer viel genützt hat.[3] Die ersten greifbaren Siedler waren wohl Kelten, die der Siedlung den Namen »Borbetomagus« gaben; er taucht im 2. Jahrhundert n. Chr. auf. Dieser Name hat sich im Lauf der Jahrhunderte über Gormetia, Gormatia, Wormbse und ähnlichen Bezeichnungen zum heutigen »Worms« abgeschliffen. Kein geringerer als Caesar hat den Vangionen, wie der damalige germanische Stamm hieß, dieses Gebiet zugewiesen. »Wonnegau« erinnert uns noch heute an sie. Für vier Jahrhunderte herrschten die Römer hier, die in Worms eine »Civitas«, also eine autonome Verwaltungseinheit, eine kleine Provinzstadt mit Handel und Gewerbe, aufrecht erhielten; ursprünglich ist »civitas« der Zentralort eines Stammes, später ist es so viel wie »Stadt«.

Abb. 1: Worms, Dom Südseite, Einweihung des Denkmals von Bischof Burchard 2002 durch Kardinal Lehmann+ mit dem Künstler Ernemann Sander und Dompropst E. Prieß

Am Anfang des 5. Jahrhunderts n. Chr. kamen die Burgunder in das Land, ein kleinerer germanischer Volksstamm. Hier liegen auch die Wurzeln des Nibelungenliedes.[4] Es war eine schwierige Zeit mit vielen herandrängenden Völkergruppen, den Hunnen, den Alemannen und schließlich den Franken, die allmählich das Erbe der Römer als Ordnungsmacht im 6. Jahrhundert antraten. Worms war nach dem Nibelungenlied ein festes Standquartier der burgundischen Könige und eine Hauptstadt des Gaus. Dies hat sich auch später nicht geändert, als die Merowinger, die Karolinger und die Ottonen ihre Vorherrschaft ausübten.

II.

Vor diesem Hintergrund ist es auch verständlich, dass es schon in früher Zeit Christen in unserer Region gab. Bischof Irenäus von Lyon schreibt um 180, dass die Christen überall auf der Welt ein und denselben Glauben bekennen und dass auch die Gemeinden in Germanien demselben Glauben anhangen. »So wie Gottes Sonne in der ganzen Welt ein und dieselbe ist, so dringt auch die Botschaft der Wahrheit überall hin und erleuchtet alle Menschen, die zur Erkenntnis der Wahrheit gelangen wollen.«[5] Wir dürfen davon ausgehen, dass das Christentum vor allem damals seine Ausbreitung – wie A. von Harnack nachgewiesen hat – über einen Austausch von Menschen gefunden hat, die durch den Dienst als Soldaten, aber auch durch die Tätigkeit im Handel und Gewerbe unterwegs waren. Die Bevölkerung ist dadurch auch allmählich vermischt worden. Aber wahrscheinlich waren es erst nur kleinere Gemeinschaften von Christen. Wir finden dann in der ersten Hälfte des 5. Jahrhunderts archäologische Zeugnisse für christliches Leben im Wormser Raum. Man sieht deutlich, besonders durch die Belege aus dem Norden der Stadt, wie germanische Elemente, besonders auch in den Namen, sich mit römisch-lateinischen Traditionen verbinden.[6]

Bezeugt als Bischofssitz ist Worms erst seit 614 durch die Bischofsliste der sogenannten Pariser Synode. Mit dem Namen des Bischofs Berthulf haben wir einen ersten unzweifelhaften Anhaltspunkt für die Existenz des Wormser Bistums. Dies gilt ähnlich auch für das Nachbarbistum Speyer.[7] In Mainz gibt es schon im 4./5. Jahrhundert einige Bischofsnamen, die aber ohne nähere Konturen bleiben. Es war insgesamt eine sehr wechselvolle und gefährliche Situation in dieser Zeit. Hier fehlen uns eben verlässliche Quellen. So gelten z. B. die Akten der angeblichen Kölner Synode von 346, die einen Bischof Viktor von Worms als Teilnehmer verzeichnen, mit großer Wahrscheinlichkeit als eine spätere Fälschung. In der ersten Hälfte des 7. Jahrhunderts begegnet uns der Name des Bischofs Amandus, später Patron der Stadt Worms und heute noch einer Pfarrei. Wir können aber im 7. Jahrhundert eine Bischofskirche, also einen Dom annehmen, auch wenn wir nur wenige Fragmente davon kennen. Immerhin hat Worms in jener Zeit doch einen überraschend großen Einfluss. Um 700 gründet Bischof Rupert von Worms aus das Salzburger Bistum, das bis heute mit uns eng verbunden ist.

Worms war mit 3250 qkm die kleinste mittelrheinische Diözese; es lag beengt zwischen den älteren Diözesen Mainz und Speyer sowie dem 742 errichteten Bistum Würzburg. Der Wormser Sprengel erstreckte sich beiderseits des Oberrheins von Landstuhl im Westen bis zum unteren Neckar, also in einer Art Sichel (s. Abb. XXX). Der räumliche Zusammenhang der einzelnen Teile war schwierig, weshalb die finanziellen Möglichkeiten zugleich geringer waren. Dies erwies sich bei aller Bedeutung von Worms doch als eine bleibende Schwäche.

III.

Einen besonderen Höhepunkt erlangte das Bistum Worms durch das Wirken von Bischof Burchard I. von Worms (1000–1025).[8] Erzbischof Willigis (975–1011) hatte Burchard nach Mainz berufen, erhob ihn zum Propst des Stiftes St. Viktor, weihte ihn am 10. März 997 zum Priester und förderte ihn auf ganz verschiedene Weise. Burchards Bruder Franko war –

freilich nur kurze Zeit – Bischof von Worms. Schließlich bestellte Kaiser Otto III. Burchard selbst zum Bischof von Worms, der im April des Jahres 1000 auf der Rückreise von Polen in Heiligenstadt/Eichsfeld durch Willigis zum Bischof geweiht wurde. Es ist erstaunlich, wie dicht Europa damals über alle Grenzen hinweg ein gemeinsamer Raum war und wie sehr der Austausch vor allem der Bischöfe einen sehr großen Zusammenhalt schuf. Man sieht dies auch an anderen Gestalten. So spendete z. B. Erzbischof Willigis auch dem heiligen Adalbert, Bischof von Prag und Gnesen, 983 in Verona die Bischofsweihe.

Burchard hatte bei seinem Amtsantritt die Stadt Worms in einem desolaten Zustand vorgefunden. Viele Bürger hatten die Stadt verlassen, die verbliebenen Menschen waren sehr verunsichert; überall war Streit. Burchard wollte die ihm von Mainz her bekannte ungeteilte Stadtherrschaft wieder herstellen. Er legte auch den Grund für die Aufgliederung der städtischen Verwaltung. Er klärte und sicherte die Rechtsverhältnisse und die Schlichtung von Streitigkeiten.

Bischof Burchard konnte viele Besitzungen und Rechte für das Bistum Worms erwerben; er erlangte auch mehr und mehr die Stadtherrschaft. Unter Burchard wurde ein vollständiger Neubau des Domes errichtet. Dieser Neubau war wohl – nach der Meinung der Forscher – weitgehend identisch mit dem des heutigen, hochromanischen Domes. »Trotz aller Unsicherheiten vermittelt uns der Grundriss des Burcharddomes das Bild eines der ganz großen Bauten der spätottonischen Zeit, zugleich des ersten wirklich fassbaren Kirchenbaus an diesem Ort. Er zeigt damit den gewaltigen Um- und Aufbruch der Zeit um 1000 an. Mainz ging voran, Speyer und Straßburg folgten mit jeweils riesigen Neubauten. Ein neues Europa entstand damals auch sonst, was die Zeitgenossen selbst so empfanden und uns schriftlich überlieferten. 1018 wurde der Dom geweiht. Bereits 1020 soll sein Westchor eingestürzt und wieder errichtet worden sein.«[9] Die Domschule erlebte ihre Blütezeit. Das Ensemble der Stiftskirchen (Dom St. Peter, St. Paul, St. Andreas, St. Martin, Liebfrauenstift) festigte die Stellung des Domes und auch des Bischofshofes. Burchard hat damit den bisherigen Herrschaftsbereich erweitert und kontrolliert. Er war ein überragender Organisator und gilt als einer der wichtigsten Bischöfe von Worms.

IV.

Bischof Burchard hat aber eine Bedeutung auch über Worms hinaus, ist er doch einer der angesehensten Kirchenrechtler des Frühmittelalters. Er hat in dem 20-bändigen Werk »Das Dekret« die kirchlichen Rechtssätze (Canones) gesammelt und damit eine wichtige Rechtsgrundlage geschaffen für die Verwaltung der Kirche und weit darüber hinaus für die Kirchenpolitik.[10] Dadurch hat er aber nicht nur für die Kirche eine große Rechtsklarheit und -einheitlichkeit geschaffen, die auf lange Zeit wirkte, sondern in der Folgezeit hat diese von Burchard redigierte Sammlung eine große Wirkung gehabt auf die Entwicklung des europäischen Rechts, ja besonders auch der heute sogenannten Grundrechte, die auf der Menschenwürde und der Gottebenbildlichkeit beruhten.

Grundlegend wurden seine Bemühungen um die kirchliche und weltliche Rechtseinheit innerhalb des Bistums und der bischöflichen »familia«. Aus der Rechtsvielfalt jener Zeit waren vielfach Verwirrung und Unsicherheit entstanden. Burchard hat dieses Recht, dem er in vielen Quellen begegnete, gesammelt, besonders das Gewohnheitsrecht aufgezeichnet und durch Rechtssatzung eine gewisse Ordnung und Rechtssicherheit geschaffen. Dabei schuf er eine äußerst eindrucksvolle Synthese der wichtigsten Elemente. Das »Dekret«, welches die kirchenrechtliche Sammlung darstellt, blieb auf lange Zeit bis zu Gratians Reform, also bis in das Hochmittelalter, für die Kirchenordnung maßgeblich. Die über 80 noch existierenden, uns heute bekannten Handschriften zeigen, wie verbreitet diese Sammlung war. Ich möchte einige Beispiele für die besondere Sensibilität des Wormser Bischofs vor allem für Recht und Gerechtigkeit anführen.

Die Gleichheit der Geschlechter wurde in der Antike und danach besonders schwierig beim Ehebruch.

Burchard bekräftigte in seinem »Decretum«, dass der Ehebruch bei beiden Geschlechtern in gleicher Weise verurteilt werden müsse. »Wie fern diese Gleichbehandlung der Realität blieb, zeigt die Tatsache, dass das von den Männern für den Fall des Ehebruchs der Frau seit jeher beanspruchte Tötungsrecht faktisch fortlebte. Die 895 zu Trebur (bei Mainz) abgehaltene Synode musste anraten: Wenn eine Frau geschändet worden sei und dabei nach üblicher Vorstellung von ihrem Mann getötet werden könne, solle sie zum Bischof fliehen, und dieser dürfe sie nicht ausliefern, bis ihr Leben gesichert sei«.[11] Die Bischöfe muteten sich damit eine große Aufgabe zu und machten sich zu Beschirmern und Beschützern verstoßener Frauen. Dabei wurden die Bischöfe ganz besonders vom Evangelium geleitet, denn die Begründung der Synode von Trebur lautet: »Denn was als Verstoß gegen den rechten Glauben den Frauen nicht gestattet ist, das ist auch den Männern nicht erlaubt«.[12] Burchard ist damit seiner Zeit weit voraus, weil er dem Evangelium folgte. Georges Duby[13] hat immer wieder auf diese Verdienste vieler damaliger Bischöfe für den Schutz der Frau hingewiesen. Es scheint mir, dass man dies gerade heute noch sehr viel mehr würdigen könnte und sollte.

Burchard war ein – wie man sieht – frommer, theologisch gut gebildeter Mann, der freilich zugleich angesichts der konkreten Realität sehr nüchtern und realistisch war. Wir können dies besonders in seiner für die deutsche Rechtsgeschichte wichtigen »Lex familiae Wormatiensis ecclesiae« sehen, wo er schonungslos die verheerenden Zustände nicht nur im Blick auf Eigentumsfragen, Besitz und Erbrecht sowie das Gerichtswesen offenbart. So versucht er, die Rechtsbestimmungen für den »Hörigenverband« neu zu ordnen. Charakteristisch dafür soll ein Beispiel sein: Aus nichtigen Gründen wurden Menschen, besonders angesichts der Trunkenheit, schnell Opfer von Gewaltausbrüchen. Um diesen Missständen entgegenzutreten, hat Burchard mit großem Gespür gerade auch für das Unrecht an den Kleinen und Bedrängten harte Strafen eingeführt, die wiederum die große Treue Burchards zu Recht und Gerechtigkeit gegenüber allen belegt. In einer Zeit, in der das Menschenleben oft wenig galt, erwies sich Burchard als ein energischer Vertreter dessen, was wir heute unter den Begriffen »Menschenwürde« und »Menschenrechte« verstehen. Ein Beispiel für Rechtssicherung und Friedensordnung: »Wegen der Tötungen, die fast täglich in der Hausgenossenschaft von St. Petrus wie bei wilden Tieren geschah, weil häufig wegen einer Nichtigkeit oder in Trunkenheit oder aus Übermut einer wie wahnsinnig über einen anderen so in Wut geriet, dass im Verlauf eines Jahres 35 Knechte von St. Petrus unschuldig von Knechten derselben Kirche umgebracht wurden und die Mörder sich dessen mehr gerühmt und sich gebrüstet haben, als dass sie Reue gezeigt hätten – wegen dieses besonders großen Schadens für unsere Kirche haben wir mit dem Rat unserer Getreuen folgende Änderung beschlossen: Wenn einer aus der Hausgenossenschaft seinen Mitgenossen ohne Notwehr ... tötet, verfügen wir, dass er die Strafe an Haut und Haar erleidet, dass er mit einem dazu gefertigten Eisen in beide Backen gebrannt wird, Wergeld zu zahlen hat und mit den Verwandten des Ermordeten in der gewohnten Weise Frieden schließen muss.«[14]

Gerade von hier aus ist es auch verständlich, dass Burchard die Bedeutung der Taufe für den Christen und die Konsequenzen für die Buße hervorhob. Scharf ging er gegen alle Formen des Zaubers vor. Er ist vor der gregorianischen Reform ein behutsamer Erneuerer.

Burchard hatte auch ein besonderes Empfinden für die Stärke und notwendige Unabhängigkeit der Kirche. Das Recht, das er bearbeitet und beschreibt, gilt ganz besonders für das Bistum. Kirchenrechtlich bestimmend ist für ihn – bei aller Anerkennung des Papstes vor allem als oberste Berufungsinstanz – die einzelne Diözese. Burchard hatte auch einen ausgesprochen wachen Sinn für das Mönchtum und die Orden. Er wusste wohl, dass die in vielen weltlichen Aufgaben engagierte Kirche immer wieder auch die spirituelle Stärkung von innen braucht, in gewisser Weise auch eine Gegenbewegung von innen her. Ähnlich sah es auch Erzbischof Willigis in Mainz.

Eine wichtige Frage wäre noch Burchards Verhältnis zur Freiheit der Kirche. Wenn ich recht sehe, dann hat die ältere Forschung stark die gar nicht zu bezweifelnde Kaisertreue Burchards unterstrichen und meinte, z. B. das »Decretum« sei »im Geiste der staatskirchlichen Periode bearbeitet«,[15] während die jüngere Forschung offensichtlich stärker die Sorge für die Freiheit der Kirche zum Ausdruck bringt. In diesem Sinne hat Burchard wohl schon vor der expliziten Auseinandersetzung um die »libertas ecclesiae« in geschickter Weise die Selbstständigkeit und Unabhängigkeit der Kirche verteidigt, ohne dass dies direkt zu Konflikten führte.

V.

Gemeinsam mit Mainz, Speyer, Trier und Köln war Worms im Übrigen Sitz einer der ältesten jüdischen Gemeinden in Deutschland. Dies hat die Stadt und auch ihre Kultur tief geprägt. Man vermutet eine erste Ansiedlung der Juden bereits zur Zeit der Römer. Historisch können wir quellenmäßig die Existenz der Juden vor allem um das erste Jahrtausend herum belegen. Der jüdische Friedhof gilt als ältester Europas und wurde im 11. Jahrhundert angelegt.[16]

Es ist allerdings ein schweres Erbe, dass die jüdische Gemeinde während des ersten Kreuzzuges (1096) und noch einmal während der Pest des Jahres 1349 fast vollständig vernichtet worden ist.[17] Auch gab es immer wieder Spannungen zwischen dem Bischof als Stadtherrn und den Juden. »Mitte des 11. Jahrhunderts bis zum Ausgang des Mittelalters erlangte Worms seine Bedeutung als geistiges und spirituelles Zentrum der europäischen Christenheit. Worms war Sitz der berühmten Talmudhochschule.«[18] Große jüdische Gelehrte lehrten in Worms oder wurden in Worms ausgebildet, wie z. B. »Rashi« (Salomo ben Isaak). Bis heute hat Worms einmalige Erinnerungen an die jüdische Kultur bewahrt, die uns besonders zur Bewahrung und Pflege übergeben worden sind. Leider hat sich eine eigene jüdische Gemeinde nach dem Holocaust, trotz großartiger Wiederaufrichtung des Rashi-Hauses und der Alten Synagoge seit 1957, nicht mehr entwickeln können. Die wenigen Wormser Juden werden gegenwärtig durch die Gemeinde in Mainz betreut.

VI.

Wir haben schon gesehen, welche große Rolle die Stifte gespielt haben.[19] Dies gilt auch für die Pfarreien. Zudem fand immer wieder eine größere Zahl von Ordensgemeinschaften Unterstützung innerhalb der Mauern der Stadt. »So ist es nicht verwunderlich, dass die beiden großen Bettelorden der Franziskaner und Dominikaner schon bei ihren ersten Versuchen, sich in der rasch wachsenden Stadt voller sozialer, politischer und religiöser Spannungen niederzulassen, auf ein positives Echo in der Bevölkerung stießen. Erst wenige Jahre zuvor gegründet, entsprachen ihre Lebensform und die Ziele ihres Ordens sehr viel besser der bürgerlichen Gesellschaftsordnung und den religiösen Bedürfnissen der Menschen, auf die sie hier trafen.«[20] Die ersten Franziskaner kamen bereits im Jahr 1221 nach Worms. Die Dominikaner folgten 1226. Worms gehörte für beide Orden zu den ältesten Niederlassungen dieser großen Gemeinschaften in Deutschland. Auch hier war freilich das Verhältnis zwischen dem Bistum und den neuen Orden bisweilen durchaus gespannt. »Der Streit entzündete sich vor allem an dem Widerspruch zwischen der vom Papst geförderten Struktur des Ordens und der kirchlichen Situation in der Stadt. Die Bettelorden suchten sich mit Hilfe päpstlicher Privilegien von einer Unterordnung unter die bischöfliche Gewalt möglichst freizuhalten. Sie waren wegen ihres Armutsideals auf finanzielle Zuwendungen aus der Bürgerschaft angewiesen und sahen in Seelsorge und Predigt ihre zentrale Aufgabe. Das brachte vor allem den dafür mit einer ausreichenden Zahl von Priestern ausgestatteten Wormser Dominikanerkonvent in Konkurrenz zu der kirchlichen Ordnung der Stadt, denn der Zuspruch, den er in den Kreisen des Bürgertums fand, schmälerte die Einkünfte der mit den geistlichen

Stiften eng verbundenen Pfarreien.«[21] Wir können heute nur dankbar sein, dass die Dominikaner wieder ganz nach Worms (St. Paul) zurückgekehrt sind.[22]

VII.

Es ist bekannt, dass das Bistum Worms und die Amtsführung einzelner Bischöfe im späten Mittelalter immer wieder in die Kritik kamen. Die Päpste griffen öfter ein und verlangten eine grundlegende Erneuerung. Die Stadt war ohnehin durch soziale und politische Gegensätze gespalten, die sich vor allem in Kämpfen um die Ratsherrschaft niederschlugen.

Die spätmittelalterliche Phase zeigt gewiss einen Niedergang der Wormser Kirche. Es gab viele politisch motivierte Streitigkeiten. In den schwierigen Jahren, die auf die Reformation hinführten, gab es keine starke Führung. Die Bischöfe von Worms haben zwar die Universität Heidelberg mitbegründet und unterstützten sie, durch diese enge Verbindung erfolgte jedoch auch eine immer stärkere Bindung an die Kurpfalz. Die enge Anlehnung an die Kurpfalz wurde existenzbedrohend, als diese die Reformation einführte. Eine herausragende Gestalt in dieser Zeit war der gelehrte Bischof Johann von Dalberg (1442–1503).[23] Er war zuvor Kanzler des Kurfürsten Philipp und der Universität Heidelberg. Zugleich war er auch Mittelpunkt eines Kreises von Humanisten um ihn, dem z. B. Agricola, Reuchlin, Trithemius und Wimpfeling angehörten.[24]

1496 zählte man im Zusammenhang einer bischöflichen Reforminitiative – zusammen mit den neun Wormser Stadtpfarreien – 255 Pfarreien in zehn Landkapiteln (Dekanate). Die Annahme der Reformation in der Kurpfalz machte aus Worms ein sehr schwaches Diasporabistum. Außer den fünf Stiften mit einigen Pfarreien fielen durch Säkularisation fast alle Pfarreien, Klöster und Stifte an die Kurpfalz; um 1600 bestand das Bistum nur noch aus ca. 15 Pfarreien. Auch später gelang nur ein leichter Aufschwung, vor allem durch die Seelsorge der Orden. Die Zahl der Pfarreien wurde für 1675 und 1690 mit etwa 12 und 15 angegeben. Sie wuchs bis 1732 auf etwa 100 an und steigerte sich auf ca. 130 in sieben Dekanaten.[25] Darum spricht man auch zu Beginn des 17. Jahrhunderts von einer Rekatholisierung, vor allem durch Jesuiten und Kapuziner. Sie bewegte sich aber in engen Grenzen.

VIII.

In der Zwischenzeit wurde die Reformation in Worms selbst befestigt. Einzelne Stifte gingen zur Reformation über. Die lutherisch gewordenen Bürger versuchten, den Status einer freien Reichsstadt durchzusetzen. Vor allem aber hatte der Wormser Reichstag von 1521 eine große Wirkung. Luther wurde im Jahr 1521 kirchlich exkommuniziert und damit auch aus der weltlichen Friedensgemeinschaft ausgeschlossen. Karl V. (1519–1556) hatte jedoch zugesagt, dass niemand ohne vorgehendes Gehör geächtet werden dürfte. Der Kaiser gab Kurfürst Friedrich dem Weisen von Sachsen in diesem Sinne die Zusage, Luther so zu vernehmen. Luther hielt sich zehn Tage in Worms auf (16.–26. April 1521). Er wurde am 17. und 18. April zweimal befragt. Er verweigerte den geforderten Widerruf und berief sich dabei auf die Bibel. Die Rede Luthers ist uns durch einen Bericht überliefert. Auf eine erneute Aufforderung zum Widerruf antwortete Luther: »Weil Eure geheiligte Majestät und Eure Herrschaften es verlangen, will ich eine schlichte Antwort geben, die weder Hörner noch Zähne hat: Wenn ich nicht durch das Zeugnis der hl. Schrift oder vernünftige Gründe überwunden werde – denn weder dem Papst, noch den Konzilien allein vermag ich zu glauben, da es feststeht, dass sie wiederholt geirrt und sich selbst widersprochen haben –, so halte ich mich überwunden durch die Schrift, auf die ich mich gestützt habe, so ist mein Gewissen im Gotteswort gefangen, und darum kann und will ich nichts widerrufen, weil gegen das Gewissen zu handeln weder sicher noch lauter ist. Ich kann nicht anders, hier stehe ich, Gott helfe mir. Amen.«[26]

Der Kaiser hat daraufhin am 19. April 1521 erklärt, »dass es mich reut, so lange gezögert zu haben, gegen den genannten Luther und seine falsche Lehre vorzugehen«.[27] Damit wurde am 26. Mai 1521 das sogenannte Wormser Edikt veröffentlicht, womit Luther und seine Anhänger der Reichsacht verfallen.[28] Die Lektüre und Verbreitung von Luthers Schriften wurde damit verboten, Herstellung und Vertrieb von Büchern wurden der Zensur unterworfen. In Worms selbst gibt es kaum Monumente dieses Aufenthaltes Luthers, aber die Worte Luthers vor dem Reichstag haben die Reformation in besonderer Weise öffentlich gemacht. Luthers Mut zum Widerruf und sein Bekenntnis haben die Stadt Worms und Luther schlagartig in eins zusammengebracht.

Luthers berühmter Satz »Hier stehe ich und kann nicht anders« hat in der Folgezeit eine riesige Wirkung bekommen. Die Aussage vor dem Reichstag ging als wichtiges Wort Luthers vor einer immer stärkeren Trennung in die Geschichte ein. Es eröffnete geradezu ein Verständnis der Reformation, das den Widerstand Luthers gegen den Papst und das Papsttum auf eine griffige und auch damals schon medienwirksame Formel brachte. Es ging dabei um die Oberhoheit der Heiligen Schrift vor aller kirchlichen Autorität und um die Freiheit des Einzelnen, besonders wenn er seinem Gewissen folgt. Volker Leppin macht darauf aufmerksam, wie die ursprünglich einfachere Schlussformel »Gott helfe mir. Amen.« die Antwort Luthers theologisch angemessener darstellt. »Es ist nicht das heldische ich, das das letzte trotzige Wort behält, sondern es ist Gott, der dem hilft, der allein gelassen ist. In einem Absatz werden die Autorität des Kaisers, des Papstes und des Konzils hintangestellt zugunsten von Heiliger Schrift und – das wird leicht vergessen – vernünftigen Gründen.«[29] Aber es ist kein Zweifel, dass mit diesem Ausruf eben auch die Unversöhnlichkeit auf der menschlichen Ebene erklärt wurde, der den Kaiser zur Verhängung der Reichsacht geradezu zwang.[30] In diesem Sinne ist das berühmte Wormser Wort Luthers von großer historischer Bedeutung: »Wäre das Wormser Edikt, wie der Kaiser anordnete, allgemein verbreitet und befolgt worden, hätte es sicher das Ende der Reformation bedeutet. Doch die Rezeption des Wormser Edikts war eine Sache jedes einzelnen Reichsstandes. Dabei aber zeigte sich, dass auch der Kaiser, ebenso wie Luther, bei dem Versuch scheiterte, die Religionsfrage auf der Ebene des ganzen Reiches einheitlich zu lösen. Insofern bildet der Wormser Reichstag den eigentlichen Auftakt der deutschen Reformationsgeschichte.«[31] Dies hatte Konsequenzen: »Die Grenzen der kaiserlichen Macht (Karl V.) und der kurfürstliche Schutz (Friedrich der Weise) retteten in diesem kritischen Augenblick Luther und sein Werk.«[32]

Von diesem Ereignis her galt Worms gerade auch angesichts der großen Schwächung der katholischen Seite weithin in der kommenden Zeit als protestantische Stadt. In jüngster Zeit hat sich dies sicher durch das veränderte ökumenische Klima zwischen den Kirchen mindestens entspannt. Wir begehen im Jahr 2017 das 500-jährige Reformationsjubiläum. Im Fortgang der ökumenischen Einigungsversuche werden die Theologen und Kirchenleitungen beider Seiten in den nächsten Jahren eine Antwort auf die Frage suchen, ob und wie weit wir gemeinsam eine Stellungnahme zur Wertung der Reformation formulieren können. Man darf auf das Ergebnis gespannt sein. Wenige Jahre später – in zehn Jahren – begehen wir dann die 500. Wiederkehr von Luthers Auftreten vor dem Reichstag 1521 in Worms.

IX.

Die Städte haben in früherer Zeit immer wieder sehr unter Katastrophen gelitten, zu denen neben Überschwemmungen und Bränden auch die Pest und andere Epidemien gehörten. Dies ist auch in der Geschichte von Worms so. Eine Katastrophe besonderer Art traf Worms in der Zeit des Dreißigjährigen Krieges.[33] Aber es kam noch schlimmer: Die Stadtzerstörung vom Jahr 1689 stellte alles in den Schatten. Im deutschen Sprachbereich wird dieser Krieg als »Pfälzischer Erbfolgekrieg« bezeichnet.[34] Es war ein Kampf zwischen dem französischen König Ludwig XIV. und den Habsburgern um die Vorherrschaft in Europa. Schauplatz des Krieges war besonders die Pfalz. Entgegen manchen Vereinbarungen besetzten mehrere Tausend Soldaten die Stadt. Die ständig durchziehenden Truppen mussten versorgt werden. Schiffe und Wagen wurden beschlagnahmt. Die Besatzungssoldaten drangsalierten die Bevölkerung in ganz erheblicher Weise. Im Frühjahr 1689 begann die Zerstörung der Stadt, nachdem Heidelberg und Mannheim ein ähnliches Schicksal erfahren hatten. Die Stadt wurde angeblich wegen kriegsbedingter Gründe in Brand gesetzt und sollte innerhalb von sechs Tagen geräumt werden. »Alle Eingaben, Bittprozessionen, Gebete waren vergebens. Am Pfingstdienstag, dem 31. Mai 1689, wurde morgens der Befehl ausgegeben, dass um die Mittagszeit sich niemand mehr in der Stadt befinden dürfe. Nachdem im Lauf des Morgens planmäßig die zurückgelassenen Güter der Einwohner geplündert wurden, kündigte um 4 Uhr nachmittags ein Trommelwirbel das bevorstehende Zerstörungswerk an. Innerhalb von vier Stunden soll die Stadt *gänzlichen in die Aschen gelegt* (Seidenbender) worden sein … Bis auf die Mauern abgebrannt wurden der Dom, der Bischofshof, die Johanniskirche, die Stiftskirche St. Paul, … 52 Häuser des Domstiftes.«[35]

Es folgten weitere Kriege. Der Wiederaufbau im 18. Jahrhundert kam nur schleppend voran. Die Siedlung erhielt einen weitgehend dörflichen Charakter. Worms wurde in dieser Zeit beinahe tödlich getroffen und hatte größte Mühe, dem endgültigen Niedergang durch die fast völlige Zerstörung von 1689 zu entgehen. Man sieht den mühsamen Aufstieg auch an den Einwohnerzahlen. Um 1500 gab es etwa 7000 Einwohner, um 1800 waren es wieder allmählich ca. 5000 (3500 Lutheraner, 300 Reformierte, 600 Katholiken, 400 Juden). Die Industrialisierung förderte später einen neuen Aufschwung (1853 Eisenbahn, 1855 Rheinbrücke, 1890 Hafen).

Das Bistum und die Stadt Worms waren jedoch tief getroffen. Aus dem ohnehin nur mittelgroßen Bistum – die kleinste Diözese am Mittelrhein – blieb durch die reformatorischen Veränderungen im 16. Jahrhundert ein nur noch schwach lebensfähiges kirchliches Gebilde übrig. Die Rekatholisierungsbemühungen konnten diese grundsätzliche Schwäche nicht beheben. Der Jurisdiktionsbereich des Bischofs von Worms fiel, wie seit dem 17. Jahrhundert zumeist in Personalunion mit Mainz, nun endgültig an andere Bistümer. Das Hochstift Worms, Bereich der weltlichen Herrschaft des geistlichen Landesherrn, wurde reduziert und war nur noch ein Restbestand. Es verschwand schließlich gänzlich.

Wenn das Jahr 1689 das Ende des mittelalterlichen Worms bedeutete, so erfolgte 1801/03 die endgültige Auflösung des Bistums, die auch nach der Neuordnung Europas auf dem Wiener Kongress 1815 nicht wieder zurückgenommen wurde. Der Dom wurde zur katholischen Pfarrkirche erklärt. Die Johanniskirche wurde mit einer anderen Reihe von Gebäuden abgebrochen. 1815 wurde Worms dem Großherzogtum Hessen-Darmstadt eingegliedert. Das Bistum Worms war zum größten Teil in das neue Bistum Mainz eingegangen. Dies darf aber über die jahrhundertelange Selbstständigkeit des Wormser Bistums, das zu den ältesten Deutschlands zählt, nicht hinwegtäuschen.

Worms hatte in dieser Zeit große Geschichte gemacht. Es war schon seit der Karolingerzeit Schauplatz zahlreicher bedeutender politischer Versammlungen. In Worms fanden im Lauf der Jahrhunderte über 100 Reichs- und Hoftage sowie Synoden statt. Zu den wichtigsten Ereignissen gehört der Abschluss des Wormser Konkordats aus dem Jahr 1122: Damit wurde die große Auseinandersetzung zwischen Kaisertum und Papsttum auf einer Synode mit der Verabschiedung des »Wormser Konkordats« beendet. Der Kaiser verzichtete auf die Investitur der Bischöfe und Reichsäbte mit Ring und Stab und erlaubte freie kanonische Wahl und Weihe. Als Gegenleistung gestattete der Papst dem Kaiser, im deutschen Reich bei den Wahlen anwesend zu sein und zwiespältige Wahlergebnisse zu entscheiden. Auf den Reichs- und Hoftagen wurden viele Reichsinstitutionen rechtlich weiterentwickelt, auch wenn manche Reformen Stückwerk blieben. Das Auftreten Luthers in Worms 1521 mit dem »Wormser Edikt« des Jahres 1521 wurde bereits genannt.

Worms hatte aber auch im Verlauf der weiteren Bemühungen um einen konfessionellen Ausgleich und Frieden eine große Bedeutung. 1540 und 1557 fanden in Worms Religionsgespräche zwischen reformatorischen und katholischen Theologen statt. Sie blieben ohne greifbares Ergebnis.[36] Immerhin nahmen an ihnen von beiden Seiten wichtige Theologen teil, wie z. B. Ph. Melanchthon, A. Osiander, J. Brenz, J. Calvin und M. Bucer von protestantischer Seite; katholischerseits J. Eck, J. Cochläus, J. Gropper und F. Nausea. Worms blieb jedoch, wie schon angedeutet, in der Neuzeit eine vorwiegend lutherische Stadt. Die programmatische Enthüllung des Lutherdenkmals im Jahr 1868 nach den Entwürfen von Ernst Rietschel zeigt dies besonders deutlich.

X.

Die Wormser Vergangenheit ist eng mit großen Ereignissen und Personen der deutschen und europäischen Geschichte verbunden. Worms gehört zu den bedeutendsten Zentren der mittelalterlichen Welt. Es hat als Brennpunkt der christlichen und der jüdischen Kultur eine außerordentliche Ausstrahlung erfahren. Worms kann viele Titel auf sich vereinigen: Römerstadt, Nibelungenstadt, Domstadt, Freie Reichsstadt, Lutherstadt, Industriestadt. Die Stadtzerstörungen der Neuzeit und des Zweiten Weltkrieges (21. Februar 1945) haben katastrophale Einschnitte für die Geschichte der Stadt mit sich gebracht, von der sie sich trotz vieler Bemühungen nie ganz erholt hat.

Vielen Besuchern mag der Dom nur ein Kunstwerk und ein Geschichtsmonument sein, vertraut und doch zugleich ein Fremdkörper in unserer gegenwärtigen Welt. Doch bleibt der Dom gerade auch ein großer Zeuge für den christlichen Glauben. Er ist und bleibt ein Gotteshaus, das auch heute noch in unsere Geschichte und Stadt mächtig hineinragt. Gewiss dürfen wir die Dome und Bischofsstädte dieser früheren Zeit nicht nur als kirchliche Gebäude ansehen, in denen allein die mittelalterliche Bedeutung des Glaubens und des kirchlichen Lebens einen Stein gewordenen Ausdruck findet. Man darf diese Bauten bei all ihrer Bedeutung für die Gottesdienste und die Kirche nicht auf die religiösen Funktionen allein reduzieren. Sie haben viele Aufgaben übernommen und auf die gesamte Stadt und die Bevölkerung gewirkt. Die Domkirchen spielen auch im baulichen Umfeld sowie im Rechts- und Verfassungsleben der Städte für das hohe und späte Mittelalter eine große Rolle. Es gibt auch in Worms eine tiefe Verflechtung zwischen der Stadtgemeinde und dem Dom.[37] (Vgl. auch den Beitrag Bönnen in diesem Band) Man darf aber auf der anderen Seite nie den engen Zusammenhang zwischen der Architektur und der Liturgie in den großen Bischofskirchen verkennen. Viele baulichen Einzelheiten in den Domen können wir –wie die Forschung immer deutlicher sieht – letztlich nur von ihrer konkreten Aufgabe in der Liturgie, die in den Domen gefeiert worden ist, verstehen. Gerade in jüngster Zeit wurde die Einheit von Liturgie und Architektur immer wieder hervorgehoben.[38]

In der Kunstgeschichte Deutschlands nimmt der Dom zu Worms schon immer einen ausgezeichneten Platz ein. In den letzten Jahrzehnten ist seine Bedeutung noch gestiegen, weil man ihn im Verhältnis zu den anderen mittelrheinischen Domen nicht mehr als ein Spätwerk betrachtet, sondern in vieler Hinsicht als einen Anfang sieht. In einem der großen Führer findet sich die oft wiederholte Charakteristik, der Wormser Dom sei zwar »kleiner« als der Speyerer und Mainzer Dom, »aber durch Wucht und Fülle der Formen und Einheitlichkeit der Gesamterscheinung ein Hauptbeispiel des romanischen Stils aus der Zeit seiner Hochreife«.[39] Nicht selten wird der Dom auch als besonders wohlproportioniertes Kleinod gepriesen, darin den anderen Domen überlegen. Es gibt heute sehr viele Führer und Hilfen, um das Ganze des Doms, sein Äußeres und Inneres, genauer kennen zu lernen.[40]

XI.

Ich schließe diese wenigen Erinnerungen an die Bedeutung des Bistums Worms und des Wormser Domes, aber auch der Stadt Worms. Es sollten nur kleine Facetten sein, die jeweils an das reiche Ganze erinnern.

Gerne werde ich auch am Ende den Versuch machen, einige Überlegungen, die mich dabei leiteten, zusammenzufassen. Dabei geht es besonders auch um die Sorge des heutigen Bistums Mainz für den Wormser Dom und das aufgelöste Bistum Worms.

Es gibt gewiss nicht viele ehemalige Diözesen, die ein so reiches Leben bekunden können wie das Bistum Worms. Es umspannt von der vorchristlichen Zeit alle Epochen der Geschichte der Kirche. Worms gehört zu den ältesten Bistümern in unserem Land, wenn auch die Dokumente für die Anfänge – ähnlich wie in Mainz und Köln – nicht so zahlreich sind wie z. B. in Trier. Obgleich das Bistum Worms klein war, hat es doch auch beträchtliche Ausstrahlungen gehabt, wie z. B. die Gründung Salzburgs von Worms aus zeigt, aber auch das Wirken von Bischof Burchard nach der ersten Jahrtausendwende.

Dabei hat Worms auch einige Besonderheiten, die es bemerkenswert auszeichnen. In Worms können wir bis in die jüngsten Ausgrabungen der Nordstadt deutlich sehen, wie die beginnende Christianisierung im Rahmen des spätrömischen Reiches erfolgt. Man kann gut erkennen, wie die lateinische und germanische Sprachform sich jeweils durchdringen. Besonders bei den Namen auf den Grabsteinen wird dies deutlich.

Es ist möglich, dass Juden bereits mit Caesars Legionen in die wichtigsten Städte am Mittelrhein kamen. Durch die reiche jüdische Kultur in Worms, gemeinsam mit den sogenannten Schum-Städten Mainz und Speyer, sind wir auch eng an der Wurzel des christlichen Glaubens, denn das Christentum lässt sich in seinen Ursprüngen und in seiner Struktur nicht trennen von Israel. Wir haben in Worms ausgezeichnete Zeugnisse des jüdischen Glaubens. Mainz, Worms und Speyer wurden weltweit ausstrahlende Zentren jüdischer Kultur. Dies gilt für die verschiedenen Kulturbereiche, die Theologie, den Gottesdienst, die Poesie und die Musik.[41] Wir müssen aber auch angesichts des Schicksals der Juden in Worms und in den anderen Städten bekennen, wie sehr wir als Christen am Volk Israel schuldig geworden sind. Es sind nicht zuletzt die Kreuzzüge, die zum Wendepunkt geworden sind. Umso wichtiger ist heute der jüdisch-christliche und der jüdisch-deutsche Dialog.

Worms ist gerade auch durch die zahlreichen Reichs- und Hoftage aufs engste verbunden mit der gesamten deutschen Geschichte. Die Völkerwanderung hat nach den Römern ihre Spuren hinterlassen. Die Karolinger hatten in Worms einen beliebten Aufenthaltsort gefunden. Bischof Burchard erbaute den romanischen Dom und viele Kirchen, vollendete die Stadtmauer und sorgte für einen enormen Aufschwung der Stadt. Diese erhielt von den Königen und Kaisern der Folgezeit viele Privilegien. Worms wurde darum auch Schauplatz großer reichspolitischer Ereignisse: Wahl Papst Leos IX. (1048), Reichsversammlung gegen Papst Gregor VII. (1076) oder das Wormser Konkordat (1122). Auch wenn die Bischöfe kein eigenes großes Territorium (Hochstift) besaßen, so blieb Worms doch ein ausgezeichneter Vorort deutscher Geschichte. 1495 und 1521 fanden zwei bedeutende Reichstage statt. Worms musste aber auch die großen Bitterkeiten der Geschichte erfahren, so dass die Bedeutung der Stadt zusehends sank. Der Dreißigjährige Krieg beschleunigte den Niedergang. Nach der weitgehenden Zerstörung im Pfälzischen Erbfolgekrieg 1689 kam der Wiederaufbau im 18. Jahrhundert nur schleppend voran. 1797 wurde die Stadt Worms französisch und verlor damit die Reichsfreiheit. Im Grunde hat sich Worms nie mehr so ganz erholt. Das Bistum Worms blieb jedoch erhalten, indem es von Mainzer und Trierer Erzbischöfen mit verwaltet wurde, ab dem 17. Jahrhundert zunehmend von Mainz aus.

Worms erinnert uns aber auch noch heute an die große Spaltung der Christenheit im 16. Jahrhundert. Der Auftritt Luthers 1521 auf dem Reichstag vor dem Kaiser schuf in besonderer Weise Geschichte. In den späteren Religionsgesprächen wurde in den Jahren 1540/41 und 1557 nochmals versucht, die konfessionellen Gegensätze zu überwinden. So hat man sich auf geistigem und theologischem Forum immer wieder aufgemacht, um zu einem Ausgleich zwischen den Konfessionen, die sich nun allmählich verfestigten, zu kommen. Vor Ausbruch des Schmalkaldischen

Krieges (1546/47) versuchte man noch in Worms eine solche gütliche Einigung. Mit diesem Scheitern verlor dann aber auch Worms seine reichspolitische Bedeutung. Ein Blick auf die Geschichte belegt also, wie sehr auch das heutige Worms auf seine gewesene Geschichte hin verwiesen ist, und zwar auch im Blick auf den heutigen christlich-jüdischen und selbstverständlich auch den ökumenischen Dialog.

XII.

Das Schicksal ehemaliger Bistümer ist in der Kirche außerordentlich verschieden. Manche Diözesen gehen unter, weil das Christentum in einer Region regelrecht verschwindet. Dies ist z. B. in weiten Teilen Nordafrikas der Fall gewesen. Noch heute erinnern jedoch die Namen sogenannter Titularbischöfe an sie, die als Weih- bzw. Auxiliarbischöfe kein eigenes Bistum haben. Ein Titularbischof ist ein Bischof, der auf den Titel einer untergegangenen Diözese (z. B. Leptis magna in Nordafrika) geweiht wird, ohne über diese ehemalige Diözese eine Jurisdiktion zu erhalten. Die Ernennung der Titularbischöfe ist dem Papst reserviert.

Wir haben ja in unserem Land sehr viele Namen ehemaliger Bistümer, die aber nicht zur Übertragung an Weihbischöfe dienen. Es gibt jedoch immer wieder Versuche, solche untergegangenen Bistümer entweder wieder aufzurichten (z. B. Bistum Chiemsee) oder sie eben an einen Auxiliarbischof zu vergeben.[42] In Italien werden neuerdings auch öfter die Namen von Bistümern, die durch eine Fusion mit anderen Diözesen ihre Eigenständigkeit verlieren, Bischöfen an der Römischen Kurie und an die Nuntien vergeben. Da diese faktisch eben doch nicht Bischöfe dieser untergegangenen Diözesen sind und deshalb keine Befugnis haben, ist dies freilich eine zwiespältige Lösung. Sie führt nicht selten zu Enttäuschungen und Missverständnissen.

Eine ehemalige Diözese hat natürlich einen größeren Zug zur Beharrung und Kontinuität durch eine Kathedrale, die nicht nur historisch und kunstgeschichtlich bedeutsam ist, sondern auch eine lebendige Kirche darstellt. In diesem Sinne sind Dome auch noch in einer Zeit, in der sie nicht mehr einfach Bischofskirchen sind, große und wichtige Zeugnisse einer Vergangenheit, die nicht einfach untergeht. Dies ist sicher auch in Worms so.

Der Wormser Dom ist eng mit der Diözese Mainz verbunden. Dem Bischof von Mainz ist darum auch eine besondere Sorge für die lebendige Erinnerung an das Bistum Worms und an den Dom in dieser Stadt aufgegeben. Besondere Kirchen haben in diesem Zusammenhang immer auch verschiedene Auszeichnungen erhalten. So hat Papst Pius IX. 1867 den ehemaligen Dom in Worms zur Propsteikirche erklärt. Pius XI. hat ihn 1925 in den Rang einer Päpstlichen Basilika erhoben. Die Erhebung in den Rang einer »Konkathedrale« setzt verschiedene Bedingungen voraus, auf die ich in diesem Zusammenhang nicht einzugehen brauche. Universalkirchlich bindende Normen konnte ich bisher nicht finden.

Nicht zu unterschätzen ist freilich die personale Komponente in der Mitverantwortung für das ehemalige Bistum Worms und seinen Dom. Es geht dabei nicht nur um den Bischof allein, dem diese Sorge gewiss in erster Linie aufgetragen ist, aber die Mitverantwortung des Domkapitels und auch des Presbyteriums darf davon nicht getrennt werden. Die gemeinsame Sorge kommt auch dadurch zum Ausdruck, dass die Stadt und das Dekanat Worms immer tüchtige Priester für die Seelsorge erhalten haben. Dies gilt auch ähnlich für die übrigen pastoralen Berufe. So ist es z. B. auch zu verstehen, dass ein früheres Mitglied des Mainzer Domkapitels mit einer Führungsaufgabe in der Bistumsleitung Propst am Wormser Dom war bzw. ist. Ähnliche Beispiele ließen sich vermehren.

Alle diese Perspektiven sind Zeichen einer besonderen Wertschätzung für eine ehemalige Bischofskirche, besonders wenn sie eine so reiche Geschichte und Kultur in sich birgt wie Worms. Darum bin ich auch sehr dankbar für alles, was nicht nur von Mainz aus, sondern in Worms für den Dom geschieht. Ich möchte an dieser Stelle ganz besonders das Wirken des Dombauvereins erwähnen (1999) und vor allem auch an die Ausstellung »Bischof Burchard 1000 bis 1025 – 1000 Jahre Romanik in Worms« erinnern (2000).[43] Schließlich aber danken wir besonders für die Forschungsarbeiten der letzten Jahrzehnte, die den Rang des Wormser Domes noch bewusster gemacht haben. Ich kann jetzt nicht auf die ganzen Renovierungsarbeiten von früher (1892–1933, 1960–1967, 1979/1982) und die laufenden Arbeiten eingehen. Ich erwähne z.B. nur dankbar den Bericht über die Entdeckungen im Kontext des gotischen Südportals, erstellt vom Landesamt für Denkmalspflege Rheinland-Pfalz. Wir haben natürlich bei den jüngsten und jetzt laufenden Renovierungen die Baugeschichte des Domes besser aufarbeiten können.

Der Erhalt und die Pflege unserer Dome sind eine ureigene Aufgabe der Kirche. In der Charta der Villa Vigoni vom 1. März 1994, die das Ergebnis eines Expertentreffens auf Einladung der Deutschen Bischofskonferenz gemeinsam mit der Päpstlichen Kommission für die Kulturgüter der Kirche darstellt, wurde diese Aufgabe in besonderer Weise bekräftigt:

»Die Kulturgüter der Kirche sind der stärkste Ausdruck der christlichen Tradition, die von unzähligen Generationen und Gläubigen gelebt worden ist. Als solche stellen sie einen wesentlichen Teil des kulturellen Erbes der Menschheit dar. In gleicher Weise sind sie Manifestation der Zuwendung Gottes zum Menschen wie des menschlichen Strebens zu Gott. Sie sind Zeugnisse der Identität und der Tradition der Völker.«

Anmerkungen

1 Die Wormser Zeichen und Symbole erscheinen mit dem Mainzer Rad im Wappen zum ersten Mal 1626 (Georg Friedrich Greiffenclau zu Vollrads, Bischof von Worms seit 1616 und Erzbischof von Mainz seit 1626) s. Friedhelm Jürgensmeier, Das Bistum Mainz. Von der Römerzeit bis zum II. Vatikanischen Konzil (Beiträge zur Mainzer Kirchengeschichte, Bd. 2), Würzburg 1988, S. 128–129 (Wappentafel). Erwin Gatz (Hg.), Die Wappen der Hochstifte, Bistümer und Diözesanbischöfe im Heiligen Römischen Reich 1648–1803, Regensburg 2007, S. 366–632.

2 Friedhelm, Jürgensmeier (Hg.), Das Bistums Worms. Von der Römerzeit bis zur Auflösung 1801, Würzburg 1997.

3 Für alle näheren Angaben verweise ich auf Gerold Bönnen (Hg.), Geschichte der Stadt Worms, Stuttgart 2005, bes. S. 44–101 und S.102–132, auch zum Folgenden.

4 Vgl. Bönnen 2005 (wie Anm. 3), S. 104, 176, 593–595, 824, 849, 971–979 zur Literatur. Helmut Hinkel (Hg.), Nibelungen Schnipsel. Neues über das alte Epos zwischen Mainz und Worms, Mainz 2004.

5 Adversus haereses 1,10,2.

6 Vgl. auch Mathilde Grünewald, Der römische Nordfriedhof in Worms, Worms 1990.

7 Hier gibt es verschiedene Akzentuierungen: Nach H. Ammerich in: Erwin Gatz, Bistümer des Hl. Römischen Reiches, Freiburg 2003, S. 694f, ist Speyer spätestens seit Beginn des 5. Jahrhunderts Bischofssitz, Wiedererrichtung vermutlich in der 2. Hälfte des 6. Jh.

8 Wilfried Hartmann (Hg.), Bischof Burchard von Worms 1000–1025 (QAmK Bd. 100), Mainz 2000. Vgl. Bönnen 2005, (wie Anm. 3), S. 133–179.

9 Dethard von Winterfeld, Der Dom zu Worms (Die blauen Bücher), Königstein 3. Aufl. 1994, S. 6.

10 Vgl. besonders die Beiträge von Wilfried Hartmann, Detlev Jasper und Ludger Körntgen in: Hartmann 2000 (wie Anm. 8), S. 161–278.

11 Arnold Angenendt, Geschichte der Religiosität im Mittelalter, Darmstadt 1997, S. 289.

12 Kap. 46, vgl. Wilfried Hartmann, Synoden der Karolingerzeit im Frankenreich und in Italien, Paderborn 1989, S. 370.

13 z.B. Georges Duby, Ritter, Frau und Priester. Die Ehe im feudalen Frankreich, Frankfurt/M. 1988, S. 233.

14 Übersetzung nach Stefan Weinfurter, Heinrich II. Herrscher am Ende der Zeiten, Regensburg 1999, S. 72f.

15 Gerd Tellenbach, Libertas, Stuttgart 2. Aufl. 1996, S. 123. Vgl. zur Rolle Burchards bei der Frage der Bischofsbestellung Andreas Thier, Hierarchie und Autonomie. Regelungstraditionen der Bischofsbestellung in der Geschichte des kirchlichen Wahlrechts bis 1140 (Studien zur europäischen Rechtsgeschichte Bd. 257): Recht im ersten Jahrtausend I), Frankfurt/M. 2011, S.278f.

16 Vgl. Bönnen 2005 (wie Anm. 3), S. 140ff, S. 664–690 vgl. auch die reichen Register S. 1040f.

17 Vgl. Bönnen 2005 (wie Anm. 3), S. 145f., 214ff., 315ff., 600f.

18 Julius H. Schoeps (Hg.), Neues Lexikon des Judentums, München 1992, S. 489.

19 Vgl. Bönnen 2005 (wie Anm. 3), S. 691–734.

20 Burkard Keilmann, in: Jürgensmeier 1997 (wie Anm. 2), S. 66f.

21 Vgl. auch Bönnen 2005 (wie Anm. 3), S. 170, 176 u.ö.

22 Vgl. Josef Kleine Bornhorst OP, St. Paulus Worms 1002–

2002. Kollegiatstift – Museum – Dominikanerkloster (QAmK Bd. 102), Mainz 2002.

23 Vgl. dazu Gerold Bönnen/Burkard Keilmann, Der Wormser Bischof Johann von Dalberg (1482–1503) (QAmK Bd. 117), Mainz 2005.

24 Vgl. Bönnen 2005 (wie Anm. 3), S. 98, 190f., 237 ff. u. ö.

25 Vgl. diese Angaben bei E. Voltmer, Art. Worms, in: Lexikon für Theologie und Kirche, 3. Aufl., Bd. X, Freiburg/Br. 2001, 1290ff.

26 Dieser Text findet sich bei Heiko A. Oberman, Die Kirche im Zeitalter der Reformation, Neukirchen 2. Aufl. 1985, S. 60 f. Dazu Fritz Reuter (Hg.), Der Reichstag zu Worms von 1521. Reichspolitik und Luthersache. (Im Auftrag der Stadt Worms zum 450-Jahrgedenken.), Worms 1971; Bönnen 2005 (wie Anm. 3), S. 195, 261, 737, 757.

27 Oberman 1985 (wie Anm. 26), S. 62.

28 Vgl. Text bei Oberman 1985 (wie Anm. 26), S. 62–65.

29 Volker Leppin, Martin Luther, Darmstadt 2006, S. 177.

30 Vgl. Leppin 2006 (wie Anm. 29), S. 178.

31 Thomas Kaufmann, Geschichte der Reformation, Frankfurt/M. 2009, S. 299 zur Konkretisierung vgl. auch Martin Brecht, Martin Luther, 3 Bde, Stuttgart 1981–1987, bes. Bd. 1, Stuttgart 1981, S. 413–453; Armin Kohnle, Reichstag und Reformation. Kaiserliche und ständische Religionspolitik. Von den Anfängen der Causa Lutheri bis zum Nürnberger Religionsfrieden (Quellen und Forschungen zur Reformationsgeschichte, Bd. 72), Gütersloh 2001.

32 Brecht 1981 (wie Anm. 31), Bd. 1, S. 453.

33 Bönnen 2005 (wie Anm. 3), S. 294 ff.

34 Vgl. Günter Mahlerwein, in: Bönnen 2005 (wie Anm. 3), S. 299 f.

35 Bönnen 2005 (wie Anm. 3), S. 301.

36 Vgl. dazu neuerdings ausführlich Otto Scheib (Hg.), Die innerchristlichen Religionsgespräche im Abendland. Regionale Verbreitung, institutionelle Gestalt, theologische Themen, kirchenpolitische Funktion. Mit besonderer Berücksichtigung des Konfessionellen Zeitalters (1517–1689). 3 Bde. (Wolfenbütteler Forschungen Bd. 122), Wiesbaden 2009.

37 Vgl. dazu Gerold Bönnen, Dom und Stadt. Zu den Beziehungen zwischen der Stadtgemeinde und der Bischofskirche im mittelalterlichen Worms, in: Der Wormsgau 17, 1998, S. 8–55.

38 Vgl. vor allem Clemens Kosch, Die romanischen Dome von Mainz, Worms und Speyer. Architektur und Liturgie im Hochmittelalter, Regensburg 2011, 4 ff, umfangreiche Literatur: S. 94–107; Dethard von Winterfeld, Die Kaiserdome Speyer, Mainz, Worms und ihr romanisches Umland, Würzburg 1993.

39 Georg Dehio, Handbuch der deutschen Kunstdenkmäler, Rheinland-Pfalz-Saarland, München 2. Aufl. 1984, S. 1157.

40 Vgl. z. B. J. Kaiser, Worms, Dom St. Peter, Regensburg 2002 mit Literaturhinweisen; von Winterfeld 1994 (wie Anm. 9); Walter Hotz, Der Dom zu Worms (neu bearb. von Günter Binding), Darmstadt 2. Aufl. 1998; Gerold Bönnen (Hg.), Bischof Burchard 1000–1025, Kat. der Ausst. Worms, Worms 2000.

41 Für Mainz vgl. besonders Leo Trepp (Hg.), Nigune Magenza. Jüdische liturgische Gesänge aus Mainz (Beiträge zur mittelrheinischen Musikgeschichte Bd. 39), Mainz o. J. Zu den Juden in Worms vgl. besonders die zahlreichen Ausführungen in: Bönnen 2005 (wie Anm. 3) mit vielen Verweisen im Register S. 1040.

42 Vgl. H.-J. Reudenbach, »Es war hier einmal im Bischofssitz. Einige Kapitel über Titularbistümer in literarische Spiegelung«, in: Gisela Fleckenstein u.a. (Hg.), Kirchengeschichte. Alte und neue Wege. Festschrift für Chr. Weber, Frankfurt 2008, 105–159 (Lit.: 157–159); Friedhelm Jürgensmeier (Hg.), Weihbischöfe und Stifte. Beiträge zu reichskirchlichen Funktionsträgern der Frühen Neuzeit (Beiträge zur Mainzer Kirchengeschichte, Band 4), Frankfurt 1995.

43 Vgl. den schon genannten Ausstellungskatalog zu Bischof Burchard 1000–1025, Worms 2000. Auch Hartmann 2000 (wie Anm. 8).

I.

ARCHITEKTUR UND BAUPLASTIK DES WORMSER DOMS

Aquilante De Filippo · Lena Schulten · Matthias Untermann

DER OSTBAU DES WORMSER DOMS

ERGEBNISSE DER BAUHISTORISCHEN UNTERSUCHUNGEN 2007–2015

Im 12. Jahrhundert war der Wormser Dom mit seiner Bauhütte der maßstabsetzende Bau im Oberrheingebiet.[1] Auch wenn man im Rückblick nicht von einer »Bauschule« sprechen sollte, wie dies Walter Hotz 1985 getan hat, bleibt es beeindruckend, wie groß im 12. Jahrhundert die Region war, in der Bauherren und Bauleute die Formen der Wormser Bischofskirche aufgegriffen und weiterentwickelt haben.[2]

Die aktuelle Außenrestaurierung (vgl. den Beitrag Cebulla in diesem Band) mit der abschnittsweisen, vollständigen Einrüstung des Außenbaus bietet deshalb einen willkommenen Anlass, alte Thesen zu Datierung und Baugeschichte des Doms zu überprüfen und grundlegende, neue Befunde zu dokumentieren. 2011 konnten neue Ergebnisse und Überlegungen zum Ostbau, speziell zum Südostturm vorgetragen werden, die hier zu einem Vorbericht über die Baugeschichte des gesamten, inzwischen untersuchten Ostbaus erweitert werden.

DIE BAUGESTALT

Der Ostbau des Wormser Domes besteht aus einem mittleren, gerade abschließenden Altarraum und zwei ihn flankierenden Rundtürmen. Bis zum oberen Abschluss der zweiten Turmgeschosse bilden das

Abb.3: Worms, Dom St. Peter, Ostfassade, Blick über den Neumarkt (C. Füller, 10.September 1945; Stadtarchiv Worms)

Abb.2: Blick auf den Wormser Dom von Nordosten

hohe erste Geschoss des Altarraumes und die beiden Türme eine strukturelle und gestalterische Einheit: Die Geschosse ruhen auf einem abgetreppten Sockel, aus dem in regelmäßigen Abständen Lisenen aufsteigen, die den Ostbau vertikal untergliedern. Der Altarraum besteht dadurch aus drei Abschnitten, die beiden Türme werden jeweils in mehrere Wandfelder unterteilt. Die Lisenen tragen am oberen Abschluss der Geschosse einen Rundbogenfries, dabei wird jedes der Wandfelder von drei Rundbögen überfangen. Darüber folgen ein Zahnfries und ein profiliertes Gurtgesims. Dieses Zusammenspiel aus Friesen und Gesimsen bildet die prägnante horizontale Gliederung des Ostbaus.

In den jeweils ersten Geschossen der Türme werden die Rundbögen des Frieses von fein und individuell gearbeiteten, humanoiden und animalischen Konsolköpfen getragen. Auf Höhe der zweiten Turmgeschosse wird die Mauerschale der östlichen Altarraum-Fassade durch drei mächtige, hohe Rundbogenfenster durchbrochen. Ihre Fenstergewände zeichnen sich durch eine bemerkenswert tiefe, mehrfach abgetreppte Profilierung mit eingestellten Wülsten aus. Auf den Sohlbänken tummeln sich mehrere große Skulpturen (vgl. den Beitrag De Filippo in diesem Band), darunter Bären, Löwen, ein Widder und ein Mensch. An den Türmen belichten kleine Fenster in nicht ganz regelmäßigen Abständen die innen liegende Spindeltreppe.

Im zweiten Geschoss der Ostfassade verbindet eine Säulengalerie mit Laufgang die beiden Türme miteinander. Die Rundbogen der Galerie werden von acht Säulen mit Halsring und schmalen Würfelkapitellen getragen. Ihre attischen Basen ruhen auf mächtigen, quadratischen Plinthen. Unter jeder Basis schaut eine figürliche Skulptur frontal auf die Stadt. Die vierte Säule von Süden ziert darüber hinaus die Skulptur des sogenannten Baumeisters.[3]

Das zweite Geschoss des Altarraumes schließt gleichermaßen mit einem profilierten Rundbogenfries, Zahnfries und antikischem Blattfries (Kyma) ab. Das dritte Geschoss des Nordostturms endet auf gleicher Höhe. Auf der anderen Seite hingegen zieht das dritte Geschoss des Südostturms noch um mehrere Steinlagen weiter nach oben, so dass die einheitliche horizontale Unterteilung des Ostbaus an dieser Stelle aufgegeben wird.

Das Altarhaus wird von einem Dreiecksgiebel bekrönt, hinter dem sich das Satteldach des Altarraumes anschließt. Der Dachraum ist über Türen im vierten Geschoss des Nordostturms und im dritten Geschoss des Südostturms von außen zugänglich. Das Zentrum des Dreiecksgiebels ziert ein Blendokulus. Die Seiten des Giebels werden durch einen abgesetzten, steigenden Rundbogenfries, einen Zahnfries und Kyma optisch besonders hervorgehoben.

In Firsthöhe des Dreiecksgiebels endet das vierte Geschoss des Nordostturms, während sich am Südostturm dort die Mitte des vierten Geschosses befindet. Im vierten Geschoss des Südostturms und im fünften Geschoss des Nordostturms durchbrechen große, mit Wülsten profilierte Rundbogenfenster in gleicher Höhenlage die Wandflächen. Im Nordostturm beginnen die Fenster direkt am Sockelgesims des fünften Geschosses, wohingegen sie sich am Südostturm in der oberen Hälfte des vierten Geschosses öffnen.

Der darüberliegende Rundbogenfries beider Türme umfasst nun in jedem Wandfeld vier statt drei Rundbögen. Die Türme wurden in spätromanisch-frühgotischer Zeit um ein weiteres, deutlich niedrigeres Geschoss und das steinerne Kegeldach erhöht.[4]

Bauhistorische Untersuchungen, die 2007-2015 durch Studierende und Projektmitarbeiter des Instituts für Europäische Kunstgeschichte der Universität Heidelberg unter Leitung von Matthias Untermann durchgeführt wurden, ergaben, dass der weitestgehend einheitlichen Gestalt der romanischen Ostfassade eine komplexe Bauabfolge zu Grunde liegt.[5]

Die Untersuchungen der Außenflächen der Ostfassade fanden in drei Abschnitten statt: angefangen 2007/2008 am Südostturm, 2009/2010 fortgesetzt am Altarhaus und 2014/15 am Nordostturm. Dabei wurden das Mauerwerk, insbesondere das Steinmaterial, die Steinformate, Steinoberflächen und der Fugenverlauf sowie Lage und Verteilung von Gerüstlöchern und die Anschlusssituation zu den angrenzenden Bauteilen untersucht. Die Verwendung und Verteilung von Steinzeichen sowie die Spuren verschiedener Steinbearbeitungswerkzeuge wurden ebenso dokumentiert wie die Anwendung verschiedener Profilformen. Die hier vorgelegte Rekonstruktion der Bauabfolge des Wormser Ostbaus basiert auf den Ergebnissen dieser Untersuchungen.[6] In die Datierung einzelner Bauabschnitte flossen auch die Ergebnisse der dendrochronologischen Untersuchungen von Sibylle Bauer des DendroLabor Trier ein.[7]

DIE BAUABFOLGE

Der Ostbau des Wormser Doms ruht in seiner gesamten Breite auf einem Sockel größtenteils bruchrau belassenener Handquader. Bei diesem unteren Wandbereich handelt es sich um die Fundamente des heutigen Baus, für die – wie üblich- nicht teure Großquader, sondern günstigeres Material verwendet wurde. Das heutige Bodenniveau ist an dieser Stelle deutlich niedriger als zur Erbauungszeit, weshalb die Fundamente heute freiliegen. Zwischen den oberen Steinlagen des Fundaments wurden bei der jüngsten Untersuchung immer wieder Erdreste gefunden, einmal sogar in 16 cm Tiefe.

Oberhalb des Fundaments bestehen die ersten neun Steinlagen des ersten Geschosses fast ausschließlich aus Sandsteinquadern, deren Oberflächen mit der Fläche bearbeitet wurden. Am Nordostturm fanden vor allem lange gelbe Quader Verwendung. Da die Fugen im Anschlussbereich zwischen den Türmen und dem Altarhaus sauber zueinander fluchten, ist anzunehmen, dass alle drei Bauteile in diesem Abschnitt zeitgleich erbaut wurden. Erwähnenswert ist in dieser Bauphase I die Gestaltung der Lisenenfüße, die aus vertikal gestellten und über mehrere Steinlagen reichenden Quadern bestehen. Die Profilierung der Lisene endet hier in einem sogenannten Hornauslauf. Dekorative Elemente, wie Schnörkel und Voluten werden als weitere Verzierung der Lisenenfüße eingesetzt.

Steinzeichen kommen in dieser Bauphase nur selten vor. Die größte Gruppe bilden einfache, kreuzförmige Zeichen, die jedoch nur vereinzelt in den unteren Partien des Altarhauses auftauchen.

Ab der zehnten Steinlage am Nordostturm ist ein deutlicher Wechsel im verwendeten Steinmaterial zu konstatieren: Ab dieser Lage fanden nun nicht mehr nur gelbe Sandsteine Verwendung, sondern hauptsächlich rote, orange und rosa Sandsteinquader größeren Formats. Diese Baufuge verläuft am Südostturm nach einer kleinen Abtreppung einige Steinlagen tiefer. Damit beginnt die durch abgetreppte Bauabschnittsfugen gekennzeichnete Bauphase II. Diese wurde über die gesamte Breite des Ostbaus in insgesamt neun Bauabschnitten hochgezogen, worauf die durchlaufende Fugen und die gute Verzahnung aller drei Bauteile hinweisen. Die Steinoberflächen wurde nun auch mit anderen Werkzeugen und Techniken bearbeitet: Neben Spuren der Fläche sind gezahnte Oberflächen und das gestelzte Fischgrätmotiv vorzufinden. Steinzeichen werden weiterhin spärlich verwendet. Wie in Bauphase I werden die Lisenenfüße im zweiten Geschoss des Nordostturms aus vertikal gestellten Quadern gebildet, die die gleichen Hornausläufer und das gleiche verschnörkelte Zierrat aufweisen. Ein gleiches Bild zeichnet sich am nördlichen und am mittleren Fenster (II.9) des Altarraums ab, wo einige profilierte Steine der Fenstergewände über mehrere Steinlagen aufrecht gestellt sind.[8] In der Bauphase II entstanden die humanoiden und animalischen Köpfe an den Konsolen des Rundbogenfrieses des ersten Geschosses der Türme sowie die auf den Sohlbänken der Fenster liegenden vollplastischen Figuren, die für den Ostbau des Wormser Doms charakteristisch sind (vgl. den Beitrag De Filippo in diesem Band).

Die Bauphase II findet einen abrupten Abschluss ohne horizontale Nivellierung des Mauerwerks: Sie reicht am Südostturm bis knapp unterhalb, am Nordostturm bis knapp oberhalb des Sockelgesimses der zweiten Turmgeschosse und am Altarraum bis etwa zur halben Höhe der Fenstergewände.

Die Anschlüsse des ersten Geschosses der Ostteile an den Altarraum sind sowohl im Süden als auch im

Abb. 4: Ostbau
1:100, Bauphasen

Norden von anderen Gebäuden verdeckt und somit nicht zugänglich. Denn im Norden schließt die sogenannte Silberkammer an den Nordostturm des Domes an. Diese wurde bisher mit der in einer frühneuzeitlichen Chronik erwähnten, durch den Bischof Siegfried von Speyer im Jahre 1130 geweihten »Kapelle des heiligen Kreuzes und der heiligen Jungfrau Maria« in Verbindung gebracht.[9] Der Bezug der Weihenachricht auf die Silberkammer des Wormser Doms wurde jedoch durch neue historische Forschungen widerlegt.[10] Dass die Kapelle an den bereits bestehenden Altarraum und den nördlichen Querhausarm angesetzt wurde, ist bereits in früheren Untersuchungen erkannt worden.[11] Eine nähere Betrachtung der Anschlusssituation zwischen Nordostturm und dem unteren Geschoss der Silberkammer ergab darüber hinaus, dass das Mauerwerk des Nordostturms an dieser Stelle deutlich hinter das der Silberkammer zieht, was den nachträglichen Anbau der Kapelle an den Turm beweist. Zum Zeitpunkt der Erbauung der Silberkammer müssen demnach nicht nur der nördliche Querhausarm und der Altarraum, sondern auch der Nordostturm bis zu einer gewissen Höhe gestanden haben. Die Kapelle wurde in gotischer Zeit um das Obergeschoss erhöht und in barocker Zeit erneut verändert.[12] An der Südseite nimmt die barocke Sakristei[13] den Raum zwischen Turm, Altarhaus und Südquerhaus ein, so dass auf dieser Höhe derzeit keinerlei Erkenntnisse zum Verhältnis zwischen Südostturm und Altarraum zu gewinnen sind.

In Bauphase III wird die Verwendung von vertikal gestellten Quadern zu Gunsten eines regelmäßigeren Fugenverlaufs aufgegeben. Zunächst wurde am Altarraum das nördliche Gewände des Nordfensters weiter hochgezogen (III.1). Danach wurden die Türme jeweils im zweiten Geschoss, im Norden von der dritten bis zur elften Steinlage, im Süden von der vierten bis zur zwölften Steinlage, weiter gebaut (III.2, III.3, III.4).

Am Südostturm sind in diesem Abschnitt zwei Besonderheiten hervorzuheben: An einem Quader der ersten Steinlage befindet sich ein Steinzeichen in Kreuzform auf einem Quaderspiegel, der mit dem

Abb. 5: Verzierung am Lisenenfuß des Nordostturmes

Fischgrätmuster bearbeitet wurde, während diese Steinoberflächen an der Ostfassade sonst keine Steinzeichen aufweisen. Außerdem ist im Nord-Gewände des untersten Fensters des zweiten Turmgeschosses die Inschrift »Georius« angebracht, die als Signatur eines Bau- oder Werkmeisters interpretiert werden kann.[14] Die Quader besitzen nun ein größeres Format, und ihre Spiegel werden hauptsächlich mit dem Zahneisen bearbeitet. Die Anschlüsse der Türme an das Altarhaus sind in diesem Bauabschnitt des zweiten Geschosses besonders erwähnenswert: Während der Nordturm mit diesem gut verzahnt ist (III.3; IV.3), stößt der Südostturm dagegen (III.4).[15] Er wurde in nur zwei Steinlagen nachträglich verzahnt und ist somit jünger als das Altarhaus. In den Gerüstlöchern des nördlichen Abschnitts von Phase III (III.2) konnte Sibylle Bauer (DendroLabor Trier) an vier Stellen

Abb. 6: Inschrift »Georius« im Nordgewände eines Fensters im zweiten Turmgeschoss des Südostturmes

vollrunde Gerüststangen mit Splint und Waldkante bergen und dendrochronologisch untersuchen: Die Fälldaten der Proben liegen für den Nordturm zwischen den Jahren 1132 und 1136, so dass dieser Abschnitt kurz nach 1137 entstanden sein muss.[16]

In der Bauphase IV wird anschließend sowohl am Südostturm (IV.1, IV.2) als auch am Nordostturm (IV.3, IV.4) bis auf Höhe der Fensterbögen des Altarraumes weiter gebaut, vermutlich um als Widerlager den Schub dieser großen Bögen aufzufangen. Bemerkenswert ist auf dieser Höhe ein Befund am Südostturm: Die unterste Reihe Gerüstlöcher dieser Bauphase besitzt nur einen sehr geringen vertikalen Abstand zu der darunterliegenden Gerüstlochreihe, was ein Indiz für eine Bauunterbrechung zwischen den zwei Bauphasen sein kann. Drei Gerüsthölzer aus den Wandpartien der Bauphase IV konnten dendrochronologisch untersucht werden: Zwei aus dem Südostturm (IV.1) datieren in das Jahr 1135 bzw. nach 1128,[17] ein anderes aus dem Nordturm ermöglichte eine Datierung in das Jahr 1137.[18] In einem umfassenderen Bauabschnitt werden dann zunächst die Gewände der großen Fenster am Altarhaus bis zum Bogenanfänger hochgezogen (IV.5). Daraufhin werden die Rundbögen (IV.6) fertiggestellt und der Nordostturm bis unterhalb des Rundbogenfrieses weitergebaut (IV.6). Das südliche Fenster setzt sich durch eine feingliedrigere Profilierung und eine regelmäßigere Bogenkonstruktion von den übrigen Fenstern des Altarhauses ab. Eine lange horizontale Baufuge, die knapp oberhalb der Fensterbögen verläuft und mehrmals abgestuft nach Süden abfällt, bildet den Abschluss dieser Baumaßnahme. Um die sich daraus ergebende Neigung am Altarraum wieder zu begradigen, war in der Steinlage darüber zuerst eine ausgleichende Quaderschicht notwendig, die im Süden entsprechend höher ist als im Norden. In zwei Abschnitten (IV.7, IV.8) wird das zweite Geschoss auf gesamter Breite des Ostbaus fertiggestellt, was sich anhand des gut verzahnten Mauerwerks an den Anschlussbereichen belegen lässt. Dieser Bauabschnitt umfasst den Sockel des dritten Geschosses.

Die Bauphase IV ist vor allem dadurch gekennzeichnet, dass sowohl im Nordostturm als auch im Südostturm erstmals in großer Zahl Steinzeichen, allen voran der kreuzförmige Typ, Verwendung fanden. Dies deutet auf einen Wandel in der Baustellenorganisation hin. In dieser Bauphase lässt sich jedoch auch innerhalb des Ostbaus eine Differenzierung in der Anwendung von Steinzeichen feststellen: Im Vergleich zu ihrer großen Anzahl an den Türmen kommen am Altarhaus Steinzeichen nur vereinzelt vor. Dafür treten auf der gesamten Breite der Ostfassade paarweise angebrachte Versatzzeichen auf.[19] Ein besonders auffälliges Zeichenpaar bilden zwei Adlerköpfe, die im Zahnfries des Südostturms angebracht wurden.[20] In Bezug auf die Profile kann für den gesamten Ostbau bis zum Abschluss der Bauphase IV herausgestellt werden, dass überall ein identisches Lisenen- und Rundbogenprofil aus Wulst und abgesetztem Karnies angewandt wurde.

Im Anschlussbereich von Südostturm und Altarhaus zeigt sich in der Bauphase IV, dass die Fugen gut aufeinander abgestimmt sind. Der Anschluss von Nordostturm und Altarraum weist hingegen einen Versatz der Fugen auf, so dass das Mauerwerk erst im Nachhinein miteinander verzahnt wurde. Für eine eindeutige Zuweisung von Vor- und Nachzeitigkeit von Turm und Altarhaus sind weitere bauhistorischen Untersuchungen am Altarhaus abzuwarten.

Mit dem dritten Geschoss beginnt die Bauphase V. Zunächst werden die ersten vier Steinlagen des Nordturms errichtet, im gleichen Zug wird, worauf die gute Verzahnung beider Bauteile hinweist, weiter am Altarhaus sowie an der Rückwand der Galerie gebaut (V.1). Hier sind am Altarhaus, nahe des Nordostturms, auffälligerweise nur Kreuze als Steinzeichen zu vermerken. Dieser Abschnitt wird dann weiter nach Süden fortgeführt (V.2.). Nach der Erhöhung des Südturms um zwei Steinlagen (V.3) werden die drei Baukörper auf eine annähernd gleiche Fugenhöhe gebracht (V.4). Der Nordostturm wird daraufhin um zwei Steinlagen auf Höhe der Kämpferzone der Galeriearkaden hochgezogen (V.5). Am Anschluss zwischen Nordostturm und der Nordwand des Altarhauses sind die Fugen nicht gut aufeinander abgestimmt, der Turm erscheint hier anhand der Verzahnung jedoch älter zu sein.

Die Bauphase V setzt sich in vielfacher Form von den unteren Geschossen ab: So bestehen die Profile der Lisenen und Rundbogenfriese hier aus einem einfachen Karnies und sind somit schlichter gestaltet als noch im ersten und zweiten Geschoss des Ostbaus. Das Zahneisen setzt sich als dominierendes Steinbearbeitungswerkzeug durch. Nur noch vereinzelt sind geflächte Steinoberflächen zu finden. In bisher nicht vergleichbarem Maße wurden an den unteren Partien der dritten Turmgeschosse Steinzeichen angebracht: Vor allem Kreuz, T- und U-förmige Zeichen sind erstmals an fast allen Quadern der Mauerschale zu finden. Besonders auffällig ist in diesem Kontext die vierte Steinlage des dritten Geschosses am Nordostturm: Vom zweiten bis zum vierten Joch sitzt auf jedem Quader dieser Lage ein U-förmiges Steinzeichen, weshalb es wohl als Lagezeichen interpretiert werden kann. Ähnliche Zeichen befinden sich in der dritten und vierten Steinlage des gleichen Geschosses am Südostturm. Jedoch sind an dieser Stelle interessanterweise sowohl Lagemarkierungen als auch weitere Steinzeichen gemeinsam auf einem Quader anzutreffen (vgl. den Beitrag Keil in diesem Band).[21]

In der anschließenden Bauphase VI wird zunächst der Südostturm um zwei Steinlagen erhöht (VI.1). Dem folgt der Weiterbau der Galerierückwand mit Quadern größeren Formats, eine Erhöhung des Südostturms um zwei Steinlagen, sowie des Nordostturms um vier Steinlagen (VI.2). Gleichzeitig oder kurz danach müssen die großen Steinquader mit den skulptierten Figuren auf den Boden der Galerie gelegt worden sein. Diese stehen nämlich mit der Rückwand der Galerie interessanterweise nicht im Verband und dienten vor der Erhöhung ihres Bodenniveaus als eine Art Brüstung für einen sich dahinter befindenden Laufgang. Dieser war über heute noch vorhandene, tonnengewölbte Durchgänge von den beiden Türmen aus zu erreichen. In diesem wurde im 19. Jahrhundert aus statischen Gründen ein Zuganker aus Metall angebracht, der heute mit Steinplatten bedeckt ist. Besonders bemerkenswert ist, dass die Brüstungsquader an den Seiten der Galerie oberhalb des Auslaufs der Profile enden, was auf einen Planwechsel beim Bau der Galerie hindeuten mag. Auf die Brüstung wurden im nächsten Arbeitsschritt die Säulen und Kämpfer des Laufganges eingestellt. Auf letzteren ruhen die im gleichen Bauabschnitt entstandenen tonnengewölbten Rundbögen der Galerie. Im Zuge dessen wurden die beiden Türme und das Altarhaus erhöht (VI.2). Zwischen letzterem und dem Südturm laufen die Fugen nämlich durch.

Bei näherer Betrachtung besteht jede Säule der Galerie von der Plinthe bis zum Kapitell aus einem einzigen Stein. Die Basen haben ein attisches Profil und sind mit Ecksporen versehen. Der Schaft verjüngt sich nach oben und endet mit einem Schaftring. Bei den Kapitellen handelt es sich um einfache Würfelkapitelle mit leicht abgesetzten Schilden, die eine feine Oberflächenbearbeitung, darunter sogar noch das Fischgrätmuster, aufweisen.

Eine herausragende Stellung nimmt in der Galerie die vierte Säule von Süden ein, an der eine komplexe Figurengruppe ausgearbeitet wurde: Es handelt sich dabei um die Darstellung eines Mannes, der ein technisches Werkzeug in der Hand hält und folglich als Figur eines Baumeister interpretiert wird. Der Mann wird von zwei Tieren begleitet: Ein gut erhaltener Affe klammert sich an Säule und Schulter des Mannes, ein weiteres Tier ist fast vollständig abgebrochen. An dieser Säule konnten im Zuge der Restaurierung an

Abb. 7: Brüstungsquader an den Seiten der Galerie

Abb. 8: Originale Farbspuren am Kapitell der Rückseite der Baumeistersäule

mehreren Stellen Reste einer wohlmöglich noch originalen Farbfassung dokumentiert werden.[22] An der wind- und wettergeschützten Seite der Säule fanden sich am Schild des Kapitells Spuren grüner, brauner und schwarzer Farbe. Diese lassen sich an den Rändern der Schildfläche zu Umgrenzungslinien rekonstruieren. Ähnliche Farbreste zieren auch die nördliche und südliche Seite des Kapitells. An der westlichen Seite der Abakusplatte sind sogar Überbleibsel eines aus Kreisen bestehenden Musters erhalten geblieben. Auch am Körper der Baumeister-Figur sind verstreut Spuren einer weißen Grundierung zu finden. Darüber war die Figur in Hauttönen und ihr Gewand in brauner Farbe gefasst. Das Erscheinungsbild der Skulpturen im Mittelalter unterschied sich somit sehr von ihrem heutigen steinsichtigen Charakter.[23]

An den Seiten der Galerie wurde an den Ecklisenen das gleiche einfache Profil verwendet, wie es auch auf dieser Höhe an den dritten Turmgeschossen vorkommt. An den inneren Kanten der Galerie sowie an den Rundbögen des Laufganges wurde hingegen das etwas aufwändigere Profil aus den ersten beiden Geschossen des Ostbaus angewandt. Diese Profile, die etwas uneinheitlichen Bogenkonstruktionen der Arkaden und die für diese Entstehungszeit eher altmodischen Würfelkapitelle der eingestellten Säulen werfen die Frage auf, ob einzelne Werksteine der Galerie nicht aus einem früheren baulichen Kontext stammen und hier eine erneute Verwendung in Form von Spolien erfahren haben. Auffällig für diese Bauphase ist auch, dass sich in der südlichen Seitenwand der Galerie (VI.2) auf Höhe der Säulenkapitelle und etwas südlicher am Südostturm (VI.1) die letzten Steine mit Fischgrät-Bearbeitung befinden. Am Nordostturm wurde diese Verzierungsform schon am obersten Quader einer Lisene des zweiten Geschosses (IV.7) aufgegeben.

Abb. 9: Originale Farbspuren im Gesicht des »Baumeisters« an der sog. Baumeistersäule

Abb. 10: Planänderung am Lisenenprofil des Nordostturmes

Nach Abschluss der Galerie wird in Bauphase VII zunächst der Südostturm in zwei Abschnitten bis kurz oberhalb des Traufgesimses des Altarraumes errichtet (VII.1, VII.2). Der Turm steht an dieser Stelle nicht im Verband mit dem Altarhaus und stößt gegen dessen Südwand. Als besonderes Merkmal ist in dieser Bauphase ein Steinzeichen in Form eines T mit Serifen zu erwähnen, das nur an dieser Stelle des Ostbaus auftritt. In Bauphase VIII wird anschließend der Nordostturm auf fast die gleiche Höhe gebracht. Auch die Bauarbeiten an der Fassade des Altarraums werden fortgesetzt (VIII.1). Dieser steht in den Steinlagen unterhalb des Traufgesimses gut mit dem Nordturm im Verband. Hingegen deutet der Anschluss des Turms zur Nordwand des Altarhauses nicht auf eine zeitgleiche Entstehung beider Bauteile hin. Anschließend wird die Ostwand des Altarraums nach Süden bis zu dem bereits stehenden Südostturm weitergeführt, wo sie stumpf gegen diesen stößt (VIII.2). Wie schon nach dem Bau der großen Fensterbögen der Fassade hatte sich nach dem Bau der Galeriebögen eine leichte Neigung nach Süden ergeben, die wiederum durch eine von Norden nach Süden aufsteigende Steinlage korrigiert wurde.

Am Altarhaus fällt unterhalb des Giebels ein plötzlicher Wechsel in der Konstruktion der Bögen des Rundbogenfrieses auf: In der nördlichen Hälfte des Frieses (VIII.1) wird jeder Bogen aus einem einzigen Steinquader gearbeitet, wohingegen in der südlichen Hälfte (VIII.2) jeder Bogen aus zwei unterschiedlich breiten Quadern besteht. Der mittlere Bogen des Frieses ist etwas breiter als die anderen und als einziger aus drei Quadern zusammengesetzt worden. Folglich liegt er genau am Anschluss der zwei Bauabschnitte. Dieser Wechsel im Quaderformat des Rundbogenfrieses kann als Rationalisierung des Herstellungsprozesses der Bögen interpretiert werden. In der Tat werden in den jüngeren Bauteilen des Wormser Domes Bögen, die aus einem einzigen Stein gehauen wurden, bevorzugt eingesetzt, da sie eine Beschleunigung des Bauprozesses ermöglichten.

An der Ostfassade wird die Bogenkonstruktion aus einem Quader in den darauffolgenden Bauabschnitten jedoch wieder zugunsten einer Konstruktion aus zwei Quadern aufgegeben. Beide Konstruktionstechniken treten am Ostbau folglich nebeneinander in Erscheinung, was auf die unterschiedliche Vorgehensweise der Bauleute zurückzuführen ist.

In Bauphase VIII erfolgt die Freistellung der Türme vom restlichen Baukörper. Zunächst wird der Nordturm in seinem vierten Turmgeschoss weiter nach oben gezogen, wohl um die für den Transport von Baumaterial zum Dach nützliche Wendeltreppe weiterzuführen (VIII.3). Hier wurden an den Lisenen die gleichen Profile aus einem einfachen Karnies verwendet, wie sie bereits in den dritten Turmgeschossen zu finden waren. Das gleiche Profil konnte auch im vierten Geschoss des Südostturms verzeichnet werden, was auf eine enge zeitliche Entstehung beider Bauteile schließen lässt. Vermutlich folgte demnach als nächste Baumaßnahme die Konstruktion des vierten Turmgeschosses im Süden (VIII.4, VIII.5). Das direkte zeitliche Verhältnis zwischen den Freigeschossen der beiden Türme kann aufgrund mangelnder Anschlüsse nur anhand von stilistischen und bautechnischen Beobachtungen und Befunden erfolgen. Die Bauphase VIII scheint am Südostturm mit der Fertigstellung der großen Fensterbögen mit den profilierten Gewänden im vierten Turmgeschoss abzuschließen.

Die Bauphase VIII (VIII.1, VIII.2) ist von einer mäßigeren Verwendung von Steinzeichen geprägt. Dafür treten aber ganz neue Zeichen in Erscheinung. Außerdem sind mehrere Versatzzeichenpaare an den Zahnfriesen des Ostbaus zu vermerken. Ab der zweiten Steinlage des vierten Geschosses kommen mit dem neuen Abschnitt (VIII.3) vermehrt Steinzeichen vor, unter denen die buchstabenförmigen Zeichen (Dürer-A, T, V, M, N) die größte Gruppe bilden. Einige davon sind auch am Südostturm wiederzufinden (Dürer-A, T, V). In den Bogenlaibungen des Südostturmes wurden erneut paarweise auftretende Versatzzeichen dokumentiert, eines in Form eines Kreises, ein weiteres in Form eines Ovals mit einem längeren Steg.[24]

Die Bauphase IX beginnt im Norden im vierten Turmgeschoss, wo es durch einen nachträglichen Fensterdurchbruch zu Unregelmäßigkeiten im Mauerwerk kommt und reicht bis zum oberen Abschluss des fünften Turmgeschosses. Die Überleitung zu dieser Bauphase (Bauphase IX.1) zeichnet sich an einem markanten Formenwechsel ab: In der zehnten Steinlage des vierten Turmgeschosses kommt es unterhalb des Rundbogenfrieses zu einer abrupten Änderung des Lisenenprofils. Dem schlichten Karnies wird ein Plättchen hinzugefügt. Dies hat zur Folge, dass sich im vierten Turmgeschoss das Rundbogenprofil vom Lisenenprofil unterscheidet. Ein identisches Profil findet sich an den Rundbogenfriesen der Giebelbasis und der Giebelschrägen. Der Dreiecksgiebel des Altarraumes wurde folglich nach Fertigstellung des Daches in Bauabschnitt IX.2 vollendet.

Am Nordostturm bricht in dieser Bauphase die häufige Verwendung von Steinzeichen plötzlich ab. Dafür finden sich hier am Rundbogen- und Zahnfries gleich mehrere paarweise auftretende Versatzzeichen mit geometrischen oder figürlichen Formen. Besonders bemerkenswert ist das am Zahnfries angebrachte Paar Adlerköpfe, das auch am Zahnfries des zweiten Südostturms-Geschosses dokumentiert wurde (IV.8). Interessanterweise konnten am vierten Geschoss des Nordostturms Steinzeichen aufgenommen werden, die auch an der Nordwand des Altarraums auf Höhe des dritten Turmgeschosses angebracht wurden. Auch die identischen Rundbogenfriesprofile dieser Bauabschnitte scheinen einen Bezug zueinander zu haben. Das fünfte Turmgeschoss im Norden, welches die großen, charakteristischen Rundbogenfenster beinhaltet, wurde anschließend in mehreren kleineren Abschnitten bis unterhalb des Rundbogenfrieses errichtet (IX.3). Das veränderte Profil des vierten Geschosses wurde im fünften Geschoss weitergeführt. Die Rundbogenfenster weisen dieselbe Höhe wie ihre Pendants im Süden auf und zeigen ebenfalls einen eingestellten

Wulst im Fenstergewände. Der stilistische Vergleich beider Gewände lässt jedoch die Fenster im Süden älter erscheinen als im Norden. In der Tat scheint das Klanggeschoss des Südostturms in einer früheren Bauphase (VIII.5) entstanden zu sein. Der Abschluss dieses Geschosses erfolgt am Südostturm nicht in einem Zug mit dem darunterliegenden Mauerwerk (VIII.4, VIII.5), sondern deutlich später (IX.5). Davon zeugen mehrere Unregelmäßigkeiten in den horizontalen Baufugen, wo sich immer wieder Schieferplatten als Ausgleich für Unebenheiten finden lassen. Am oberen Abschluss mit Rundbogenfries, Zahnfries und Gurtgesims der romanischen Klangarkaden ähneln sich die Versatzzeichen an Nordostturm und Südostturm. Daher ist anzunehmen, dass diese Bauabschnitte (IX.4, IX.5) sehr zeitnah zueinander entstanden und vielleicht sogar von den selben Handwerkern ausgeführt wurden. An dieser Stelle wird im Übrigen die horizontale Einheit der Türme, die ab dem dritten Turmgeschoss des Südostturms aufgegeben worden war, wieder hergestellt. Zwar sind die Profile der Rundbogenfriese der Türme unterschiedlich, dies ist jedoch auf die konsequente Fortführung der bestehenden Lisenenprofile zurückzuführen, die bekanntermaßen in unterschiedlichen Bauphasen entstanden.

In spätromanisch-frühgotischer Zeit wurden abschließend beide Türme in mehreren Bauabschnitten um jeweils ein weiteres niedrigeres Geschoss und die steinernen Kegeldächer erhöht (Bauphase X).

DER 1110 GEWEIHTE DOMBAU – IN QUERSCHIFF UND ALTARRAUM ERHALTEN?

1979/81 waren im Kontext der Innenraum-Restaurierung dendrochronologische Daten für Querschiff, Altarraum und Langhaus erarbeitet worden, die die lange umstrittene Datierung dieser Bauteile sicherten.[25] Das Mittelschiff war (nach der Datierung von eingemauerten Gerüsthölzern) 1161/63 im Bau, Querhaus und östlicher Altarraum waren bereits 1132/37 bis zur Gewölbezone gediehen. Für die Ostfassade folgte daraus, bei Annahme der üblichen Bauabfolge von Ost nach West, ein entsprechend früherer Baubeginn um 1120/25[26] – anstelle der älteren Datierungen auf 1171–1181 nach Kautzsch bzw. um 1150/60 nach Krause und Binding. Aus dieser neuen, frühen Datierung der überraschend reich gegliederten Wormser Ostfassade hat Dethard von Winterfeld den notwendig erscheinenden Schluss gezogen, dass die »Spätromanik« am Oberrhein deutlich früher begonnen habe, als man es zuvor angenommen hatte (vgl. Beitrag von Winterfeld in diesem Band).[27] Für viele romanische Bauten Südwestdeutschlands aus der Epoche zwischen etwa 1130 und 1190 erschien nun die zeitgleiche Wahl älterer und moderner Formen als charakteristisch.

Auf die verbleibenden Probleme hätte bereits 1992 die Dissertation von J. Müller zur elsässischen Abteikirche Murbach aufmerksam machen können: Die frühen Murbacher Bauabschnitte lassen sich mit ihren kantigen, schmuckarmen Formen stilistisch gut mit dem Querschiff des Wormser Doms vergleichen, die späteren, fein gegliederten jedoch mit seiner Ostfassade.[28] Auch an der Zisterzienserkirche Maulbronn sind um 1150 Formen der Wormser Ostfassade fassbar, nicht aber die charakteristischen Formen des Querschiffs und des Langhausostteils. Die Zeitdifferenz zwischen Formen, die um 1125 an der Wormser Ostfassade, aber erst um 1140/50 an elsässischen und süddeutschen Bauten verwendet wurden, war schwer erklärbar.[29] Aufgrund ihrer Formensprache erscheinen die Osttürme und die Ostfassade durchaus jünger als das östliche Altarhaus und das Querschiff.

Diese schon von R. Hamann 1922 aus stilgeschichtlichen Gründen vorgeschlagene Bauabfolge[30] wurde bereits 1926 von Kautzsch nachdrücklich abgelehnt, im Wesentlichen mit zwei Argumenten:[31] Erstens stünden die Wormser Ostteile auf den Fundamenten des 1018 geweihten Dombaus Bischof Burchards I.,[32] und zweitens schließen einzelne Bau- und Schmuckformen die gesamten Ostteile bis zum ersten Langhausdoppeljoch so zusammen, dass sie als weitgehend einheitliche Planung gelten können. Beide Argumente sind schwach: Die sichtbaren Fundamentmauern unter der Ostfassade gehören nämlich eindeutig nicht zum Burcharddom, sondern – wie oben dargelegt – zum Neubau des 12. Jahrhunderts.[33] Überdies gibt es innerhalb der Ostteile eine Vielzahl von formalen Unstimmigkeiten, aus denen Kautzsch eine sehr komplizierte Bauabfolge erschlossen hat,[34] die von der folgenden Forschung nicht wirklich akzeptiert wurde.[35]

Der Wechsel der »altertümlichen« Formensprache zwischen Querschiff und Sanktuarium zu den »moderneren« Formen von Ostfassade und Osttürmen legt eine andere Interpretation nahe: Es gibt zahlreiche sichere Beispiele dafür, dass salierzeitliche Sanktuariumsostwände und Apsiden schon nach wenigen Jahrzehnten erneuert worden sind, meist nach weitgehender Fertigstellung des Kirchenbaus, um dem Hochaltar wieder einen angemessenen architektonischen Rahmen in modernen Formen zu geben: In Maria Laach hat man die Apsis der um 1100/30 erbauten Kirche schon um 1150 bis zur Sockelzone abgetragen und nach ihrem Neubau 1156 geweiht;[36] in Ilbenstadt wurde die Ostwand der 1123 bis um 1140/50 erbauten Kirche etwa zur gleichen Zeit erneuert und 1159 geweiht;[37] ältere Beispiele sind der Dom von Speyer, dessen 1061 geweihter Ostbau schon um 1080 durch die erhaltene, monumentale Apsis ersetzt worden ist,[38] und das Allerheiligenkloster in Schaffhausen, dessen 1106 geweihte Apsis bald durch einen eckigen Altarraum ersetzt wurde.[39]

Die Abbruchkante einer ersten, älteren Ostfassade müsste sich am Wormser Dom außen am Anschluss von Sanktuarium und Osttürmen befinden, wo die Bauformen so deutlich wechseln. Diese Zone ist weder im Süden noch im Norden problemlos einzusehen; gute Fotos oder Planaufnahmen existierten bis 2007 nicht. Erst die Einrüstung des Südostturms im Spätherbst 2007 hat gezeigt, dass er tatsächlich gegen die ältere Nordmauer des Sanktuariums gesetzt wurde. Die Hochwände im Inneren des Altarraums konnten schon bei der Restaurierung des Hochaltars 2005 besser eingesehen werden; die Nordwand außen war 2009 partiell zugänglich, das Innere der Querarme bei Einbau der neuen Fenster 2014. Auch wenn ohne neues Aufmaß und Einrüstung der Mauern selbst eine angemessene Dokumentation noch fehlt, ergaben sich neue Hinweise auf die unklare Baugeschichte der Ostteile. Im Innenraum waren Sanktuariums- und Apsismauerwerk allerdings beim barocken Ausbau 1741 teilweise verputzt und mit Quaderwerk bemalt worden.[40]

In der Nordwand des Altarraums springt das Mauerwerk am Sohlbankansatz des oberen Fensters deutlich zurück, auf diesem Rücksprung setzen die zunächst offenbar nicht vorgesehenen Eckvorlagen für den Schildbogen des Rippengewölbes an. Die Wandfläche über diesem Rücksprung besteht bis über die Fenstersohlbank hinaus – was bisher nicht beschrieben wurde – nicht aus Quadern, sondern ist verputzt und mit Quadern bemalt. Erst seitlich der Fensteröffnung gibt es wieder Sandsteinquader. Außen ist ebenfalls ein deutlicher Wechsel des Mauerwerks und der Gliederung zu erkennen, und zwar wiederum etwas oberhalb der Fenstersohlbank. Diese selbst wurde nachträglich in das Mauerwerk darunter eingearbeitet. Fenster und Kreuzrippengewölbe waren also anfangs nicht geplant. Die Verputzfläche spricht dafür, dass hier beim Weiterbau Mauerwerk grob abgearbeitet wurde. Es könnte sich um den Ansatz eines Tonnengewölbes handeln, wie es am Speyerer Dom den Altarraum überspannt.[41] An der Südseite verlaufen die Baunähte anders. Der Rücksprung und der Ansatz der Gewölbevorlagen befinden sich deutlich tiefer, unmittelbar über dem Stockgesims. Im Mauerwerk darüber ist eine Treppenfuge zu erkennen, die zeigt, dass die Zone des oberen Fensters in zwei Arbeitsgängen von West nach Ost aufgemauert worden ist. Vermutlich ist das Altarhaus in diesem Bereich erst nach Bau (und Einwölbung) des Querschiffs fertiggestellt bzw. umgebaut worden. Dass das Bandrippengewölbe des Altarraums fortschrittlicher erscheint als die Gewölbe der Querarme, hat bereits J. Müller beobachtet.[42]

Ob der Altarraum vor dem Bau der oberen Fensterzone unfertig geblieben war oder ob das geplante Tonnengewölbe schon ausgeführt war und wieder abgebrochen wurde, lässt sich vorerst nicht sagen – mehr scheint derzeit dafür zu sprechen, dass zumindest das Gewölbe unfertig war und im Norden der begonnene Tonnenansatz nach dem Planwechsel zu Kreuzrippengewölben abgearbeitet wurde. Die obere

Fensterzone war offenbar nicht geplant. In der sehr ähnlich gestalteten Abteikirche von Murbach unterblieb nach einem ganz entsprechenden Planwechsel die nun möglich gewordene Durchfensterung der oberen Wandzone im Altarraum.[43]

Zu welchem Bauabschnitt gehört die Apsis? Ihr heutiges Erscheinungsbild mit den hohen, glatt geschrägten Nischenlaibungen entstammt erst der Barockzeit: Die Laibungen bestehen wiederum nicht aus Quadern, sondern aus bemaltem Verputz. Beim Bau des barocken Hochaltars 1741 wurde beschlossen, an den »chor-fenstern hinter dem Hohen altar … die gestelle außzuhawen undt gleich zu machen«.[44] Zum gleichen Umbau gehören die neuen, in eiserne Rahmen gefasste Glasfenster der Apsis, die barocken Sakristeitüren, der neue Fußboden und die Ausmalung des Innenraums mit »rother stainfarb« und »weißen strichen«. Nischen und Fenster der Apsis waren also auch im Innenraum ursprünglich durch reichere Profilierungen gerahmt.

Die auf den ersten Blick unübliche Verbindung von innerer Apsis und gerader Ostfassade findet vom frühen bis zum hohen Mittelalter zahlreiche Parallelen. Allerdings haben solche Apsiden in der Regel nur ein mittleres Fenster, wie am wenig jüngeren Neubau des Straßburger Münsters.[45] Die beiden seitlichen Fenster der Apsis in Worms wirken im Innenraum, als ob sie nicht mit den Osttürmen rechnen würden. An die Außenfassade sind sie mit einer doppelt geknickten Laibung angeschlossen, der Fensterverschluss saß bis zur barocken Umgestaltung schräg. Als einheitliche Planung erscheint dies nicht. Der Verdacht, dass die Apsis zum älteren Bauabschnitt der Ostteile gehört und die Ostfassade ihr nachträglich vorgeblendet wurde, lässt sich allerdings im Aufgehenden nicht bestätigen: Im barock abgetieften Sohlbankbereich der äußeren Fenster bindet das Mauerwerk einheitlich durch – wenn es eine ältere Apsis ohne gerade Ostwand gab, dann wäre sie nur in der untersten Wandzone und im Fundament nachzuweisen.

Wie ist die ältere Bauphase der Wormser Ostteile zu datieren? Die dendrochronologisch zwischen 1132 und 1137 datierten Gerüsthölzer in Altarraum und Querschiff gehören zur oberen Fensterzone. Damals wurden diese Bauteile im heute sichtbaren Zustand fertiggestellt und eingewölbt. Die unteren, einer älteren Planung angehörenden Wandabschnitte von Querschiff und Altarraum sind deutlich vor 1132/37 entstanden.

Zwei spätmittelalterlich und frühneuzeitlich überlieferte, historische Daten können mit den Ostteilen verbunden werden. Die 1615 geschriebene Chronik Georg Hellwichs schrieb Bischof Burchard II. (Buggo; 1115–1149) den Bau von Gewölben zu;[46] dies fügt sich zum Baubefund der Ostteile. Die scharfkantig-monumentalen, wandbetonten Bauformen der ersten Bauphase der Ostteile lassen es überdies sinnvoll erscheinen, die spätmittelalterlich und frühneuzeitlich überlieferte, baugeschichtlich zuvor gar nicht einzuordnende, feierliche Weihe des Petrus-Altars im Jahr 1110 ernst zu nehmen.[47] Die Anwesenheit Kaiser Heinrichs V. an dieser Weihe, die von Erzbischof Bruno von Trier unter Mitwirkung der Bischöfe von Speyer, Eichstätt, Merseburg und Meißen zelebriert wurde, hat nicht verhindert, dass »diese den Bauhistorikern so beschwerliche Weihe«[48] zunächst zu einer bauhistorisch wie historisch irrelevanten »Fußnote« in der Geschichte von Dom, Stadt und Bistum Worms geworden ist,[49] auch wenn Heinrich V. nach frühneuzeitlicher Überlieferung dem Dom im Folgejahr noch einen goldenen Kelch stiftete.[50] Es handelt sich, da andere Weihenachrichten fehlen, wohl um die bis zur Zerstörung 1693 gültige Weihe des östlichen Hochaltars, entsprechend der ebenfalls nicht erneuerten Weihe des Laurentiusaltars im Westchor von 1181. Überliefert ist auch die Auflistung der 1110 in den Altar eingeschlossenen Reliquien.

Bei den früher üblichen Spätdatierungen wurde diese Weihe mit einer Wiederherstellung oder Neuausstattung der Ostteile des älteren Burcharddoms verbunden.[51] Abwegig erschien der – vor den neuen dendrochronologischen Datierungen formulierte – Versuch von Illert, diese Weihenachricht auf die heutigen Ostteile zu beziehen.[52] Schwieriger einzuordnen war diese Nachricht, nachdem, wie gezeigt, der monumentale Neubaubeginn recht kurz nach dieser Weihe um 1120/25 angesetzt wurde – denn die

Formen der Ostfassade können keineswegs schon vor und um 1110 datiert werden.[53] Die neu definierte, älteste Bauphase des Doms lässt sich nun aber mit dieser Weihe verbinden: Alle Bauformen der unteren Teile von Altarhaus und Querschiff im Außenbau sind problemlos in diese Zeit zu datieren, nicht zuletzt auch die Gestalt des Südportals. Dieser erste Bauabschnitt schließt sich damit enger als bisher angenommen den jüngsten Bauteilen des damals gerade in Vollendung befindlichen Speyerer Doms an. Dies gilt auch, wie Wilfried E. Keil inzwischen gezeigt hat,[54] für die Schmuckformen im Inneren des Altarraums: Die mit Wulst und abgesetzter Kehle profilierten Lisenen der Blendarkaden unterscheiden sich klar von den verschliffenen Profilen der jüngeren Bauteile, der Ostfassade wie des Langhauses. Das Juliana-Relief (mit Stifter- und Künstlerinschriften)[55] und das Blattornament der benachbarten Lisene waren von der älteren Forschung als einheitliche Gruppe mit der übrigen Bauskulptur des Ostbaus angesprochen worden, besonders mit den Figuren der Galerie in der Ostfassade;[56] schon von Winterfeld und Mertens haben aber formale Eigenarten beobachtet, die die beiden Reliefs im Altarraum an den Speyerer Dom anbinden.[57] Bönnen brachte die Stifter-Inschrift des Juliana-Reliefs bereits mit Nennungen eines Münzmeisters Adalbertus in Urkunden von 1106 und 1109 in Verbindung.[58]

Wenn sich also die Weihe von 1110 auf den ersten Bauabschnitt des heute erhaltenen Dombaus bezieht, ist der Wormser Domneubau am ehesten der Initiative Heinrichs V. zuzuschreiben,[59] wohl gleich nach seiner Königserhebung 1106 – in demonstrativer Konkurrenz zu den Dombauprojekten seines Vaters Heinrich IV. in Speyer und Mainz. Dies würde die Interpretation der politischen Situation dieser Zeit deutlich modifizieren – weit über die Baugeschichte des Wormser Doms hinaus.[60] Heinrich V. ließ bekanntlich dem Speyerer Dom, der Grabkirche seiner Vorfahren, keine Förderung zukommen und zeigte noch bei der Memorialstiftung 1111 keine Absichten, selbst dort begraben zu werden.[61] In Worms hatte Heinrich V. zwar 1107 die Neuwahl eines Bischofs verhindert und mit dem Bau einer Pfalz vor der Stadt begonnen, sein Kanzler war allerdings der Wormser Dompropst Adalbert von Saarbrücken, den er 1112 zum Erzbischof von Mainz erhob (Adalbert I.). Für das Bistum Worms wurde 1115 Burchard von Ahorn (Buggo) als zunächst kaisernaher Bischof gewählt (Burchard II.). Dieser wechselte aber noch vor seiner Bischofsweihe 1120 zu den Gegnern des Kaisers und konnte deshalb nicht vor dem Tod Heinrichs V. 1125 in seiner Bischofsstadt regieren.

Der Wormser Dombau wurde nachfolgend rasch wieder aufgenommen. Die Fertigstellung der Ostteile mit den zumindest weitgehend neu gebauten Osttürmen und der neuen Ostfassade waren – wie oben gezeigt – nach 1130 im Bau, wenig später wurden auch Querarme und Altarhaus weitergebaut. Die neuen Formen dieser Wormser Ostteile wurden rasch an der Klosterkirche auf dem Disibodenberg übernommen: Dort zeigt der dreischiffige Altarraum sehr ähnliche Bau- und Schmuckformen; für ihn sind drei Altarweihen im Jahr 1138 überliefert.[62] Dieses früher erratische Datum fügt sich nun hervorragend in die romanische Baukunst des Oberrheins ein.

Anmerkungen

1 Teile der nachfolgenden Studien beruht auf Vorarbeiten, die bereits ab 2009 publiziert wurden: Matthias Untermann, Der Ostbau des Wormser Doms. Neue Überlegungen und Befunde zu Bauabfolge und Datierung sowie zur Weihe von 1110, in: Der Wormsgau 27, 2009, S. 189–203; Matthias Untermann, Die drei Kaiserdome Speyer, Mainz und Worms, in: Alfried Wieczorek/Bernd Schneidmüller/Stefan Weinfurter (Hgg.), Die Staufer und Italien. Drei Innovationsregionen im mittelalterlichen Europa, Bd. 1: Essays. Ausst.-Kat. Mannheim 2010, Darmstadt 2010, S. 150–160; Matthias Untermann/Wilfried E. Keil, Der Ostbau des Wormser Doms. Neue Beobachtungen zu Bauabfolge, Bauentwurf und Datierung, in: In situ Zeitschrift für Architekturgeschichte Bd. 2, H.1, 2010, S. 5–20; Matthias Untermann, Die Baugeschichte des Wormser Doms. In: Die Salier. Macht im Wandel. Essays. München 2011, S. 232–239. – Dieser Beitrag wurde zur Jahreswende 2015/16 abgeschlossen.

Die Ergebnisse der jüngeren Bauuntersuchungen und dendrochronologischen Untersuchungen konnten nicht mehr nachgetragen werden, widersprechen nach vorläufiger Auswertung den hier vorgelegten Befunden und Überlegungen nicht.

2 Walter Hotz, Die Wormser Bauschule 1000–1250. Werke – Nachbarn – Verwandte, Studien über landschaftsbezogene dt. Baukunst. Darmstadt 1985; Klaus G. Beuckers/Johannes Cramer/Michael Imhof (Hgg.), Die Ottonen. Kunst, Architektur, Geschichte, Darmstadt 2001; Matthias Untermann, Kaiserdome oder Kunstlandschaft? Romanische Baukunst und regionale Identität, in: Volker Gallé, u.a. (Hgg.), Kurpfalz und Rhein-Neckar. Kollektive Identitäten im Wandel, Heidelberg 2008, S. 51–62; Sebastian Preuss, Im Schatten der Dome. Romanische Baukunst im Umkreis von Mainz, Worms und Speyer, Mainz: Univ. 2011; Ausstellungskatalog zu: Strasbourg 1200–1230. La revolution gothique. Strasbourg, Musées de la ville, Strasbourg 2015.

3 Wilfried E. Keil, Die Baumeistersäule an der Ostfassade des Domes zu Worms, in: In situ, Zeitschrift für Architekturgeschichte Bd. 3, Heft 1, 2011, S. 5–18.

4 Die gestuften, spitzbogigen Fenster mit ihren aus Wulst, Kehle und Kugelfries profilierten Kämpfergesimsen und mit Kugelfriesen besetzten Bögen sowie den eingestellten Säulen mit Wormser Kapitellen und Knospen-Kapitellen belegen eine Entstehung der obersten Geschosse in spätromanisch-frühgotischer Zeit. Im gleichen Zug wurden die steinernen Kegeldächer der Türme konstruiert, deren Mauerschale durch sechs Dachgauben und vier kleinen Kreuzen durchbrochen werden. Durchbrochene Knäufe und Kreuze bekrönen die Giebel der Dachgauben und die Turmspitzen.

5 Gedankt sei an dieser Stelle der Domgemeinde Worms, Dompropst Prieß und Dompropst Schäfer, Dombauarchitekt Jürgen Hamm, der Denkmalpflege des Bistums Mainz, der Landesdenkmalpflege der GDKE Rheinland Pfalz, den Mitarbeitern der beteiligten Baufirmen und des Stadtarchivs Worms und nicht zuletzt allen mitarbeitenden Studierenden der Universität Heidelberg.

6 Da die Innenseiten der Türme und die Wände des Altarhauses noch nicht in gleicher Qualität untersucht sind bleiben die Ergebnisse vorläufig. Die in diesem Beitrag verwendeten Bauabschnitts-Nummerierungen entsprechen nicht denen in den unpublizierten Einzelberichten der Dokumentation und werden sich auch bei einer ausführlicheren Publikation der Ergebnisse ändern.

7 Für die Einsicht der Berichte zu den dendrochronologischen Untersuchungen danken wir Diana Ecker, Denkmalpflege des Bistums Mainz.

8 Diese auffällige Mauerwerktechnik ist auch an anderen Stellen des Domes zu beobachten, insbesondere im Innenraum der Ostteile.

9 Friedrich M. Illert, Zur Geschichte des Domes (Regesten), in: Rudolf Kautzsch, Der Dom zu Worms. 3 Bd., Berlin 1938, S. 9–49, hier S. 32; Walter Hotz, Der Dom zu Worms. Darmstadt, 1981 (2. Aufl. 1989 neu bearbeitet und ergänzt Günther Binding), S. 26 f. Untermann/Keil 2010 (wie Anm. 1), S. 12.

10 Christian Burkhart, Der Speyerer Bischof Siegfried von Wolfsölden und die Weihe der Heiligkreuz- und Marien-Kapelle 1130. (K)ein Beitrag zur Baugeschichte des Wormser Doms, in: Der Wormsgau 30, 2013, S. 73–89.

11 Kautzsch 1938 (wie Anm. 9), S. 173; Untermann/Keil 2010 (wie Anm. 1), S. 14.

12 Kautzsch 1938 (wie Anm. 9), S. 172.

13 Dethard von Winterfeld, Die Kaiserdome Speyer, Mainz, Worms und ihr romanisches Umland, Regensburg, 2000, S. 167.

14 Wilfried E. Keil/Aquilante De Filippo, Zu den Versatzzeichen und Inschriften am Südostturm des Wormser Doms, in: Der Wormsgau 27, 2009, S. 208–212, dazu Abb. 6.

15 Untermann, 2009 (wie Anm. 1), S. 192; Untermann/Keil 2010 (wie Anm. 1), S. 8.

16 DendroLabor Trier, LSB 233/15.

17 Die Probe mit dem Ergebnis 1128 ist ein Holz ohne Waldkante (DendroLabor Trier LSB 183/08).

18 DendroLabor Trier, LSB 233/15.

19 Zu der Funktion von Versatzzeichen und für weitere Beispiele Keil/De Filippo 2009 (wie Anm. 14) sowie Wilfried E. Keil/Aquilante De Filippo, Versatzzeichen – Markierungen des Baubetriebes. Beispiele aus Worms, von der Klosterruine Disibodenberg und der Burg Sponheim, in: Olaf Wagener (Hg.), Burgen im Hunsrück. Eine Burgenlandschaft im Fluss der Zeiten, Petersberg 2011, S. 241–253.

20 Keil/De Filippo 2009 (wie Anm. 14), S. 205–208; Keil/De Filippo 2011 (wie Anm. 19), S. 244.

21 Keil/De Filippo 2011 (wie Anm. 19), S. 244.

22 Verantwortlicher Restaurator: Stefan Schopf von der Hans-Michael Hangleiter GmbH.

23 Zur Baumeistersäule und den Farbfassungen siehe die ausführlichen Beobachtungen von Keil 2011 (wie Anm. 3), S. 5–18.

24 Keil/De Filippo 2011 (wie Anm. 19), S. 242 f.

25 Ernst Hollstein, Dendrochronologische Datierung von Bauhölzern des Wormser Doms, in: Neues Jahrbuch für das Bistum Mainz 1979, S. 45 f.; Ernst Hollstein, Neue Bauholzdaten des Wormser Doms, in: Neues Jahrbuch für das Bistum Mainz 1981, S. 125–134.

26 Dethard von Winterfeld, Der Dom zu Worms (Die blauen Bücher), Königstein i.T. 1984, S. 10f.; Matthias Untermann, Kirchenbauten der Prämonstratenser. Untersuchungen zum Problem einer Ordensbaukunst im 12. Jahrhundert, Köln 1984, S. 185.

27 von Winterfeld 1984 (wie Anm. 26), S. 11 f.; Dethard von Winterfeld, Worms, Mainz, Speyer und der Beginn der Spätromanik am Oberrhein, in: Franz J. Much (Hg.), Baukunst des Mittelalters in Europa, Stuttgart 1988, S. 218–250.

28 Joachim Müller, Die Klosterkirche Murbach im Elsass, Bd. 44 von Veröffentlichungen Abt. Architekturgeschichte des Kunsthist. Inst. Univ. Köln 1992, S. 183–215, 256–263.

29 Müller 1992 (wie Anm. 28), S. 176, 250, 283.

30 Richard Hamann, Deutsche und französische Kunst im Mittelalter, Marburg 1922/23, S. 85.

31 Rudolf Kautzsch, Der Meister der Ostteile des Doms zu Worms, in: Städel Jahrbuch 5, 1926, S. 99–114 zu Hamann 1922 (wie Anm. 30), S. 100. Danach Kautzsch 1938 (wie Anm. 11), S. 199–205 zu Hamann 1922 (wie Anm. 30), S. 205.

32 Kautzsch 1926 (wie Anm. 31), S. 101; Kautzsch 1938 (wie Anm. 9), S. 77–81.

33 Entsprechende berechtigte Zweifel äußerten bereits Hans Joachim Krause, Bemerkungen zum staufischen Neubau des Wormser Doms in: Wiss. Zs der Karl-Marx-Universität Leipzig, Gesellschafts- und Sprachwiss. Reihe 12, 1963, S. 448 und von Winterfeld 1984 (wie Anm. 26), S. 5.

34 Kautzsch 1938 (wie Anm. 9), S. 191–194.

35 von Winterfeld 1984 (wie Anm. 26), S. 9 f.

36 Dethard von Winterfeld, Die Abteikirche von Maria Laach, Regensburg 2004, S. 87–90.

37 Untermann 1984 (wie Anm. 26), S. 155–158.

38 Hans Erich Kubach/Günther Binding, Der Dom zu Speyer, 4., erg. Aufl., Darmstadt 1998, S. 59–64.

39 Matthias Untermann, Cluny am Hochrhein – Die Anfänge des heutigen Münsters. in: Kurt Bänteli/Rudolf Gamper/Peter Lehmann (Hgg.), Das Kloster Allerheiligen in Schaffhausen (Schaffhauser Archäologie 4), Schaffhausen 1999, 117–123.

40 Eugen Kranzbühler, Der Wormser Dom im 18. Jahrhundert, in: Studien aus Kunst und Geschichte. Friedrich Schneider zum siebzigsten Geburtstag gewidmet, Freiburg/Br. 1906, S. 302–304. Die barocken Umgestaltungen lassen sich ohne Bauuntersuchung nicht detailscharf benennen, auch nicht im Vergleich mit den Hamman-Zeichnungen, die Kautzsch noch nicht kannte, die aber den Dom nicht detailscharf wiedergeben. Vgl. Fritz Reuter, Peter und Johann Friedrich Hamman. Handzeichnungen von Worms aus der Zeit vor und nach der Stadtzerstörung 1689 im »Pfälzischen Erbfolgekrieg«, Worms 1989, S. 90–93.

41 Hans Erich Kubach/Walter Haas (Hgg.), Der Dom zu Speyer (Die Kunstdenkmäler von Rheinland-Pfalz 5), 3 Bde., München/Berlin 1972, S. 395.

42 Müller 1992 (wie Anm. 28), S. 193.

43 Müller 1992 (wie Anm. 28), S. 116, 182–185.

44 Eugen Kranzbühler 1906 (wie Anm. 40), S. 303.

45 Peter R. Anstett, Die Baugeschichte von der Spätromanik zur Neuzeit, in: Die Stadtkirche St. Dionysius in Esslingen a. N. Archäologie und Baugeschichte II (Forschungen und Berichte der Archäologie des Mittelalters in Baden-Württemberg 13/2), Stuttgart 1995, S. 9–309, hier S. 44–47.

46 Illert 1938 (wie Anm. 9), S. 25 f.

47 Gerold Bönnen, Die Wormser Domweihe 1110, König Heinrich V. und die Reliquienausstattung der Wormser Kirche, in: Archiv für hessische Geschichte und Altertumskunde NF.64, 2006, S. 1–25. Vgl. Illert 1938 (wie Anm. 9), S. 25 f., 31 f.

48 Andreas Urban Friedmann, Die Beziehungen der Bistümer Worms und Speyer zu den ottonischen und salischen Königen (QAmK 72), Mainz 1994, S. 163, mit Auflistung und positiver Bewertung der Schriftquellen.

49 Hubertus Seibert, Reichsbischof und Herrscher. Zu den Beziehungen zwischen Königtum und Wormser Bischöfen in spätsalisch-frühstaufischer Zeit (1107–1217), in: Zeitschrift für die Geschichte des Oberrheins 143, N. F. 104, 1995, S. 97–144, hier S. 103 Anm. 35

50 Illert 1938 (wie Anm. 9), S. 25 f.

51 Irene Spille, Neuentdeckungen zur Datierung des Wormser Domes in: Der Wormsgau 13, 1979–81, S. 106–112; Hotz 1981 (wie Anm. 9), S.15.

52 Illerts Position wurde in einem postum gedruckten Vortrag ausdrücklich formuliert: Friedrich M. Illert, Zeitgeschichte und Dombau, Ein Beitrag zur Datierung des Wormser Dombaues, in: Der Wormsgau 7, 1965/66, S. 9–36, besonders S. 20–25.

53 von Winterfeld 1984 (wie Anm. 26), S. 6; Hotz 1981 (wie Anm. 9), S. 15.

54 Keil 2011 (wie Anm. 3).

55 Die Inschriften der Stadt Worms. Gesammelt u. bearbeitet von Rüdiger Fuchs (Die Deutschen Inschriften Bd. 29, Mainzer Reihe Bd. 2), Wiesbaden 1991, S. 19–21, Nr. 18. s. a. http://www.inschriften.net/worms.html.

56 Mit der damaligen, deutlich jüngeren Datierung: Otto Schmitt, in: Kautzsch 1938 (wie Anm. 9), S. 255; Georg Troescher, Die Bildwerke am Ostchor des Wormser Doms in: Zeitschrift für Kunstgeschichte, Bd. 21, 1958, S. 132–134. Mit einer Datierung um 1120/30: Holger Mertens, Studien zur Bauplastik der Dome in Speyer und Mainz: stilistische Entwicklung, Motivverbreitung und Formenrezeption im Umfeld der Baumaßnahmen des frühen 12. Jahrhunderts (QAmK 76), Mainz 1995, S. 185–189.

57 von Winterfeld 1984 (wie Anm. 26), S. 16; Mertens 1995 (wie Anm. 56), S. 189.

58 Gerold Bönnen, Dom und Stadt – zu den Beziehungen zwischen Stadtgemeinde und der Bischofskirche im mittelalterlichen Worms in: Der Wormsgau 17, 1998, S. 8–55, hier S. 15 mit Anm. 21.

59 Eine Bauinitiative dieses Kaisers – allerdings nicht auf den heutigen Dom bezogen –vermutete bereits Andreas Friedmann in: Friedhelm Jürgensmeier (Hg.), Das Bistum Worms. Mainz 1997, S. 29.

60 Andreas U. Friedmann, Die Beziehungen der Bistümer Worms und Speyer zu den ottonischen und salischen Königen. Mainz 1994, S. 158–178; Seibert 1995 (wie Anm. 49); Caspar Ehlers, Metropolis Germaniae. Studien zur Bedeutung Speyers für das Königtum (751–1250) (Veröffentlichungen des Max-Planck-Instituts für Geschichte 125), Göttingen 1996, S. 119–140, Bönnen 2006 (wie Anm. 47).

61 Ehlers 1996 (wie Anm. 60), S. 124–128.

62 Jürgen Keddigkeit/Matthias Untermann, Disibodenberg, St. Maria (u. St. Disibod), in. Jürgen Keddigkeit u. a. (Hgg.), Pfälzisches Klosterlexikon. Bd. 1, Kaiserslautern 2014, S. 268–320.

Dethard von Winterfeld

OFFENE FRAGEN ZUR BAUGESCHICHTE DES WORMSER DOMS[1]

Die Schriftquellen des Mittelalters sind zumeist nicht in der Absicht verfasst worden, den Leser über die Entstehungsgeschichte eines Bauwerkes zu informieren. Darum ist die Verbindung von Schriftquelle, bautechnischem Befund und stilistischer Formgebung eine Aufgabe für die Forschung. Dass es dabei viel Raum für die persönlichen Anschauungen des jeweiligen Bearbeiters gibt, liegt auf der Hand. Bis gegen Ende des letzten Jahrhunderts konnten in Worms stark voneinander abweichende Ansichten nebeneinander bestehen. Erst der Einsatz der naturwissenschaftlich begründeten Methode der Dendrochronologie, das heißt der Altersbestimmung durch Jahresringe des Holzes, brachte eine gewisse Sicherheit. So ließ sich im zweiten Joch des Langhaumittelschiffs die Entstehungszeit auf 1161 und 1163 über dem Blendtriforium bestimmen. Die überlieferte Weihenachricht von 1181 für den vollendeten Dom gewann an Wahrscheinlichkeit.

Für den Ostbau, das heißt Querhaus und Chor, konnten etwas oberhalb der Gewölbekämpfer sechs Hölzer geborgen werden, die sich auf die Zeit zwischen 1132 und 1137 verteilen. Damit wurde ein Baubeginn, über den es keine Nachricht gibt, um 1120/25 wahrscheinlich; fast ein halbes Jahrhundert früher, als die damalige Mehrheitsmeinung für möglich hielt und fast unmittelbar anschließend an Bau II des Domes in Speyer, dessen rauere Steinoberflächen ihn als den älteren ausweisen.

In dieses Datengefüge lässt sich eine Weihe von 1110 nach der Reparatur von Brandschäden nicht einfügen, die als Ereignis herausragend war, zumal der Zeremonie Kaiser Heinrich V. und mehrere Bischöfe beiwohnten. Die Nachricht ist mehrfach, allerdings erst zum Teil aus dem 15. Jahrhundert schriftlich überliefert. Es ist immer wieder versucht worden, so auch jüngst, diese Weihe auf den spätromanischen Dom zu beziehen, zumal das kleine Querhausportal auf der Südseite eine eigentümlich steife Flechtornamentik zeigt. Derartige formale Rückgriffe sind auch andernorts zu beobachten, so dass man dem keine Bedeutung beimessen kann. Als Ergebnis der neuesten Bauuntersuchungen vom Gerüst aus hat Matthias Untermann eine komplizierte, bereits vor 1110 einsetzende Bauchronologie für die Ostteile entworfen. Wegen der spröden, kantigen Gliederung des Querhauses hält er dieses für älter als das Altarhaus und insbesondere die profilierte Gliederung der Ostfassade. Diese sei, vermutlich nachträglich, der Apsis vorgesetzt worden und habe daher keinen Verband mit den Osttürmen. Die Gliederung der inneren Blendarkaden des Querhauses werden einer späteren Umgestaltung zugeschrieben, die der Ostfassade sogar noch voranging. Mit einigen neuen Beobachtungen kann er seine Folgerungen belegen, die andererseits manche einander widersprechende Hypothese enthalten, wobei Baubefund und rein stilistische Kriterien miteinander vermischt werden. Die Tatsache, dass die beiden Turmzugänge vom Altarhaus aus große durchbindende Quader in ihrem Gewände zeigen und somit die Einheitlichkeit von Altarhaus und Türmen bezeugen, akzeptiert er, obwohl sich daraus ein starkes Gegenargument gegen seine Hypothese ergibt. Dass die östlichen Blenden des Altarhauses mit Rücksicht auf die Türme keine Fenster aufweisen, was wiederum auf die Einheitlichkeit hinweist, wird nicht erwähnt. Richtig ist zweifellos, dass im Äußeren die Schichthöhen der Quader bei Türmen und Altarhaus voneinander abweichen. Das ist auch bei anderen Bauten zu beobachten (z. B. Bamberg), weil die Quader des Turmes schon allein wegen der Rundung und der Wendeltreppe im Inneren einem anderen Fertigungskomplex angehören. Differenzen der Quaderschichten können, müssen aber nicht, ein Indiz für unterschiedliche Entstehung darstellen. Nur oben, beim Bogenfries unter der Altarhaustraufe, ist zu erkennen, dass tatsächlich die Turmquader gegen die des Altarhauses stoßen. Erklärungen dafür sind jedoch spekulativ.

Die merkwürdige Form der diagonalen Apsisfenster, deren Gewände um ca. 90 Grad in der Mauerstärke abgewinkelt ist, um die seitlichen Fenster der Fassade erreichen zu können, kann tatsächlich dazu verleiten, auf eine nachträgliche Vorblendung der Fassade zu schließen. Die leichten Unterschiede in der Oberflächenbearbeitung reichen aber nicht aus, um einen solchen Vorgang zu belegen. Außerdem gibt es auch hier Quader, die beim Gewände durchbinden. Bei der Anlage der Fensterbögen hat man sich allerdings schwer getan. Eine Baunaht zwischen außen und innen ist jedoch nicht zu beobachten. Im Äußeren bilden übrigens die Türme und die Ostfassade eine vollständige Einheit. Den Bauverlauf von Nord nach Süd, der sich in den unterschiedlichen Profilierungen der Fenstergewände manifestiert, lässt sich auch bei den Türmen ablesen. Während man auf der Nordseite genau die Höhe des Galeriegeschosses übernahm, wich man auf der Südseite davon ab und orientierte sich an dem viel höheren Fenstergeschoss. Offenbar empfand man die trommelartig gestauchte Form der Nordseite als nicht befriedigend und streckte den Turm, indem man in der Folge auf ein Geschoss verzichtete. Die enge Bindung an die Fassade gab man dafür auf. Daraus ergibt sich auch, dass der Nordturm und die Fassade dem Südturm vorausgingen.

Die Einordnung einzelner Bauabschnitte aufgrund stilkritischer Beobachtungen an Einzelformen ist in Worms besonders schwierig, weil bei grundsätzlicher Übereinstimmung die Details voneinander abweichen, obwohl die Ausführung gleichzeitig ist. So sind etwa die Profile der Ostfassade unter der Zwerggalerie und über derselben unterschiedlich, obwohl die Ausführung zeitlich nicht weit auseinanderliegen kann. Infolgedessen ist es sehr problematisch, die Profilierungen der Lisenen mit ihren Hornausläufen bei den Blendarkaden des Chorjochs zeitlich vom Außenbau abzugrenzen. Über den Blendarkaden des Altarhauses verläuft auf der Südseite ein Gesims. Der Rücksprung darüber dient den flachen Wandvorlagen der Gewölbestützen als Auflager. Auf der Nordseite fehlt das Gesims, ist aber vermutlich im 18. Jahrhundert aus Symmetriegründen in Stuck ergänzt worden. Der Rücksprung der Wandebene ist auch hier erhalten, allerdings etwas höher, knapp eine Quaderlage unter den Eckkapitellen. Offenbar hatte man die flachen Schildbogenvorlagen zunächst nicht vorgesehen und benutzte nunmehr den Rücksprung als Auflager. Zwei Quaderschichten über dem Rücksprung sind anscheinend zurückgespitzt und anschließend durch Putz geglättet worden. Untermann sieht darin den Anfänger eines Tonnengewölbes, für das es aber keine weiteren Indizien gibt. Man müsste in Höhe des Rücksprunges ein abgearbeitetes Horizontalgesims vermuten, das im 12. Jahrhundert unbedingt zu einem Tonnengewölbe gehört. Die Kämpferlinie würde unter den Halsringen der Kapitelle verlaufen, was bei einer sorgfältigen Planung nicht zu erwarten ist. Die Abarbeitung bezieht sich also wahrscheinlich auf den nachträglich geplanten Rücksprung. Seine Lage auf der Südseite in Verbindung mit dem Horizontalgesims lässt wiedererkennen, dass aus der mehr oder weniger ungeordneten Situation der Nordseite auf der Südseite eine geordnete wurde, was wiederum für einen Bauablauf von Nord nach Süd spricht. Etwa in gleicher Höhe ist auf der Nordseite außen ein Rücksprung bei den Winkellisenen zu beobachten. Eine Treppenfuge, die auf der Südseite von der Jochmitte nach Westen zurückgetreppt aufsteigt, deutet darauf hin, dass an dieser Stelle tatsächlich der südöstliche Vierungspfeiler vor der oberen Wandfläche des Altarhauses errichtet wurde. Das bedeutet aber nicht, dass das Querhaus insgesamt vor dem Altarhaus errichtet wurde.

Die dendrochronologisch datierten Gerüsthölzer verteilen sich in einem Streifen unterhalb und oberhalb der Fenstersohlbänke, in den beiden Querarmen und im Altarhaus. Dort ist das oberste von 1137 in der Höhe fast übereinstimmend mit der Ostwand des Südquerarms in einem Holz aus dem Frühjahr 1136. Man kann also davon ausgehen, dass an allen drei Bauteilen etwa gleichzeitig gearbeitet wurde. Ein Zeitunterschied zwischen den Bandrippen des Altarhauses und denen des Querhauses ist nicht festzustellen, zumal letztere wegen des querrechteckigen Grundrisses versetzt an die durchgehende Rippe anstoßen. Im Altarhaus ist eine leichte Zuspitzung auch bei den Rippen zu beobachten. Die stilistischen Unterschiede zwischen Altarhaus mit Ostfassade und Türmen auf der einen Seite und den schweren, unprofilierten Bögen des Querhauses auf der anderen Seite befinden sich unter der Traufe und damit deutlich höher als die Lage der Gerüstriegel. Diese bezeugen, dass die unterschiedlichen Formen nahezu gleichzeitig Verwendung fanden. Sie sind nicht Ausdruck eines sich wandelnden Formgefühls, sondern vermutlich auf unterschiedliche Vorbilder zurückzuführen. Dazu muss man wissen, dass in Worms nicht nur für das Mittelschiff und seine Hochwände unterschiedliche Formen verwendet wurden, die sich auf Speyer im geplanten Zustand von Bau II und den ausgeführten Zustand beziehen. Während das Äußere des Nordseitenschiffes einen durchgehend gleich geformten Rundbogenfries aufweist, wechseln die Formen im Obergaden darüber fast von Joch zu Joch. Diese Vielfalt gilt es zu berücksichtigen und warnt zugleich vor voreiligen chronologischen Rückschlüssen. Dass die Querarme im Äußeren mit ihren mächtigen Kantenvorlagen ebenfalls etwas mit Speyer zu tun haben, habe ich schon 1984[2] dargestellt. Sofern man die Wormser Formenvielfalt auf Speyer beziehen kann, ergibt sie einen Sinn.

Was darüber hinausgeht, bleibt einstweilen unerklärlich, ebenso wie die Weihe von 1110 mir nach wie vor ungelöst scheint. Sie kann sich eigentlich nur auf eine Wiederherstellung des Vorgängerbaus beziehen. Die sorgfältig aus Kleinquadern hergestellten Mauerzüge von Ostfassade und Türmen, die oft auf den älteren Dom bezogen wurden, sind zweifellos nur die freiliegenden Fundamente des jetzigen Domes, die bei einer Niveauveränderung unmittelbar vor dem Dom zum Vorschein kamen. Die älteren Fundamente, die sich unter dem Südwestturm erhalten haben und von einer Wiederherstellung von Westchor und Westtürmen um 1020 stammen, sehen ganz anders aus als die besagten unter den Ostteilen.

Wie diese bei dem Vorgängerbau unter Burchhard ausgesehen haben, ist ein weiteres Wormser Rätsel, das einstweilen ungelöst bleibt.

Anmerkungen

1 Dieser Essay des Autors bietet eine Zusammenfassung von Überlegungen und Anmerkungen zu dem hier im Band vorgestellten baugeschichtlichen Forschungsbeitrag von De Filippo/Schulten/Untermann, wie sie auf einem Studientag der Kath. Akademie des Bistums Mainz Erbacher Hof vorgestellt wurde und sich aus den architekturgeschichtlichen Forschungsarbeiten des Autors ergeben.

2 Dethard von Winterfeld, Der Dom zu Worms (Die blauen Bücher), Königstein i.T. 1984.

Aquilante De Filippo

DIE ROMANISCHE BAUSKULPTUR DES WORMSER DOMS

Die zahlreichen Skulpturen des Wormser Domes konzentrieren sich am Außenbau vor allem an der Ost- und Westfassade und an den Portalen. Bei den Fassaden handelt sich meist um große, vom Boden aus erkennbare Figuren. Im Innenraum befinden sich skulptierte Elemente, Figuren, Kapitelle aber auch kleine Verzierungen im gesamten Raum verteilt. Sie sind jedoch aufgrund der Lichtverhältnisse nicht immer wahrzunehmen oder aus liturgischen Gründen, wie im Sanktuarium, nicht öffentlich zugänglich.

Obwohl die Bauskulptur des Domes ein homogenes Gesamtbild ergibt, lässt sie sich bei näherer Betrachtung stilistisch[1] in diverse Werkgruppen einteilen, die von unterschiedlichen Werkstätten erschaffen wurden und zu verschiedenen Bauphasen[2] gehören (vgl. dazu den Beitrag De Filippo/Schulten/Untermann in diesem Band). In den erhaltenen Bauteilen des von Bischof Burchard Anfang des 11. Jahrhunderts errichteten Vorgängerbaus,[3] den Untergeschossen der Westtürme, sind keine Skulpturen vorhanden.

DIE SKULPTUREN DER UNTEREN OSTTEILE

Die älteste Skulpturengruppe des heutigen, im 12. Jahrhundert erbauten Doms befindet sich in den Ostteilen, in den unteren Wandpartien des Altarhauses, des Querschiffes und des ersten Langhausdoppeljoches. Die unteren Bauteile des Altarhauses lassen sich heute aufgrund der Anbauten, der sogenannte Silberkammer im Norden und der Sakristei im Süden, und der nachträglichen Umgestaltung der Ostfassade nur im Innenraum fassen. In der Apsiswand öffnen sich drei große Fensternischen, deren Profile jedoch im 18. Jahrhundert abgeschlagen und verputzt wurden,[4] so dass von der Skulptur nur einfache Würfelkapitelle an den Halbsäulen zwischen den Nischen übriggeblieben sind.

Die Nord- und Südwand des Sanktuariums sind ebenfalls dreigeteilt, hier durch große Blendarkaden. Die Lisenen dieser Arkaden sind mit einem attischen Profil versehen, das sich von dem späteren, zunächst an der Ostfassade vorkommenden Profil mit Karnies unterscheidet. Die unteren Abschlüsse dieser attischen Profile sind in der Südwand des Sanktuariums mit verschiedenen Menschen- und Widderköpfen verziert. Die Menschenköpfe stehen auf dem Lisenenrücksprung vor der Aussparung der Kehle und sind stilisiert dargestellt. Ihr Gesicht ist oval und ihre Haare wurden in feinen parallelen Strähnen ausgearbeitet. Bei den Widderköpfen laufen die Wulste des attischen Profils unten den Figuren zusammen und enden nach einem Knick spitzförmig. Diese

Abb. 11: Worms, Dom, sog. Baumeistersäule aus der Galerie in der östlichen Chorfassade (Kopie)

Abb.12: Im Innern des Sanktuariums, Südwanc, Hornauslauf mit Widderkopf

Abb. 13: Im Innern des Sanktuariums, Nordwand, Lisenenfuß mit Palmettenornament

innovative Profilgestaltung, die in der Forschung aufgrund der spitzen, an einem Bovidenhorn erinnernden Form den Namen »Hornauslauf«[5] bekam, hat vermutlich im Sanktuarium des Wormser Domes ihren Ursprung und erfuhr von dort aus eine überregionale Verbreitung.[6] Eine weitere fantasievolle Lösung findet sich im westlichen Lisenenfuß der Sanktuarium-Nordwand, wo die Kantenprofile durch männliche Halbfiguren geschmückt sind, die sich mit den Händen an ihren zur unteren Kante hin spitz verlaufenden Bart fassen. Aus Mund und Nase wachsen dreisträhnige Ranken mit Halbpalmetten, die in symmetrischen Kompositionen nach oben steigen und die gesamte Quaderoberfläche verzieren.[7]

Sowohl dieses Palmettenmotiv als auch das attische Profil der Sanktuarium-Lisenen finden sich im Südquerarm wieder, an der Außenseite des Portals. Das Rundbogenportal hat zweifach gestufte Gewände mit eingestellten Säulen, die einen mächtigen, in der Archivolte umlaufenden Wulst tragen. Im Tympanon sind die Ränder mit reliefierten Ornamentik geschmückt, bei der geometrische Flechtwerkmotive neben kreisförmig wachsenden Palmettenranken[8] vorkommen; in der Lünette in der Mitte ist ein feines Fischgratmuster eingemeißelt worden. Mit dem attischen Profil sind die breiten Kapitellgurten versehen, deren schlichte Gestaltung an jeder Seite nur von einer plastischen Adlerfigur oberhalb der Säule unterbrochen wird.

Abb. 14: Südquerhaus, Südwand, Tympanon mit Rankenrahmung über dem Portal

Auf eine zeitnahe Entstehung von Querhaus und Sanktuarium deutet auch die typologische Einheitlichkeit der Eckverzierung in den Basen der Dienste im Innenraum, die ausschließlich als Widder- und Löwenköpfe gestaltet sind. Die Löwenköpfe haben weit geöffnete Augen, große spitze Eckzähne, zwischen denen auffälligerweise die Zunge ausgestreckt ist, und mehrsträhnige Mähnenlocken mit leicht aufgerollten Endungen. Bei den Widderköpfen sind die Augen mandelförmig, die Hörner stark gebogen und an der Oberfläche gerillt. Nach Westen hin sind die letzten figürlichen Eckverzierungen zwei Löwenköpfe, die sich im ersten Doppeljoch des Mittelschiffs am nordwestlichen Dienst befinden[9] . Die unteren Teile dieses Doppeljoches gehören vermutlich in eine erste große Bauphase gemeinsam mit Sanktuarium und Querhaus.[10] Weiter westlich finden sich an den Dienstbasen nur einfach gestaltete Ecksporne.

Die einzige großformatige Skulptur der unteren Ostteile ist das sogenannte Juliana-Relief (vgl. den Beitrag Bönnen in diesem Band), eine Figurengruppe in der nordwestlichen Wandvorlage des Sanktuariums. Besonders charakteristisch ist in dieser Darstellung die Gestaltung der langen Haare der heiligen Juliana. Diese fallen nicht dem Kopf entlang gerade nach unten, sondern breiten sich in parallel verlaufenden Strähnen weit über das dahinterstehende Lisenenprofil aus. Das Flügelgefieder des Engels ähnelt dem der Kapitelladler am Südquerarmportal.

Abb. 15: Mittelschiff, Nordseite, Basiseckzier am ersten Dienst von Osten

Stilistisch lässt sich die Halbpalmettenornamentik im Wormser Sanktuarium mit ähnlichen Motiven des 1106 wohl fertiggestellten[11] Speyerer Dom vergleichen, die beispielsweise in Reliefs im Nordquerarm,[12] in der östlichen Kapelle[13] oder an der äußeren Westwand, und in der Apsis vorkommen.[14] Die Wormser Palmetten sind bewegter in der Linienführung und erhaben ausgearbeitet, so dass sie plastischer wirken. Diese stilistischen Ähnlichkeiten mit dem Speyrer Dom, Erkenntnisse aus den Bauuntersuchungen (vgl. den Beitrag von De Filippo/Schulten/Untermann in diesem Band) und archivalische Hinweise zu dem Stifter des Juliana-Reliefs (vgl. den Beitrag Bönnen in diesem Band) legen eine Entstehung der unteren Ostteile des Domes kurz vor der überlieferten Weihe von 1110 nahe.

DIE SKULPTUREN DER OSTFASSADE

Zu einer anderen, jüngeren Gruppe gehören nach den jüngsten Ergebnissen der Bauforschung (vgl. den Beitrag De Filippo/Schulten/Untermann in diesem Band) die Skulpturen der Ostfassade. Die Wandfläche der Fassade ist vertikal durch Lisenen gegliedert, die vom Sockel emporragen und in horizontale Rundbogenfriese übergehen. Die Kanten dieser Gliederungselemente sind weder einstufig und tief, wie an der Außenseite des Querhauses, noch mit attischem Profil versehen, wie im Inneren des Sanktuariums, sondern mehrstufig und durch die Verwendung von Karniesprofilen geschmeidiger gestaltet als jene. Die Lisenenfüße sind auch hier mit Hornausläufern ver-

Abb. 16: Ostfassade, Sohlbank des nördlichen Fensters mit Löwe-Mensch-Gruppe

sehen, jedoch ohne die kleinen eingestellten Köpfe.[15] Figurenköpfe kommen in der Ostfassade allerdings weiterhin vor, diesmal als große Konsolen im Rundbogenfries des ersten Geschosses der Türme. Sie stellen verschiedene Tiere, Menschen oder humanoide Gestalten dar. Auch an diesen Figuren sind die Haare als feine parallel verlaufende Strähne ausgearbeitet.

Zahlreiche Skulpturen schmücken die drei großen Rundfenster und die darüber befindliche Zwerggalerie. Auf den Sohlbänken der tiefen Fenster stehen sieben großformatige Bestien: im Süden zwei Löwen; in der Mitte ein robbenähnliches Wesen,[16] ein Widder und ein Löwe, im Norden ein Löwe, der über einem liegenden Mann steht und in dessen Kopfbedeckung beißt und eine Bärin mit ihrem Jungen.[17] In situ erhalten sind nur die Figuren des Nordfensters, die anderen wurden Anfang des 20. Jahrhunderts durch möglichst getreue[18] Kopien ausgetauscht. Bei diesen Tierdarstellungen fällt insbesondere die sorgfältige Bearbeitung der Felle und der Mähnen in einzelnen mehrsträhnigen, an den Endungen aufgerollten Locken auf. Sie stehen in der gleichen stilistischen Tradition der Eckverzierungen im Innenraum der Ostteile, sind jedoch durch eine feinere Ausarbeitung der Details ausgezeichnet: Beispielsweise sind bei den Löwen die Zähne und das Nasenbein deutlich schmäler, der Schnurrbart ist wie ein Tau in sich gedreht. Bei der Restaurierung im Jahr 2009 wurden außerdem an der Löwen-Menschen-Gruppe Reste einer wohl originalen Farbfassung[19] dokumentiert.

Abb. 17: Ostfassade, Zwerggalerie, die sogenannte Baumeistersäule

Weitere Skulpturen, Halb- und Ganzkörperfiguren von Tieren und Menschen, sind in der Brüstung des ehemaligen, heute verfüllten Laufgangs der Zwerggalerie, direkt unterhalb der Säulen, angebracht. Sie ragen weit aus der Wandflucht heraus. Die Basen der acht Galeriesäulen sind mit schlichten Eckspornen versehen und haben keine figürlichen Verzierungen. Die Kapitelle, Würfelkapitelle mit ausgeschiedenem Schild und angedeutetem Kämpfer, weisen eine feine Bearbeitung der Steinoberfläche mit Fischgratmuster oder sind gestockt.

Eine große Figurengruppe, die den Schaft der vierten Galeriesäule von Süden verziert, die sogenannte Baumeistersäule, nimmt eine herausragende Stellung unter den Skulpturen dieser Fassade ein. Eine männliche Gestalt in kurzem, langärmeligem Kleid und kurzen Stiefeln hält ein heute zum Teil abgebrochenes Werkzeug,[20] vielleicht ein Winkelmaß[21] oder ein Meißel,[22] in der linken Hand, was zur Interpretation der Figur als Baumeister führte. Der Mann wird von einem auf seiner rechten Schulter stehenden Affen am Kopf berührt.[23] Unter dem Affen war in der Säule ursprünglich ein zweites, größeres Tier ausgearbeitet, das jedoch im Laufe der Zeit abgeplatzt ist und heute nur anhand seines Umrisses und der erhaltenen Pfoten zu erahnen ist. Es scheint sich um ein Exemplar der Katzenfamilie gehandelt zu haben, das sich an der Säule wie an einem Baum festkrallte. Obwohl diese Figurengruppe auf dem ersten Blick große Ähnlichkeit mit dem beschriebenen Juliana-Relief aufweist, lassen sich auch hier, wie schon bei der Gestaltung der Löwen, kleine stilistische Unterschiede feststellen. Das Gesicht des Mannes ist länglich und nicht oval wie bei den Figuren im Sanktuarium, seine Backenknochen stehen hervor. Am Kleid ist der Ausschnitt plastischer als bei der heiligen Juliana, wo er nur eingeritzt ist; die Rockfalten sind beim Baumeister anders gestaltet, sie sind flach, nicht parallel und laufen unten gerade aus.

Die Ostwand des Altarhauses wird von einem großen stehenden Adler bekrönt, der mit den Krallen in einen Menschenkopf greift.[24]

Zur genaueren Datierung der Skulpturen der Ostfassade können die jüngst von Sibylle Bauer (DendroLabor Trier) gewonnenen dendrochronologischen Daten herangezogen werden: Die erhobenen Proben[25] ermöglichen eine Datierung der Skulpturen um 1136/37 oder kurz danach. Kurz davor wurden im Innenraum die oberen Wandpartien der Ostteile hochgezogen und vermutlich die Gewölbe gebaut (vgl. den Beitrag Untermann u. a. in diesem Band mit Nachweisen). Als einziger Bauschmuck treten hier an den Diensten schlichte Kapitelle, die sogenannten Polsterkapitelle, die vom Schaft in einer konvexen, kissenartigen Gestaltung zum Kämpfer hinaufgezogen sind. Die Kapitelloberflächen sind vereinzelt mit ornamentalem Dekor, zum Beispiel kleine Rundbogenreihen, versehen. Zusammen mit den Hornausläufern zählt das Polsterkapitell zu den innovativsten Wormser Bauformen dieser Zeit.

DIE KÜNSTLERISCHE HERKUNFT DER SKULPTUREN DER OSTTEILE

Beide bisher beschriebenen Skulpturengruppen sind trotz der erwähnten Unterschiede stilistisch eng verwandt, so dass es angemessen erscheint die Skulpturen der Ostteile als eine große Gruppe anzusprechen. Innerhalb dieser Gruppe kommen Schmuckformen vor, wie die Halbpalmettenornamentik oder die Tiermotive Adler, Löwe und Widder, die im 12. Jahrhundert zum Themenrepertoire der europäischen Bildhauer gehörten. So lässt sich die Frage nach der künstlerischen Herkunft der Wormser Bildnisse nicht allein durch das Vorkommen derselben Motive in der Bauskulptur anderer Bauten klären. Erforderlich dafür ist vielmehr eine gewisse stilistische Übereinstimmung zwischen den Skulpturen. Die Vergleiche mit dem Speyerer Dom beschränken sich auf die Blattornamentik, wie oben bereits erwähnt. Weiter sind einige Parallelen zwischen der Wormser Tiergruppe im mittleren Fenster der Ostfassade und der Darstellung eines Widders inmitten von zwei Löwen festzustellen, die das Südostportal des Mainzer Domes schmücken.[26] Sonst stehen die Wormser Skulpturen in der romanischen Architektur des Oberrheins zu Beginn des 12. Jahrhunderts ziemlich isoliert da. Sie weisen dennoch, wie der Speyerer und der Mainzer Dom auch,[27] stilistische Merkmale auf, die an oberitalienischen Bauten der Romanik vorkommen. Deshalb wurde für Worms schon früh eine Beteiligung oberitalienischer Steinmetzen vermutet.[28] Konkrete Vergleichsbeispiele in Italien wurden in früheren Studien jedoch nicht erwähnt[29] oder erwiesen sich als nicht zutreffend.[30]

Die beschriebenen Wormser Skulpturen finden stilistische Parallelen an Bauten in der Lombardei, insbesondere in Pavia und in Mailand.[31] Die äußerst seltene Darstellungsweise der Haare am Juliana-Relief findet sich in einer Nixenfigur an einem Kapitell[32] aus der 1811 abgerissenen[33] Paveser Kirche S. Giovanni in Borgo (um 1100[34] bzw. um 1110/30[35]) wieder, wo die streng parallelen Haarsträhnen nicht nach unten fallen, sondern sich auf den Hintergrund ausbreiten.

Abb. 18: Pavia, Musei Civici, Kapitell mit Nixendarstellung aus der abgerissenen Kirche S. Giovanni in Borgo

Auch die Gestaltung des Gesichts und der Augen dieser zwei weiblichen Figuren ähneln sich.

Die kleinen Menschen- und Widderköpfe, die in Worms den Hornauslauf im Sanktuarium und die Basen der Dienste schmücken, kommen ebenfalls als Eckverzierung der Basen, im Atrium der Kirche S. Ambrogio (um 1100–1110)[36] im Mailand vor, im Joch vor dem Hauptportal an der Westfassade. Hier zieren Widderdarstellungen außerdem einige Kapitelle, an denen auch Adler dargestellt sind, die an den Wormser Kapitelle des Südquerhauses erinnern, sich jedoch stilistisch leicht davon unterscheiden.

Stringenter scheint hingegen der stilistische Vergleich mit den Löwenbildnissen in den Langhauskapitellen der Kirche S. Michele Maggiore (ca. 1100–1130) zu sein, wo die Eigenarten der Wormser Löwenköpfe,

Abb. 19: Pavia, S. Michele, Mittelschiff, letzter nördlichen Pfeiler von Osten: Darstellung mit Löwen an der Westseite des Kapitells

die großen Eckzähne, die ausgestreckte Zunge, ein gedrehter Schnurrbart und die Gestaltung der Mähne in breiten, mehrsträhnigen Locken, die leicht aufgerollt enden, wiederzufinden sind, wie beispielsweise in der Darstellung Daniels in der Löwengrube.[37]

Die große Verbreitung der mit dem Wormser Dom stilistisch vergleichbaren Motiven in der Lombardei deutet vermutlich darauf, dass sie hier ihren Ursprung haben. Die Tatsache, dass für die meisten romanischen Bauten Oberitaliens die Datierung nicht gesichert ist, erschwert jedoch die Erstellung einer genauen chronologischen Abfolge zwischen den einzelnen Bauten.

Lokaler Ursprung scheint dagegen in der Bauskulptur der Ostteile des Wormser Domes das Polsterkapitell zu haben, das sich aus der Grundform des Würfelkapitells entwickelte und wohl aus der Bauhütte des Speyerer Doms[38] stammt. Die Wormser Variante dieses Kapitells nimmt eine noch weiter ausladendere Form an.

DIE SKULPTUREN DES LANGHAUSES

Im Langhaus zeichnet sich ein stilistischer Wechsel in der Bauskulptur des Domes ab,[39] der insbesondere in der Gestaltung der Portale und an einigen Kapitellen nachvollziehbar wird und auf die Arbeit einer anderen Werkstatt hindeutet. Das Langhaus-Südportal liegt im vierten[40] Joch (von Osten) des Nebenschiffes. Das romanische Portal musste um 1300 einem gotischen Neubau weichen, das heute den Haupteingang des Domes umrahmt. Dabei wurde das romanische Tympanon verkleinert und nach Innen gewendet, so dass es im Innenraum über dem Windfang zu betrachten ist. Weitere romanische Bauskulpturen, die vermutlich auch zum Portal gehörten,[41] sind im Inneren der östlich davon liegenden, gotischen Annenkapelle vermauert (vgl. den Beitrag Sebald in diesem Band sowie Abb. 25 und 26).

In der Mitte des Tympanons thront Christus mit einem aufgeschlagenen Buch in der linken Hand, das durch eine Inschrift[42] als das Buch des Lebens ausgezeichnet ist. Auf seiner Rechten stehen, deutlich kleiner dargestellt, Maria und ein heiliger Bischof, daneben kniet ein weiterer Bischof, vermutlich ein Stifter. Zur Linken Christi stehen der Hauptpatron des Domes, Petrus, und eine andere Figur, anhand des Gewandes wohl als Diakon zu interpretieren,[43] von der allerdings durch die Verkleinerung des Tympanons nur ein Arm und Reste der Beine erhalten sind. Aufgrund der Proportionen des Steins ist die Präsenz einer weiteren kniender Figur auch an dieser Seite im originären Bildnis anzunehmen.

Die Skulpturen in der Annakapelle sind heute in willkürlicher Anordnung vermauert, was eine Rekonstruktion der ursprünglichen Anbringung unmöglich macht. Zwei Löwen als liegende Ganzkörperfigur sind übereinander angebracht. Links daneben ist die Darstellung Daniels in der Löwengrube als eine Säulenkonstruktion wiedergegeben, in deren Bogen die Inschrift DANIEL IN LACU LEONUM die Szene eindeutig bezeichnet. Über diesem Relief ist ein frontal schauender Löwenkopf[44] verbaut, und weiter oben wird der Prophet Habakuk von einem Engel an den Haaren gehalten und zu Daniel gebracht. Eine weitere Inschrift auf dem Körper des oberen Löwen deutet vermutlich auf einen Stifter hin.[45] Die Löwen haben auch hier, wie schon an der Ostfassade, gerillte Schnurrbärte und Felle, nur sind sie anders gestaltet: Der Schnurrbart ist nicht tauartig gedreht, sondern besteht aus einzelnen diagonal nach oben steigenden Strähnen; die Locken der Mähnen verlaufen in einem leichten Bogen; die Nase ist markanter und deutlich kürzer. Die restlichen Figuren, insbesondere diejenige im Portaltympanon, heben sich stark vom Hintergrund ab und wirken auch durch die tief eingearbeiteten Falten sehr plastisch. Besonders charakteristisch sind die Säume der Gewänder und der Kopfbedeckungen, die durch Borten mit Knöpfen, gelochten Perlstäben oder geometrischen Motiven ornamentiert sind.

Ähnliche Verzierungen finden sich auch an der Figur des heiligen Nikolaus, die weiter westlich im südlichen Nebenschiff das Tympanon des heute zugemauerten, ehemaligen Portals zur Nikolauskapelle schmückt. Die Halbfigur des Bischofs füllt fast die gesamte Lünette aus und ragt mit dem Kopf bis über die Archivolte hinaus. Nikolaus hält ein Buch mit einer Inschrift in der linken Hand und ist begleitet von drei seiner Schüler.[46] Die rechte Hand ist beschädigt, sie hielt vermutlich einen heute nicht mehr vorhandenen Bischofsstab, der im Bogen befestigt war.[47] Im Südseitenschiff sind die Polsterkapitelle zum Teil aufwändig mit Ranken und Blattmotiven dekoriert. Ähnlich bearbeitete Kapitelle sind noch in der Nordwand des heute zerstörten Kreuzgangs erhalten, die vermutlich in derselben Bauphase entstanden ist.

Zu der gleichen Gruppe gehören auch die Skulpturen des ebenfalls im vierten Joch des Nebenschiffes gelegenen Portals an der Nordseite. Es handelt sich um ein repräsentatives Portal mit vierfach gestuften Gewänden und aufwändig bearbeiteten Kapitellen. In den Gewänden sind eingestellte Rundstäbe, die in die Archivolten übergehen. Das Portal ist in seiner spätromanischen Gestaltung erhalten, entspricht jedoch nicht der ursprünglichen Planung. Der vorgesehene Bau einer dreijochigen Vorhalle wurde nicht fertiggestellt, wie durch die erhaltenen Ansätze der Arkaden ersichtlich wird. Außerdem wurde das Tympanon nachträglich umgedreht und durch ein reiches Malereiprogramm versehen, das heute nur noch anhand weniger Einkerbungen in der Wandfläche zu erahnen ist. Ursprünglich war das Tympanon glatt und durch eine Umrahmung aus Akanthusblättern verziert, in der eine große antikisierende Blattmaske in der Mitte[48] hervorsticht. Diese Ornamentik kommt heute im dunklen Innenraum kaum zur Geltung. Mit ähnlichen, qualitativ hochwertig ausgearbeiteten Blatt-

und Maskenmotive ist an der Außenseite der östliche Kapitellgurt versehen, an der Westseite kommen zwischen den Blättern nicht Masken vor, sondern zwei Adler.

Die dendrochronologisch gesicherten Daten für das Langhaus um 1161/63 (vgl. den Beitrag Untermann u.a. in diesem Band) ermöglichen eine Datierung des Portals vor 1160,[49] vermutlich um 1150/55.[50]

Die künstlerische Herkunft der Langhaus-Skulpturen wurde mehrmals in der Lombardei vermutet, jedoch durch die bisher erbrachten Vergleichsbeispiele nicht überzeugend belegt.[51] Ein Relief mit der Darstellung Daniels in der Löwengrube an einem Portal der Kirche S. Fedele in Como lässt sich mit dem Wormser Exemplar hinsichtlich des Szenenaufbaus vergleichen, nicht jedoch bezüglich der stilistischen Merkmale der Ausführung.[52] Auch die von Richard Hamann[53] in den Diskurs gebrachte Portale von Beaulieu und Moissac in Frankreich halten den stilistischen Vergleich nicht stand.[54]

DIE SKULPTUREN DER WESTTEILE

In den Westteilen kommen Skulpturen vor, die sich von denen des Langhauses stilistisch unterscheiden. Dies wird insbesondere an dem Westpolygon[55] deutlich, das durch eine hohe Komplexität sowohl in den architektonischen Formen[56] als auch in der Bauskulptur gekennzeichnet ist. Der von Matthias Untermann formulierte, für hochrangige Architektur der oberrheinisch-fränkische Region zwischen 1170 und 1240 wesentliche, demonstrative Bruch mit den architektonischen Normen[57] wird hier konsequent vollzogen.

Die Wand ist durch vertikale Eckpfeiler, Blendbögen und horizontale Gesimse mit Röllchenfries gegliedert und durch Fenster unterschiedlicher Formen durchbrochen. Die Blendbögen des unteren Geschosses sind zweimal abgestuft und mit Wulstprofilen versehen, von denen das innere zickzackförmig geführt ist. Die Basen dieser Profile sind an den Ecken mit Voluten und anderen Motiven verziert. Einige Speichen[58] des großen Radfensters[59] in der Mitte der Westseite sind mit Fischgratmustern und Perlstäben dekoriert, die den Reichtum der Fassadengestaltung bis ins Detail weiterführen. Der Röllchenfries am Traufgesims wechselt an der Südseite plötzlich zu einem Palmettenfries. Gestalterischer Höhepunkt der Westfassade ist die über alle fünf Seiten des Polygons umlaufende Säulengalerie. Wie schon im Osten schmücken auch im Westen figürliche Skulpturen die unteren Teile der Säulen, nur ragen diese nicht aus darunter stehenden Quadern, sondern direkt aus der Säulenbasis heraus. Dargestellt sind auch hier Menschen, Tiere und fantastische Wesen, sie treten allerdings oft als Paar auf und zeigen kompliziertere Handlungen als im Osten. Diese Figurengruppe unterscheidet sich stilistisch von den bisher beschriebenen Skulpturen, was beispielsweise erneut an der Gestaltung der Löwenfiguren festgestellt werden kann: Das Maul ist weit geöffnet, die Eckzähne sind stark vergrößert und der Schnurrbart ist wellig gestaltet. Auffällig sind auch die großen zu den Außenseiten hin spitz endenden Augen, die unter akzentuiert hochgezogenen Augenbrauen stark hervortreten. Durch die weit geöffneten Mäuler wirken die Tiere der Westseite bedrohlicher als die im Osten. Die wohl bedeutendste architektonische Innovation des Westchores ist jedoch die neue Form der Kapitelle, der sogenannten Kelchblockkapitelle, in denen die Komposition des klassischen korinthischen Kapitells auf wenige prägnante Elemente reduziert wird. Der untere Blattkranz besteht meist aus nur vier breiten, flachen in Kelchform aufsteigenden Blättern, über denen sich an jeder Seite zwei große Voluten befinden. An den Ecken tritt zwischen den Blättern und den Voluten eine kleine Kugel hervor. Die Kapitelle tragen hohe, mit Palmetten verzierte Kämpfer. Solche Kapitelle zieren auch die unzähligen Säulen des westlichen Mittelturmes, den nachträglichen, von geknickten Säulen[60] getragenem Baldachin über dem Nordportal und die Fenster des Jahrzehnte später errichteten, letzten Geschosses des Nordostturmes.

Diese stilisierte, neue Kapitellgestaltung fand eine große Verbreitung an romanischen Bauten in Süddeutschland und im Elsass. Insbesondere ihr Vorkom-

Abb. 20: Worms, Dom, Bilder von den Tier- und Menschengruppen unter der Galerie des Westchorturms

men am Straßburger Münster führte in der Forschung, durch die früher angenommene Spätdatierung (Weihe der Ostteile im Jahr 1181) des Wormser Domes, zur Bezeichnung »Straßburger Kapitell«.[61] Erst die Berichtigung der Datierung durch die dendrochronologischen Ergebnisse von 1979/81 (vgl. den Beitrag De Filippo/Schulten/Untermann in diesem Band) zeigte, dass die Ausbreitung dieser neuen Bauformen wohl vom Wormser Dom aus ging und nicht von Straßburg, so dass eher von einem »Wormser Kapitell« die Rede sein sollte.[62]

Sicher rezipieren die Westteile des Domes auch Elemente anderer Bauten, wie es am deutlichsten an der Verwendung des normannisch anmutenden Zickzackmusters in den Blendbogen des Westpolygons wird. Jedoch scheint das starke Schöpfungspotential der Dombauhütte um 1170/80 die innovativen Bauformen hervorgebracht zu haben, die dem Wormser Dom seinem hohen Stellenwert in der romanischen Architektur verliehen haben.

Anmerkungen

1 Wie Wilfried E. Keil am Beispiel der Baumeistersäule gezeigt hat, erfordert die ikonographische Interpretation der Bauskulptur des Wormser Domes die umfangreiche und sorgfältige Berücksichtigung mittelalterlicher Schriftquellen, vgl. Wilfried E. Keil, Die Baumeistersäule an der Ostfassade des Domes zu Worms, in: In situ, Zeitschrift für Architekturgeschichte Bd. 3, Heft 1, 2011, S. 5–18. Dies kann in diesem Rahmen nicht geleistet werden.

2 Einige der hier aufgeführten Beobachtungen basieren auf Ergebnissen der bauhistorischen Untersuchungen des Instituts für Europäische Kunstgeschichte der Universität Heidelberg. Dieser Beitrag wurde im März 2016 fertiggestellt, so konnten

die jüngsten Ergebnisse der Bauforschung und die inzwischen erschienenen Publikationen nicht mehr berücksichtigt werden. Für den fachlichen Austausch über die Bauskulptur des Domes sei hier Prof. Dr. Matthias Untermann und Dr. Wilfried E. Keil herzlich gedankt.

3 Siehe hierzu Walter Hotz, Der Dom zu Worms. Darmstadt 1981 (2. Aufl. 1989 neu bearbeitet und ergänzt Günther Binding), S. 13–21.

4 Eugen Kranzbühler, Der Wormser Dom im 18. Jahrhundert, in: Studien aus Kunst und Geschichte. Festschrift Friedrich Schneider, Freiburg 1906, S. 295–314, hier S. 303.

5 Hans Joachim Krause, Bemerkungen zum staufischen Neubau des Wormser Doms, in: Wiss. Zs der Karl-Marx-Universität Leipzig, Gesellschafts- und Sprachwiss. Reihe 12, 1963, S. 445–462, hier S. 455; Dethard von Winterfeld, Worms, Mainz, Speyer und der Beginn der Spätromanik am Oberrhein, in: Franz J. Much (Hg.), Baukunst des Mittelalters in Europa, Stuttgart 1988, S. 213–250, hier S. 222.

6 Hauptverbreitungsgebiet des Hornauslaufs ist der Oberrhein, seine Ausbreitung reicht jedoch nach Osten bis Österreich und Ungarn, s. Krause 1963 (wie Anm. 5), S. 455–460.

7 Der ähnlich gestaltete Fuß der östlichen Lisene stammt von der Restaurierung Anfang des 20. Jahrhunderts.

8 Hier sind zwei Palmettenpaare aus unbekannten Gründen nicht fertiggestellt worden und gewähren somit Einblick in verschiedene Ausarbeitungsstadien des Ornaments.

9 Durch archäologische Grabungen wurde genau an dieser Stelle das Fundament einer provisorischen Abschlussmauer gefunden, die alle drei Langhausschiffe von Süden nach Norden durchquerte und wohl den liturgischen Gebrauch der Ostteile nach deren Fertigstellung ermöglichte vgl. Rudolf Kautzsch, Der Meister der Ostteile des Doms zu Worms, in: Städel Jahrbuch 5, 1926, S. 99–114, hier S. 99–100; vgl. auch Rudolf Kautzsch, Der Dom zu Worms. 3 Bd., Berlin 1938, Tafel 4, 5 und 6.

10 Kautzsch 1926 (wie Anm. 9), S. 99; Krause 1963 (wie Anm. 5), S. 448; Dethard von Winterfeld, Der Dom zu Worms (Die blauen Bücher), Königstein i.T. 1984, S. 9.

11 Von Winterfeld 1984 (wie Anm. 10), S. 11.

12 Dies wurde schon von Dethard von Winterfeld und Holger Mertens beobachtet, vgl. von Winterfeld 1984 (wie Anm. 10), S. 16. Holger Mertens, Studien zur Bauplastik der Dome in Speyer und Mainz. Stilistische Entwicklung, Motivverbreitung und Formenrezeption im Umfeld der Baumaßnahmen des frühen 12. Jahrhunderts, (QAmKG 76), Mainz 1995, S. 189.

13 Vgl. Hans Erich Kubach/Walter Haas (Hgg.), Der Dom zu Speyer (Die Kunstdenkmäler von Rheinland-Pfalz 5). 3 Bde., München/Berlin 1972, S. 776, Abb. 870, 760, 764–767.

14 Zum ersten Beispiel siehe auch von Winterfeld 1988 (wie Anm. 5), S. 240 Abb. 26, 27 und S. 241, Anm. 44. Zu den anderen zwei die ausführlichen Beobachtungen in Matthias Untermann/Wilfried E. Keil, Der Ostbau des Wormser Doms. Neue Beobachtungen zu Bauabfolge, Bauentwurf und Datierung, in: In situ, Zeitschrift für Architekturgeschichte Bd. 2, H. 1, 2010, S. 5–20, hier S. 18–20.

15 Rudolf Kautzsch nennt diese Profilendigung »schiffschnabelmäßige[s] Auslaufen«, Kautzsch 1926 (wie Anm. 9), S. 105.

16 Die Interpretation dieser Figur ist nicht eindeutig, siehe dazu Keil 2011 (wie Anm. 1), S. 5, Anm. 3.

17 Zu den letzten zwei Skulpturengruppen siehe die Beschreibung von Wilfried E. Keil in: Alfried Wieczorek/Bernd Schneidmüller/Stefan Weinfurter (Hgg.), Die Staufer und Italien 2010, Bd. 2, Objekte, Stuttgart 2010, S. 107–109, Kat. Nr. IV.A.3.5 und IV.A.3.7. Zu der Löwen-Mensch-Gruppe siehe Keil 2011 (wie Anm. 1), S. 14–18.

18 Dies wird durch den Vergleich mit den heute im Dom und im Stadtmuseum aufbewahrten Originalen deutlich.

19 Für detaillierte Angaben hierzu siehe Keil 2011 (wie Anm. 1), S. 9 und Jürgen Hamm: Außeninstandsetzung der Ostgruppe des Wormser Domes – Teilabschnitt Südturm und Ostseite, in: Der Wormsgau 30, 2013, S. 58–71, S. 70; die Aufnahme der Farbreste durchgeführt von Stefan Schopf, Firma Hans-Michael Hangleiter GmbH.

20 Kautzsch spricht von einem Instrument, Kautzsch 1938 (wie Anm. 9), S. 99.

21 Die Interpretation als Winkelmaß stammt von Otto Schmitt, Die mittelalterlichen Bildwerke in Stein, in: Kautzsch 1938 (wie Anm. 9), S. 253–296, hier S. 258.

22 Hotz 1981 (wie Anm. 3), S. 57.

23 Zu den Ergebnissen der Untersuchung und zur Interpretation dieser Skulpturengruppe siehe Keil 2011 (wie Anm. 1), S. 5–14 mit Umzeichnung des Umrisses S. 11.

24 Die Skulptur ist heute eine Kopie, das beschädigte Original wurde Anfang des 20. Jahrhunderts ausgebaut und wird im Museum der Stadt Worms aufbewahrt.

25 DendroLabor Trier: LSB 233/15, Nordturm zweites Geschoss unten, vier Proben, Fälldaten 1132–1136 und zweiter Geschoss oben eine Probe 1137; LSB 183/08, zwei Proben, Fälldatum nach 1128 und 1135; LSB 195/10, Altarraum-Ostfassade, eine Steinlage oberhalb der Galeriebogen, Fälldatum 1133/34. Vgl. Dazu Beitrag Untermann u. a. in diesem Band. Für die Einsicht der Berichte zu den dendrochronologischen Untersuchungen sei Diana Ecker M.A., Denkmalpflege des Bistums Mainz herzlich gedankt.

26 Hans Weigert, Die Kaiserdome Speyer, Mainz und Worms. Berlin 1933, S. 54. Otto Schmitt in: Kautzsch 1938 (wie Anm. 9), S. 257; Aquilante De Filippo, Die Bauskulptur des Mainzer und Wormser Domes und ihre Vorbilder in der Lombardei, in: Die Staufer und Italien 2010 (wie Anm. 17), Bd. 1, Essays, S. 151–153. Keil 2011 (wie Anm. 1), S. 6.

27 Zu Mainz und Speyer siehe Mertens 1995 (wie Anm. 12) zu Mainz.

28 Kautzsch 1938 (wie Anm. 9), S. 208–209.

29 O. Schmitt schreibt »unmittelbare oberitalienische Einflüsse, wie sie gelegentlich vermuten wurden, lassen sich nicht nach-

weisen«, Otto Schmitt in: Kautzsch 1938 (wie Anm. 9), S. 255; Hotz 1981 (wie Anm. 3), S. 67.

30 Karl Nothnagel/Fritz Arens, Staufische Architektur in Gelnhausen und Worms, Göppingen 1971, S. 74 Anm. 29. Fritz Arens nimmt bei der Bearbeitung des Manuskripts von Nothnagel die Vergleiche mit dem Südportal des Domes zu Parma nach Überprüfung bewusst nicht in die Endfassung des Buches auf.

31 De Filippo 2010 (wie Anm. 26), S. 156–159. Auf Mailand hatte auch schon Dieter Großmann verwiesen, Dieter Großmann, Zur Baugeschichte der Dome in Mainz und Worms, in: Hessisches Jahrbuch für Landesgeschichte, Bd. 34, 1984, S. 294–312, hier S. 306.

32 Michele L. Vescovi, in: Vivere il Medioevo. Parma al tempo della Cattedrale, Ausst. Kat., Mailand 2006, S. 570, Kat.-Nr. 52e und 572–577 mit Datierung um 1120/30.

33 Donata Vicini, Pavia romanica: le raccolte dei Musei Civici, in: Quintavalle, Arturo C., Il Medioevo delle cattedrali: chiesa e impero, Mailand 2006, S. 391. Heute wird das Kapitell in den Musei Civici von Pavia aufbewahrt.

34 Edoardo Arslan, Note sulla scultura romanica pavese, in: Bollettino d'arte IV/2, 1955, S. 103–118, hier S. 106–107.

35 Bettina Schmidt-Asbach, Die Bauplastik von S. Michele Maggiore in Pavia: zur Skulptur und Architektur in Pavia aus der 1. Hälfte des 12. Jahrhunderts. Eine Untersuchung zur Stellung der Bauplastik von Pavia in der oberitalienischen Romanik sowie zur Werkstattorganisation, Diss. Univ. Bochum 2002, S. 383.

36 Joachim Poeschke, Die Skulptur des Mittelalters in Italien. Bd. 1 Romanik, München 1998, S. 57–58.

37 Für weitere Vergleichsbeispiele in der Lombardei siehe De Filippo 2010 (wie Anm. 26), S. 156–158 und Keil 2011 (wie Anm. 1), S. 17–18.

38 Von Winterfeld 1988 (wie Anm. 5), S. 241.

39 Otto Schmitt in: Kautzsch 1938 (wie Anm. 9), S. 260; Von Winterfeld 1984 (wie Anm. 10), S. 16–18.

40 Aufgrund von Beobachtung an der Wand wurde früher angenommen, dass das Portal ursprünglich im fünftem Joch lag, Otto Schmitt in: Kautzsch 1938, (wie Anm. 9), S. 259. Diese These ist inzwischen widerlegt worden, vgl. Eduard Sebald u.a., Das Südportal des Wormser Doms, (Denkmalpflege in Rheinland-Pfalz, Forschungsberichte Bd. 5), Worms 1999, S. 14–15.

41 Weigert 1933 (vgl. Anm. 26) S. 53 nimmt an, die Löwen sollten ursprünglich die Säulen der geplanten, jedoch nicht gebauten Vorhalle des Nordportals tragen. Diese Anbringungsmöglichkeit wurde durch die Untersuchung während der Restaurierung ausgeschlossen, vgl. Sebald 1999 (wie Anm. 40), S. 12, bes. Anm. 23 und S. 18.

42 Die Inschrift lautet: EGO SUM VIA VERITAS ET VITA.

43 Otto Schmitt in: Kautzsch 1938 (wie Anm. 9), S. 260; Clemens Kosch, Die romanischen Dome von Mainz, Worms und Speyer. Architektur und Liturgie im Hochmittelalter, Regensburg 2011, S. 49.

44 Über diesem befand sich ursprünglich ein zweites Tier, heute beschädigt, Sebald 1999 (wie Anm. 40), S. 12.

45 Die Inschrift lautet: ADELR ME EM. Ihre Deutung ist umstritten, siehe dazu Weigert 1933 (wie Anm. 26), S. 53; Schmitt in Kautzsch 1938 (wie Anm.9), S. 261; Großmann 1984 (wie Anm. 31), S. 307; Hotz 1981 (wie Anm. 3), S. 79. Kosch 2011 (wie Anm. 43), S. 48. R. Fuchs ergänzt: ADELR(ICUS) ME EMIT Vgl. Rüdiger Fuchs (Bea.), Die Inschriften der Stadt Worms (Die Deutschen Inschriften Bd. 29, Mainzer Reihe Bd. 2), Wiesbaden 1991, S. 24, Nr. 2.

46 Eine auf dem Hintergrund eingeritztes »vollmondartige Maske« (Hotz) über der rechten Schulter des Bischofs scheint, im Vergleich zu den anderen Figuren, die plastisch ausgearbeitet sind, nicht zum Bild zu gehören. Sie nimmt vielleicht auf die Legende des Heiligen Bezug, vgl. Hotz 1981 (wie Anm. 3), S. 76.

47 Darauf weist ein Loch im Bogenprofil.

48 Eine kleinere Maske befindet sich östlich davon.

49 Von Winterfeld 1984 (wie Anm. 10), S. 16. Datierung um 1160 bei Sebald 1999 (wie Anm.40), S. 16.

50 Für eine Datierung »um 1155, wenn nicht früher« spricht sich schon Dieter Großmann aus, vgl. Großmann 1984 (wie Anm. 31), S. 306.

51 Sebald 1999 (wie Anm. 40), S. 18, insbesondere Anm. 55 und 61.

52 Dieses bemerkte auch schon Otto Schmitt in Kautzsch 1938 (wie Anm. 9), S. 262. Sebald 1999 (wie Anm. 40), S. 18.

53 Richard Hamann, Deutsche und Französische Kunst im Mittelalter, Marburg 1922, S. 42.

54 Otto Schmitt, in: Kautzsch 1938 (wie Anm. 9), S. 261–262; Sebald 1999 (wie Anm. 40), S. 18.

55 Das Polygon wurde von 1902 bis 1906 aufgrund statischer Probleme komplett abgetragen und nach sorgfältiger Dokumentation des Vorzustands originalgetreu wiederaufgebaut. An der Außenseite ist es bauhistorisch noch aussagekräftig, im Innenraum wurden dagegen viele Steine aufgrund der starken Beschädigungen ausgetauscht.

56 Zur Gestaltung und Ikonographie der architektonischen Formen der Westteile des Domes siehe Matthias Untermann, Säulen – geknickt und gebogen, in: Tobias Frese/Annette Hoffmann (Hgg.), Habitus. Norm und Transgression in Bild und Text, Berlin 2011, S. 377–391, hier S. 377-380.

57 Untermann in: Frese/ Hoffmann 2011 (wie Anm. 56), S. 379–380.

58 Einige der Speichen wurden bei Restaurierungen ausgetauscht, einzelne Originalstücke werden im Museum der Stadt Worms aufbewahrt.

59 Das Fenster war ursprünglich breiter als das heutige, die profilierte Rahmung war mehrmals geknickt.

60 Zur Ikonographie der geknickten Säulen siehe Untermann 2011 (wie Anm. 56), S. 377–378.

61 Kautzsch 1938 (wie Anm. 9), S. 215.

62 Hotz 1981 (wie Anm. 3), S. 93.

Eduard Sebald

GOTISCH UND ROMANISCH?

DAS HAUPTPORTAL AUF DER SÜDSEITE DES WORMSER DOMS

Das Hauptportal des Wormser Doms ist an der Südseite zwischen Nikolaus- und Annenkapelle eingelassen. Das Figurenportal unterscheidet sich in Aufriss und Ikonographie von anderen Portalen der Zeit, was im Folgenden beleuchtet wird. Nicht eingegangen werden kann auf die Datierung in die Zeit um 1290 und 1310, die sich vornehmlich auf die enge Verwandtschaft der Wormser Skulpturen mit Figuren der Westportale des Straßburger Münsters stützt.[1]

Auffallend am Trichterportal mit bekrönendem Wimperg ist das zweigeteilte Bogenfeld, d. h., Gewände und Archivolten umfangen ein skulptiertes Tympanon und ein zweibahniges Fenster darüber. Die ungewöhnliche Kombination dient der Beleuchtung des romanischen Seitenschiffs.

Dominierendes Thema des Bildprogramms ist die siegreiche Kirche, die u. a. im Tympanonrelief und in der auf dem Tetramorph reitenden Ecclesia im Wimperg verbildlicht ist. Auch in den Figuren des Gewändes und der Archivolten kommen ekklesiologische Aspekte zum Tragen, ist in ihnen doch die Weissagung und Erfüllung im Heilsgeschehen dargestellt, damit das Wirken der Kirche. Mit den Skulpturen der Annen- und der Nikolauskapelle entfaltet sich auf engstem Raum ein umfangreiches theologisches Programm, das an den Fassaden anderer Sakralbauten der Zeit über mehrere Portale verteilt ist.

Im Zentrum des Tympanons steht die Krönungsszene, wobei Maria im Mittelalter mit der Kirche gleichgesetzt wurde: Christus und die Muttergottes sitzen auf Thronen, Christus setzt Maria/ Ecclesia die Krone aufs Haupt. Das Paar wird von knienden Assistenzfiguren gerahmt: links Petrus, der Hauptpatron des Doms, rechts ein Bischof - vielleicht der Stifter des Portals.

Im Gewände stehen Propheten (rechts) und Evangelisten als Seher/Zeugen des Heils in zwei Registern übereinander. Die Skulpturen weisen Reste von Farbfassungen auf, ein Beleg dafür, dass sie nachträglich eingestellt wurden.[2] Dargestellt sind Ezechiel/Hesekiel und Daniel (unten) sowie Jeremias und Isaias. Gegenüber stehen Lukas und Johannes, darüber Markus und Matthäus.

In den Archivolten werden alt- und neutestamentliche Begebenheiten einander typologisch gegenübergestellt: Auf der linken Seite sind Szenen der Genesis im inneren Bogenlauf mit jenen der Kindheit Christi außen verbunden, auf der rechten Seite Szenen des Alten Bunds mit jenen der Passion Christi. Die Erzählung beginnt links mit der Erschaffung der Erde und der Verkündigung an Maria. Es folgt die Erschaffung Evas, die der Geburt Christi in der Außenbahn

Abb. 21: Worms, Dom, Ansicht des Südportals mit links angrenzender Nikolauskapelle und Annenkapelle rechts

Abb. 22: Detail in den Bogenläufen des Südportals, Kreuzigung mit Ecclesia und Synagoge

Abb. 23: Wimperg über dem Portal der Südseite mit der »Ecclesia triumphans« (Sinnbild der Kirche) auf dem Tetramorph reitend

gegenübergestellt ist. Weitere Bildpaare sind u. a. die Vertreibung aus dem Paradies und die Flucht nach Ägypten, der auch als Präfiguration des Opfertods Christi interpretierte Brudermord und der Bethlehemitische Kindermord, der Prophet Jonas im Maul des Fischs (innen) und die drei Frauen am Grab, zuletzt die Himmelfahrt Elias' und die Himmelfahrt Christi. In der Kreuzigungsszene, die dem Bildnis der Ehernen Schlange gegenübersteht, stehen Ecclesia und Synagoge zu Seiten eines Astkreuzes. Mit der Gegenüberstellung der beiden weiblichen Gestalten wurde der Gegensatz des alten und neuen Bunds bzw. von Judentum und Kirche verbildlicht.

Abschluss und Höhepunkt ist die fast lebensgroß auf dem Tetramorph reitende »Ecclesia triumphans« im Wimperg, eine in der europäischen Kunstgeschichte singuläre Skulptur. Der Tetramorph (griech. Viergestalt) ist ein mystisches Mischwesen, gebildet aus den vier Wesen Adler, Löwe, Stier und Mensch mit vier Köpfen, einem Tierleib und entsprechend vier Füßen. Biblische Quellen sind die vier Wesen der Vision Ezechiels (Ez 1,514) des Alten Testaments und der Bericht über die vier Wesen am Thron des Lamms aus der Offenbarung des Johannes (Offb 4,68) des Neuen Testaments. Der Bildtyp wurde im Mittelalter häufig christologisch gedeutet, so legte z. B. Honorius Augustodinensis den Tetramorph als Symbol der Menschwerdung (Mensch), der Opferung (Stier), der Auferstehung (Löwe) und der Himmelfahrt (Adler) Christi aus. Die auf dem Reittier thronende, gekrönte Ecclesia hielt eine Fahne in der nicht mehr erhaltenen linken Hand. Die Rechte griff nach der Manteltassel, ein Gestus, der den »höfischen« Duktus der Kleidung Ecclesias, der Braut Christi, unterstreicht.

Kurze Zeit nach der Vollendung des Portals wurde es um die vier allegorischen Frauenfiguren in der Ecknische der Annenkapelle und um die Figuren an der Nikolauskapelle erweitert.[3] Wieder sind je zwei Figuren übereinander angeordnet, anknüpfend an die Darstellung der Propheten und Evangelisten des Portals. Die bekrönte Figur oben links hält als Caritas (Barmherzigkeit, Liebe) einen Pokal in der Linken, zu ihren Füßen ist ein Bettlerpaar zu erkennen. Die ebenfalls bekrönte Figur daneben, ehemals mit Pfeil oder Lanze in der Rechten, stellt Fides (Glaube) dar, die zweite theologische Grundtugend.

Links unten steht Synagoge.[4] Sie neigt ihren Kopf nach rechts, so dass die Krone vom Kopf zu rutschen scheint. Im rechten Arm hält sie eine zweifach geknickte Lanze mit Fahne, in der Hand einen kleinen Bock. Über der linken Schulter fallen die Gesetzestafeln zu Boden. Das Gesicht ist durch herabgezogene Mundwinkel negativ charakterisiert. Die Augenbinde steht für ihre Blindheit gegenüber Christus. Auffällig ist, dass die Verkörperung des Judentums, wie die Ecclesia des Wimpergs, aus dem Gegensatzpaar Ecclesia/Synagoge herausgelöst ist. Zudem ist das Paar bereits in den Archivolten dargestellt (s. o.).

Die vierte Frauenfigur unten rechts, die dem Betrachter die Seitenansicht bietet, folglich zum Portal schaut, ist »Frau Welt«. Das Gesicht der in höfischer Eleganz gewandeten Frau erstrahlt in verführerischem Lächeln. Mit der rechten Hand reicht sie einem zu ihren Füßen knienden, in der Größe reduzierten Ritter den Schild. Durch die Drehung der Figur wird aber die von Schlangen und Kröten zerfressene, hässliche Rückenpartie sichtbar.[5]

In den vier Eckfiguren sind zwei christliche Tugenden zwei der schlimmsten Laster gegenüber- bzw. übereinandergestellt, woraus sich ein kompliziertes Beziehungsgeflecht entwickelt. Zudem steht die Synagoge der Ecclesia auf dem Tetramorph gegenüber, so dass eine enge Verbindung zum Programm des Portals besteht.[6] Über die theologischen Aspekte hinaus sollte die Gegenüberstellung von Ecclesia und Synagoge angesichts der Tatsache, dass in Worms eine der bedeutendsten jüdischen Gemeinschaften des Deutschen Reichs ansässig war und im Hinblick auf die Ereignisse um das Jahr 1300 nicht unbeachtet bleiben.[7]

Abb. 24: Figuren an der Annenkapelle, Caritas und Fides (obere Reihe), Synagoge und Frau Welt unten

DAS SÜDPORTAL IM INNERN DES DOMS

Tritt man durch das gotische Portal in den romanischen Dom fällt auf, dass das Relief des gotischen Tympanons in die Rückseite des zweitverwendeten romanischen skulptiert wurde, ein absolut singulärer Befund.[8] Baubefunde legen darüber hinaus den Schluss nahe, dass das um 1160 zu datierende romanische Hauptportal an gleicher Stelle saß – also im vierten Seitenschiffjoch von Osten. Offenbar drehte man um 1300 das romanische

Abb. 25: Romanisches Tympanon im Innern über dem südlichen Haupteingang, Christus zwischen Petrus und Maria, daneben hl. Nikolaus

Tympanon bewusst um. Insofern sind die Reste des romanischen Portals in die Deutung seines gotischen Nachfolgers miteinzubeziehen.

Im Bogenfeld, das ursprünglich breiter war und für das gotische Tympanon in Teilen abgearbeitet werden musste, thront Christus im Zentrum, die Rechte im Segensgestus erhoben, in der Linken das aufgeschlagene Buch.[9] Rechts und links von Christus stehen, dem Bildtyp der Deesis vergleichbar, Maria und Petrus, so dass der Apostel als Hauptpatron des Doms den Fürbitter Johannes den Täufer ersetzt. Rechts von Maria folgt ein nimbierter Bischof, vermutlich der heilige Nikolaus von Myra, der Patron der angrenzenden Kapelle, die ebenfalls einen romanischen Vorgänger hatte. Links von Petrus ist das Fragment eines Diakons zu erkennen, vielleicht der heilige Laurentius, der Patron des Westchors. Rechts neben Nikolaus kniet ein weiterer Bischof ohne Nimbus. Es könnte sich um den vermutlichen Stifter des romanischen Portals handeln, Bischof Konrad von Steinach, oder

Abb. 26: Annenkapelle, innen in der Westwand verbaute romanische Reliefs und Tierbilder: Habakuk und Daniel (oben), Daniel in der Löwengrube (unten) und zwei weitere Löwen

um den ersten Bauherrn des bestehenden Baus, Bischof Buggo von Ahorn. Gegenüber war vermutlich eine weitere kniende Figur zu sehen.

In die Westwand der Annenkapelle, die schon bald nach dem Portal errichtet wurde (s. o.), sind weitere Reste des alten Hauptportals eingelassen: zwei Reliefs und drei liegende Löwenfiguren (vgl. den Beitrag De Filippo in diesem Band).[10] Im unteren Relief ist Daniel in der Löwengrube nach der Erzählung im Alten Testament Dan 6,1724 unter zwei Bögen[11] gezeigt: Der Löwenbändiger betet unter dem linken Bogen mit erhobenen Händen. Unter dem rechten liegen die beiden durch das Gebet besänftigten Löwen. Im oberen Relief ist eine Szene nach Dan 14,3139 bzw. nach dem apokryphen Text »Vom Drachen zu Babel« verbildlicht, wonach der Prophet Habakuk von einem Engel am Schopf gepackt wird, um Daniel einen Topf mit Suppe zu bringen.

Die ungewöhnliche Wiederverwendung der Reste des romanischen Portals im chronologischen und räumlichen Kontext des gotischen eröffnet die Frage nach dem Motiv. Sie erklärt sich primär aus der Wertschätzung des Älteren. Vielleicht geht die Idee auch auf den geringen Platz zurück, der für das gotische Portal zur Verfügung stand, denn durch den doppelchörigen romanischen Dom war kein Platz für mehrere Portale mit verschiedenen Tympana vorhanden, wie an Kirchenfassaden um 1300 üblich. Folglich konnte die Heilslehre nur sehr komprimiert ausgebreitet werden. Das alte Tympanon mit dem thronenden Heiland an der Rückseite des neuen verweist mit seinen Assistenzfiguren stärker als dieses auf den romanischen Bau, seine Gründer und Patrozinien. Der Prophet Daniel, der von König Darius in die Löwengrube geworfen, aber unversehrt errettet wurde, galt im Mittelalter als besonderes Beispiel der Gottestreue.

Entstanden ist ein Werk, dessen Programm und Bildinventionen – dem ekklesiologischen Programm der »Außenseite« und der Integration des »gedrehten« romanischen Tympanons und romanischen Reliefs im Inneren – im Vergleich zu anderen Portalen der Zeit vollkommen singulär ist. Hieran lässt sich das hohe Anspruchsniveau des Portals ermessen, dessen Architektur und Skulptur den Vergleich mit dem überregional bedeutenden Vorbild Straßburg sucht. Insofern sind hierin die Intentionen der Auftraggeber erkennbar. Die auf dem Tetramorph reitende Ecclesia und die vier allegorischen Frauenfiguren belegen darüber hinaus deren hohe theologische und literarische Bildung. Insofern liegt es nahe, den Auftraggeber unter den Bischöfen zu suchen: Infrage kommen Simon von Schöneck, der 1289 den Ablass zum Bau der Nikolauskapelle gewährte und 1292 verstarb, sein Nachfolger Emicho I., Raugraf von Baumberg (1293–1299) oder dessen Nachfolger Eberwin von Kronberg (1299–1303). Darüber hinaus könnten auch Kanoniker des Domstifts für das Portal gestiftet haben.

Anmerkungen

1 Vgl. Otto Schmitt, Das Südportal des Wormser Doms. Ein Beitrag zur Geschichte der rheinischen Plastik im ausgehenden 13. und frühen 14. Jh. (Phil. Diss. Gießen 1918), in: Mainzer Zeitschrift 12/13, 1917/18, S. 115–143, bes. S. 115–117; Otto Schmitt, Die mittelalterlichen Bildwerke in Stein, in: Rudolf Kautzsch, Der Dom zu Worms. 3 Bde., Berlin 1938, Bd. I, 270 f.; Reinhard Bleck, Zur Deutung der vier allegorischen Skulpturen am Südportal des Wormser Doms, in: Der Wormsgau 14, 1982–86, S. 113–125; Eduard Sebald, Das gotische Portal. in: Eduard Sebald u. a. Das Südportal des Wormser Doms. (Denkmalpflege in Rheinland-Pfalz, Forschungsberichte Bd. 5), Worms 1999, S. 36–78, bes. S. 72–74; Irene Spille/Otto Böcher, Baugeschichte und Baudenkmäler, in: Gerold Bönnen (Hg.), Geschichte der Stadt Worms. Stuttgart 1. Aufl. 2005, S. 735–792, bes. S. 760.

2 Hans Michael Hangleiter, Untersuchungen der historischen Farbigkeit, in: Sebald 1999 (wie Anm. 1), S. 100–103.

3 Auch diese Skulpturen tragen Reste von Farbfassungen, was die Datierung stützt (s. hierzu: Thomas Lutgen/Siegfrid Scheder, Restauratorische Untersuchung der Frau Welt und der Figurengruppe der Annenkapelle, in: Sebald 1999 [wie Anm. 1], S. 122–128). An der Nikolauskapelle folgen fünf weitere Figuren, u. a. ein Bischof, Johannes Baptist und ein geflügelter Engel mit Posaune. Er hält ein Spruchband mit einer Inschrift in gotischer Majuskel: - SVRGIT(E)-MORT(VI) AD IVDIC(IVM) (Erhebt euch, ihr Toten, zum Gericht). Das Gerichtsthema ergänzt das Programm des Portals.

4 Im Kontext der anderen Figuren liegt die Interpretation als *Infidelitas* (Unglaube) als Subtext nahe, einem gesonderten Typ der Synagoge.

5 Im Bock an der Konsole klingt die Deutung als *Luxuria* (Verschwendungssucht) an, ein untergeordneter Aspekt der Weltminne.

6 Die Tugend- und Lasterpaare gehören ebenfalls zum ekklesiologischen Programm.

7 Vgl. Burkard Keilmann, Bewahrung im Umbruch. Zum historischen Kontext der gotischen Neugestaltung des Südportals, in: Eduard Sebald 1999 (wie Anm. 1), S. 25–35; Hans Reuter, Warmaisa – das jüdische Worms. Von den Anfängen bis zum jüdischen Museum des Isidor Kiefer (1924), in: Bönnen 2005 (wie Anm. 1), S. 664–690, bes. S. 670.

8 Hierzu u. a.: Eduard Sebald, Das romanische Portal in: Sebald 1999 (wie Anm. 1), S. 11–24; Spille/Böcher in Bönnen 2005 (wie Anm. 1), S. 743 f.; Clemens Kosch, Die romanischen Dome von Mainz, Worms und Speyer. Regensburg 2011, S. 48–50.

9 Text in romanischer Majuskel: EGO SUM VIA VERITAS (ET) VITA (Ich bin der Weg, die Wahrheit und das Leben; nach Joh 14,6).

10 Am Becken des oberen Löwen Inschrift in romanischer Majuskel: ADELR(ICVS) ME EM(IT) (Adelrich/Adela kaufte mich), möglicherweise eine Stifterinschrift.

11 Auf den Bögen Inschrift in romanischer Majuskel: DANIEL IN LACV + LEONVM (Daniel in der Löwengrube).

Clemens Kosch

DER WESTCHOR DES WORMSER DOMS

ZU BAUTYPUS UND FUNKTIONEN[1]

Doppelchörige Dom-, Stifts- und Klosterkirchen verkörpern einen architektur- wie liturgiegeschichtlich gleichermaßen bedeutsamen Sakralbautypus, der auf Reichsgebiet nördlich der Alpen und in Norditalien vor allem während des Früh- und Hochmittelalters seine Blütezeit hatte. Ungeachtet zahlreicher fächerübergreifend hochrangiger Forschungsobjekte und -probleme liegen hierzu nur wenige Überblicksveröffentlichungen[2] vor. Vielfach sind sie zwar hinsichtlich einer Untersuchung entwicklungsgeschichtlicher und monographischer Detailfragen durchaus verdienstvoll, jedoch unzulänglich und überholt als Gesamtdarstellung des Themas. Auch haben sich spekulative Deutungsversuche in der älteren Fachliteratur, die darin etwa den Ausdruck eines Antagonismus von kirchlicher und weltlicher Herrschaft (*sacerdotium/ regnum*) oder der gleichrangigen Positionierung von Bischof und Domkapitel im Kircheninneren erkennen wollten, durchweg als nicht haltbar erwiesen.[3]

Methodisch sinnvoller erscheint es, die liturgiegeschichtlichen Besonderheiten einer Gegenüberstellung gleichgewichtiger Kultschwerpunkte auf der Hauptachse an beiden Enden eines Gotteshauses näher zu untersuchen: vor allem ihre historischen Entstehungsbedingungen, daraus abzuleitende Ursachen und Intentionen sowie topographische und bauliche Konsequenzen.[4] Es gilt dabei zu unterscheiden zwischen einheitlich und von Anfang an zweipolig geplanten Kirchen und zunächst wie gewohnt orientierten Sakralbauten, deren Westfassade erst zu einem späteren Zeitpunkt durch einen Gegenchor ersetzt wurde. Dies konnte etwa durch den Erwerb neuer Reliquien oder die Anlage eines intensiv verehrten Stiftergrabes veranlasst sein und hatte gewöhnlich die Verlegung des Haupteingangs aus der Mittelachse an die klausurferne Seite des Langhauses zur Folge. Von Bedeutung ist zudem die Anordnung von Querschiffen, nicht selten nunmehr mit dem Westchor verbunden nach Vorbild stadtrömischer Patriarchalbasiliken (*more romano*) wie in Alt St. Peter mit dem für Laien zugänglichen Grab des Apostelfürsten unter dem westlichen Hochaltar.[5] Ferner ist bei der Charakterisierung von Gegenchören auf ihre eventuelle räumliche Verbindung mit angrenzenden Baptisterien, Klausuranlagen, Vorhallen und Bischofspfalzen zu achten.

Die Wormser Kathedrale hatte ihren kultischen Schwerpunkt stets in den Ostteilen. Dementsprechend war ihnen seit einem vergrößernden Neubau des 9. Jahrhunderts das Querschiff zugeordnet. Bereits dieser karolingische Dom und dann erneut dessen unter Bischof Burchard I. (1000–1025) errichteter spätottonischer Nachfolgebau besaßen jedoch auch einen westlichen Gegenchor, dessen halbkreis-

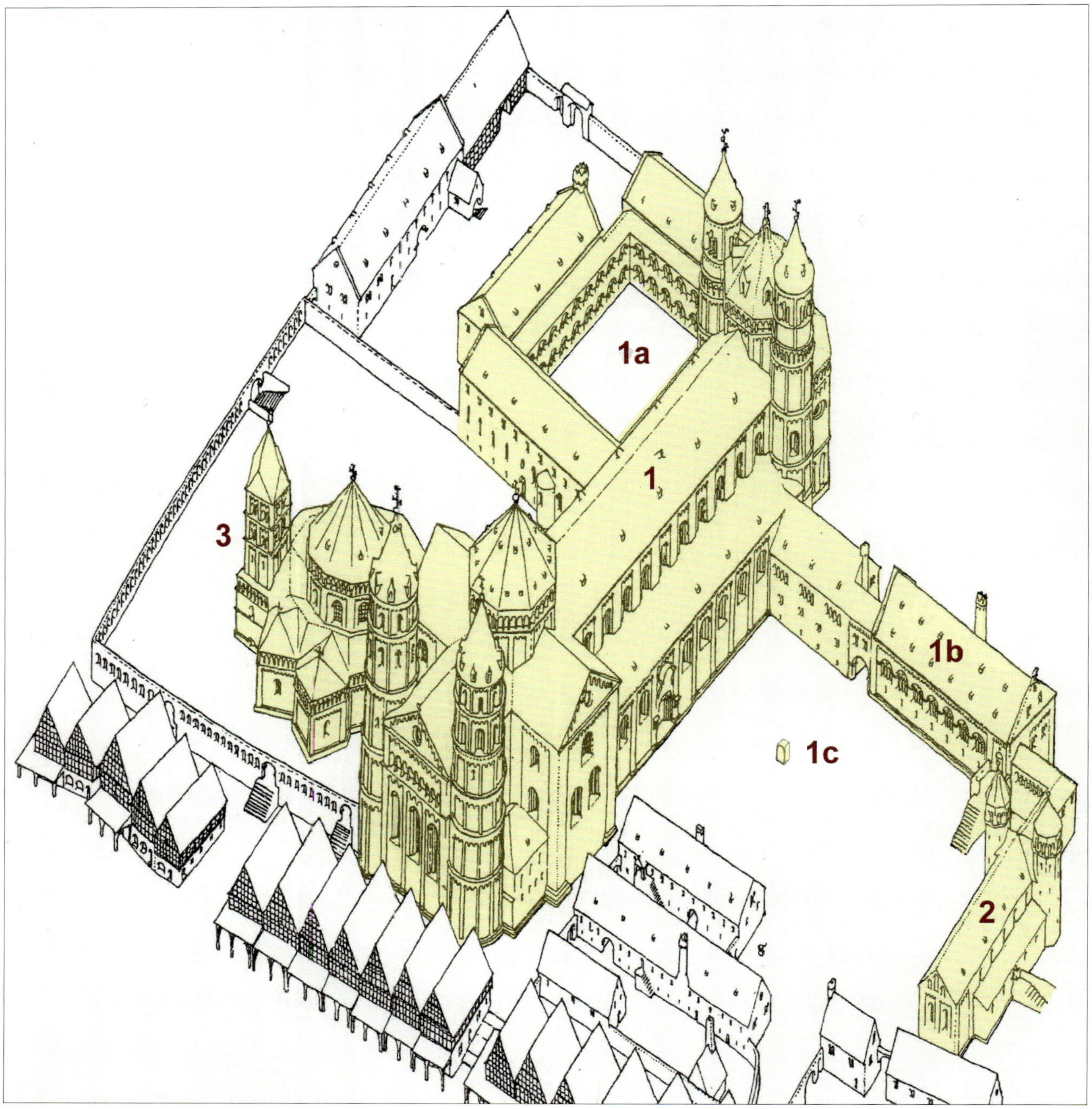

Abb. 27: Worms, Dom, Zeichnerische Idealrekonstruktion der Domimmunität im mittleren 13. Jahrhundert (Vogelschau von Nordosten). Farbig unterlegt: **1** Dom St. Peter **1a**. Domklausur **1b** Königs- u. Bischofspfalz mit Außentreppe (»Saalstiege«) zum östlich davor gelegenen städtischen Versammlungsplatz („Freithof") **1c**. Rechtsmal »Blutstein« (lapis sanguinis) auf dem Freithof **2** Pfalzkapelle St. Stefan **3** Tauf- und Pfarrkirche St. Johannes Baptist

förmige Apsis kaum über die Flucht seiner seitlichen Rundtürme vortrat. Seit der Jahrtausendwende wurde das äußere Erscheinungsbild des Gotteshauses geprägt durch die zweipolige Gruppierung von flankierenden Rundturmpaaren an den beiden einander gegenüberliegenden Chören. Die nahezu vollständige Domerneuerung des 12. Jahrhunderts, abschnittweise von Ost nach West verlaufend und im Wesentlichen vollendet unter Bischof Konrad II. (1172–92), hielt sich weitgehend an diese Vorgaben. Nur im Westen

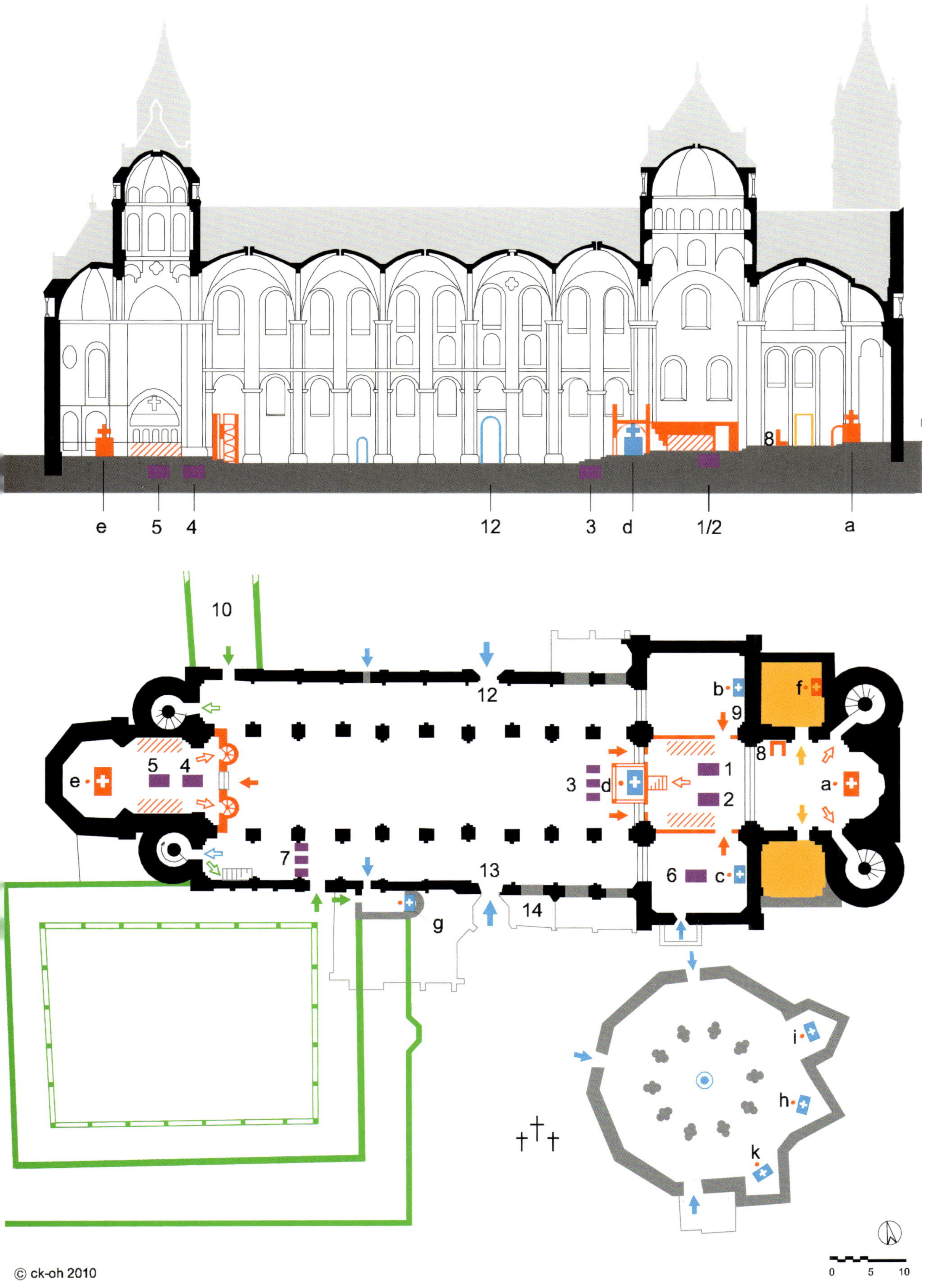

Abb. 28: Schematische Rekonstruktionspläne des Zustandes Mitte 13. Jahrhundert: Erdgeschossgrundriss, darüber Längsschnitt.

Altäre: **a** Hochaltar: St. Peter **b** im nördlichen Querschiffarm: St. Martin **c** im südlichen Querschiffarm: St. Nikolaus **d.** Hl. Kreuz **e** im Westchor: St. Laurentius **f** in der Sakristei: Hl. Kreuz u. Maria **g** in der Kapelle am östlichen Kreuzgangflügel: St. Nikolaus. In der Tauf- und Pfarrkirche: h. St. Johannes Baptist **i, k.** Patrozinien unbekannt

Grablegen: **1** Bischof Heinrich II. von Saarbrücken († 1234) **2** Bischof Heinrich I. († 1195) **3** Saliergräber vor dem Kreuzaltar, acht Vorfahren und Angehörige des im Speyerer Dom bestatteten Begründers der Dynastie Kaiser Konrad II. **4** Bischof Burchard I. († 1025) **5** Bischof Konrad II. von Sternberg († 1192) **6** wahrscheinlich Bischof Konrad I. von Steinbach († 1171) **7** Bischöfe des 9./10. Jahrhunderts (?), zu Beginn des 11. Jahrhunderts im südlichen Seitenschiff des Burchard-Doms neu beigesetzt

Ortsangaben/Ausstattung: **8** Relief der hl. Juliana im östlichen Sanktuarium **9** Wandgemälde des hl. Christophorus im nördlichen Querschiffarm **10** Königs- u. Bischofspfalz **12** Portal des nördlichen Seitenschiffs zum städtischen Versammlungsplatz („Freithof") vor der Pfalz, mit außenseitig angebrachter Inschrift des 1184 von Kaiser Friedrich Barbarossa erteilten Stadtprivilegs **13** Gotisch erneuertes Portal ins südliche Seitenschiff, das romanische Tympanon heute innenseitig über seinem Windfang sichtbar **14** Gotische Annenkapelle, im Inneren Spolien des romanischen Süd-Seitenschiffportals vermauert

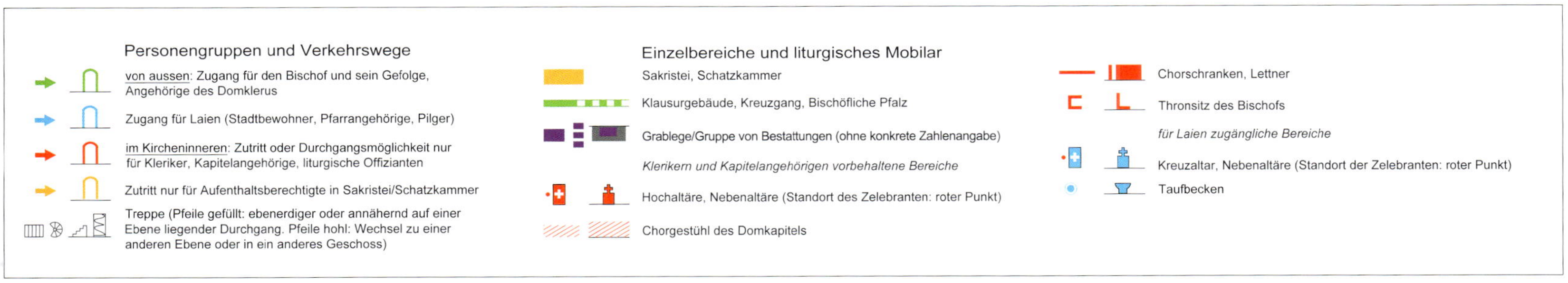

reicht der neue, 1181 rekonsekrierte Gegenchor über die einfache Halbkreisapsis Bischof Burchards hinaus. Archäologische Untersuchungen haben im Spannfundament auf der Apsissehne des ottonischen Westchores eine Eintiefung für das axiale Bodengrab des ottonischen Bauherrn freigelegt. Unmittelbar westlich davon fand sich das Fundament des ersten Westchoraltares, der bereits dem heiligen Laurentius geweiht war.[6] Das Patrozinium könnte veranlasst sein durch Herzog Konrad den Roten, den Stammvater der Salier, der allerdings vor dem Kreuzaltar am Ostende des Mittelschiffs inmitten seiner Nachkommen beigesetzt wurde. Er fiel 955 am Festtag eben dieses Heiligen in der siegreichen Schlacht gegen die Ungarn auf dem Lechfeld bei Augsburg. Da ein zelebrierender Priester auf der Westseite hinter dem Wormser Gegenchoraltar stand und bei der Eucharistiefeier über dessen Mensa hinweg nach Osten blickte, hatte er das im Fußboden sicher durch eine Steinplatte mit identifizierender Inschrift markierte Bischofsgrab während der heiligen Handlung ständig vor Augen.[7] Burchards Gebeine werden wie üblich mit dem Kopf nach Westen gelegen haben, um am Tag des Jüngsten Gerichts sogleich die Wiederkunft Christi und das im Osten angenommene Paradies schauen zu können. Somit berührte sein Haupt unmittelbar den Stipes des Laurentiusaltares und nahm geradezu körperlich Anteil an der Heilswirkung des täglich dort gefeierten Messopfers. Die aus diesen topographischen Bedingungen heraus entwickelte, bautechnisch wie ideell überaus enge Verklammerung von Stiftergrablege und Westchoraltar lässt sich in nahezu identischer Form nochmals im salischen Paderborner Dom nachweisen. Der dortige Bischof Imad († 1076) hatte ihn nach einem Brand wiederhergestellt und daraus das Bauherren-Privileg seiner exklusiven Bestattung im westlichen Gegenchor abgeleitet.[8] Dieses Vorrecht nahm in Worms als Vollender des dritten staufischen Bauabschnitts gleichfalls Bischof Konrad II. von Sternberg (1171–1192) für sich in Anspruch. Er brachte bereits 1172 von einer Reise nach Konstantinopel eine kostbare Ampel als Ewiges Licht für den zu seiner Grablege bestimmten Westchor des Domes zurück, dessen Neuweihe er 1181 vollzog.[9] Nachdem man den neuen Laurentiuschor um etwa 12 m verlängert hatte, konnte auch sein Altar in die nunmehr polygonale Westapsis verschoben werden. Bischof Konrads bei einer archäologischen Untersuchung 1886 ungestört angetroffener Sarkophag[10] mit noch intaktem Funeralmobiliar, ornamentierter Deckplatte und darüber im Chorfußboden sichtbar gewesener Namensinschrift befand sich in einiger Entfernung östlich davor auf der Kirchen-Längsachse, und zwar so, dass er in das Fundament des gleichzeitig entfernten frühromanischen Altars eingebunden war. Wir haben es mit einer wohlüberlegten, kumulativen Steigerung der angestrebten Segenswirkung zu tun: Konrads Gebeine kamen in ein Bezugsfeld zu liegen, das auch weiterhin auf dem (an anderer Stelle erneuerten, fortan für den Gottesdienst verwendeten) Gegenchoraltar beruhte. Doch gleichzeitig suchte sein Grab die Nähe der ungeachtet mittlerweile vollzogener Auflassung wie eine Berührungsreliquie hochgeschätzten Fundamentierung des Vorgänger-Altars, den sein inzwischen als heiligmäßig verehrter Amtsbruder etwa 160 Jahre früher errichtet hatte.

An den Bauformen des spätromanischen Westchores[11] erkennt man die Tätigkeit einer neuen Werkstatt. Sie entwickelte eine Vorliebe für stärkere plastische Durchbildung des Mauerwerks bei Verwendung zunehmend reicherer Schmuckelemente wie Mehrpassfenster und Zickzackwülste, vielfach in Kombination mit tiefgestuften Blendnischen. Bereits durch seine Gewölbeform mit zentriertem Schlussstein erweckt das seitlich leicht ausgreifende westliche Chorpolygon den Eindruck eines zentralbauähnlichen Altarraumes. Er wurde durch das außergewöhnliche axiale Radfenster und dessen ehemals fünf Satelliten gegen Abend in eine sicherlich programmatisch eingeplante Lichtflut getaucht. Von ihm gingen vielleicht sogar (jedoch ausschließlich formale) Anregungen für die Konzeption des wenig jüngeren Mainzer Dom-Westchores in Gestalt eines Trikonchos mit gleichfalls polygonal gebrochener Umrisslinie aus. Wegen der mit ihren unteren Geschossen in den Neubau übernommenen, enger zusammenstehenden West-

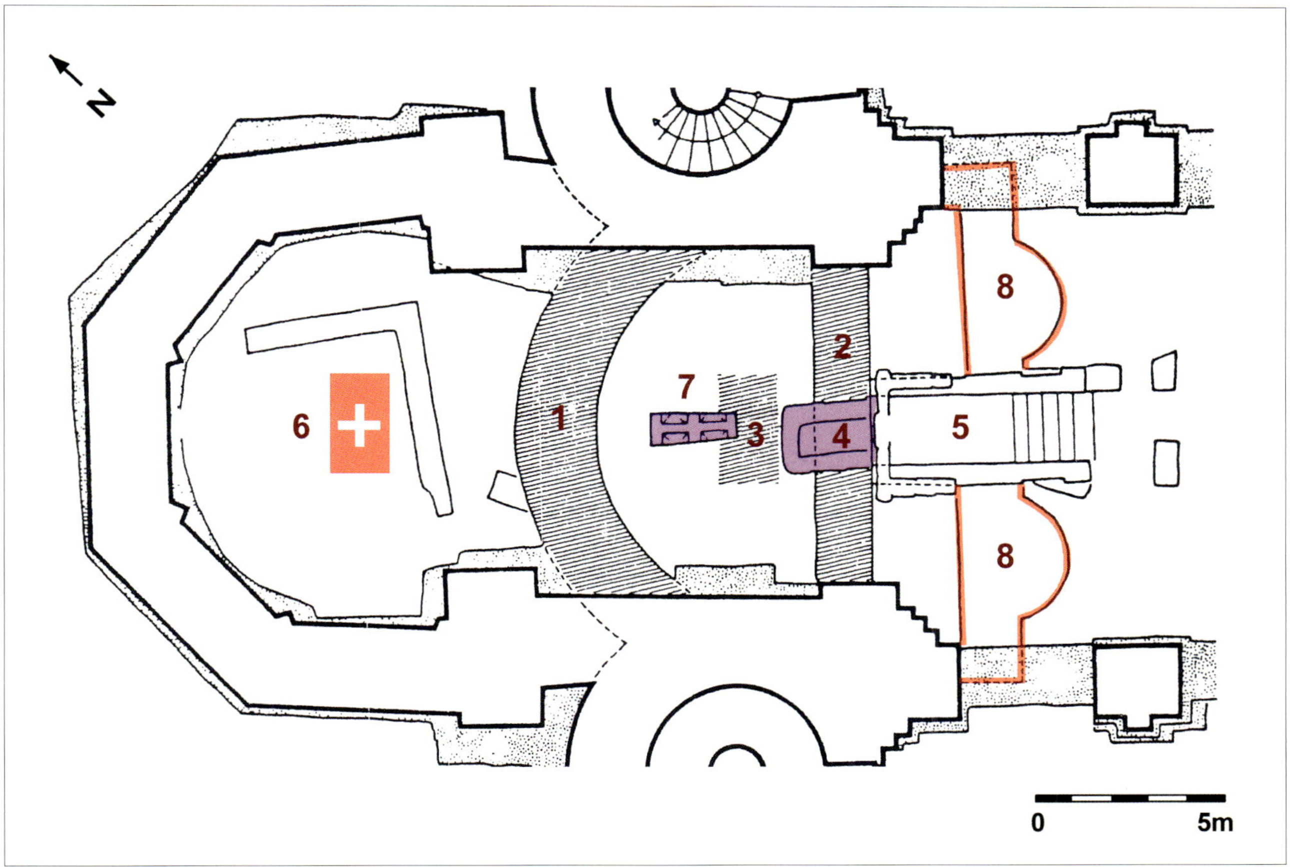

Abb. 29: Westchor, umgezeichneter Grabungsplan (nach Kautzsch 1938, wie Anm. 6 u. Krause 1963, wie Anm. 20): **1** Fundament der Westapsis des um 1022 fertiggestellten Burchard-Domes **2** Spannfundament unter dem westlichen Apsisbogen des frühen 11. Jahrhunderts **3** Fundament des frühromanischen Westchor-Altars St. Laurentius **4**. ursprüngliche Grablege Bischof Burchards I. († 1025) **5** nach Abbruch des Westchorlettners wohl in nachmittelalterlicher Zeit eingetiefte sekundäre Grabkammer Bischofs Burchards I. **6** stauferzeitlicher Westchor-Altar St. Laurentius **7** Grablege Bischof Konrads II. von Sternberg († 1192) **8** Fundament eines Lettners der späten Stauferzeit mit symmetrischen seitlichen Treppenspindeln

türme des Wormser Burchard-Domes ergab sich nun als verbindendes Gelenkstück zum Mittelschiff ein querrechteckiges Westchorjoch. Dessen Seitenwände, im unteren Bereich versehen mit kleinteilig gegliederten Rahmenformen, lassen sich als eine Art Dorsale für steinerne Klerikerbänke auffassen. Darüber erhebt sich wie im Osten ein nach unten offener, allerdings schlankerer Chorturm, der gleichfalls auf Höhe des Mittelschiffgewölbes ins Achteck wechselt. Es handelte sich aber wohl nicht um den Ort für ein gleichrangiges zweites Chorgestühl des Domkapitels wie etwa in den doppelchörigen Bischofskirchen von Bamberg oder Naumburg. Vielmehr sorgten dort eigens mit zweckgebundenen Präbenden ausgestattete Angehörige des niederen Domklerus (»Laurentius-Vikare«) vornehmlich für die Memoria des bischöflichen Bauherrn.[12]

Besondere Bedeutung kam wie üblich dem feierlichen Gedächtnis seines Todestages[13] zu, für den ein heute bizarr anmutendes Ritual überliefert ist. Einer der Domherren hatte dann während des Gottesdienstes, angetan mit dem bischöflichen Ornat, stellvertretend für den Verstorbenen auf dessen Thronsitz Platz zu nehmen. Später wurde die unter den Kanonikern offenbar wenig beliebte Rolle von einer entsprechend bekleideten hölzernen Puppe (Effigies) übernommen.[14] Anteilnahme von Laien scheint man bei den hier stattfindenden (para-)liturgischen Handlungen nicht gewünscht zu haben. Nur so ist zu erklären, dass der spätromanische Westchor etwa ein halbes

Jahrhundert nach seiner Erbauung noch mit einem Lettner optisch und funktional vom Langhaus abgeteilt wurde. Zuvor gab es wahrscheinlich nur halbhohe Brüstungen, von denen ergrabene Fragmente mit reichem Reliefschmuck stammen sollen.[15] Sie lassen sich ins frühe 12. Jahrhundert datieren und stehen vielleicht in Zusammenhang mit Erneuerungen des liturgischen Mobiliars anlässlich einer östlichen Hochaltar-Neuweihe von 1110.[16] Nun errichtete man in der ersten Hälfte des 13. Jahrhunderts eine übermannshohe, in der frühen Neuzeit wieder beseitigte Querschranke, von der lediglich das Fundament sowie Anschlussspuren an den westlichen Vierungspfeilern nachgewiesen sind.[17] Sie muss dem frühgotischen Westlettner des Naumburger Doms sehr ähnlich gewesen sein.[18] Wie dieser besaß sie offenbar eine schmale Bühne von wenig mehr Grundfläche, als ihre Mauerstärke verfügbar machte. Zugänglich war dieser Laufgang über zwei seitliche Treppenspindeln, deren Wandungen wohl von aufsteigenden Arkaden durchbrochen wurden. Auch der gewiss als Anregung und Vorbild wirksam gewesene, im 2. Viertel des 13. Jahrhunderts entstandene und 1681 zugunsten einer barocken Abschrankung wieder entfernte Westlettner des Mainzer Doms[19] verdankte seine Ausgestaltung mit entsprechenden Einzelformen dem Hüttenkreis des »Naumburger Meisters«. Anders als beim berühmten Naumburger Vergleichsobjekt ordnete man jedoch die symmetrischen Wendelstiegen im Wormser Westchor außenseitig an, offenbar wegen Platzmangel im beengten Chorjoch. Hingegen gab es in beiden Fällen den bei Westchorlettnern üblichen axialen Durchgang. Bisher unzureichend interpretierte Grabungsbefunde[20] haben dabei in Worms zu Fehldeutungen hinsichtlich einer dort sekundär eingetieften Gruft geführt, die das – nach Erhebung der wie Heiligenreliquien verehrten Gebeine in einen farbig gefassten Holzschrein[21] – funktionslos gewordene Burchardgrab des 11. Jahrhunderts überschnitt und offenbar abgelöst hat. Diese Baumaßnahme war aber zweifellos jüngeren Datums, sollte wohl den nun hier untergebrachten leeren Steinsarkophag des verehrten Bischofs für Laien vom Mittelschiff aus zugänglich machen und setzte eine Beseitigung des Lettners voraus, die vermutlich im 16. Jahrhundert erfolgte. Immer noch erklärungsbedürftig bleibt die restriktive Ausrichtung des Gebetsgedächtnisses an den beiden privilegierten Bischofsgrablegen im Sinne einer »exklusiven Memoria«. Eine derartige Einschätzung betrifft übrigens generell den Gottesdienst im Westchor und seine Beschränkung auf einen kleinen, stiftsinternen Personenkreis sowie seine funktionale Verknüpfung mit der hier auf der Nordseite rechtwinklig anstoßenden Pfalz[22] des Wormser Oberhirten und Stadtherrn, zumindest ursprünglich quasi unter Ausschluss der laikalen Öffentlichkeit.[23] Bei ansonsten weitgehend identischen sakraltopographischen Verhältnissen im Paderborner Dom[24] ging dort die Entwicklung seit dem frühen 13. Jahrhundert in genau entgegengesetzte Richtung: Der westliche Gegenchor wandelte sich allmählich zum allgemein zugänglichen Pfarrchor. Ähnliches kann man hinsichtlich des (dort östlichen) Gegenchores im Mainzer Dom feststellen.[25]

Anmerkungen

1 Dieser Kurzbeitrag beruht auf einem Textabschnitt in Clemens Kosch, Die romanischen Dome Mainz, Worms und Speyer, Regensburg 2011, S. 57–58. Er wurde an mehreren Stellen bis zum Forschungsstand von 2016 aktualisiert, durch Einschübe erweitert und mit einer neu geschriebenen Einleitung sowie Fußnoten versehen. Herzlicher Dank gilt Britta Hedtke für Rat und Hilfe.

2 Heinrich Holtzinger, Über den Ursprung und die Bedeutung der Doppelchöre. Eine Studie aus der Baugeschichte des Mittelalters (Beiträge zur Kunstgeschichte Bd. 5), Leipzig 1882; Franz Unterkircher, Der Sinn der deutschen Doppelchöre. Diss. phil. Wien 1942 [masch.schr.]; Adolf Schmidt, Westwerke und Doppelchöre. Höfische und liturgische Einflüsse auf den Kirchenbau des frühen Mittelalters, in: Westfälische Zeitschrift 106, 1956, S. 347–438; Albrecht Mann, Doppelchor und Stiftermemorie. Zum kunst- und kultgeschichtlichen Problem der Westchöre, in: Westfälische Zeitschrift 111, 1961, S. 149–262; Edgar Lehmann, Die Westbauten der Stiftskirchen im deutschen Sprachgebiet zwischen 1150 und 1300, in: Sachsen u. Anhalt 19, 1997 (Festschrift für Ernst Schubert), S. 19–71.

3 Dazu im Überblick Friedrich Möbius, Wägende Gruppierung als Gleichnis feudaler Herrschaftsstruktur. Beobachtungen zum Analogieschluss in der Kunstgeschichte, in: Friedrich Möbius/Ernst Schubert (Hgg.), Skulptur des Mittelalters. Funktion und Gestalt, Weimar 1987, S. 453–480, cf. S. 458 ff. Als Produkt Wormser Lokalforschung der (inzwischen durchweg ablehnend bewertete) Beitrag von Friedrich M. Illert, Der Königschor des Wormser Domes. Versuch einer Deutung der Funktion des Westchors des Wormser Domes, in: Der Wormsgau 2, 1934–43, S. 337–344, 390.

4 Veranschaulicht durch Kartierung des ortsfesten liturgischen Mobiliars mittels farbiger Symbole, u. a. für Altäre, Chorgestühl, Lettner und Schranken, Reliquiengräber und prominente Bestattungen, schließlich Eingänge, Wegeführungen, Annexbauten und deren Nutzung durch unterschiedliche Personengruppen (hier Abb. 2). Über die Konzeption entsprechender Planzeichnungen Clemens Kosch, Zum Projekt einer zeichnerischen Veranschaulichung der sakralen »Binnentopographie« des Hochmittelalters in ehemaligen Konventkirchen Kölns. Methodische Überlegungen am Beispiel von St. Andreas, in: Albert Gerhards/Andreas Odenthal (Hgg.), Studien zur interdisziplinären Erforschung des Gottesdienstes im Erzbistum Köln (Liturgiewissenschaftliche Quellen u. Forschungen Bd. 87), Münster 2000, S. 127–142.

5 Knappes Resümee in Friedrich Oswald, Würzburger Kirchenbauten des 11. und 12. Jahrhunderts. (Mainfränkische Hefte Bd. 45), Würzburg 1966; cf. Exkurs 2: Zur Bedeutung westlicher Hauptchöre. S. 215–220. Von der Benediktiner-Klosterkirche Fulda, einem Schlüsselbau deutscher vorromanischer Sakralarchitektur, berichten zeitgenössische Schriftquellen über ein der geosteten karolingischen Basilika nachträglich im 2. Viertel des 9. Jahrhunderts *more romano* angefügtes Westquerschiff mit nunmehr westlichem Hauptchor, in dessen Krypta das Grab des heiligen Bonifatius verlegt wurde. Siehe Werner Jacobsen, Die Abteikirche von Fulda von Sturmius bis Eigil. Kunstpolitische Positionen und deren Veränderungen, in: Gangolf Schrimpf (Hg.), Kloster Fulda und die Welt der Karolinger und Ottonen. Kultur, Politik, Wirtschaft. (Fuldaer Studien Bd. 7), Frankfurt/M. 1996, S. 105–127.

6 Rudolf Kautzsch, Der Dom zu Worms, 3 Bde., Berlin 1938, S. 168f.; Ernst Gierlich, Die Grabstätten der rheinischen Bischöfe vor 1200. Mainz 1990, S. 213–215 mit Anm. 82. (vgl. Abb. 29). In spätmittelalterlicher Zeit wurden Burchards Gebeine erhoben und in einem hölzernen bemalten Schrein hinter dem Hochaltar des Ostchores ausgestellt, s.u. Anm. 21.

7 Rüdiger Fuchs, Die Inschriften der Stadt Worms. Gesammelt u. bearb. v. (Die Deutschen Inschriften Bd. 29), Wiesbaden 1991, Nr. 25; DI 29 Worms, Nr. 25 (Rüdiger Fuchs), in: www.inschriften.net, urn:nbn:de:0238-di029mz02k0002503 [29.01.2018]. S. u. Anm. 10.

8 Alois Fuchs, Grabungen und Funde im und am Paderborner Dom seit 1907, in: Paul Simon (Hg.), Sankt Liborius, sein Dom und sein Bistum. Paderborn 1936, S. 207–237, cf. S. 217–219 (8. Ein Bischofsgrab im Westturm des Domes); Uwe Lobbedey, Der Westchor des heiligen Liborius im Dom zu Paderborn, in: Jürgen Brandt/Karl Hengst (Hgg.), Felix Paderae civitas. Der heilige Liborius 836–1986. Festschrift zur 1500jährigen Feier der Reliquienübertragung des Patrons von Dom, Stadt und Erzbistum Paderborn (Studien u. Quellen zur westfälischen Geschichte Bd. 24), Paderborn 1986, S. 205–213; Clemens Kosch, Paderborns mittelalterliche Kirchen. Architektur und Liturgie um 1300, Regensburg 2006, S. 16 mit Planzeichnung S. 14/15 (Nr. 5: Grablege des Bischofs Imad, mit ihrer Kopfseite an den als b gekennzeichneten Hauptaltar des Westchores stoßend). Neuerdings jedoch Markus Sanke, Die Gräber geistlicher Eliten Europas von der Spätantike bis zur Neuzeit. Archäologische Studien zur materiellen Reflexion von Jenseitsvorstellungen und ihrem Wandel. 2 Bde, 1 CD-ROM (Zeitschrift für Archäologie des Mittelalters, Beiheft 25), Bonn 2012, Katalog D 8.3, S. 32 und Taf. 40, 41 mit der von uns abgelehnten Einschränkung »unbekannter Bischof von Paderborn, 11. bis 13. Jh., möglicherweise Imad…«. Hierzu demnächst ausführlicher Clemens Kosch, Memorialbaukultur im Hochmittelalter. Zum Westchor des vorgotischen Paderborner Doms, in: Stefan Kopp (Hg.), Gott begegnen an heiligen Orten (Theologie im Dialog Bd. 24), Freiburg i. Br. 2018, S. 335–358 [in Druckvorbereitung].

9 Kautzsch 1938 (wie Anm. 6), S. 32; zur Lichterstiftung als charakteristischem Element eines (hier bereits lange vor dem Ableben des Interessenten von ihm testamentarisch geregelten) Totengedächtnisses siehe Renate Kroos, Grabbräuche – Grabbilder, in: Karl Schmid/Joachim Wollasch (Hgg.), Memoria. Der geschichtliche Zeugniswert des liturgischen Gedenkens im Mittelalter (Münstersche Mittelalter-Schriften Bd. 48), München 1984, S. 285–353, cf. S. 320ff.

10 Friedrich Schneider, Ein Bischofsgrab des XII. Jahrh[underts]

im Wormser Dom, in: Bonner Jahrbücher 85, 1888, S. 106–115; Gierlich 1990 (wie Anm. 6), S. 218–219; Gerold Bönnen, Dom und Stadt – Zu den Beziehungen zwischen der Stadtgemeinde und der Bischofskirche im mittelalterlichen Worms, in: Der Wormsgau 17, 1998, S. 8–55, cf. S. 43 f.; Sanke 2012 (wie Anm. 8), Katalog D 17.3, S. 93 und Taf. 117,118.

11 Sein heutiger Zustand ist das Ergebnis einer vollständigen, weitgehend originalgetreu unter Verwendung romanischer Bauteile in den Jahren 1901–1906 ausgeführten Rekonstruktion, die aus statischen Gründen erforderlich wurde. Siehe dazu Klaus Rheidt, Der Westteil des Wormser Domes. Baugrund- und Fundamentschwächen eines mittelalterlichen Großbaues. Historische Sicherungskonzepte und -maßnahmen, in: Kleine Beiträge zur Geschichte von Baukonstruktion und Bautechnik (Institut für Baugeschichte der Universität Karlsruhe, Materialien zur Bauforschung u. Baugeschichte Bd. 1), Karlsruhe 1990, S. 14–42. Die ältere kunsthistorische Diskussion wird kommentierend zusammengefasst durch Dethard von Winterfeld, Neue Gedanken zur alten Diskussion über den Wormser Westbau, in: Zeitschrift des Deutschen Vereins für Kunstwissenschaft 44, 1990, S. 76–91; Nachdruck in: von Winterfeld FS 2003, S. 397–412.

12 Bönnen 1998 (wie Anm. 10), S. 44.

13 Grundlegend ist hier erneut der materialreiche Gesamtüberblick von Kroos 1984 (wie Anm. 9), cf. S. 293 ff.

14 Friedrich M. Illert, Zeitgeschichte und Dombau. Ein Beitrag zur Datierung des Wormser Dombaues, in: Der Wormsgau 7, 1965–66, S. 9–36, cf. S. 33; Michael Viktor Schwarz, Liturgie und Illusion. Die Gegenwart der Toten sichtbar gemacht (Naumburg, Worms, Pisa), in: Wilhelm Maier/Wolfgang Schmid/Michael V. Schwarz (Hgg.), Grabmäler. Tendenzen der Forschung anhand von Beispielen aus Mittelalter und früher Neuzeit, Berlin 2000, S. 147–177, cf. S. 160–164. Zum Typus des figürlichen »Platzhalters« in seinem kulturgeschichtlichen Kontext Adolf Reinle, Das stellvertretende Bildnis. Plastiken und Gemälde von der Antike bis ins 19. Jahrhundert, Zürich/München 1984, S. 190 ff.

15 Kautzsch 1938 (wie Anm. 6), S. 88–89; Irene Spille, Neuentdeckungen zur Datierung des Wormser Domes, in: Der Wormsgau 13, 1979–81, S. 106–112.

16 Kautzsch 1938 (wie Anm. 6), S. 31; Gerold Bönnen, Zur Entwicklung von Stadtverfassung und Stadtgemeinde im hochmittelalterlichen Worms, in: ZGO 150, 2002, S. 113–157, cf. S. 124. Zum Bezug der Weihe von 1110 auf die Zeitstellung der Bauabschnitte des 12. Jh. Matthias Untermann, Der Ostbau des Wormser Doms. Neue Überlegungen und Befunde zu Bauabfolge und Datierung sowie zur Weihe von 1110, in: Der Wormsgau 27, 2009, S. 189–203, und in diesem Band.

17 Kautzsch 1938 (wie Anm. 6), S. 167 f.; Erika [Kirchner-] Doberer, Die deutschen Lettner bis 1300. Diss. phil. Wien 1946 [masch.schr.], S. 117–119.

18 Peter Bömer, Der Westlettner des Naumburger Doms und die Erschließung seiner Bildwerke, in: Hartmut Krohm/Holger Kunde (Hgg.), Der Naumburger Meister. Bildhauer und Architekt im Europa der Kathedralen. 2 Bde., Kat. der Ausstellung Naumburg 2011 (Schriftenreihe der Vereinigten Domstifter zu Merseburg und Naumburg u. des Kollegiatstifts Zeitz Bd. 4), Petersberg 2011, S. 1126–1136; ders., Der Westlettner des Naumburger Doms und seine Bildwerke. Form- und funktionsgeschichtliche Studien, Regensburg 2014; ders.: Westchor, Westlettner und Stifterfiguren im Naumburger Dom des 13. Jahrhunderts. Indizien einer liturgischen Nutzung, in: Saale-Unstrut-Jahrbuch 21, 2016, S. 79–95; Ilona Katharina Dudziński: Der Westlettner des Naumburger Doms. Historische Bauforschung an Architektur und Skulptur, Regensburg 2018.

19 Doberer 1946 (wie Anm. 17), S. 54–66; Annegret Peschlow-Kondermann, Rekonstruktion des Westlettners und der Ostchoranlage des 13. Jahrhunderts im Mainzer Dom (Forschungen zur Kunstgeschichte u. Christlichen Archäologie Bd. 8), Wiesbaden 1972; Diana Ecker, Auf den Spuren des Naumburger Meisters in Mainz. Überlegungen zur Rekonstruktion des Westlettners und der Chorschranken, in: Krohm/Kunde, Kat. der Ausst. Der Naumburger Meister 2011 (wie Anm. 18), S. 582–595; dies., Der Westlettner des »Naumburger Meisters«. Ein neuer Rekonstruktionsvorschlag für ein rätselhaftes Bauwerk, in: Hans-Jürgen Kotzur (Hg.), Der verschwundene Dom. Wahrnehmung und Wandel der Mainzer Kathedrale im Lauf der Jahrhunderte. Kat. der Ausst. Mainz 2011, Mainz 2011, S. 168–207.

20 Kautzsch 1938 (wie Anm. 6), S. 168 ff., 353 f.; Hans Joachim Krause, Bemerkungen zum staufischen Neubau des Wormser Doms, in: Wissenschaftliche Zeitschrift der Karl-Marx-Universität Leipzig, Gesellschafts- u. sprachwissenschaftliche Reihe 12, 1963, S. 445–462, cf. S. 453 u. S. 451, Abb. 2.

21 Kautzsch 1938 (wie Anm. 6), S. 29

22 Friedrich M. Illert, Kaiserpfalz und Bischofshof in Worms, in: Der Wormsgau 3, 1951–58, S. 136–148. (vgl. Abb. 27). Zum »privaten« Verbindungsgang des Bischofs ins westliche Langhaus aus seinen Wohnräumen im Obergeschoss der Pfalz siehe Kosch 2011 (wie Anm. 1), S. 54 ff.

23 Die im Gegensatz hierzu von Bönnen 1998 (wie Anm. 10), S. 44 erschlossene, bei Gelegenheit auch »‚stadtbürgerliche' Nutzung des Laurentiuschores« wird wohl erst einer spätmittelalterlichen Entwicklung geschuldet sein und keinesfalls für die Entstehungszeit des ja sonst sinnlosen Westlettners zutreffen.

24 Kosch 2006 (wie Anm. 8), S. 20ff. u. Planzeichnung S. 14/15.

25 Kosch 2011 (wie Anm. 1), S. 37; Hans-Jürgen Kotzur, Trennend – Verbindend – Raumprägend. Die Lettner und Chorschranken des Mainzer Domes und ihre Wirkung auf die Raumbilder im Wandel der Zeit, in: Felicitas Janson/Barbara Nichtweiß (Hgg.), Basilica Nova Moguntina. 1000 Jahre Willigis-Dom St. Martin in Mainz (Neues Jahrbuch für das Bistum Mainz 2009–2010), Mainz 2010, S. 159–198, cf. S. 169–175, S. 176–186; ders., Der spätgotische Ostchorlettner. Wiederentdeckung eines vergessenen Ausstattungsstücks, in: Kotzur (Hg.) 2011 (wie Anm. 19), S. 209–237.

Wilfried E. Keil

BEMERKUNGEN ZUR BAUTECHNIK DER OSTTEILE DES DOMS ZU WORMS

Die beiden Osttürme und die Ostfassade wurden bei den Restaurierungsmaßnahmen des Außenbaus in den Jahren 2007 bis 2015 durch Bauforschung begleitet, die durch das Institut für Europäische Kunstgeschichte der Universität Heidelberg durchgeführt wurde.[1] Hierbei konnten einige bemerkenswerte Befunde zur Bautechnik gemacht werden. Die Ostfassade und die beiden Osttürme wurden in einer Bauperiode des spätromanischen Doms errichtet und dem älteren Sanktuarium vorgesetzt.[2]

MATERIAL, STEINOBERFLÄCHEN, GERÜST UND HEBEWERKZEUGE

Der Dom wurde nahezu ausschließlich aus Sandstein gebaut. Hierbei wurden auch vereinzelt Steine von Vorgängerbauten als Spolien wiederverwendet. Dies lässt sich z. B. am unterschiedlichen Material wie Kalkstein oder an der Steinbearbeitung erkennen. Um kleine Unregelmäßigkeiten bzw. Fehler bei der Bauausführung zu beheben, wurden als Flickmaterial Backsteine, Dachziegel und Schieferplatten benutzt. Die Kegeldächer der beiden Türme, die erst ungefähr ein Jahrhundert später aufgesetzt wurden, bestehen, was eine Seltenheit darstellt, wie der Rest der Türme aus Sandstein. Um hierbei die nötige Stabilität zu erhalten, werden die Steine mit Eisenklammern, die in Blei eingelassen wurden, zusammengehalten. Diese Technik wurde bereits in der Antike verwendet. Das Mauerwerk der Ostteile ist ein Schalenmauerwerk. Die Außenflächen der Mauern bestehen aus behauenen Sandsteinquadern, die meistens durchlaufende Lagen bilden. Die Steinoberflächen weisen einen Randschlag auf und der Quaderspiegel ist in vielen Fällen mit einer Zahnfläche oder einem Zahneisen geflächt. Es kommen aber auch andere Steinbearbeitungen wie das Frischgratmuster vor. Im Inneren wird der Mauerkern aus Bruchsteinen, die mit Mörtel zusammengehalten werden, gebildet.

Im Mauerwerk konnten in mehr oder weniger regelmäßigen Abständen Gerüstlöcher festgestellt werden. Diese dienten dazu, Balken in die Mauer einzulassen, auf denen Flechtwerkmatten oder Gerüstbohlen lagen. Zur Verstärkung wurden diese teilweise durch Spreizhölzer gegen die Mauer abgestützt. Vom Typus her handelt es sich um ein Auslegergerüst. An einigen Steinen der Ostfassade konnten Spreizlöcher auf der oberen Lagefläche der Steine nachgewiesen werden. In diese wurde der Spreizwolf, ein Hebewerkzeug, eingelassen, um den Stein mit dem Kran nach oben ziehen zu können.

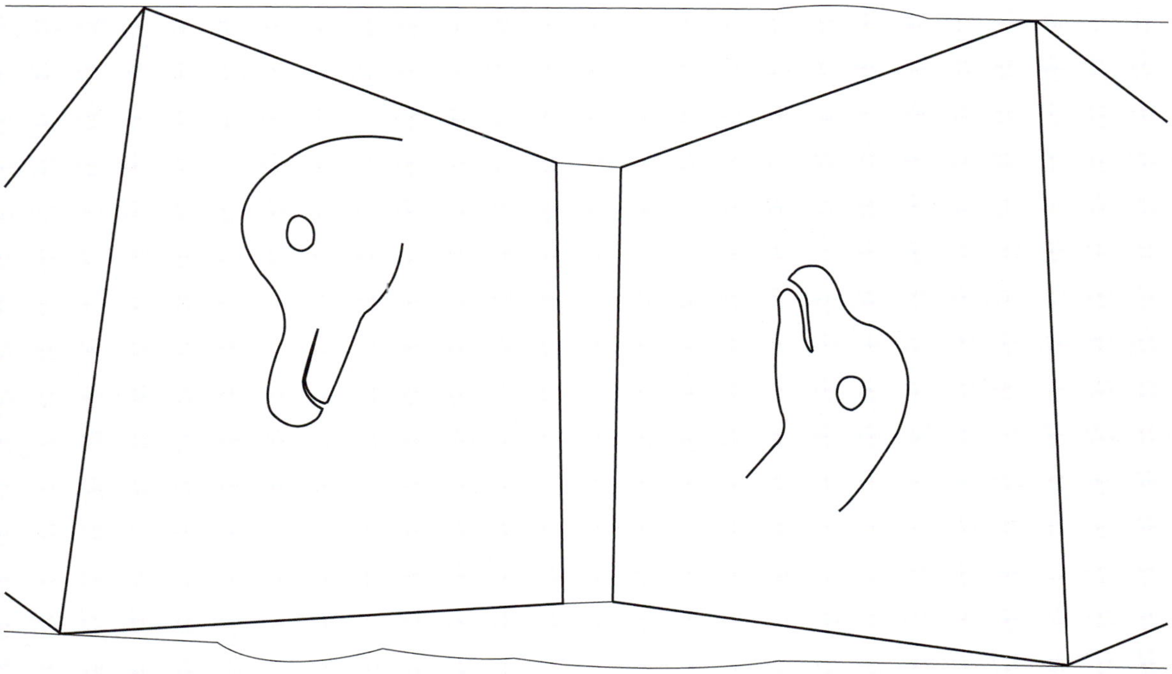

Abb. 30: Worms, Dom, Südostturm, zweites Geschoss, Südostseite, Versatzzeichen in Form von Adlerköpfen (Umzeichnung)

VERSATZZEICHEN

Allein am Südostturm konnten am Außenbau fast tausend Steinmetzzeichen dokumentiert werden.[3] In der älteren Forschung herrscht vorwiegend die Meinung, dass Steinmetzzeichen überwiegend zur Abrechnung gedient haben. Durch neuere Untersuchungen konnten verschiedene weitere Funktionen (Ehrenzeichen, Qualitätsmarken, Bruchmarken, Versatzzeichen, Lagemarkierungen …) von Steinmetzzeichen ermittelt werden.[4] An allen drei Bauteilen konnten technische Zeichen, in diesem Fall Versatzzeichen, festgestellt werden. Bei einfachen Quadern finden Versatzzeichen keine Verwendung. Sie werden bei aufwändig hergestellten Bauelementen wie Gesimsen und Fenstergewänden, die aus mehreren Stücken bestehen, eingesetzt. Die einzelnen Steine sind hierbei in der Bauhütte genau aufeinander abgestimmt gefertigt worden. Um die Elemente dann in der richtigen Anordnung verbauen zu können, wurden Versatzzeichen angebracht. Hierdurch konnten die Steine im Bauverlauf in der richtigen Reihenfolge mit dem Kran nach oben gezogen werden und an der für sie vorgesehenen Stelle verbaut werden. An den Ostteilen in Worms finden sich Versatzzeichen an Fensterbögen und in Fensterlaibungen im vierten und fünften Geschoss des Südostturms.[5] Sie kommen dort als geometrische Formen, als Buchstaben und am häufigsten als römische Ziffern vor.[6]

Es gibt an diesen Bauteilen aber auch Versatzzeichen an Stellen, an denen sie für romanische Bauwerke nur selten dokumentiert werden konnten. In der zweiten und dritten Etage des Südostturms sind an einigen Bogen der Rundbogenfriese in die beiden Steine, die gemeinsam einen Rundbogen bilden, jeweils das gleiche Zeichen eingehauen. Es sind allerdings nur noch drei vollständige Paare erhalten. Dies ist auf Verwitterung und Steinersatz im Laufe der Jahrhunderte zurückzuführen.[7]

In der zweiten, dritten und vierten Etage des Südostturms, der ersten Etage der Ostfassade und der zweiten, dritten, vierten und fünften Etage des Nordostturms konnten Versatzzeichen an den Zahnfriesen dokumentiert werden. Sie kommen an zwei unterschiedlichen Stellen vor, zum einen an der Platte ober-

Abb. 31: Südostturm, zweites Geschoss, Südostseite, Versatzzeichen

Abb. 32: Südostturm, zweites Geschoss, Südostseite, Versatzzeichen

halb der Zähne und zum anderen an den Flächen der Zähne selbst. Im zweiten Geschoss des Südostturms ist ein besonders aufwändiges graphisches Zeichen als Versatzzeichen in die gegenüberstehenden Zahnflächen von zwei nebeneinander liegenden Steinen eingehauen. Es handelt sich hierbei um Adlerköpfe, wie an den vorne umgebogenen Schnäbeln zu erkennen ist.[8]

LAGEMARKIERUNGEN

Am Südostturm wurden auch andere technische Zeichen, nämlich Lagemarkierungen, verwendet. An zwei Quaderlagen im dritten Geschoss in dem Wandfeld, das an die Ostfassade anschließt, sind in der dritten und vierten Steinlage oberhalb des Sockel-

Abb. 33: Südostturm, drittes Geschoss, Ostseite, Steinmetzzeichen, Lagemarkierungen und halbe Steinmetzzeichen an den Lisenen

Abb. 34: Ostfassade, nördliches Fenster, unterer Teil des nördlichen Gewändes

gesimses zwischen den Lisenen jeweils zwei Zeichen in einen Quader eingehauen. Bei dem einen Zeichen, in der Form eines liegenden Bogens mit gerundeten Ausläufern, das auf allen Steinen der beiden Lagen vorkommt, handelt es sich um ein »normales« Steinmetzzeichen. Dieses Steinmetzzeichen kommt in diesem Bauabschnitt sehr häufig vor. Zudem ist in der dritten Steinlage an allen vier Quadern ein zweites Zeichen in Form eines Hakens und in der vierten Steinlage an allen fünf Quadern ebenfalls ein zweites Zeichen, diesmal aber in Form einer Birne eingehauen.[9] Bei der zusätzlichen Markierung handelt es sich um eine Lagemarkierung. Dies ist dadurch ersichtlich, dass dieses Zeichen nur in dieser einen Lage und sonst nirgends am Turm zu finden ist. Eine genauere Markierung der Reihenfolge der Steine war nicht notwendig. Der Abstand von Lisene zu Lisene wurde für jede Lage ausgemessen und die vier bzw. fünf Steine füllen gemeinsam den gleichen Abstand aus. Es war also nicht entscheidend welcher der Steine zuerst vom Kran nach oben gezogen und verbaut wurde, sondern nur, dass die Steine nicht in der Lage vertauscht wurden. Nun fragt man sich, wieso gerade nur an diesen beiden Lagen solche Markierungen zu finden sind. Wahrscheinlich wurden Lagemarkierungen üblicherweise mit vergänglichem Material wie Kohle, Kreide oder Rötel angebracht. In diesem Fall könnte das Einhauen der Marken durch eine unüblich längere Lagerung in der Bauhütte, z. B. über die Winterpause, zu erklären sein.[10]

Abb. 35: Ostfassade, nördliches Fenster, mittlerer Teil des südlichen Gewändes

HALBE STEINMETZZEICHEN

An Profilstücken konnten teilweise auch halbe Steinmetzzeichen dokumentiert werden. Diese sind dadurch entstanden, dass zunächst ein normaler Quader nach seiner Fertigstellung mit einem Steinmetzzeichen versehen wurde und danach aus dem Stein ein Profil herausgearbeitet wurde.[11] Zwei Beispiele finden sich im gleichen Abschnitt wie die oben erwähnten Lagemarkierungen in den gleichen Lagen an den Lisenen (vgl. Umzeichnung Abb. 33).

PROFILWERKSTEINE

Bei der Ausführung der Profile konnten auch Unterschiede in der Werksteingestaltung bemerkt werden. Bei den drei großen Fenstern der Ostfassade wurden im Fenstergewände des nördlichen Fensters im unteren Bereich die großen Rundstäbe extra gearbeitet und über mehrere Lagen hinweg eingestellt. Dies ist in Teilen auch beim mittleren Fenster der Fall. Weiter oben und beim südlichen Fenster wurden die Rundstäbe zusammen mit den anderen Profilen in einem einzigen Werkstück für die jeweilige Lage gearbeitet. Dies setzt ein besonderes handwerkliches Vermögen voraus. Die Gestaltung der Rundstäbe musste nun exakt Lage für Lage angepasst werden.[12] Da diese Art der Ausführung erst im weiteren Bauverlauf durchgeführt und in späteren Zeiten üblich wurde, kann man hier einen technischen Fortschritt in der Bauhütte feststellen. Es wurden entweder neue Techniken erlernt oder es kam zu einem Impuls durch neu ankommende Handwerker aus anderen Regionen.

Anmerkungen

1 Die Untersuchungen am Wormser Dom werden seit 2002 unter der Betreuung von Prof. Dr. Matthias Untermann durchgeführt. In den Jahren 2007/08 wurde der Südostturm und in den Jahren 2009/10 die Ostfassade und der Anschluss zum Nordostturm durch Aquilante De Filippo, Wilfried E. Keil und Studierende erforscht. In den Jahren 2014/15 wurde der Nordostturm durch Lena Schulten und Studierende analysiert. Zu der Außeninstandsetzung des Südostturmes und der Ostfassade siehe: Jürgen Hamm, Außeninstandsetzung der Ostgruppe des Wormser Domes – Teilabschnitt Südturm und Ostseite, in: Der Wormsgau 30, 2013, S. 58–71.

2 Siehe hierzu den Beitrag zur Baugeschichte in diesem Band sowie: Matthias Untermann, Der Ostbau des Wormser Doms. Neue Überlegungen und Befunde zu Bauabfolge und Datierung sowie zur Weihe von 1110, in: Der Wormsgau 27, 2009, S. 189–203; Matthias Untermann/Wilfried E. Keil, Der Ostbau des Wormser Doms. Neue Beobachtungen zu Bauabfolge, Bauentwurf und Datierung, in: In situ, Zeitschrift für Architekturgeschichte 2, 2010, S. 5–20.

3 In Worms selbst sind einige der ältesten bekannten Steinmetzzeichen des Mittelalters erhalten. An der Treppenspindel des Südwestturms, die vom Burchard-Dom stammt und daher Anfang des 11. Jahrhunderts zu datieren ist, sind ein Teil der Steine mit einem V gekennzeichnet. Vgl. Wilhelm Meyer-Schwartau, Der Dom zu Speier und verwandte Bauten, Berlin 1893, S. 35, Nr. 12. Walter Haas, Bautechnik, in: Hans Erich Kubach/Walter Haas, Der Dom zu Speyer. 3 Bde., Textband (Die Kunstdenkmäler von Rheinland-Pfalz 5), München 1972, S. 469-659, hier S. 549. Matthias Untermann, Inschriften der Bauleute der Salierzeit, in: Matthias Müller/Matthias Untermann/Dethard von Winterfeld (Hgg.), Der Dom zu Speyer. Konstruktion, Funktion und Rezeption zwischen Salierzeit und Historismus, Darmstadt 2013, 206–221, hier S. 213.

4 Aus diesem Grund werden Steinmetzzeichen in der neueren französischsprachigen Forschung nun »signes lapidaires« und nicht mehr wie früher »marques des tâcherons« genannt. Zu den unterschiedlichen Funktionen von Steinmetzzeichen im Mittelalter vgl. Jean-Louis Van Belle, Les signes lapidaires. Essai de terminologie, in: Actes du Colloque international de glyptographie de Saragosse 1982, Zaragoza 1983, S. 29–43. Giovanna Bianchi, I segni dei tagliatori di pietre negli edifici medievali. Spunti metodologici ed interpretativi, in: Archeologia dell'architettura 2, 1997, S. 25–37; Nicolas Reveyron, Marques lapidaires. The State of Question, in: Gesta 42, 2003, S. 161–170. Yves Esquieu/Andreas Hartmann-Virnich, Les signes lapidaires dans la construction médiévale. Études de cas et problèmes de méthode, in: Bulletin monumental 165, 2007, S. 331–358; Andreas Hartmann-Virnich, Steinmetzzeichen im provençialischen Sakral- und Profanbau des 12. bis 14. Jahrhunderts. Forschungsaspekte und Forschungsperspektiven, in: Arbeitskreis für Hausforschung Marburg (Hg.), Naturstein als Baumaterial, Jahrbuch für Hausforschung 52, 2007, S. 103–138; Renzo Dionigi, I segni dei lapidici. Evidenze europee, in: I magistri commacini mito e realtà del medioevo lombardo, Atti del XIX Congresso internazionale do studio sull'alto medieovo 19, Bd. 1, Spoleto 2009, S. 341–471.

5 Zu einem Beispiel vgl. Aquilante De Filippo/Wilfried E. Keil, Versatzzeichen – Markierungen des Baubetriebes. Beispiele aus Worms, von der Klosterruine Disibodenberg und der Burg Sponheim, in: Olaf Wagener (Hg.), Burgen im Hunsrück. Eine Burgenlandschaft im Fluss der Zeiten, Petersberg 2011, S. 241–253, hier S. 242f.

6 Laut Karl Friederich wurden als ursprüngliche Form der Versatzzeichen üblicherweise Zahlen verwendet. Allerdings führt er hierzu Beispiele aus der Gotik an. Vgl. Karl Friederich, Die Steinbearbeitung in ihrer Entwicklung vom 11. bis zum 18. Jahrhundert, Augsburg 1932, S. 19. Aus dem Oberrheingebiet sind frühere Beispiele bekannt. An den beiden östlichen Gurtbögen des Mittelschiffs im Speyerer Dom konnten Versatzzeichen aus Antiquabuchstaben nachgewiesen werden. Siehe: Haas, Bautechnik, in: Kubach/Haas 1972 (wie Anm. 3), S. 543; Untermann, Inschriften, in: Müller/ Untermann/von Winterfeld 2013, (wie Anm. 3), S. 210–213.

7 Zu einem Beispiel siehe: Aquilante De Filippo/Wilfried E. Keil, Zu den Versatzzeichen und Inschriften am Südostturm des Domes zu Worms, in: Der Wormsgau 27, 2009, S. 205–215, hier S. 206.

8 Zu diesem Beispiel vgl. De Filippo/Keil 2009 (wie Anm. 7), S. 206; De Filippo/Keil 2011 (wie Anm. 5), S. 244.

9 Ein gemeinsames Auftreten der beiden Zeichen in der vierten Lage hatte bereits Rudolf Kautzsch dokumentiert. Vgl. Rudolf Kautzsch, Der Dom zu Worms. 3 Bde., Berlin 1938, Bd. I, Tafel 36.

10 Zu diesem Beispiel vgl. De Filippo/Keil 2009 (wie Anm. 7), S. 207; De Filippo/Keil 2011 (wie Anm. 5), S. 245f.

11 Ein halbes Steinmetzzeichen konnte auch am Speyrer Dom dokumentiert werden. Siehe: Haas, Bautechnik, in: Kubach/Haas 1972 (wie Anm. 3), S. 542f.

12 Die gleichen Arbeitsmethoden lassen sich auch an anderen Stellen im Wormser Dom feststellen. So sind die unteren Teile der Dienste in den südlichen Ecken des Südquerhauses ebenfalls eingestellt.

Rainer Cebulla

ÜBERBLICK ZUR RESTAURIERUNG DES DOMS 2002–2017

WIE RENOVIERT MAN EINEN DOM?

Nachdem die letzte Renovierungsphase am Wormser Dom in den 60er Jahren stattfand, zeichnete sich nach Bauzustand und Schadensbild der Mauerflächen bereits Ende der 90er Jahre eine erneute Domrestaurierung am Außenbau ab, die ab 2001 mit Vorarbeiten zur Vermessung der Westgruppe beginnen konnte. Zur Begleitung der Restaurierungskampagne wurde eine Dombaukommission bestehend aus Dompropst, Vertretern der Pfarrei, Vertretern des Diözesanbauamts Mainz, Vertretern der kirchlichen und staatlichen Denkmalpflege sowie dem ausführenden Architekturbüro Jürgen Hamm, Architektur und Denkmalpflege Worms gegründet. Für spezielle Fragen wurden weitere Fachleute bzw. -institutionen hinzugezogen, so für die Bauforschung (Institut für Kunstgeschichte/Universität Heidelberg vgl. dazu Beiträge in diesem Band), zur Dendrochronologie sowie Fachunternehmen für Photogrammetrie und Bildvermessung, Steinkonservierung und Mörtelanalyse.[1]

2002 wurde eine Musterachse an der Außenfläche des Doms, Südseite des Westchors, eingerichtet. Eine solche Musterachse zeigt gewöhnlich die unterschiedlichen Schadensbilder und dient zur Festlegung der einzelnen Bauaufgaben, der Suche nach geeigneten Materialien und Techniken sowie einer Kostendefinierung. Nach der Fertigstellung der Arbeitsproben z. B. zur Oberflächenreinigung oder zum Fugenaus- und -einbau folgte eine Musterrestaurierung der eingerüsteten Fläche. In diese Phase gehört auch die Einteilung in Bau- und Teilabschnitte, die in Jahresfrist bautechnisch und finanziell bewältigt werden konnten.[2] Bereits bei der Musterachse wurden genaue Arbeitsabläufe zur Sanierung entwickelt. Im Vorfeld eines jeden Bauabschnittes stand jeweils die Erstellung photogrammetrischer Aufnahmen der zu renovierenden Außenwände, wobei teilweise mehrere Abschnitte zusammengefasst wurden. Für die Vermessung wurden mit einem Hubsteiger die Außenwände abgefahren und exakt maßstäblich und dreidimensional fotografiert. Diese maßstäblichen Fotoaufnahmen dienten als Grundlage für die Erstellung von Fassadenplänen, die sehr genau alle Schäden und Details, bis hin zur Darstellung der Steinfugen, verzeichnen. Dieses Material bot dann die Grundlage zu Aussagen und Thesen der Bauforschung (vgl. den Beitrag De Filippo/Schulten/Untermann in diesem Band). Danach folgte die Einrüstung des jeweiligen Bauabschnitts.

EINRÜSTUNG AN HISTORISCHEN GEBÄUDEN

Grundsätzlich ist festzuhalten, dass die Einrüstung am Außenbau des Wormser Doms in jedem Bauabschnitt eine Besonderheit bildete. In der Regel werden

Abb. 36 und 37: Worms, Dom, Außenrestaurierung: Errichtung der Gerüstbrücke über dem Westchor

Abb. 38: Detail der Gerüstbrücke, aufgelegt auf die oberen Turmgeschosse

Fassadengerüste am Bauwerk verankert: nachdem Dübellöcher in die Fassade gebohrt und mittels Kunststoffdübeln Befestigungshaken in die Wand geschraubt werden, kann ein Fassadengerüst befestigt werden. Bei historischen Gebäuden wie dem Wormser Dom, der wie jedes andere Gebäude alle 30–50 Jahre einen Renovierungszyklus benötigt, würde das bedeuten, die Fassade durch die Dübellöcher zu beschädigen. So lautete die denkmalpflegerische Vorgabe, keine Bohrungen in die Fassade zur Aufnahme von Gerüstdübeln anzubringen. Deswegen mussten die Gerüste anderweitig mit und in dem Gebäude verankert werden. Dies geschah meist durch die Nutzung vorhandener Öffnungen, wie z. B. Fenster oder Galerieöffnungen, durch die dann Stahlträger geschoben und so verkeilt wurden, dass daran das Gerüst befestigt werden konnte. Fast schon spektakulär zu nennen, war die Befestigung der Gerüste für die beiden westlichen Flankentürme, die mit einer Stahlkonstruktion verbunden wurden. Hierzu wurden große Stahlträger durch die vorhandenen Fensteröffnungen der Türme durchgeschoben und mittels weiterer Stahlträger eine Grundkonstruktion geschaffen. Auf dieser Grundkonstruktion konnten dann die Gerüste für die Arbeiten darüber aufgebaut werden bzw. für diese Fassadenteile nach unten das Gerüst dazu abgehängt werden.[3]

Nach Errichtung des Gerüstes folgte eine erste Schadenskartierung. Dabei wurden alle schadhaften Steine und Mörtelfugen sowie weitere Auffälligkeiten in die photogrammetrischen Plänen eingezeichnet. Zusätzlich fand eine begleitende Bauforschung durch die Universität Heidelberg statt (vgl. den Beitrag De Filippo/Schulten/Untermann in diesem Band). Dabei wurden unter anderem Steinmetzzeichen oder Versatzzeichen oder auch besondere Signaturen wie Sgraffiti oder Fassungsreste kartiert. Weiterhin wurde auf Bearbeitungsspuren und -techniken geachtet. Zusätzlich konnten die unterschiedlichen verwendeten Gesteinsarten oder Mörtel analysiert werden. Diese Einzelbeobachtungen ermöglichten in der Zusammenschau eine Vorstellung zum zeitlichen Ablauf der einzelnen Bauabschnitte bei der Errichtung des Wormser Doms. Außerdem konnten bei genauer Analyse unterschiedlicher Materialien und Verarbeitungsspuren nicht nur auf die Bauphasen des Doms geschlossen, sondern auch die Spuren älterer Restaurierungen aufgedeckt werden.

In einem ersten Sanierungsschritt erfolgte die Reinigung der Fassadenoberfläche. Dabei wurde die Oberfläche mit einem Strahlverfahren mit relativ weichem Strahlgut unter geringem Druck so gereinigt, dass die Verschmutzungen auf der Sandsteinoberfläche entfernt wurden, ohne die Originalsubstanz des Sandsteins am Dom abzutragen. Durch verschiedene Umwelteinflüsse hatten sich an der Oberfläche an einigen Stellen Schmutzkrusten gebildet. Diese verhindern, dass Feuchtigkeit, die durch die Witterung in den Sandstein eindringt, auch wieder problemlos nach außen verdunsten kann. Feuchtigkeit im Sandstein, die nicht entweichen kann, würde auf längere Sicht hin die Festigkeit des Sandsteins schädigen. Deshalb zählt die Entfernung der Schmutzkrusten zu den wichtigen substanzerhaltenden Maßnahmen. Dennoch bleiben durch das schonende Reinigungsverfahren Teile der wichtigen Patina als Dokument erhalten.

Nach dem Reinigen der Fassade konnten weitere Schäden, aber auch Steinmetzzeichen und sonstige Ritzungen deutlicher erkannt und besser »gelesen« werden (vgl. den Beitrag Keil in diesem Band). Daher erfolgte hier sowohl durch die Bauforschung als auch durch die Schadensdokumentation eine weitere Analyse. Aufgrund der Schadenskartierung konnten dann Umfang und weitere Einzelmaßnahmen der Sanierung festgelegt werden wie z. B. die Verfugung der Sandsteine. In den 60er Jahren – während der letzten großen Sanierung – wurde oft ein harter Zementfugenmörtel verwendet. Ebenso wurden zum Teil Fehlstellen mit sogenannten Steinergänzungsmassen, spezielle farblich an den vorhandenen Sandstein angepasste Mörtel, ergänzt. An verschiedenen historischen Bauten hat sich mittlerweile gezeigt, dass diese Reparaturmaßnahmen und Materialien für den relativ weichen Sandstein nicht geeignet sind und so eine Abnahme dieser Steinersatzmassen und erneute Restaurierungsmaßnahmen notwendig werden.

Jedes Gebäude und jedes Bauteil bewegt sich in einem gewissen Maß, allein durch die thermische Ausdehnung der Temperaturunterschiede zwischen Tag und Nacht oder Sommer und Winter. Auf die Größe des Wormser Doms hin besehen macht das mehrere Zentimeter aus. Sowohl die sehr harten und spröden Fugen als auch die Ergänzungsmaterialien können diese Veränderungen nicht im gleichen Maße wie der Sandstein ausgleichen. Stattdessen bilden sich Risse, teils innerhalb des Mörtels, teils zwischen Sandstein und Fugenmörtel. Durch diese Risse dringen Feuchtigkeit und Niederschlag ein, der zu Frostschäden am Stein führt. Daher mussten in jedem Sanierungsabschnitt diese Mörtel aus den Fugen ausgebaut werden, auch hier mit einer fachlichen Begleitung durch das Institut für Steinkonservierung, Mainz, aber auch, wo nötig, durch weitere Spezialisten für Mörtelforschung. Die historischen Mörtel wurden untersucht und analysiert und auf Vorschlag der Spezialisten entwickelte man spezielle Rezepturen für Putz und Mörtel, die an die am Wormser Dom verwendeten Steine und historischen Mörtel angepasst wurden. Überall dort, wo größere schadhafte Stellen im Sandstein waren, wurden diese Stellen durch sogenannte Vierungen aus einem zum Wormser Dom passenden Sandstein eingesetzt. Bei diesen Ergänzungen ging es nicht nur um eine an das historische Material angepasste Farbigkeit, sondern vielmehr darum, dass die Festigkeit und Struktur des Sandsteins zum historischen Steinmaterial des Wormser Doms passte. Nach Abschluss der Reparaturarbeiten am Sandstein wurden alle Fugen wieder hergestellt.

Da bei der aktuellen Domrestaurierung genauso wie zur Entstehungszeit mit Kalkmörteln gearbeitet wird, sind die Arbeitsphasen vom frostfreien Frühjahr bis in den frühen Herbst beschränkt. Der späte Herbst wird für die Carbonatisierung der Mörtel und Putze benötigt, welche auf Temperaturen unter 5°C mit langen Verzögerungen der Abbindezeit reagieren.[4] Abschließend zur Reparatur und Ergänzung der defekten Sandsteine und der Wiederherstellung der Mörtelfugen wurden zu große Farbunterschiede in der Außenfläche durch Farbretuschen einzelner Steine und Materialien angenähert.

Abschließend konnten alle Arbeiten dokumentiert werden. Danach erfolgte der Abbau des Gerüstes im Spätherbst, um zu Beginn des nächsten Jahres im Bereich des nächsten Bauabschnittes wieder aufgestellt zu werden.

Bemerkenswert war, dass während der Arbeiten an den westlichen Flankentürmen im Nordturm Rüstholzöffnungen aufgedeckt werden konnten. Die Eichehalblinge konnten ca. auf das Jahr 1017, also in die früheste Bauphase unmittelbar vor der ersten Weihe datiert werden.

EINIGE BESONDERHEITEN BEI DER DOMRESTAURIERUNG IN WORMS

Ähnlich technisch raffiniert wie das Gerüst des westlichen Mittelturms war die Haltekonstruktion des Gerüsts an der östlichen Turmgruppe.

Hier wurden durch die Zwerggalerie des Vierungsturms Stahlträgerpaare »durchgefädelt«, auf denen, ähnlich wie auf einer gut ausbalancierten Wippe, das Turmgerüst nach oben aufgebaut werden konnte. Gleichzeitig wird durch eine Art Zugband um den Vierungsturm der Gerüstturm auf der Nordseite, der als Aufstieg und Zugang für den Vierungsturm dient, gehalten und fixiert.

Eine weitere Besonderheit stellten bei einzelnen Bauabschnitten die Beobachtungen und Analysen zum figürlichen Schmuck am Wormser Dom dar, einem charakteristischen Merkmal des Baus. Herausragendes Beispiel ist dabei die Galerie an der Ostfassade mit der sogenannten Baumeistersäule. Hier wurden von allen Figuren Abgüsse hergestellt, die zeitweise innerhalb des Domes ausgestellt werden. Beeindruckend ist der teilweise noch sehr gute Erhaltungszustand der mittelalterlichen Figuren, zum Teil noch mit originalen Farbresten, als auch ihre ausdrucksstarke Darstellung (vgl. den Beitrag De Filippo in diesem Band).

Abb. 39: Außenrestaurierung, Maßnahmen am Ostchor

Abb. 40: und Gerüstbrücke am Südostturm

Abb. 41: Ostchor Außenrestaurierung: Detail Löwenfigur auf der Sohlbank während der Restaurierung mit Untersuchung von Farbspuren

DACHSTUHL UND NEUEINDECKUNG DER DÄCHER DES DOMS

Zu Beginn des aktuellen Zyklus der Domrestaurierung waren alle Dächer bis auf die Turmdächer, die massive Steinhelme tragen, mit Schiefer eingedeckt. Im Rahmen der Renovierung der Fassade auf der Nordseite, sowohl von Seitenschiff als auch der Obergaden, stand hierfür bereits das Gerüst. Daher konnte auch die Nordseite des Hauptschiffes neu eingedeckt werden. Als Besonderheit des Hauptschiffes ist festzuhalten, dass der Dachstuhl aus der Nachkriegszeit stammt, wobei die Stahlträger aus den Resten der kriegszerstörten Gernsheimer Rheinbrücke bestehen und in Zeiten des Materialmangels beim Aufbau des Dachstuhls verwendet wurden.

Dieser Dachstuhl besteht aus einer Stahlkonstruktion, in die Bimsdielen eingelegt sind, die ursprünglich als Grundlage zum Aufnageln des Schiefers dienen sollten – diese Konstruktion erwies sich aber schon kurz nach Beginn der Dachdeckungsarbeiten als nicht dauerhaft. Daher hatten die Bimsdielen bereits eine Auflattung und eine aus heutiger Sicht eher dünn dimensionierte Schalung. Hier wurde eine Holzkonstruktion aufgedoppelt und eine vollflächige dicke Holzschalung aufgebracht, in die normgerecht Schiefer in Altdeutscher Deckung genagelt werden konnte. Das Seitenschiffdach auf der Nordseite war ebenfalls mit Schiefer eingedeckt. Der Dachstuhl des Nordseitenschiffes ist aber noch Ende des 17. Jahrhunderts zu datieren und die einzig erhaltene historische Holzkonstruktion im Dom. Das Alter des Dachstuhls konnte durch dendrochronologische Untersuchungen genau datiert werden.[5] Allerdings wies die Konstruktion bereits einige Schäden durch Undichtigkeiten und dem Eindringen von Feuchtigkeit auf.

Das Seitenschiffdach ist eigentlich für die Konstruktion eines Schieferdaches ohnehin zu flach geneigt. Der

Abb. 42: Blick auf den Dachstuhl des nördlichen Seitenschiffes mit Schutzgerüst über den Dachstuhl

Abb. 43: Blick in den Dachstuhl über dem Ostchor

historischen Überlieferung nach wies der Wormser Dom vor dem Brand 1689 Dächer mit Bleieindeckung auf. Daher wurde in Abstimmung mit der Denkmalpflege beschlossen, das Dach auf dem Nordseitenschiff wieder mit Blei einzudecken. In dieser Arbeitsphase wurde auch der historische Dachstuhl instand gesetzt. Dazu wurden durch Fäulnis oder Insektenfraß beschädigte Holzteile entfernt und soweit wie möglich mit traditionellen Zimmermannstechniken wieder ergänzend hergestellt sowie Schwachstellen verstärkt. In diesen Bauabschnitt fiel die Umsetzung von Brandschutzmaßnahmen, bevor mittels einer neuen Sparrenlage und Schalung die Unterkonstruktion für das neue Bleidach geschaffen werden konnte. Bis zum Jahre 2017 wurde die Restaurierung des östlichen Vierungsturms zusammen mit der Nordseite des Querhauses vollendet. Damit sind die Restaurierungsarbeiten noch nicht abgeschlossen, aber allein dieser kurze Bericht stellt die Herausforderung der Sanierung eines historischen Großbaus heraus und es bleibt die Aufgabe, dieses Bauwerk auch in Zukunft zu erforschen und zu bewahren.

Zum 100-jährigen Domjubiläum wurde die Außeninstandsetzung unterbrochen, so dass der Dom seit längerer Zeit wieder ohne Gerüst bewundert werden konnte.

Anmerkungen

1 Grundlage dieses Kurzberichts ist ein detaillierter Bericht von Jürgen Hamm, Architektur und Denkmalpflege Worms, an das Diözesanbauamt Bischöfliches Ordinariat Mainz.

2 Die ausführlichen Berichte zu den Teilabschnitten sind in folgenden Bänden des Wormsgau publiziert: Jürgen Hamm, Die Außeninstandsetzung der Nordseite des Wormser Domes, in: Der Wormsgau 32, 2016, S. 27–42; ders., Außeninstandsetzung der Ostgruppe des Wormser Domes – Teilabschnitt Südturm und Ostseite, in: Der Wormsgau 30, 2013, S. 59–71; ders., Abschlussbericht zur Restaurierung der Westgruppe des Wormser Domes, in: Der Wormsgau 26, 2008, S. 149–159; ders., Außeninstandsetzung der Westgruppe des Wormser Domes. Der erste Teilabschnitt (Musterachse), in: Der Wormsgau 23, 2004, S. 187–198.

3 Jürgen Hamm, Außeninstandsetzung der Westgruppe des Wormser Domes – Teilabschnitt Türme und Mittelturm, in: Der Wormsgau 24, 2005/06, S. 177–190.

4 Hamm 2004 (s. Anm. 2), S. 188.

5 Die Untersuchungsberichte sind im Diözesanbauamt Mainz gesammelt. Eine Publikation zu den unterschiedlichen dendrochronologischen Untersuchungen ist für: Der Wormsgau, Band 34, 2018 vorbereitet.

Diana Ecker

VON STUCKMARMOR BIS GRÜNSPAN

ERKENNTNISSE AUS DEN RESTAURIERUNGSMASSNAHMEN DER KIRCHLICHEN DENKMALPFLEGE 2005–2015

In den vergangenen zehn Jahren war die Kirchliche Denkmalpflege des Bistums Mainz nicht nur an den Restaurierungsmaßnahmen des Domgebäudes beteiligt (vgl. dazu den Beitrag Cebulla/Hamm in diesem Band), sondern betreute darüber hinaus einige umfangreiche Maßnahmen an dessen bedeutender Ausstattung. Im Zuge solcher Restaurierungsmaßnahmen, die die Möglichkeit bieten, die Objekte aus nächster Nähe zu betrachten und zu untersuchen, werden oft interessante Erkenntnisse, etwa über Materialien und Handwerkstechniken gewonnen, die für kunsthistorische Fragestellungen wichtige Impulse liefern können. Restaurierungsergebnisse werden jedoch, wenn überhaupt, meist nur in Fachorganen veröffentlicht und sind daher nur einem kleinen Kreis von Spezialisten zugänglich. Weitaus häufiger schlummern sie aber in den Akten der zuständigen Fachbehörden und der Auftraggeber. Einige der spannendsten Projekte werden deshalb hier vorgestellt.[1]

RAFFINIERTE VERGOLDUNG MIT GIFTIGEM BAUMHARZ – DIE RESTAURIERUNG DES HOCHALTARS 2004/2005

Im Jahr 2000 begann man mit ersten Überlegungen zur Restaurierung des monumentalen barocken Hochaltars, der – entworfen von dem berühmten Würzburger Baumeister Balthasar Neumann – zwischen 1738 und 1742 im Wormser Dom errichtet wurde, wo er bis heute den mächtigen romanischen Ostchor ausfüllt (vgl. dazu Beitrag von Engelberg in diesem Band).[2] Mit der eigentlichen Restaurierung konnte schließlich 2004 begonnen werden, wobei sich erst nach der kompletten Einrüstung Ausmaß und Art der Schäden und Verschmutzungen erfassen sowie Erkenntnisse über den statischen Aufbau und den der Fassungen und Oberflächenbehandlungen gewinnen ließ. Der Hochaltar wurde in Gestalt eines sogenannten Ziborienaltars errichtet, das heißt über dem eigentlichen Altartisch erhebt sich gleichsam als Baldachin ein freistehender, auf Säulen ruhender architektonischer Aufbau. Dieser besitzt in Worms gewaltige Ausmaße – seine Einrüstung bis zur Höhe der bekrönenden Kreuzspitze erforderte nicht weniger als neun Gerüstlagen. Doch nicht durch schiere Größe beeindruckt dieser Altarbau, sondern vielmehr aufgrund seiner ausgewogenen Komposition, einer raffinierten Materialkombination sowie der handwerklich ausgeklügelten Behandlung der Oberflächen – insbesondere der Vergoldungen. Die Konstruktion besteht aus sechs monumentalen, auf zweistufigen Postamenten stehenden Säulen, die im unteren Teil durch Figurenbrücken, auf denen sich vorne die überlebensgroßen Skulpturen der

Abb. 44: Worms, Dom, Blick in den östlichen Altarraum mit dem Hochaltar in vollständiger Einrüstung während der Restaurierung ab 2004

Abb. 45: Hochaltar von Balthasar Neumann, Wappen des Erzbischofs und Kurfürsten Franz Ludwig von Pfalz-Neuburg mit Kurhut

Dompatrone Petrus und Paulus und dahinter zwei anbetende Engel befinden, miteinander verbunden sind. Den oberen Abschluss bilden ein verkröpftes Gebälk und der aus vier Voluten gebildete Baldachin, der von einem Kurfürstenhut bekrönt wird. Darunter hängt im Zentrum das Wappen des Erzbischofs und Kurfürsten Franz Ludwig von Pfalz-Neuburg, der den Altar durch eine Stiftung ermöglicht hatte. Das Wappen »schwebt« über dem freistehenden Tabernakel, in dessen Aufbau eine ältere, nicht aus der Bauzeit stammende Muttergottesfigur eingefügt ist.[3] Davor befindet sich der eigentliche Altar in sogenannter Sarkophagform, zu dem fünf Marmorstufen hinaufführen. Neumanns Entwurf beschränkte sich indes nicht auf die architektonische und bildhauerische Gestaltung, sondern enthielt auch eine Komposition unterschiedlicher Materialien, deren Zusammenspiel die Wirkung des Altars entscheidend prägt. So wurden für die schwarzen Postamentaufsätze, das Antependium des Sarkophagaltars und die vier Figurenbrücken schwarzer Schupbacher Lahnmarmor verwendet, für die hellen, gelblichen Postamentfüllungen hingegen Kehlheimer bzw. Auer Jura-Kalkstein. Die Säulen wurden wiederum aus rötlichem Lahnmarmor, wohl aus einem Steinbruch in Katzenelnbogen gefertigt. Ferner findet sich ein grüngrautoniger Kalkstein aus dem Würzburger Raum. Die Verwendung von Naturstein beschränkt sich aber auf den unteren Bereich des Altarziboriums. Die überzeugend wie schwarzer Lahnmarmor wirkende Gebälkzone sowie die rötlichen Sockel, auf denen die Flammenvasen und der Volutenaufsatz stehen, wurden aus kunstfertig hergestelltem Stuckmarmor geschaffen – eine mit entsprechenden Pigmenten eingefärbte und in Form modellierte Gipsmasse. Sämtliche Bildhauerarbeiten – ausgeführt von dem ebenfalls aus Würzburg kommenden Johann Wolfgang van der Auvera – wurden, wie die 2004 durchgeführten Untersuchungen ermitteln konnten, fast ausschließlich aus Kiefernholz gefertigt. Lediglich für feingliedriges Zierwerk wie die Blüten an den Festons (Blumen- oder Fruchtgehänge) oder die Attribute der Großfiguren wurde Lindenholz verwendet.[4] Durch das schichtweise verleimte und verdübelte Kiefernholz konnten die Bildhauer Stücke wie den reich verzierten Volutenaufsatz mit dem mächtigen Kurhut, die Flammenvasen und die Großskulpturen vollrundplastisch, aber mit inneren, das Gewicht reduzierenden Hohlräumen ausarbeiten, um die Gefahr von Schwundrissen zu minimieren. Die relativ geringe Zahl der 2004 vorgefundenen Trocknungsrisse an den Holzbildhauerarbeiten bestätigte den Erfolg dieser Technik.

Sämtliche Stücke waren in der Würzburger Werkstatt van Auveras gefertigt und noch ungefasst auf dem Wasserweg von Würzburg nach Worms gebracht

Abb. 46: Ältere Marienfigur im Hochaltar, nachträglich eingefügt

Abb. 47: Inschriften zu den Restaurierungen auf der Rückseite der Vasen am Hochaltar

worden.[5] Dort wurden sie von dem Frankfurter Vergoldermeister Johann Stephan Geibel vollständig vergoldet. Meister Geibel hatte 1741 das Wormser Domkapitel davon überzeugen können ihn zu beauftragen, da er erklärte, trotz der festgelegten Auftragssumme von 2000 fl. für seine Vergoldung einen vorbereitenden Grund in neun Schichten aufzutragen, und nicht nur in sechs wie die anderen um den Auftrag konkurrierenden Vergoldermeister. Meister Geibel hat Wort gehalten – die Untersuchungen konnten tatsächlich einen in neun Schichten aufgebauten Goldgrund nachweisen.[6] Von dieser Qualitätsvergoldung war indes zu Beginn der Restaurierung kaum etwas zu sehen, da sie mit einer dicken Staubschicht überzogen war, die zudem mit verschiedenen Firnissen aus vorhergehenden Restaurierungen regelrecht verbacken war. Von diesen Überarbeitungen zeugen zahlreiche Inschriften im rückseitigen oberen Bereich des Altars, beispielsweise auf der Rückseite der Sockel, auf denen die Flammenvasen stehen. Fast wie in einem Protokollbuch sind hier sämtliche Arbeiten am Hochaltar von der einfachen Reinigung bis zu größeren Maßnahmen dokumentiert. Insgesamt 86 verschiedene Inschriften konnten gezählt werden, die älteste stammt von 1807, die jüngste von

Abb. 48: Großer Engel im Hochaltar (links) vor

Abb. 49: und nach der Restaurierung

Abb. 50: Großer Engel im Hochaltar nach Freilegung der originalen Vergoldung mit deutlich sichtbarem Wechsel von matten und glänzenden Partien

1980 – auch die Maßnahme von 2004/05 wurde mittlerweile hinzugefügt.[7] Die Freilegung der originalen Vergoldung, die mit einer verbräunten Lackschicht überzogen war, stellte sich als besonders heikel heraus, denn es bestand die Gefahr auch Partien zu entfernen, die zur Erstfassung gehörten. Laboruntersuchungen sollten Klarheit bringen, mit welchen verwendeten Materialien man es überhaupt zu tun hatte. Die Ergebnisse brachten eine große Überraschung: Als Anlegemittel für das Blattgold hatte Meister Geibel offenbar das leuchtend gelbe und giftige Baumharz Gummigutt verwendet, das üblicherweise nur für Vergoldungen auf Pergament und Papier eingesetzt wurde, nicht jedoch bei Skulpturen. Noch ungewöhnlicher war der Befund, dass das Baumharz nicht nur unter dem Gold, sondern partiell auch über der Vergoldung lag – das erklärte zwar die zunächst erfolglosen Freilegungsproben, nicht aber die Frage, warum Meister Geibel dies getan hatte. Nachdem die Reinigungsmethode entsprechend modifiziert und die Vergoldungen nun großflächig von der verbackenen Staubschicht befreit worden waren, offenbarte sich die Antwort: Das Auftragen einer dünnen Schicht Gummigutt diente dazu, die ausgewählten Partien stark zu mattieren, so dass die danebenliegenden, nicht mit Harz überzogenen Stellen, die zudem mit einem Polierstein bearbeitet wurden, noch glänzender wirkten. Entscheidend für die Gesamtwirkung ist dabei, dass die meisten Flächen matt gehalten sind – was bei der Menge an verwendetem Gold verhindern sollte, dass der Altar übermäßig glänzend und flirrend erscheint –, vor allem aber, dass hier das Spiel zwischen matt und glänzend nicht gliedernd ist, wie bei konventionellen Glanz- und Mattvergoldungen, sondern die Glanzgoldpartien nur sparsam und in scheinbar nahtlosem Übergang zur Verstärkung natürlicher Reflexe auf die Höhen der Skulpturen gesetzt sind. So wurden beispielsweise die Inkarnate (Hautpartien) der beiden großen Engel weitgehend matt belassen – lediglich auf Wangen, Schultern und den Muskeln von Armen und Beinen wurden durch Polieren erzeugte, glänzende Lichtreflexe gesetzt. Ferner konnte beobachtet werden, dass das Gummigutt insbesondere in den Tiefen feinteiliger Ornamente lavierend in mehreren Schichten und mit verschiedenen Gelbnuancen aufgetragen wurde. Aus vielleicht mit Zinnober oder anderen Pigmenten orangerot eingefärbtem Gummigutt wurden feine Kontur- und Schattenlinien in Tiefen von Gewandfalten, Profilen oder Augenliedern gelegt.[8] Das alles deutet auf eine äußerst malerisch komponierte Vergoldung hin, die offenbar nicht materiell gedacht war, sondern – bar eines reinen Materialluxus – das Transzendente der Verherrlichung des im Tabernakel geborgenen »Allerheiligsten« zum Ausdruck bringen sollte. Der Schöpfer dieses Gestaltungskonzepts, Balthasar Neumann, hatte 1741 das Domkapitel, bei dem sein Entwurf zunächst auf Ablehnung stieß, erst von der Sinnhaftigkeit einer »Fassung ganz in Gold« überzeugen müssen. Man hätte die Skulpturen lieber in einer sogenannten Polierweißfassung gesehen, eine Technik, die fast den Eindruck von Porzellan erzeugt, was nicht nur kostengünstiger und zu jener Zeit auch sehr in Mode, sondern nach Meinung des Domkapitels auch »anständiger« gewesen wäre.[9] Glücklicherweise hatte Neumann sich durchsetzen können und so einen Hochaltar geschaffen, der im Zusammenspiel der fein aufeinander abgestimmten Materialien eine unvergleichlich harmonische Wirkung erzeugt. Dass sich heute die Besucher des Wormser Doms von dieser Wirkung einnehmen lassen können, verdankt sich der damaligen Entscheidung für die aufwändige Freilegung der ursprünglichen barocken Goldfassung. Ohne die sorgfältigen restauratorischen und wissenschaftlichen Voruntersuchungen bliebe uns das Wissen um die technische und künstlerische Raffinesse dieser prachtvollen Vergoldung indes verborgen.[10]

EICHENHOLZ IM MAHAGONIGEWAND UND KERZENHALTER IM GEHEIMFACH – DIE RESTAURIERUNG DES CHORGESTÜHLS 2008/09

Der gebürtig aus Wien stammende Schreinermeister Franz Anton Herrmann kam 1733 nach Mainz und machte dort eine gute Partie. Er heiratete die Tochter des Hofschreiners Ludwig Rohde, dessen bedeutende Schreinerwerkstatt und Anstellung als Hofschreiner Herrmann übernahm. Die großen Aufträge für den nicht nur als Schreiner, sondern auch als Büchsenmacher und »Architectus« äußerst geschickten Mann ließen nicht lange auf sich warten.[11] Von 1755 bis 1759 schuf Herrmann das Chorgestühl des Wormser

Doms – bekanntlich fertigte er daraufhin auch die Chorgestühle für den Dom zu Speyer (1761–1763), das bedauerlicherweise zerstört wurde, sowie für den Mainzer Dom, an dessen Entwurf er zwar schon seit 1750 gearbeitet hatte, dessen Ausführung aber erst seit 1760 in Angriff genommen wurde.[12] Durch den Tod Franz Anton Herrmanns 1770 konnte das Mainzer Chorgestühl nicht ganz vollendet werden, denn man hatte zwar nach den Vorgaben des Meisters noch die Oberflächen des Eichenholzes mit Leim getränkt, um es für einen Firniss und für die geplanten Vergoldungen vorzubereiten, doch dazu sollte es nicht mehr kommen.[13] Somit vermittelt heute einzig das Wormser Chorgestühl einen vollständigen Eindruck von Franz Anton Herrmanns Gestaltungsweise. Es spannt im Ostchor des Domes auf der nördlichen wie der südlichen Seite den Raum zwischen den Vierungspfeilern aus und bildet dadurch eine optische Verklammerung des von Balthasar Neumann entworfenen Hochaltars mit den beiden vor dem Chorbereich stehenden Seitenaltären (vgl. dazu Beitrag Bratner in diesem Band). Nach der Restaurierung der Altäre erfolgte seit 2008 die Wiederherstellung des Chorgestühls als letztes Element des barocken Chorensembles.[14]

Das aus Eichenholz gefertigte Gestühl ist auf jeder Seite mit 24 Sitzplätzen ausgestattet (zehn in der vorderen Reihe, wovon drei zusätzlich eine Kniebank besitzen, und 14 in der hinteren Reihe), die von einer hohen, geschlossenen Rückwand, dem sogenannten Dorsale, in Form gerahmter Felder hinterfangen werden. Diese sind im rhythmischen Wechsel von Rokokorahmen, Pilastern und Atlanten gegliedert und werden von einem Fries freihängender Lambrequins und einem geschwungenen Gesims abgeschlossen (vgl. Abb. 110 in diesem Band). Darüber befindet sich die hölzerne Brüstung der begehbaren Sängertribüne, die mit detailfreudig ausgestalteten Reliefs von Musikinstrumenten geschmückt ist. Bekrönt wird die Brüstung von großen geschnitzten Vasen. Prächtige, von Putten gehaltene Rokokokartuschen tragen die Wappen der Diözese Worms, des heiligen Petrus und der Schönborns. Kleinere Wappenkartuschen zeugen von der Herkunft der damaligen Mitglieder des Domkapitels.[15] Das in der Fläche holzsichtige Gestühl wird von Zierelementen in unterschiedlichen Vergoldungstechniken geschmückt, die Wappenkartuschen sind zudem farbig angelegt. Das Chorgestühl präsentierte sich vor der Restaurierung auffallend dunkel und düster. Das schlechte Erscheinungsbild war indes nicht nur auf die starke Verschmutzung zurückzuführen, sondern vorwiegend das Ergebnis mehrerer Behandlungen mit Holzschutzlasuren und ungeeigneten Holzpflegemitteln. Dabei waren aber zumeist nur die unteren, gut noch mit Leitern erreichbaren Teile des Gestühls behandelt worden, weshalb sich ein deutlicher Farbunterschied zwischen oberer und unterer Zone eingestellt hatte. Die Vergoldungen waren teils abgeplatzt und beschädigt, teils unsachgemäß überfasst – hinzu kamen Ausbrüche und Fehlstellen an dem reichen Schnitzwerk.

Bei der Entwicklung des Restaurierungskonzepts stand die Substanzerhaltung im Vordergrund mit der Konservierung und Festigung aller losen Partien. Die Oberflächen sollten gereinigt und von den unsachgemäßen Lasuren, Reinigungsmitteln und Übermalungen befreit werden, ohne dabei die Spuren des Alters und des Gebrauchs zu tilgen. Das also mehr auf Konservierung denn auf die Rückführung in einen Originalzustand zielende Restaurierungskonzept sah daher auch nicht die Wiederherstellung des ursprünglich vorhandenen Überzugs der Eichenholzoberflächen vor. Allerdings stellt dieser einen interessanten Befund dar: Im Zuge der Voruntersuchungen konnte festgestellt werden, dass das Gestühl schon früh zwei Holzüberzüge erhalten hatte. Diese konnten besonders gut an einem abgefallenen Stück eines Handlaufs beobachtet werden, wobei an den schwer zugänglichen Stellen dieses Teiles der zweite Überzug fehlte. Der erste Überzug, der auch in kleine Spalten des Holzes geflossen war, dürfte vermutlich der originale, von Franz Anton Herrmann vorgesehene sein. Bemerkenswert ist, dass dieser eine rötliche Färbung und einen leichten Glanz zeigte, wobei er transparent genug blieb, um die natürliche Maserung des Eichenholzes durchschimmern zu lassen. Diese Rotfärbung war besonders gut an verdeckten Holzteilen zu

Abb. 51: Überraschende Entdeckung im Chorgestühl von Franz A. Herrmann: herausziehbare Kerzenhalter in den Armlehnen der Chorstühle

erkennen, die stets vor UV-Strahlung geschützt waren. Die naturwissenschaftliche Analyse ergab, dass es sich dabei um einen Überzug mit Kolophonium und bleisikkativerten Ölen handelte, der mit Eisenoxidpigmenten angereichert war – letztere bewirkten die Rottönung.[16] Warum aber sollte die natürliche Farbe des Eichenholzes, dessen bei der Restaurierung wieder freigelegter, schön gealterter Honigton auf uns heute einen besonders harmonischen Eindruck macht, durch einen gefärbten Firniss rot erscheinen? Die Antwort bietet ein Blick in die Möbelgeschichte und den Zeitgeschmack des 18. Jahrhunderts.

Denn wer es sich leisten konnte, bestellte Möbel aus Mahagoniholz, wobei der Name Mahagoni keine bestimmte Holzsorte bezeichnete, sondern durchaus verschiedenste Hölzer tropischen Ursprungs meinen konnte.[17] Insbesondere europäische Länder, die Kolonien in Übersee besaßen, – vor allem England, Frankreich und die Niederlande – importierten Tropenholz für den luxuriösen Möbelbau. Die beiden größten Handelskompanien, die Niederländische und die Britische Ostindien-Kompanie, brachten es aus Asien und Südamerika auf dem Seeweg nach Europa. Aufgrund ihres hohen Preises wurden die Hölzer meist als Furnier, d.h. in wenige Millimeter dünne Blätter gesägt und auf ein billigeres Trägerholz geleimt, verarbeitet. Von zwei der berühmtesten Möbelschreiner des 18. Jahrhunderts, Abraham und David Roentgen aus Neuwied, ist etwa bekannt, dass sie im Jahr 1766 nach London reisten, um dort exotische Hölzer einzukaufen.[18] An ihren großartigen Schreibsekretären und Kommoden finden sie sich jedoch recht sparsam eingesetzt. In einem Bericht aus dem Jahr 1785 wird überliefert, dass ein Mitarbeiter der Roentgen-Manufaktur, Christian Krause, »das Geheimnis gefunden habe, ein jedes fremdes Holz, das sonst mit

Mühe und Kosten aus Ost und Westen musste hergeholt werden, dauerhaft in Couleur und Ansehen aus unserem europäischen Holze nachzumachen«.[19] Aber nicht nur in Neuwied wurde versucht, mittels komplizierter Färbetechniken und farbigen Überzügen Surrogate für die kostbaren Edelhölzer herzustellen. Viele Meister entwickelten eigene Rezepturen und Anwendungstechniken, die meist streng gehütete Geheimnisse waren. Aus heutiger Sicht erscheint es nur schwer vorstellbar, dass barocke Möbel oft mit bunt gefärbten Hölzern gestaltet waren, was außer einem geänderten Geschmack auch daran liegen mag, dass jene kaum mehr in ihrem ursprünglichen Zustand erhalten geblieben sind. Denn die Möbelstücke, die teilweise sogar mit kräftigen Grün- und Blautönen gefärbte Marqueterien (aus Furnierstücken zusammengefügte »Bilder«) trugen, sind häufig im Laufe der Zeit durch Lichteinstrahlung verblasst und zeigen nurmehr die uns vertrauten Brauntöne. Dass auch in Mainz gefärbte Überzüge eingesetzt wurden, um tropische Hölzer zu imitieren, zeigt das Beispiel des sogenannten Schweißtuchaltars, der 1738 für das reiche Mainzer Altmünsterkloster gefertigt worden war (heute in Mainz, Bischöfliches Dom- und Diözesanmuseum), um dessen kostbarste Reliquie, ein Stück vom Schweißtuch Christi (heute in der Ostkrypta des Mainzer Domes), zu verwahren. Der Altar ist ganz in Nussbaum furniert, doch von dem ursprünglich rötlichen Firniss ist heute nichts mehr zu sehen, lediglich unter applizierten Ornamenten kam bei einer Restaurierung noch die originale Farbigkeit zum Vorschein.[20] Der 2008 im Wormser Dom entdeckte, ganz vergleichbare Befund, demzufolge das Chorgestühl rötlich und golden schimmernd zu denken ist, erweitert unsere Vorstellung von der Gestalt des Ostchors im 18. Jahrhundert um den für die Gesamtwirkung nicht unwichtigen Aspekt der Holzfarbigkeit.

Und noch ein weiteres Geheimnis wurde bei der Restaurierung gelüftet: Erst bei genauerem Hinsehen zeigte sich, dass in den Armlehnen der Chorstühle herausziehbare Kerzenhalter verborgen sind. Bemerkenswerterweise sind jene in den hinteren Sitzreihen aus Weißbuche gefertigt und als einfache, gerade Auszüge gestaltet.[21] Diejenigen der vorderen Reihe wurden dagegen aus Eisen und mit zwei Gelenken versehen hergestellt, wodurch sie schwenkbar sind.[22] Franz Anton Herrmann schuf mit dem Wormser Chorgestühl also nicht nur ein künstlerisches Meisterwerk, sondern auch eines, das mit technischen Raffinessen seiner Zeit aufwarten konnte.

EINE AUFSCHLUSSREICHE INSCHRIFT UND EIN SEBASTIAN MIT QUIETSCHGRÜNEN PFEILEN – DIE RESTAURIERUNG DER SECHS PFEILERFIGUREN IM LANGHAUS 2011–2014

An den Langhauspfeilern im Mittelschiff des Domes befinden sich in etwa drei Metern Höhe auf Konsolen stehend sechs lebensgroße barocke Heiligenfiguren. Sie stehen sich jeweils paarweise an der Nord- und Südseite gegenüber. Von Osten her gezählt befinden sich am ersten Pfeilerpaar der heilige Joachim und die heilige Anna, dann stehen sich der heilige Sebastian und der heilige Johannes von Nepomuk gegenüber – schließlich bilden an den westlichen Pfeilern die heilige Theresa von Avila und der heilige Antonius von Padua ein Paar. Den Inschriften auf den bauchigen, mit Rokokokartuschen verzierten Konsolen sind nicht nur die Namen der Heiligen, sondern auch je das Entstehungsjahr der einzelnen Skulpturen zu entnehmen. Daraus geht hervor, dass zwischen einigen Skulpturen ein größerer zeitlicher Abstand liegt. Die ältesten Figuren sind demzufolge der mit 1755 bezeichnete heilige Sebastian und der mit dem Datum 1756 versehene Johannes von Nepomuk. Deutlich später entstanden die heiligen Joachim und Anna (1772) sowie der heilige Antonius (1773). Auf der Konsole der heiligen Theresa ist heute die Zahl 1784 zu lesen, doch wurde bei der Untersuchung eine Übermalung der Ziffern festgestellt. Vermutlich handelte es sich dabei um die Zahl 1754.[23] Obwohl sich die sechs Figuren an prominenter Stelle im Dom befinden, wurden sie von der kunstgeschichtlichen Forschung bislang weitgehend ignoriert. Dementsprechend ist nur wenig über sie bekannt. Bereits ihre Provenienz ist nicht hinreichend geklärt, denn sie wurden allem Anschein nach nicht eigens für den Wormser Dom geschaffen, sondern vermutlich für die ehemalige St. Johanneskirche – ein spätromanischer Zentralbau, der sich bis zu seinem Abriss nach 1807 unmittelbar vor dem Dom, an dessen Südseite befand. Rudolf Kautzsch druckt in seinem Dombuch von 1938 eine historische Zeichnung ab, die einen Blick in das Innere der Johanneskirche wiedergibt.[24] Darauf sind an den Pfeilervorlagen des inneren Stützenkranzes vier auf Konsolen stehende, dem Maßstab der Zeichnung zu entnehmen, etwa lebensgroße Skulpturen dargestellt (vgl. Abb. 75). Da die Zeichnung nur einen Ausschnitt des Innenraumes zeigt, bleibt offen, ob sich noch zwei weitere Skulpturen, oder gar mehr, dort befanden. Damit endet ihre Spur, denn es ist nicht geklärt, ob sie genuin für St. Johannes geschaffen wurden oder möglicherweise aus einem anderen Kontext stammen und zu einem unbekannten Zeitpunkt dorthin gebracht wurden. Auch die Frage, ob sie von Anfang an als zusammengehörender Zyklus konzipiert wurden, muss offenbleiben. Schließlich konnte bisher auch keine konkrete Künstlerpersönlichkeit als Schöpfer der Skulpturen fassbar gemacht werden. Aufgrund auffallender stilistischer Ähnlichkeiten mit den Werken des Mannheimer Hofbildhauers Paul Egell (1691–1752) werden die Wormser Skulpturen allgemein einem von Egells Schülern zugeschrieben. Im Zuge der sukzessive zwischen 2011 und 2014 erfolgten Restaurierung der sechs Figuren konnte jedoch ein kleiner Hinweis auf dessen Identität, wenn nicht gar dessen Name selbst entdeckt werden.[25] Vorausgeschickt werden muss, dass sich der gesamte Figurenzyklus zu Beginn der Restaurierung in einem überaus stark verschmutzten Zustand befand, der es kaum mehr zuließ, dessen bildhauerische Qualität wahrzunehmen, und erst recht nicht jene der ursprünglich hervorragenden Farbfassungen, die in ein egalisierendes Dunkel aus verbackenen Schmutz- und Firnisschichten gehüllt waren. Begonnen wurde mit dem heiligen Joachim und darauffolgend der heiligen Anna. Beide entstanden zur gleichen Zeit, was nicht nur die stilistischen Übereinstimmungen verraten, sondern auch – wie die Voruntersuchungen zeigten – der identische Aufbau ihrer Farbfassungen. Unter vermutlich zu Beginn des 20. Jahrhunderts aufgebrachten und im Laufe der Zeit nachgedunkelten Farbüberzügen kamen zum einen die originalen Inkarnate (Hautpartien) zum Vorschein, zum anderen die Erkenntnis, dass die Figuren in der Erstfassung versilberte Untergewänder und vergoldete Mäntel trugen, letztere zudem durch den Wechsel von Matt- und Glanzvergoldung differenziert und mit feinen Details, wie etwa am Mantelsaum der Anna, mit Punzierungen, geschmückt. Beide Skulpturen sind, wie auch die anderen vier, zur Gewichtsminimierung und vor allem zur Vorbeugung allzu großer Rissbildung an ihrer Rückseite ausgehöhlt, doch nur die heilige Anna zeigt an dieser Stelle eine mit Bleistift geschriebene Inschrift: »Johann Michael Staudenmayr, Mahler und Vergolder in Worms 1772«.

Durch Nachforschungen von Frau Dr. Irene Spille im Wormser Stadtarchiv konnte Näheres zur Person Staudenmayrs herausgefunden werden. Demnach kam der am 18. August 1733 in Deggingen geborene Johann Michael Staudenmayr als Vergoldergeselle um 1750 nach Worms. Dort lebte er im Haus der Maria Katharina Reinel oder Reinle, deren verstorbener Mann, Johann Thomas Reinel/Reinle, Maler und Domstäbler war. Staudenmayr steht bis zum Tod der Witwe in deren Diensten. Interessant ist der 1774 als Staudenmayrs Trauzeuge genannte Bild- und Steinhauer Joseph Wiedemann oder auch Wittmann, denn jener arbeitete mit Staudenmayr zusammen.[26] Mit dem Namen Joseph Wiedemanns könnte nun möglicherweise jener bislang unbekannte Schöpfer der Wormser Domskulpturen greifbar sein. Weitere Archivrecherchen, die klären könnten, ob Wiedemann tatsächlich ein Schüler Paul Egells war, wären sicher lohnenswert.

Die Nennung des Fassmalers Staudenmayr auf der Rückseite der heiligen Anna blieb leider die einzige im Zuge der Restaurierungen gefundene Inschrift. Dafür überraschte der heilige Sebastian mit einer ganz besonderen Farbfassung. Jener war, wie die übrigen Figuren auch, durch die verbräunten Firnissaufträge einer jüngeren Überarbeitung entstellt. Umso größer

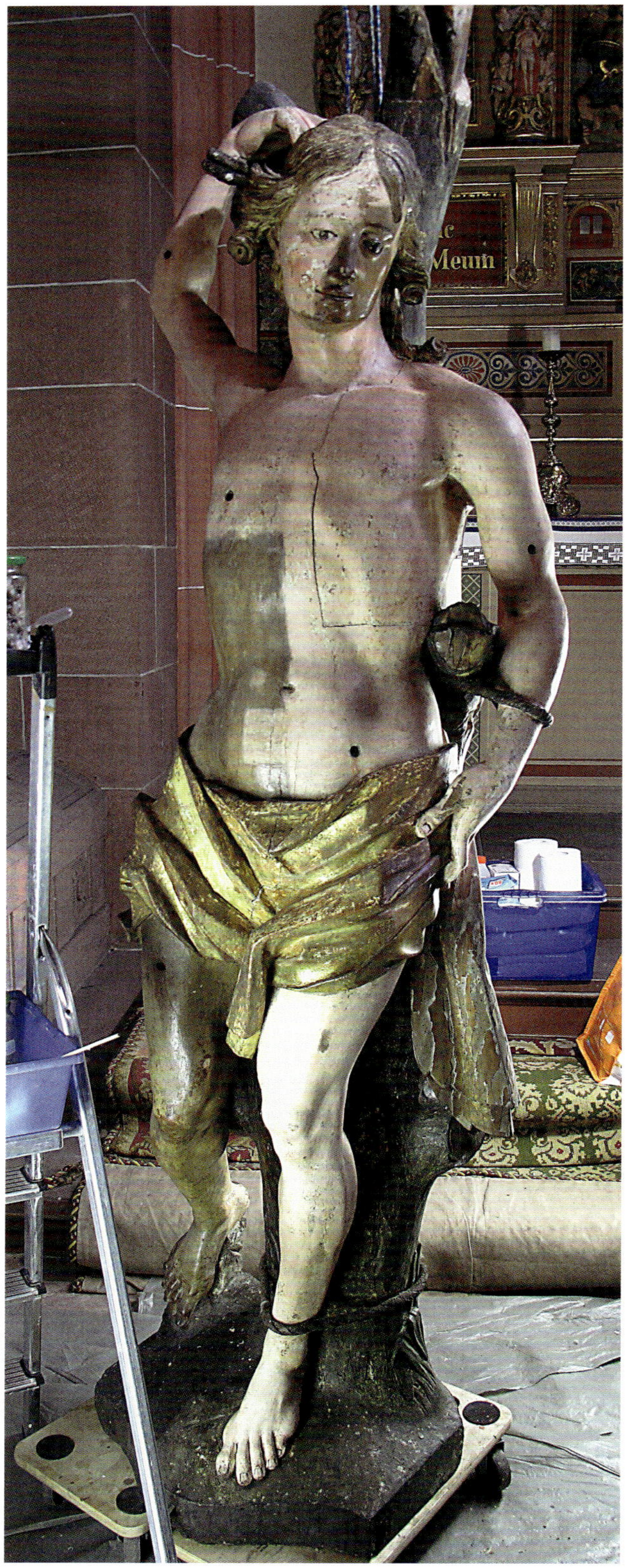

Abb. 52: Pfeilerfiguren im Langhaus des Doms: Der heilige Sebastian vor der Restaurierung (li.)
Abb. 53: und nach Freilegung der originalen Farbfassung mit leuchtend grün lüstrierten Pfeilen

war daher die Freude, dass sich nach Abnahme dieser Überzüge die bis auf kleinere Ausbesserungen völlig intakte Erstfassung des 18. Jahrhunderts zeigte. Das Inkarnat, die Haare und das Lendentuch waren in sehr gutem Zustand – mit Ausnahme des Baumstammes, an den der Heilige gelehnt ist. Es stellte sich heraus, dass der gesamte Bereich unterhalb der Astscheibe zu einem unbekannten Zeitpunkt mit einem Hobel überarbeitet und mit einer körnigen, grün-braun bemalten Masse überzogen worden war. Auch sind dabei wohl vier der insgesamt sieben im Körper des Märtyrers steckenden Pfeile erneuert worden. Auf zwei der original erhaltenen Pfeile sowie an einer Partie des Baumstamms, die hinter einem Zipfel des Lendentuchs versteckt und deshalb nicht überarbeitet worden war, fanden sich jedoch Reste der ursprünglichen Farbfassung, die einen kräftigen aber transparenten Grünton über einer Silberschicht zeigten. Der Befund deutete auf eine sogenannte Lüsterung oder Lüstrierung hin – eine Technik, bei der durch das Auftragen einer transparenten Farblasur auf einer Blattmetallauflage (meist Blattsilber) der leuchtende Farbschimmer von Edelsteinen oder kostbaren Seiden- und Brokatstoffen imitiert werden sollte. Bereits im Mittelalter wurde diese Methode vielfach angewandt. Nachdem sie im 16. und 17. Jahrhundert nicht mehr ganz so häufig zum Einsatz kam, erlangte die Lüsterung im 18. Jahrhundert, insbesondere bei der Skulpturenfassung erneut große Beliebtheit. Für die grüne Lüsterung am Wormser Sebastian konnte die Pigment- und Bindemittelanalyse nachweisen, dass hier als Pigment Grünspan mit einem trockenen Öl, dem Fettsäureprofil zufolge mit Walnussöl, gebunden, verwendet wurde.[27] Der Analysebefund entspricht damit genau einer historischen Beschreibung solcher Lüsterungen, wie sie Jean-Félix Watin 1773 in seinem Buch »L`art du peintre, doreur, vernisseur […]« wiedergibt: »Ist das Gold oder das Silber auf die Mixtion (das Goldanlegeöl) getragen, und trocken geworden, so koloriere man den Gegenstand … mit solchen Farben, die eine Lasur gewähren. Also (roter) Lack für Rosenfarbe, Berlinerblau für Blau, Schüttgelb, Berlinerblau und Grünspan für das Grün, Schüttgelb und Kölner Erde (van Dyckbraun) für die Fugen, Schatten etc. Alle diese Farben haben keinen Bestand, sie lasieren folglich Gold und Silber und beides in ihrer Grundfarbe transparent. Man reibe sie mit Nußöl ab und vermische sie dann mit gutem fettem Leinöl und Terpentinessenz(öl).«[28] Das Restaurierungskonzept sah die Wiederherstellung der grünen Lüsterung auf dem Baumstamm und den Pfeilen vor, aber die Wirkung mag für manch einen gewöhnungsbedürftig sein – leuchten diese Partien doch nun in einem richtiggehenden »Quietschgrün«! Die Aufmerksamkeit der Dombesucher ist dem heiligen Sebastian, der zwischen seinen in Gold und Silber strahlenden Nachbarn etwas unterzugehen drohte, damit wohl gewiss.

PUZZLESPIEL MIT STEINFRAGMENTEN – EIN AUSBLICK AUF DIE RESTAURIERUNG DER RELIEFBILDER DES SPÄTMITTELALTERLICHEN KREUZGANGS

Seit 1930 befinden sich im nördlichen Seitenschiff des Domes fünf spätgotische Steinreliefs mit Szenen aus der Heilsgeschichte (vgl. Abb. 68 und Abb. 90–95). Ein sechstes Relief, das die Kreuzigung darstellte, wurde vermutlich im 17. Jahrhundert zerstört. Sie wurden zwischen 1487 und 1515 unter Bischof Johann von Dalberg für den Domkreuzgang geschaffen, mussten aber nach Abbruch des letzten, östlichen Kreuzgangflügels 1827 von dort weichen und wurden in den Dom, zunächst in die Nikolauskapelle, dann schließlich an ihren heutigen Standort transferiert. Schon seit ein paar Jahren wird die Restaurierung der fünf Reliefbilder angestrebt, doch gilt es eine solche besonders sorgfältig vorzubereiten. Dazu gehört zunächst die Erstellung von Planmaterial, in welches die in einem nächsten Schritt gewonnenen Ergebnisse diverser Voruntersuchungen eingetragen werden können. 2014 wurden hierzu verzerrungsfreie und maßstabsgetreue Fotoaufnahmen der Reliefs erstellt. Die folgenden Voruntersuchungen werden den Zustand der Reliefs dokumentieren sowie den erhaltenen Originalbestand und sämtliche Ergänzungen oder Substanzverluste festhalten. Auch die geringfügig noch vorhandenen Farbreste sollen dokumentiert und genauer untersucht werden, um Aufschlüsse über die einstige Farbigkeit der Reliefs zu gewinnen. Eine besonders wichtige Grundlage für die Restaurierung bildet die Schadenskartierung, die Anzahl, Position und Art der Beschädigungen, wie etwa Risse, Abplatzungen, Ausbrüche oder absandende Bereiche im Steinmaterial genau verzeichnet. Erst dann kann über die Möglichkeiten und Ziele der künftigen Restaurierung beraten werden. Eine erst kürzlich gemachte Entdeckung wird die Phase der Voruntersuchungen aber noch um eine Weile verlängern: Auf dem Dachboden des südlichen Seitenschiffs lagert nicht nur das Domarchiv mit seinen Akten und Plänen, sondern auch zahlreiche Kartons mit unterschiedlichsten Steinfragmenten. Bei einer ersten im Sommer 2015 erfolgten Begutachtung wurde deutlich, dass hierbei etliche Bruchstücke den spätgotischen Kreuzgangreliefs zugeordnet werden können.[29] Die Inventarisierung und Fotodokumentation all dieser Puzzleteile und der Versuch ihrer Zuordnung zu den einzelnen Reliefs ist folglich der nächste Schritt auf dem Weg zur Restaurierung dieser bedeutenden spätmittelalterlichen Ausstattungsstücke des Domes – man darf gespannt sein!

Anmerkungen

1 Die folgenden Berichte können nur eine Auswahl an den durch die Kirchliche Denkmalpflege betreuten Maßnahmen erläutern. Sie beabsichtigen keinen Anspruch auf Vollständigkeit, da dies den Rahmen dieser Publikation sprengen würde. Die Schwerpunkte liegen auf besonders interessanten Befunden und Erkenntnissen.

2 Die Anregung zur Restaurierung gab der damalige Diözesankonservator Dr. Hans-Jürgen Kotzur, unterstützt durch den Wormser Dombauverein. Die Betreuung der Maßnahme von Seiten der Kirchlichen Denkmalpflege erfolgte durch den Diözesankonservator sowie die damalige Konservatorin Dr. Gertrud Fels. Die 2004 begonnene Restaurierung erfolgte mit Unterstützung des Landesamts für Denkmalpflege Rheinland-Pfalz, vertreten durch Landeskonservator Dr. Joachim Glatz und Dipl. Rest. Claudia Gerner-Beuerle. Die Bestimmung der Marmorarten erfolgte durch das Institut für Steinkonservierung e. V. Mainz sowie Prof. Kirnbauer, Vilmar u. Dr. Schwenzer, Mainz. Die naturwissenschaftlichen Untersuchungen führte Prof. Dr. Jägers, Bornheim durch. Die Restaurierung erfolgte durch Bunz und Bunz, Owingen sowie Holzbildhauer Steidle, Rottenburg. Vgl. die veröffentlichen Maßnahmenberichte: Gertrud Fels, Denkmalpflegeberichte Bistum Mainz, in: Archiv für mittelrheinische Kirchengeschichte 58, 2006, S. 362–364 sowie Claudia Gerner-Beuerle/Joachim Glatz, Blattgold, Gummigutt und über 300 Puzzleteile. Die Restaurierung des Hochaltars im Wormser Dom, in: Baudenkmäler in Rheinland-Pfalz 60, 2005, S. 92–95. Zur grundlegenden Literatur vgl. Beitrag von Engelberg in diesem Band, dort Anm. 1 und 2.

3 Der Entwurf Balthasar Neumanns zeigte als Zentralmotiv keine Madonna, sondern eine Strahlenmonstranz. Seit wann die Madonna in dem Tabernakelaufsatz steht, konnte bislang nicht geklärt werden. Eugen Kranzbühler vermutete sie als aus der 1822 abgerissenen Kirche des Wormser Maria-Münsterklosters stammend und datierte sie um 1600. Aufgrund der technologischen Untersuchungen im Zuge der Restaurierung muss die Skulptur um 1846 bereits im Altar gewesen sein. Abschlussbericht bunz + bunz restauratoren 2005, S. 6, Akten der Kirchlichen Denkmalpflege des Bistums Mainz.

4 Die holzanatomischen Untersuchungen von Probenentnahmen erfolgte auf Veranlassung von Frau Dipl. Rest. Claudia Gerner-Beuerle vom Landesamt für Denkmalpflege Rheinland-Pfalz durch das Institut für Restaurierungs- und Konservierungswissenschaft der FH Köln. Abschlussbericht Bunz + Bunz restauratoren 2005, S. 13, Akten der Kirchlichen Denkmalpflege des Bistums Mainz.

5 Joachim Hotz, Balthasar Neumanns Hochaltar im Wormser Dom, in: Der Wormsgau 6, 1963, S. 10.

6 Siehe Abschlussbericht 2005 (wie Anm. 4), S. 19.

7 Abschlussbericht 2005 (wie Anm. 4), S.8.

8 Alle vorangehenden Beobachtungen und Erkenntnisse nach dem Abschlussbericht 2005 (wie Anm. 4), S. 17–19.

9 Hotz 1963 (wie Anm. 5), S. 11.

10 Die Vergoldung des Hochaltars stellte freilich nur einen Aspekt unter vielen im Zuge dieser Restaurierungsmaßnahme dar. Die Oberflächenbehandlung der Marmor- und Stuckmarmorteile, die Festigung sich lösender Fassungspartien, das Wiederanfügen abgefallener Bruchstücke von den Bildhauerarbeiten oder die statische Sicherung einer am Fußpunkt gerissenen Volute boten weitere Herausforderungen für die Beteiligten. Siehe hierzu die o.a. Literatur.

11 Zu Franz Anton Herrmann siehe: Peter Alfried Wolf, Das Werk des Mainzer Hofschreiners Franz Anton Herrmann (1711–1770), in: Mainzer Zeitschrift 65, 1970, S. 1–35. Dazu auch die Betrachtung zu allen Chorgestühlen der oberrheini-

schen Dome von Luzie Bratner, Franz Anton Herrmann und die Chorgestühle der Dome in Worms, Mainz und Speyer, in: GDKE Rheinland-Pfalz/Kath. Akademie Bistum Mainz (Hgg.), Mainzer Barock – ein vergessenes Erbe? Zur Prägung und Ausprägung der barocken Kunst im Mainzer Raum. Regensburg 2017, S. 59–83.

12 Zu Speyer siehe: Hans Huth, Die Tätigkeit des Mainzer Hofschreiners Franz Anton Herrmann für die Ausstattung des Speyerer Domes, in: Mainzer Zeitschrift 56/57, 1961/62, S. 189–190.

13 Zum Mainzer Chorgestühl siehe: Adolf Gessner, Das Gestühl im Westchor des Mainzer Domes. (Ergänzungsbände zum Jahrbuch für das Bistum Mainz, Bd. 1), Mainz 1950, hier S. 23f.

14 Die Restaurierung erfolgte mit Unterstützung des Wormser Dombauvereins. Konzept und konservatorische Betreuung erfolgte durch den damaligen Diözesankonservator Hans-Jürgen Kotzur und wurde unterstützt durch die staatliche Denkmalpflege Rheinland-Pfalz. Die Restaurierung wurde durchgeführt von Iris Uhrig, Alsheim, bildhauerische Ergänzungen erfolgten durch Andrea Wörner, Schiltach, die Schreinerarbeiten wurden von Paul Engelmann, Alzey durchgeführt. Siehe auch den Bericht von Alexandra König, Kirchliche Denkmalpflege im Bistum Mainz – Jahresbericht 2010, in: Archiv für mittelrheinische Kirchengeschichte 63, 2011, S. 425f.

15 Zu den Wappen siehe die Untersuchung von Helmut Hartman, Die Wappen am Chorgestühl des Wormser Doms, in: Der Wormsgau 6, 1963/64, S. 42–49.

16 Iris Uhrig, Schlussbericht über die Konservierungs- und Restaurierungsmaßnahmen am Chorgestühl von Franz Anton Herrmann im Dom zu Worms, Akten der Kirchlichen Denkmalpflege des Bistums Mainz, S. 18.

17 Freundlicher Hinweis von Paul Engelmann.

18 Petra Krutisch/Martin Meyer/Gudrun Weiner, »die materialien bestmöglichst ausgesuchet« Holzartenbestimmung an den Roentgen-Möbeln des Germanischen Nationalmuseums. Online publiziert: http://193.175.110.9/hornemann/german/epubl_txt/HolzartenRoentgenmoebelAnzeigerGNM07.pdf (aufgerufen am 13.12.2015), hier S. 168.

19 Krutisch/Meyer/Weiner (wie Anm. 18), S. 166 f.

20 Diesen Hinweis verdanke ich Paul Engelmann, der die Restaurierung des Schweißtuchaltars durchgeführt hat.

21 Weißbuche ist ein hartes und besonders abriebfestes Holz, weshalb es beispielsweise bis heute für die Sohlen von Handhobeln verwendet wird. Diese Eigenschaft macht es für ausziehbare Teile, wie diesen Kerzenhalter besonders geeignet.

22 Die Entdeckung der ausziehbaren Leuchterhalterungen und die Bestimmung ihrer Materialien erfolgten durch Paul Engelmann.

23 Restaurierungsbericht zur heiligen Theresa von Avila von Iris Uhrig, Akten der Kirchlichen Denkmalpflege, S. 12 f.

24 Rudolf Kautzsch, Der Dom zu Worms. 3 Bde., Berlin 1938, Abb. 17.

25 2011 wurde der heilige Joachim als erste Figur restauriert. Betreut wurde die Maßnahme von Dr. Alexandra König, der damaligen Konservatorin der Kirchlichen Denkmalpflege. Seit 2012 erfolgte die Betreuung der übrigen fünf Figuren seitens der Kirchlichen Denkmalpflege durch die Verfasserin. Die Restaurierung der sechs Skulpturen wurde von Iris Uhrig, Alsheim durchgeführt. Finanziert werden konnte die Maßnahme fast ausschließlich durch den Wormser Dombauverein und mit Unterstützung durch die Kirchliche Denkmalpflege. Siehe Diana Ecker, Kirchliche Denkmalpflege im Bistum Mainz, in: Archiv für Mittelrheinische Kirchengeschichte, Bd. 64, 2012, S. 448 f.; Bd. 65, 2013, S. 481; Bd. 66, 2014, S. 409 f.

26 Die o.g. Angaben finden sich im Restaurierungsbericht zur heiligen Anna von Iris Uhrig, Akten der Kirchlichen Denkmalpflege, S. 10.

27 Restaurierungsbericht Iris Uhrig, Akten der Kirchlichen Denkmalpflege, Anhang S. 2. Die Pigmentanalyse erfolgte auf Anregung der Kirchlichen Denkmalpflege und wurde von Frank Mucha, FH Erfurt durchgeführt.

28 In der deutschen Übersetzung zitiert nach Thomas Brachert/Friedrich Kobler, Artikel: »Fassung von Bildwerken«, Nr. 8 Lüstertechnik, in: RDK 1978.

29 Die Begutachtung erfolgte durch die Verfasserin gemeinsam mit Herrn Architekt Jürgen Hamm und Dompropst Tobias Schäfer.

II.

HISTORISCHE AUFSÄTZE

VON NUN AN BLÜHE DEIN RUHM
DIR WERDE DER LOHN DEINER EHRE
WEIL DU O WORMS KLUG UND GETREU DICH BEWÄHRST
DICH HAT DAS KREUZ MIR GEWEIHT
DICH HAT DAS SCHWERT MIR GESCHENKT
PETRUS DEIN GUTER PATRON GEWÄHRE DIR SICHEREN SCHUTZ

DER ENTKLEIDETE BISCHOF

WORMS UND DER STAUFERKAISER FRIEDRICH II.

Im Juli 1235 war in Worms der Teufel los, so könnte man die Lage umschreiben. Die Wormser Chronik berichtet ausführlich darüber. Schon zu Anfang des Monats spielten sich ganz ungewöhnliche, ja sensationelle Ereignisse ab. Der Kaiser kam nach Worms. Friedrich II., der staufische Herrscher, der seit 1220 für 15 Jahre nicht mehr nördlich der Alpen gewesen war. Jetzt war er wieder da. Am 4. Juli 1235 erreichte er Worms. In prächtigster Aufmachung gingen ihm die Bürger und der Klerus von Worms entgegen.[1] Dann zog man in einer Prozession gemeinsam zum Dom. Vor dem Münster erwarteten den Kaiser zwölf Bischöfe in vollem Ornat. Auch der Wormser Bischof Landolf stand in dieser Reihe. Doch dann geschah etwas Ungeheuerliches. Als der Kaiser an der Reihe vorbeischritt und sein Blick auf Landolf fiel, verdüsterte sich die kaiserliche Miene. In einem scharfen Befehl forderte Friedrich den Wormser Oberhirten auf, sich unverzüglich aus der Reihe zu entfernen.[2] Vor den Augen aller, der Fürsten, Adligen und Bürger, wurde der Bischof dann seiner Würden entkleidet. »Episcopus exutus est«, so berichtet die Wormser Chronik: »Der Bischof wurde ausgezogen«.[3] Das kann nur heißen, dass er seine Kleider in aller Öffentlichkeit ablegen musste. Dann wurde er aus der Stadt verwiesen.

Ein entkleideter und damit entehrter Bischof vor seinem Dom: Das ist ein wahrlich bemerkenswerter Vorgang. Wie kann dieser Vorgang aus den unmittelbaren und den weiteren Zusammenhängen heraus erklärt werden? Wichtig dafür ist die Feststellung, dass es im Reich nördlich der Alpen damals außer dem Kaiser auch noch einen eigenen König gab. Es war Heinrich, der Sohn Friedrichs II., den man gewöhnlich als den »Klammer-Siebten« bezeichnet. Er gilt in der Tradition nur als halblegaler König, weil 1308 nochmals ein Heinrich König wurde, der sich als der Siebte bezeichnete. Wir müssen also berücksichtigen, dass um 1230 ein staufischer Kaiser fernab in Apulien und Sizilien und ein staufischer König nördlich der Alpen nebeneinander regierten. Das war eine bis dahin noch nie dagewesene Konstellation, und sie warf, wie wir sehen werden, die größten Probleme auf.

Besonders folgenreich war es, dass die deutschen Fürsten diese Situation geradezu meisterhaft nutzten, um ihre Vorteile für ihre Landesherrschaften daraus zu ziehen. Wenn Entscheidungen des Königs dem einen oder anderen nicht genehm waren, schickten sie Boten zum Kaiser nach Italien und beschwerten sich über den Sohn. In einer Reihe von Fällen kassierte Friedrich II. dann die Maßnahmen des Königs. So machte er mehrmals Belehnungen seines Sohnes rückgängig, wenn Fürsten protestierten, die leer ausgegangen waren. Heinrich (VII.) wiederum hat, um sein Gesicht zu wahren, nicht selten gegen den Befehl

Abb. 54: Worms, Dom, Nordportal mit Kaiserfigur und Auszug aus dem kaiserlichen Privileg an die Stadt Worms, gestaltet von Gustav Nonnenmacher (1981)

des Vaters verstoßen, und Schritt um Schritt wuchs der Zorn Friedrichs II. über den Ungehorsam des Sohnes. Daher ließ er ihn 1232 nach Cividale in Oberitalien kommen, um ihm ein für allemal klar zu machen, dass der Sohn dem Vater zu gehorchen habe.[4] Ihm, dem Kaiser, waren alle zu Gehorsam verpflichtet. Der Sohn war da nicht ausgenommen, ganz im Gegenteil. Daher musste Heinrich einen Eid leisten, dass er künftig gehorsam und folgsam sein werde. Die in Cividale anwesenden Fürsten wurden miteinbezogen. Auch sie legten einen Eid ab: Sobald Heinrich sich ungehorsam zeige, würden sie ihre Treue zu ihm als aufgelöst ansehen.[5] Auf diese Weise wurde im Reich eine ganz neuartige Konstruktion eingeführt, nämlich die unbedingte kaiserliche Befehlsgewalt Friedrichs II. über den römisch-deutschen König. Alle diese Vorgänge waren höchst problematisch. Wie nämlich sollte ein römisch-deutscher König auf solcher Grundlage überhaupt noch Anerkennung unter den Fürsten finden? Wie konnte seine Herrschaft unter diesen Umständen noch wirksam werden?

1234 verschärfte sich der Konflikt zwischen Vater und Sohn. Im September des Jahres schrieb Heinrich (VII.) an die Fürsten einen Brief. Darin rechtfertigte er seine Politik, benannte seine Pflichten und Rechte als König und bat die Fürsten um Unterstützung.[6] Auch der König habe seinen *honor*, also seine Ehre, so führte er in dem Brief aus. In den letzten Jahren aber sei seine Ehre, der königliche *honor*, fortlaufend verletzt worden.[7] Dies sollten die Fürsten nicht mehr hinnehmen, denn sie seien doch ebenfalls für das Wohl des gesamten Reichs verantwortlich.

Was konnte der König damals von den Fürsten erwarten? Sie waren um 1200 auf dem Weg, neuartige Landesherrschaften aufzubauen. In dem Jahrhundert zwischen 1150 und 1250 lief eine Art Ausscheidungskampf in der Territorienbildung ab. Wer bis zur Mitte des 13. Jahrhunderts im Wettkampf der Fürstenherrschaften unterlag, der schied in der Regel für immer aus dem Kreis der politischen Elite aus. Territorialpolitik wurde zum wichtigsten Ziel der Fürsten. Das ging so weit, dass sie um eines landesherrschaftlichen Vorteils willen nicht einmal vor Meineid zurückschreckten.[8] So wuchsen im staufischen Jahrhundert mächtige Fürsten-Herrschaften heran und traten neben die Königsgewalt. Das äußere Bild der Fürstenhöfe und das Leben am Hofe trugen diesem Wandel Rechnung. Die Fürstenhöfe mit ihren Palästen wurden zu Zentren der Macht und der Repräsentation. Doch verlassen konnte sich ein König auf solche Fürsten kaum.

Und jetzt, 1234, sollten die Fürsten die Ehre des Königs verteidigen. Auf einem Hoftag in Boppard verlangte Heinrich (VII.) von ihnen ein klares Bekenntnis.[9] Mächtige Erzbischöfe und Bischöfe waren anwesend. Sie verhielten sich neutral wie viele andere. Nur wenige bekannten sich offen zum König.[10] Sie erklärten sich bereit, notfalls auch militärisch den König gegen dessen Feinde zu verteidigen. Vier Bischöfe waren darunter.[11] Einer von ihnen war Landolf, der Bischof von Worms.

Deutlich ist zu sehen, dass nun ein schicksalhafter Konflikt zwischen dem Vater und dem Sohn seinen Lauf nehmen musste. Friedrich II. war empört. Er war der Kaiser. Nur aus Rücksicht auf den Papst hatte er Jahre zuvor, 1220, auf die Königswürde im römisch-deutschen Reich verzichtet. Damals, als Friedrich in Rom die Kaiserkrone empfing und dann in sein Reich Sizilien zog, fürchtete der Papst eine Umklammerung Roms von Süden und von Norden, wenn beide Reiche in der Hand eines einzigen Herrschers wären. Der Staufer nahm Rücksicht darauf und setzte seinen Sohn als König im Reich nördlich der Alpen ein. Aber das bedeutete keineswegs, dass er ihm die Herrschaft wirklich überlassen wollte. Was nun im Norden geschah, widersprach völlig dem kaiserlichen Willen. Deshalb sah er 1235 den Zeitpunkt zum harten Durchgreifen gekommen, um seinen Sohn zur Rechenschaft zu ziehen.

Als Ort der Entscheidung zwischen Vater und Sohn wurden die Pfalz in Wimpfen und die Stadt Worms gewählt. Man kann sich fragen, weshalb diese Orte, weshalb Wimpfen und Worms? Die Burg und der Ort in Wimpfen gehörten dem Bischof von Worms, auch wenn sie 1220 als Lehen an die Staufer übergeben worden waren.[12] Wimpfen am Neckar bildete den östlichen Vorposten der Wormser Bischofsherrschaft. Das dortige Kollegiatstift hatte wie die Kirche in Heidelberg den Wormser Kirchenpatron als Heiligen, also den heiligen Petrus. Der dort eingesetzte Propst war damit beauftragt, die bischöflichen Interessen nach Osten und Süden hin zu vertreten. Worms und Wimpfen gehörten also zusammen, und das zeigt uns umso mehr die Bedeutung von Worms für das Handeln Friedrichs II.

Weshalb also Worms, fragen wir nochmals. Worms, so der erste Teil der Antwort, war ausgezeichnet durch die Lage der Stadt. Schon der berühmte Chronist der Stauferzeit, Bischof Otto von Freising, hat diesen Vorteil klar erkannt. In seiner Chronik über die Taten Kaiser Friedrich Barbarossas schrieb er: Kaiser Barbarossa habe 1155 in Worms Weihnachten gefeiert. Und dann wörtlich: »Dieses Gebiet wird von dem hochberühmten Rhein, einem der drei bedeutendsten Ströme Europas, durchflossen. An dessen einem Ufer verläuft die Grenze Galliens, an dem anderen diejenige Germaniens. Das Gebiet ist reich an Getreide und Wein und bietet eine Fülle von jagdbarem Wild und Fischen. Auf der gallischen Seite liegen nämlich die Vogesen und die Ardennen in der Nähe, auf der germanischen Seite ausgedehnte Wälder (...). Dort können daher die Herrscher, wenn sie sich im Gebiet nördlich der Alpen aufhalten, am längsten versorgt werden«.[13]

Neben der Stadt war es also auch die gesamte Region im weiten Umkreis um Worms, die eine Rolle spielte. Diese Region reichte bis an die Vogesen und Ardennen im Westen und auf rechtsrheinischer Seite vom Rheingau bis nach Baden. Sie wurde, so muss man Otto von Freising verstehen, durch den Rhein keineswegs getrennt. Vielmehr fügte dieser Strom beide Seiten, diejenige »Galliens« und diejenige »Germaniens«, besonders eng zusammen. Hier bündelten sich die Kräfte des Westens und des Ostens. Auf diese Weise wurde die Region zu einer der produktivsten Wirtschafts- und Kulturlandschaften Europas. Hier, so schrieb Otto von Freising an einer anderen Stelle, habe »die Hauptstärke des Reichs« gelegen, die *maxima vis regni*.[14]

Dass die Verkehrsbedingungen für den Raum zwischen Speyer, Worms, Mainz, Frankfurt, Seligenstadt, Lorsch und Heidelberg im Mittelalter extrem günstig waren, wird von zahlreichen Quellen immer wieder hervorgehoben. Mit seinen Nebenflüssen Neckar, Main, Nahe, Mosel und anderen schuf der »hochberühmte Rhein«,[15] um nochmals die Worte Ottos von Freising zu gebrauchen, eine ideale Verkehrslage. Immer wieder treffen wir im Mittelalter auf das Lob des Rheins. Enea Silvio Piccolomini, der spätere Papst Pius II., schrieb 1438 über ihn, nirgendwo in ganz Europa gäbe es einen Fluss, der von so vielen befestigten Orten und so reichen Städten so dicht gesäumt sei.[16]

In der Tat, der Rhein, insbesondere der nördliche Oberrhein und der Mittelrhein mit seinem Mosel-Nahe-Main-Neckar-System, darf eine besondere Bedeutung in Europa für sich beanspruchen. Er bildete die europäische Verkehrsachse schlechthin, ja das »Rückgrat des Verkehrs«.[17] Über den Neckar und den Main konnte man weit in den Osten vordringen und über die Mosel war der Weg in den Westen geöffnet. Die Flüsse kann man geradezu als die Autobahnen des Mittelalters bezeichnen. Der Rhein, so wird man sagen können, war in staufischer Zeit dichter befahren als heute.[18]

Alle diese ungewöhnlich günstigen Voraussetzungen führten dazu, dass die Region zwischen Speyer und Mainz und darüber hinaus ein Zentrum der Königspräsenz wurde. Nirgendwo sonst im Reich des Mittelalters standen die Königspfalzen so dicht wie hier. Die königliche Vorliebe für diesen Raum setzte schon in der Epoche der Karolinger ein. Herausragend war schon damals die Pfalz in Ingelheim mit einem Königssaalbau, der sich an den antiken Kaiserpalästen orientierte.[19] Dort empfing Karl der Große nicht nur die Großen des Reiches, sondern auch die Gesandten der byzantinischen Kaiser, der Päpste und anderer auswärtiger Mächte.[20] In der Stauferzeit, unter Friedrich Barbarossa, erfolgte ein zweiter großer Ausbau der Pfalz.[21]

Völlige Neugründungen Barbarossas waren die Pfalzen Kaiserslautern, Hagenau im Elsaß, Gelnhausen bei Frankfurt und Wimpfen. Insbesondere in

Kaiserslautern, das im Bistum Worms lag, entstand eine der großartigsten Anlagen. Auch in Hagenau muss eine ähnlich repräsentative Pfalz gestanden haben. Der Chronist Gottfried von Viterbo erwähnt in einem Lobgedicht auf die Hagenauer Pfalz goldene Wandmalereien, die im Schlafgemach angebracht gewesen seien. Sie hätten an das Vergangene erinnert und das Zukünftige vorausgezeigt.[22]

Die Region um Worms, so findet man allseits bestätigt, war in wirtschaftlicher, politischer und kultureller Hinsicht eine Vorsprungslandschaft, wie man heute sagt, oder eine Innovationsregion, die in hohem Maße von kaiserlicher Präsenz gekennzeichnet war.[23] Das Interesse des staufischen Herrschers an diesem Raum zeigte sich schon unter Friedrich I. Barbarossa. Er setzte seinen Bruder Konrad von Staufen 1156 als Pfalzgrafen ein, übertrug ihm die staufischen Besitzungen zwischen Speyer und Koblenz beiderseits des Rheins und erteilte ihm, so darf man die Vorgänge interpretieren, den Auftrag, daraus eine starke Herrschaft zu formen.[24] Es war die Geburtsstunde der neuen rheinischen Pfalzgrafschaft, die ihren Mittelpunkt in Heidelberg einrichtete. Die Burg und die dazu gehörende Peterskirche in Heidelberg aber gehörten dem Wormser Bischof.[25] Er war eigentlich der Herr von Heidelberg, einem strategisch wichtigen Ort am Einstieg in die Neckarregion, die ja wiederum das Verbindungsstück ins staufische Schwaben war.[26] Überhaupt war der Wormser Bischof neben dem Reichskloster Lorsch der Großbesitzer von Land und Leuten in dieser Region.

Aber der neue staufische Pfalzgraf wurde ein erfolgreicher Konkurrent. Ihm ging es nicht nur um Besitzungen und Eigentum, sondern vor allem um Herrschaftsrechte, also um die Schutz-, Gerichts- und Abgabenhoheit. Hinsichtlich der Kirchengüter befanden sich diese Rechte bei den Vögten. Also brachte der staufische Pfalzgraf Konrad die Kirchenvogteien von Worms (1173/74) und von Lorsch (1157/65) in seine Hand.[27] Dies war der Anfang einer politischen Entwicklung, bei der sowohl der Bischof von Worms als auch der Abt von Lorsch unter starken Druck gerieten. Dieser Druck nahm noch zu, als auch der Erzbischof von Mainz daranging, seine Bischofsherrschaft auszudehnen, und zwar nach Süden, wiederum in Richtung Worms und Lorsch.[28]

Auf diese Weise wurde in der Stauferzeit das traditionelle Herrschaftsgefüge in dieser Vorsprungslandschaft um Worms fundamental erschüttert und verändert. Es gibt in der Zeit Friedrichs II. keine Region im Reich, in der der Machtkampf solche Ausmaße annahm. Das Reichskloster Lorsch blieb dabei am Ende völlig auf der Strecke und wurde regelrecht vernichtet. Seine Besitzungen und Herrschaftsrechte gingen um 1240 in großem Umfang an den Mainzer Erzbischof und den Pfalzgrafen in Heidelberg über.[29]

Die Wormser Bischöfe konnten durchaus ein ähnliches Schicksal befürchten. Doch sie gingen sehr geschickt vor. Sie setzten alles daran, sich – schon in den Jahren Barbarossas – durch einen betonten Einsatz für den Herrscher auszuzeichnen. Bereits Bischof Konrad II., der von 1171 bis 1192 das Amt in Worms innehatte, zeichnete sich durch ein solches Verhalten aus. Er bot sich für Legationen nach Italien und diplomatische Aufträge an und stellte seine bewährten Notare der Kanzlei des Kaisers zur Verfügung. Vor allem war er stets bereit, seine Bischofsstadt dem Kaiser zu öffnen, wenn dieser es wünschte. Und das war nicht selten: In seiner Amtszeit hielt sich Barbarossa mit seinem Hofgefolge nicht weniger als acht Mal in Worms auf (1172, 1173, 1179, 1180, 1183, 1187, 1188 und 1190).[30] Bei einem solchen Besuch mussten 500 bis 1000 Personen mehrere Tage oder gar Wochen in und vor Worms beherbergt und verpflegt werden, und in der Regel waren in einer Bischofsstadt nach einem solchen Besuch die Bestände geplündert und alles ziemlich verwüstet. Aber der Wormser Bischof machte sich auf diese Weise beim staufischen Kaiser unentbehrlich. Diese Haltung fand ihren sichtbaren Höhepunkt darin, dass das Nordportal des Domes um 1180 glanzvoll zu einem Kaiserportal umgebaut wurde.[31] Durch diesen neuen, imperialen Rahmen sollte der Herrscher beim Einzug in die Bischofskirche geehrt werden.

Den Höhepunkt dieser engen Symbiose zwischen dem Bischof von Worms und dem staufischen Herrscher stellte die Amtszeit von Bischof Lupold dar. Er übernahm den Wormser Bischofsstuhl 1196. Schon seine Familie, die Herren von Scheinfeld in Mittelfranken (bei Neustadt an der Aisch), zeichnete sich durch Königsnähe aus.[32] Auch Lupold enttäuschte die Staufer nicht, ganz im Gegenteil – und diese hatten die Wormser Unterstützung bitter nötig. Als mit der Doppelwahl von 1198 nämlich zwei Könige im Reich gewählt wurden, der Staufer Philipp von Schwaben und der Welfe Otto IV., war dies der Auftakt für einen jahrelangen erbitterten Krieg im Reich zwischen den beiden Parteien. Hinzu kam, dass die rheinische Pfalzgrafschaft nach dem Tod Konrads von Staufen 1195 an die Welfen[33] und 1214 schließlich an die Wittelsbacher überging.[34] Die Kernregion der staufischen Macht, der nördliche Oberrhein zwischen Speyer und Mainz, drohte dem staufischen Herrscher völlig zu entgleiten.

In dieser Lage setzte der Staufer Philipp seine ganze Hoffnung auf Lupold, den Bischof von Worms. Um dessen Position zu stärken, übertrug er ihm 1199 oder 1200 auch die Leitung des Reichsklosters Lorsch[35] – eine sehr bezeichnende Aktion, denn sie zeigt, dass um 1200 die bedrohten Herrschaften Worms und Lorsch nochmals gebündelt und damit gestärkt werden sollten. Schließlich folgte ein geradezu genialer Schachzug: Lupold wurde unter dem Einfluss des staufischen Königs im Jahre 1200 auch noch zum Erzbischof von Mainz erhoben.[36] Den Gegenerzbischof, Siegfried von Eppstein, der die welfische Partei vertrat, konnte er viele Jahre in Schach halten. Damit wurde ein wahrlich beachtlicher Machtblock geschaffen, der die Bistümer Worms und Mainz und das Reichskloster Lorsch vereinte – eine Bischofsherrschaft größten Ausmaßes.

Lupold leistete dem Stauferkönig aber auch andere, überaus anspruchsvolle Dienste. Im königlichen Auftrag zog er 1204 nach Italien und versuchte, in der Lombardei und auch in Sizilien die Autorität des Stauferkönigs Philipp durchzusetzen. Als Philipp dann 1208 in Bamberg ermordet wurde, war Lupold einer der wenigen, die den allgemeinen Umschwung hin zum Welfenkönig Otto nicht mitvollzogen. Er blieb ein unbeirrbarer Parteigänger der Staufer. Seine Position im Reich wurde damit aber völlig unhaltbar. Deshalb zog er über die Alpen zu dem knapp 13-jährigen Friedrich II., der damals, 1208, gerade die Königswürde im Königreich Sizilien übernommen hatte.[37]

Mit dem jungen Friedrich II. traf Lupold in der Tat eine Wahl für die Zukunft. 1212 nämlich machte sich der 17-jährige Staufer von Palermo und Rom aus auf den Weg in den Norden, um den Welfen, Otto IV., zu vertreiben und die Herrschaft auch im römisch-deutschen Reich zu übernehmen. In seinem Gefolge befand sich auch Lupold von Worms. In der Tat gelang Friedrich II. das Kunststück, sich gegen den mächtigen Welfen zu behaupten. Wie wertvoll ihm dabei der Wormser Bischof war, zeigt ein wahrlich denkwürdiges Privileg, das er dem treuen Lupold am 5. Oktober 1212 ausstellte. Es ist in einem ungewöhnlich persönlichen Ton gehalten. Dem »geliebten Freund« (*dilectus amicus noster*),[38] so heißt es, machte er für seine zahlreichen und ergebenen Dienste eine geradezu sensationelle Schenkung: Er übertrug ihm alle Kirchenlehen der Wormser und der Lorscher Kirche zurück, die seine königlichen Vorgänger besessen hatten, bestätigte ihm die Stadtherrschaft in Worms und verlieh ihm darüber hinaus den Königshof Neckarau.[39] Dieses Privileg sollte der Wormser Kirche schlagartig eine ganz neue Position im Kampf gegen die Bedrängnisse aus Mainz und aus Heidelberg verschaffen. Es war gut gemeint, doch es kam zu spät. Die Ansprüche der neuen Herren und die Folgen der neuen Entwicklungen konnten nicht mehr ausgeschaltet werden.

Aber dennoch ist zu erkennen, dass sich zu Anfang der Herrschaft Friedrichs II. in Deutschland Worms geradezu zum Mittelpunkt der neuen staufischen Epoche entwickelte. Für den König selbst wurde Worms damals der Ort der Sicherheit und der Zuverlässigkeit. In seinen beiden ersten Regierungsjahren hielt er sich fünf Mal mit seinem Hof hier auf, so oft wie nirgendwo sonst. Und Lupold selbst war bald wieder in höchster Mission unterwegs. Er wurde zum Reichslegaten für ganz Sizilien ernannt, zog in den Süden und ging erneut daran, dort die Interessen des jungen Staufers zu vertreten und durchzusetzen.

In Ausübung dieser Funktion starb er am 17. Januar 1217 in Apulien.[40]

Aber so glänzend Lupold sein Amtskonzept auch umzusetzen verstand, er blieb damit doch der letzte Vertreter diese Grundhaltung. Das lag vor allem daran, dass sich die Strukturen und die Verhältnisse in der Stadt Worms selbst veränderten. Das Schicksal des Wormser Bischofs entschied sich am Ende gar nicht im Kampf mit den Territorialmächten, sondern im Konflikt mit der eigenen Stadt.[41] Die Stauferzeit, davon muss man bei diesem Aspekt ausgehen, war auch die Epoche des Aufschwungs der Städte. Dieser Aufstieg hatte viele Ursachen. Eine wichtige Rolle spielte gewiss die Tatsache, dass die neuartigen fürstlichen Höfe mit ihrer prachtvollen Repräsentation Geld benötigten, viel Geld. Die Bischöfe bauten nicht nur ihre Herrschaften auf, sondern auch neue Residenzen und Dome. Gewaltige und reich geschmückte Gotteshäuser entstanden in der zweiten Hälfte des 12. und in der ersten Hälfte des 13. Jahrhunderts. Auch in Worms ließ der Bischof einen neuen Dom errichten; der Neubau war 1181 abgeschlossen.[42]

Und es war der gesamte neue Lebensstil in den Adelskreisen, der Geld verschlang. Dem Zug der höfischen Prachtentfaltung konnte sich keiner entziehen. Alles wurde prächtig, kostbar, stilvoll, aufwendig: die höfischen Feste, die Räume und Gebäude, die Ritterturniere und auch die Mode. Eine neue Mode mit enganliegenden Kleidern hielt Einzug. Die Männer putzten sich heraus, ließen sich die Haare wachsen und rasierten den Bart. Bärte, so hieß es, machen alt – und alle wollten in jener Zeit jung sein. Der jugendlich-galante, athletisch-elegante höfische Ritter wurde das Vorbild der adligen Gesellschaft.[43]

Noch mehr wandelte sich die Mode für die Frau. Das Oberteil der Frauen sollte eng am Körper anliegen, so dass die Minnesänger voller Bewunderung dichten konnten: Das Hemd »passte sich so eng ihrem herrlichen Körper an, dass man geschworen hätte, dass die Liebliche oberhalb des Gürtels nackend und ganz entblößt wäre.«[44] Ansonsten sollten die kostbaren Kleider üppig sein, versehen mit weiten Ärmeln und mit Schleppen, die man am Boden hinter sich herzog. Die Frauen pflegten wie nie zuvor ihre Schönheit, um dem neuen Frauenideal zu entsprechen: roter Mund, zierliche Hände und Füße, weiße Haut, liebliches Antlitz.

Der neue Lebensstil war aufwendig. Der Geldbedarf der Herren stieg rapide an. Um rasch an Geld zu gelangen, begann man, es sich zu leihen und sich bei den italienischen oder französischen Kreditgesellschaften zu verschulden. Die Geldleiher aus Asti und Chieri, aus Siena, Lucca und Bologna gaben die Mittel für Kriege oder Käufe. Mit neuen Techniken der Verrechnung und des Transfers, also den Anfängen des Bankwesens, beschleunigte man den Geldumlauf und erhöhte damit die verfügbare Geldmenge. Die im Geldgeschäft tätigen Leute, die meist italienischer Herkunft waren, nannte man Lombarden – daher kommt der bis vor kurzem noch übliche Begriff »Lombardsatz«. Auch andere Bankbegriffe kommen aus dieser Zeit: Konto, Giro, Disagio, auch Banca rotta.[45]

Um zu Geld zu kommen, konnte man es auch herstellen. Um die Mitte des 12. Jahrhunderts gab es erst ungefähr 30 Münzstätten im Reich. Um 1200 kann man bereits über 200 zählen. 1270 waren es dann schon über 450 – eine geradezu explosionsartige Ausbreitung. Durch den Münzzwang war vorgeschrieben, dass man nur mit der jeweils gültigen Währung bezahlen durfte – und die Umtauschgebühr lag bei 20 bis 25 Prozent. Auch die staufischen Kaiser konnten sich dieser Entwicklung nicht entziehen. Sie förderten die staufische Münzstätte in Schwäbisch Hall, wo der Heller geprägt wurde. Diese Münze gewann rasch einen großen Einflussbereich, auch wenn sie als besonders schlechtes Geld galt.

Die Zentren des neuen Wirtschaftsaufschwungs waren die Städte. Allein in dem halben Jahrhundert von 1200 bis 1250 stieg ihre Zahl von etwa 500 auf 1500. Über ein Drittel aller heutigen Städte war damit um die Mitte des 13. Jahrhunderts bereits vorhanden. Sie dienten nicht nur als Mittelpunkte für Handel und Wirtschaft, sondern auch für die Organisation und den Schutz der Herrschaften. Vor allem suchte man das wichtigste Kapital dieser Zeit, die Menschen, aus den benachbarten kirchlichen oder weltlichen Herrschaftsregionen in diese neuen Städte zu locken, indem man ihnen günstigere Rechtsbedingungen einräumte. Darauf bezieht sich das Motto »Stadtluft macht frei«.

Mit an der Spitze dieser kommunalen Bewegung stand Worms. Neben Köln, Mainz, Trier, Straßburg und Speyer war Worms führend in diesem Prozess der Stadtentwicklung im staufischen Reich. Schon im 11. Jahrhundert, zum Jahreswechsel 1073/74, erscheint Worms in einer Quelle als volkreiche Stadt mit uneinnehmbaren Mauern und reich wegen der Fruchtbarkeit der Umgebung. Als König Heinrich IV. dort vor seinen Feinden Schutz fand, hat er die Stadt als Dank mit besonderen Rechten ausgestattet. Dabei ging es um die Befreiung von Zöllen an königlichen Zollstätten. Diese Handelserleichterung war von den aufstrebenden Städten heiß begehrt. Damit verschaffte man sich enorme Vorteile im Warenhandel, und damit wurden die Grundlagen geschaffen für den unglaublichen Reichtum der Bürger, den sie sich in kurzer Zeit erwerben konnten. Nur vor dem Hintergrund dieser Anhäufung von Reichtümern in den Städten sind im Übrigen die gewaltigen Neubauten der Dome erklärbar. Die neuen Bischofskirchen waren Gemeinschaftsleistungen von Geistlichkeit und Bürgerschaft.

Im 12. Jahrhundert bildete sich dann allmählich eine städtische Führungselite heraus, ein Meliorat, das in Worms zum großen Teil dem Kreis der bischöflichen Dienstleute, den Kämmerern, Marktaufsehern, Stadtmauer-Kommandanten, Geldwechslern, Zöllnern und anderen entstammte. Sie wurden nun zu »Bürgern edlen Standes«: *cives nobili genere*. In der staufischen Zeit sind neue Gremien der Stadt Worms erkennbar, vor allem ein vierzigköpfiges Gerichtsgremium, das aus Geistlichen und aus Laien zusammengesetzt war.[46]

Die staufischen Herrscher, die ihren Aufenthalt mit Vorliebe in Worms nahmen, waren wie die Bischöfe selbst stark an der Förderung des städtischen Handels interessiert. Schon frühzeitig, 1157, hat Friedrich Barbarossa den Wormser Juden, die für die Wirtschaftskraft der Stadt von größter Bedeutung waren, ihre Rechte bestätigt. Eine besondere Wegmarke stellt das Privileg Barbarossas von 1184 für die Stadt Worms dar.[47] Darin wurde das Erbfolgerecht von Ehegatten geregelt, außerdem gewährte der Kaiser den Wormser Bürgern die Befreiung von der »Sterbfallabgabe«, das heißt mit heutigen Worten: die Befreiung von der Erbschaftssteuer. Und schließlich kam noch die Abschaffung des Kopfzinses hinzu, den bis dahin jeder Wormser Bürger jährlich an den Bischof zu zahlen hatte. Wir sehen: Wieder ging es um Steuererleichterungen größten Umfangs. Die Abschaffung des Kopfzinses war ein besonderes Zeichen für die neue städtische Freiheit. Wer keine Steuern an einen Herrn zahlen musste, war frei – so hat man das im Mittelalter gesehen. Wie wichtig den Wormser Bürgern dieses Privileg war, ist daran zu erkennen, dass es am neuen Kaiserportal der Domkirche angebracht wurde, eingraviert in eine Bronzeplatte (vgl. Abb. 54), so dass die Buchstaben golden glänzten. Bischofskirche und Stadtgemeinde zeigten sich auf diese Weise immer noch als eine symbiotische Einheit.

Aber im 13. Jahrhundert zerbrach diese Gemeinschaft. Nun begann die Stadt als eine eigene Rechtsgemeinschaft aufzutreten und zu handeln. Für 1198 ist erstmals ein Stadtrat in den Quellen bezeugt. Man legte sich ein eigenes Siegel zu, stellte seit 1202 eigene Urkunden aus, sammelte nun seinerseits Abgaben von den Bürgern ein und bildete ein Ratsgremium aus. Schritt um Schritt suchte man sich aus der Einbindung in die bischöfliche Herrschaft vollkommen zu lösen und den Bischof gleichsam abzuschütteln.[48] Das Jahr 1220 hat für diesen Vorgang geradezu Signalcharakter. Im August dieses Jahres erließ die Spitze der Stadtgemeinde – bestehend aus Wormser Ministerialen, Richtern und Räten (*ministeriales, iudices et consiliarii Wormatienses*) – zum ersten Mal ein eigenes städtisches Gesetz.[49] Darin wurden Fragen des Zusammenlebens in der Stadt geregelt. Diese Aktion zeigt, dass das städtische Leitungsgremium von nun an selbst die Herrschaft in der Gemeinde beanspruchte.

Mit unserem Blick in die Geschichte von Worms in der Stauferzeit können wir uns jetzt wieder den Vorgängen von 1234 und 1235 zuwenden. Weshalb Kaiser

Friedrich II. Worms als zentralen Ort seines Auftretens im deutsch-römischen Reich ausgewählt hat, wird nunmehr sehr verständlich. Hier war er gewissermaßen zu Hause. Mit Worms waren die Anfänge seiner Königsherrschaft aufs engste verknüpft. Hier waren ausreichende Ressourcen vorhanden, um das prachtvolle Auftreten des Kaisers zu inszenieren.

Doch auf den neuen Wormser Bischof Landolf konnte er nicht mehr zählen. Dieser hatte sich auf die Seite seines Sohnes geschlagen. Die Zusammenarbeit mit Heinrich (VII.), dem deutsch-römischen König, war in den Augen Landolfs die einzige Möglichkeit, um sich wieder einen Handlungsspielraum zu erwerben und auch die nötige Autorität im heraufziehenden Konflikt mit der Stadt zu entwickeln. Seine geschwächte Lage ließ es nicht zu, sich auf den weit entfernten Kaiser am Mittelmeer zu verlassen.

Wie tief die Kluft zwischen Bischof und Stadt inzwischen geworden war, zeigte sich zu Ende des Jahres 1234. König Heinrich (VII.) machte einen letzten Versuch, sich eine möglichst große Anhängerschar im Reich zu verschaffen. Auch die Städte sollten sich ihm, dem König, anschließen. Auf einer Rundreise durch das Reich kam er Ende November/Anfang Dezember 1234 nach Worms und forderte vom Stadtregiment einen Huldigungsspruch mit dem Inhalt, dass die Stadt die Ehre und das Ansehen der königlichen Autorität und speziell die Person des Königs (*honor et reverentia regie maiestatis et specialiter intuitu persone nostre*) gegenüber jedermann achten müsse.[50] Aber die Wormser Bürger folgten nicht. Sie waren unwillig, denn der König hatte kurz zuvor ihren Bischof zum Dank für seine Loyalität mit besonderen Rechten ausgezeichnet, die überhaupt nicht den Vorstellungen der Stadt entsprachen.[51] So sollten die Bürger ihre Häuser, die sie auf dem Bischofshof errichtet hatten, wieder abreißen (1. November 1234).[52]

Ganz bewusst, wie man annehmen darf, ließ es die Wormser Kommune daher zu einem Bruch kommen. Man verweigerte die vom König geforderte Huldigung mit dem Hinweis, an erster Stelle müsse in dem Treuebekenntnis der Kaiser vor dem Sohn genannt werden (*nisi prenominato in hoc patre suo domino imperatore*).[53] Damit war die höchstmögliche Provokation gegen den König in Gang gesetzt worden. Öffentlich wurde Heinrich (VII.) vor den Kopf gestoßen, indem ihm der Einlass in die Stadt und die Huldigung vor aller Welt verweigert wurden. Der König versuchte nun, die Wormser in die Knie zu zwingen. Er belagerte die Stadt. Einen Sturm auf die Stadt, bei dem der Wormser Überlieferung zufolge 5000 Ritter eingesetzt waren, wehrten die Bürger am 25. April 1235 erfolgreich ab.[54]

Doch mit seinem Vorgehen machte sich Heinrich (VII.) zwangsläufig schuldig gegenüber seinem Vater. Die Angriffe auf die Wormser mussten letztlich als Angriffe gegen den Kaiser umgedeutet werden. Genau in diesem Sinne beschwerten sich die Wormser Bürger bei Friedrich II. Sie schickten ihm Brandbriefe ins Königreich Sizilien und meldeten, sein Sohn würde nicht erlauben, dass sie, die Wormser Bürger, die Reverenz gegenüber dem Kaiser höher stellen wollten als die gegenüber dem König.

Friedrich II. war außer sich. Er antwortete den Wormsern in drei Durchhaltebriefen. Sie dürften den Eid auf den König auf keinen Fall leisten. Und er stellte dabei klar: »Wir allein sind der Herr und der Kaiser des Reichs. Nur durch uns und von unserem Befehl her kommen ihm, Heinrich, Respekt und Anerkennung zu« (*Nos enim sumus dominus et imperator imperii; per nos enim et de mandato nostro reverentia debitur eidem*).[55]

An dieser Stelle ist zu gut zu erkennen, wie sich in dieser Situation ganz verschiedene Traditionen, Ansprüche und Entwicklungen verknüpften und bündelten. Gerade für Worms hatte Friedrich II., wie wir nun wissen, besondere Sympathien und sah sich verantwortlich für den Schutz der Wormser Bürger, die ihn in früheren Jahren so gut aufgenommen, geschützt und verpflegt hatten. Die herausgehobene Stellung von Worms und der ganzen Wormser Region für das staufische Kaisertum, durch welche die Stadt besondere Aufmerksamkeit beim Kaiser erlangte, wurde jetzt verknüpft mit der so eigenartigen Herrschaftskonstellation im staufischen Haus selbst, bei der ein Kaiser und ein König nebeneinander regierten. Außerdem schlug der angehende Konflikt zwischen Stadt und Bischof von Worms zu Buche, bei dem es um die Zukunft der Wormser Bischofskirche ging.

Und nun war der Kaiser da. Mit seinem Einzug in den Wormser Dom am 4. Juli 1235 demonstrierte er den Wormser Bürgern und der ganzen Welt, dass nur er und nicht der Sohn die höchste Autorität im Herrschaftsgefüge verkörperte. Just in diesem Moment des demonstrativen Akts fiel sein Blick auf den gewählten Wormser Bischof Landolf, der in seinen Augen die Treue zum staufischen Kaiser so gründlich verraten hatte: Auch er wie der Sohn in seinen Augen ein erbärmlicher Majestätsbeleidiger! Ohne zu zögern, statuierte der Kaiser das schärfste Exempel, das ihm gegenüber einem Bischof zur Verfügung stand: Landolf musste öffentlich seine bischöflichen Gewänder ablegen. Auf diese Weise setzte Friedrich II. das erste Signal in Worms.

Das zweite folgte unmittelbar darauf. Nun wurde der Sohn vorgeführt. Dieser hatte sich schon in Wimpfen beim ersten Treffen mit dem Vater kurz zuvor bereit erklärt, sich zu unterwerfen. Aber er knüpfte Bedingungen daran: Der Vater müsse ihn dann begnadigen. Das war das übliche Verfahren bei einer sogenannten *deditio*. Der Beschuldigte unterwarf und demütigte sich öffentlich, aber die Folgen waren vorher ausgehandelt worden. Der Kaiser lehnte diese Art der Konfliktbereinigung jedoch ab. Ihm war aus seinem Reich Sizilien ein anderes Verfahren geläufig, das noch auf römisch-byzantinischen Rechtstraditionen beruhte. Demnach musste die volle Härte des Gesetzes – der *rigor iustitiae* – angewendet werden, ohne Barmherzigkeit und ohne Milde. Genauso ging er gegen den Sohn vor. Mit ziemlicher Sicherheit fand die Begegnung zwischen den beiden am 4. Juli 1235 im Wormser Dom statt. Der Kaiser war umgeben von Bischöfen, Fürsten, Grafen und Herren, und das Volk drängte sich vor den Toren. Vor aller Augen erschien Heinrich (VII.) ohne seine königlichen Gewänder, ging vor dem Vater in die Knie und warf sich vor ihm auf den Boden. Lange musste er so liegen bleiben, denn der Vater machte keine Anstalten, ihn aufzuheben. Erst das Murren der Fürsten veranlasste ihn zu einer entsprechenden Geste. Dieses Verhalten, so lesen wir, habe den Sohn zutiefst beschämt. Völlig verwirrt habe er schließlich vor dem Vater gestanden und ihm die Abzeichen seiner königlichen Würde ausgehändigt. Aber es gab keine Gnade für ihn. In einer zeitgenössischen Chronik (Fortsetzung der Eberbacher Chronik) heißt es dazu: »Wie (der Kaiser) seinen Sohn, den König Heinrich, in Worms seiner königlichen Ehre beraubte« (*Qualiter filium suum regem Heinricum apud Wormaciam regali honore privavit*).[56] Der Chronist verwendete das Wort »berauben« und sah darin also ein Unrecht des Kaisers. Dessen Handeln entsprach nicht dem Rechtsdenken im Reich des Mittelalters. Mit diesem Vorgehen war die Ehre des deutsch-römischen Königs vernichtet worden. Heinrich wurde unverzüglich in Gewahrsam genommen und nach Süditalien verbannt, wo er nach harter Kerkerhaft sieben Jahre später starb.

So wurden Worms und der Dom in diesen Tagen Zeuge und Mittelpunkt einer in Deutschland bis dahin noch nicht dagewesenen Vernichtung eines Königs, ein Akt, der wiederum den Glanz, die Macht und die Autorität Kaiser Friedrichs II. umso heller erstrahlen lassen sollte. Für den Vater war dies nichts anderes als die Anwendung von Recht und Gerechtigkeit. Um deutlich zu machen, von welcher Hochstimmung sein Aufenthalt in Worms getragen war, folgte daraufhin das größte Fest, das Worms jemals erlebt hatte. Wenige Tage nach dem Strafgericht kamen prächtige Schiffe von Köln rheinaufwärts, begleitet von einer großen Schar von Fürsten und Rittern. Im prächtigsten Boot befand sich eine junge, etwa 20-jährige Frau. Es war Isabella Plantagenet von England (1214/17–1241), die Schwester des englischen Königs, Heinrichs III. (1207–1272). Mit sich führte sie eine geradezu atemberaubende Hochzeits-Ausstattung. Roger von Wendover, ein englischer Chronist, hat sie beschrieben. Eine Krone aus purem Gold gehörte dazu, besetzt mit kostbaren Edelsteinen, goldene Ringe und Münzen, seidene Kleider und Festgewänder, ein kostbares Brautbett mit bunten seidenen Decken und Kissen und Trink- und Kochgefäße aus reinstem Silber oder Gold.[57] Außerdem konnte die junge Isabella auf eine Mitgift von ungefähr sieben Tonnen Silber verweisen – eine wahrlich riesige Summe.[58] Zu Tausenden lief das Wormser Volk dem prächtigen Zug entgegen, um die Braut zu begrüßen und zu sehen. Sie galt als außergewöhnliche Schönheit.

Und wer war der Bräutigam, der in Worms auf die Schöne wartete? Niemand anderer als Kaiser Friedrich II. selbst. Die Sache war vielleicht ein wenig pikant, denn Isabella war anfänglich als Braut für den Sohn, für Heinrich (VII.), vorgesehen gewesen. Aber der saß jetzt im Kerker. Der Vater sprang gewissermaßen ein und konnte auf diese Weise ein großartiges Bündnis mit England schließen – das der Sohn schon vorbereitet hatte. In Worms nun sah der 40-jährige Bräutigam seiner jungen Braut mit großer Freude entgegen, wie der englische Chronist schildert, »zumal«, wie es in der Chronik weiter heißt, »ihm der Anblick der Braut, welche die Natur gewissermaßen mit besonderer Sorgfalt geschmückt hatte, über alle Maßen behagte. (...) Gefiel sie ihm schon bei dem Anblick am Tag, so noch viel mehr in den Freuden des Ehebettes, wo er sie als Jungfrau erkannte.«[59]

Am 15. Juli wurde die Ehe im Wormser Dom geschlossen – ohne den zuständigen Ortsbischof, der »ausgezogen« und seiner Amtskleidung entledigt des Hofes verwiesen war wie der junge König. Dieser Akt wog umso schwerer, als ansonsten die politische Elite versammelt war. Der Engländer Matthew Paris berichtet, bei der Hochzeit seien vier Könige anwesend gewesen, elf Herzöge und dreißig Grafen und Markgrafen, und dazu noch eine Vielzahl an Bischöfen. Vier Tage lang sei nun in den warmen Julitagen in Worms gefeiert, geschmaust und getrunken worden. Und man unterhielt sich gerne über die erste Nacht des Kaisers mit seiner Braut. Von einem Astrologen, so wurde gemunkelt, habe er sich die günstigste Uhrzeit für die Vollziehung der Ehe berechnen lassen. Diese sei für die frühe Morgenstunde bestimmt worden.[60] Und schließlich war auch dieses bombastische Ereignis zu Ende, ein Fest, das der Kaiser ganz gezielt in Worms ausrichten wollte, um diese Stadt zu belohnen, zu ehren und, wie er schrieb, für die erlittene Unbill zu entschädigen.[61] Es war der Höhepunkt einer langen und innigen Beziehung zwischen den Staufern und Worms.

Anmerkungen

1 Chronicon Wormatiense saeculi XIII., hg. von Heinrich Boos, in: Geschichte der rheinischen Städtekultur von den Anfängen bis zur Gegenwart mit besonderer Berücksichtigung von Worms, Bd. 3, Berlin 21899, S. 163–204, hier S. 175: *Accidit autem cum dominus imperator intrasset primo Wormatiam, et sicut decuit honestissime a clero et a civibus fuerit receptus.* – Der Beitrag gibt weitgehend den Wortlaut des Vortrags wieder, wie er am 20. Januar 2011 im Wormser Dom gehalten wurde. In etwas veränderter Form ist er auch erschienen in: Hans-Jürgen Buderer/Michael Tellenbach/Susanne Wichert (Hgg.), Zukunft gestalten. Alfried Wieczorek zum 60. Geburtstag, Mannheim 2014, S. 73–86.

2 Chronicon Wormatiense (wie Anm. 1), S. 175: *Imperator (...) iussit eum abire de aspectu suo.*

3 Ebd.

4 Vgl. Historia Augiensis, hg. von GeorgWaitz, in: MGH SS 24, Hannover 1879, S. 647–660, hier: S. 659.

5 Der Eid Heinrichs ist verloren gegangen. Sein Inhalt kann jedoch durch die Urkunde der Fürsten erschlossen werden (vgl. Wilhelm Muschka, Bischof Siegfried von Regensburg. Kanzler Kaiser Friedrichs II., Marburg 2006, S. 73f.). Constitutiones et acta publica imperatorum et regum, Bd. 2: 1198–1272, hg. von Ludwig Weiland (MGH Const. 2), Hannover 1896, ND Hannover 1963, S. 210.

6 Vgl. Historia diplomatica Friderici Secundi, Bd. 4, 2: Henrici Septimi Romanorum regis historia diplomatica. A mense octobri 1231 usque ad mensem junium 1235, hg. von Jean Louis Alphonse Huillard-Bréholles, Paris 1855, S. 682–686.

7 Vgl. Historia diplomatica, Bd. 4,2 (wie Anm. 6), S. 682. Zur Situation, die in diesen Jahren das Verhältnis zwischen Fürsten und König bestimmte, siehe vor allem: Robert Gramsch, Das Reich als Netzwerk der Fürsten. Politische Strukturen unter dem Doppelkönigtum Friedrichs II. und Heinrichs (VII.) 1225–1235 (Mittelalter-Forschungen 40), Ostfildern 2013; Robert Gramsch, Autorität im Netzwerk der Fürsten. Friedrich II. und Heinrich (VII.) im Anerkennungswettstreit (1231–1235), in: Hubertus Seibert/Werner Bomm/Verena Türck (Hgg.), Autorität und Akzeptanz. Das Reich im Europa des 13. Jahrhunderts, Ostfildern 2013, S. 43–64. Wichtige Beobachtungen auch bei Theo Broekmann, Rigor iustitiae. Herrschaft, Recht und Terror im normannisch-staufischen Süden (1050–1250) (Symbolische Kommunikation in der Vormoderne. Studien zur Geschichte, Literatur und Kunst), Darmstadt 2005.

8 Stefan Weinfurter, Verträge und politisches Handeln um 1200, in: Karl-Heinz Rueß (Red.), Philipp von Schwaben. Ein Staufer im Kampf um die Königsherrschaft (Schriften zur staufischen Geschichte und Kunst 27), Göppingen 2008, S. 26–42.

9 Chronica regia Coloniensis. Pars septima. Continuatio IV a. 1220–1237, hg. von Georg Waitz (MGH SS rer. Germ. [18]), Hannover 1880, S. 251–273, hier: S. 266: *Rex Henricus Bobardie conventum quorundam principum habuit; ubi a quibusdam nefariis consilium accepit, ut se opponeret imperatori patri suo*; Annales Erphordenses fratrum Praedicatorum, hg. von Oswald Holder-Egger (MGH SS rer. Germ. [42]), Hannover 1899, S. 72–116, hier: S. 89: *Hoc etiam anno orta est discordia inter imperatorem et filium suum Heinricum regem, quoniam consiliis paternis acquiescere nolens manifeste se ei opponere attemptavit, quibusdam principibus et baronibus ad se pecuniam inclinatis.*

10 Karl Borchardt, Der sogenannte Aufstand Heinrichs (VII.) in Franken 1234/35, in: Karl Borchardt/Enno Bünz, Forschungen zur bayerischen und fränkischen Geschichte. Peter Herde zum 65. Geburtstag (Quellen und Forschungen zur Geschichte des Bistums und Hochstifts Würzburg 52), Würzburg 1998, S. 53–110, hier: S. 56.

11 Christian Hillen, Curia Regis. Untersuchungen zur Hofstruktur Heinrichs (VII.) 1220–1235 nach den Zeugen seiner Urkunden. (Europäische Hochschulschriften III/837), Frankfurt/M. 1999, S. 220–224.

12 Vgl. Klaus-Peter Schroeder, Wimpfen. Verfassungsgeschichte einer Stadt und ihres Verhältnisses zum Reich von den Anfängen bis zum Ende des 15. Jahrhunderts. Stuttgart 1973, S. 12 f.; Ludwig H. Hildebrandt/Nicolai Knauer, Anfang und Ende der Kaiserpfalz Wimpfen – Ergänzungen zum bisherigen Forschungsstand, in: Kraichgau. Beiträge zur Landschafts- und Heimatforschung 21, 2009, S. 175–218.

13 Ottonis et Rahewini gesta Friderici I. imperatoris, hg. von Georg Waitz (MGH SS rer. Germ. [46]), Hannover/Leipzig 1912, lib. II, cap. 46, S. 153 f.: *Ea namque regio, quam Rhenus nobilissimus fluvius, ex trium Europae nominatissimorum fluviorum unus, intersecat, ex una ripa Galliae, ex altera Germaniae limes, in frumento et vino optima, venationibus et piscationibus copiosa – habet enim ex parte Galliae vicinum Vosagum et Ardennam, ex parte Germaniae silvas non mediocres (...) in Transalpinis manentes principes diutissime servare potest.*

14 Ottonis et Rahewini gesta Friderici I. (wie Anm. 13), lib. I, cap. 12, S. 28.

15 Ottonis et Rahewini gesta Friderici I (wie Anm. 13), lib. II, cap. 46, S. 153: *Rhenus nobilissimus.*

16 Enea Silvio Piccolomini, Descriptio altera urbis Basilea, hg. von Heinrich Dannenbauer, in: Concilium Basiliense. Studien und Quellen zur Geschichte des Concils von Basel 8, Basel 1936, S. 195–198, hier: S. 197: *Sed ut ad Renum redeam – nusquam est tota Europa fluvius tam frequentibus opidis tamque amplissimis urbibus circumseptus.*

17 Rainer Christoph Schwinges, Straßen- und Verkehrswesen im hohen und späten Mittelalter. Eine Einführung, in: Rainer Christoph Schwinges (Hg.), Straßen- und Verkehrswesen im hohen und späten Mittelalter. (Vorträge und Forschungen des Konstanzer Arbeitskreises für Mittelalterliche Geschichte 66), Ostfildern 2007, S. 9–19, hier S. 12 f.

18 Zur Geschichte des Rheins siehe Jörg Peltzer, Geschichte(n) im Fluss. Einleitende Bemerkungen zu Genese und Wandel kollektiver Identitäten im Raum der Metropolregion Rhein-

Neckar, in: Volker Gallé/Jörg Peltzer/Bernd Schneidmüller/Stefan Weinfurter (Hgg.), Kurpfalz und Rhein-Neckar – Kollektive Identitäten im Wandel. (Heidelberger Veröffentlichungen zur Landesgeschichte und Landeskunde 13), Heidelberg 2008, S. 15–30.

19 Holger Grewe, Visualisierung von Herrschaft in der Architektur. Die Pfalz Ingelheim als Bedeutungsträger im 12. und 13. Jahrhundert, in: Stefan Burkhardt/Thomas Metz/Bernd Schneidmüller/Stefan Weinfurter (Hgg.), Staufisches Kaisertum im 12. Jahrhundert. Konzepte – Netzwerke – Politische Praxis, Regensburg 2010, S. 383–403.

20 Zur Verbindung Karls des Großen zur Pfalz Ingelheim siehe: Karl Heinz Henn (Hg.), Karl der Große in Ingelheim. Bauherr der Pfalz und europäischer Staatsmann (Beiträge zur Ingelheimer Geschichte 43), Ingelheim 1998.

21 Ottonis et Rahewini gesta Friderici I. (wie Anm. 13), lib. IV, cap. 86, S. 345: *Palatia siquidem a Karolo Magno quondam pulcherrima fabricata et regias clarissimo opere decoratas aput Noviomagumet iuxta villam Ingelheim (…) decentissime reparavit.*

22 Gottfried von Viterbo, De castro Haginowa, in: Littérature latine et histoire du moyen âge, hg. von Léopold Victor Delisle, Paris 1890, S. 48 f., V. 145 f.

23 Bernd Schneidmüller, Staufer – Italien – Innovationsregionen. Begriffe und Blickachsen, in: Alfried Wieczorek/Bernd Schneidmüller/Stefan Weinfurter (Hgg.), Die Staufer und Italien. Drei Innovationsregionen im mittelalterlichen Europa, Bd. 1: Essays, Stuttgart 2010, S. 19–30.

24 Annales Sancti Disibodi, hg. von Georg Waitz, in: MGH SS 17, Hannover 1861, S. 4–30, hier S. 29: *Hermannus palatinus comes obiit. Cui successit Conradus, frater imperatoris ex patre.* Konrad von Staufen ist zum ersten Mal sicher als Pfalzgraf zwar erst in einer Urkunde vom 6. Januar 1157 bezeugt (Urkundenbuch zur Geschichte der mittelrheinischen Territorien, Bd. 1: Von den ältesten Zeiten bis zum Jahre 1169, hg. von Heinrich Beyer, Koblenz 1860, ND Aalen 1974, Nr. 598, S. 655–657.). Bereits in der als unecht geltenden Kaiserurkunde für Worms vom 20. Oktober 1156 taucht er allerdings in der Zeugenliste mit dem Titel *palatinus comes de Rheno* auf (Die Urkunden Friedrichs I. 1152–1158, hg. von Heinrich Appelt (MGH DD FI. Nr. 153, Hannover 1975, S. 264, Z. 27.). Da sein Vorgänger Hermann von Stahleck am 20. September 1156 verstarb, ist mit einer Amtsnachfolge durch Konrad ab 1156 zu rechnen (vgl. Bernd Brinken, Die Politik Konrads von Staufen in der Tradition der Rheinischen Pfalzgrafschaft. Der Widerstand gegen die Verdrängung der Pfalzgrafschaft aus dem Rheinland in der zweiten Hälfte des 12. Jahrhunderts, Rheinisches Archiv 92, Bonn 1941, S. 41). Jetzt: Stefan Weinfurter, Welfen – Staufer – Wittelsbacher: Eine Aufsteigergeschichte, in: Alfried Wieczorek/Bernd Schneidmüller/Alexander Schubert/Stefan Weinfurter (Hgg.), Die Wittelsbacher am Rhein. Die Kurpfalz und Europa. (Begleitband) Bd. 1: Mittelalter, Regensburg 2013, S. 36–43; Stefan Weinfurter, Staufische Grundlagen der Pfalzgrafschaft bei Rhein, in: Jörg Peltzer/Bernd Schneidmüller/Stefan Weinfurter/Alfried Wieczorek (Hgg.), Die Wittelsbacher und die Kurpfalz im Mittelalter. Eine Erfolgsgeschichte?, Regensburg 2013, S. 11–22.

25 Das »*castrum*« Heidelberg wird erstmals 1182 erwähnt. Vgl. Stefan Weber, Das Leben des Eberhard von Kumbd. Heidelbergs Anfänge und weibliche Frömmigkeit am Mittelrhein. Neuedition, Übersetzung, Kommentar (Heidelberger Veröffentlichungen zur Landesgeschichte und Landeskunde 11), Heidelberg 2004, cap. 4, S. 32.

26 Stefan Weinfurter, Herrschaftsbildung in staufischer Zeit mit Blick auf den unteren Neckar, in: Hansmartin Schwarzmaier/Peter Rückert (Hgg.), Das Land am mittleren Neckar zwischen Baden und Württemberg. (Oberrheinische Studien 24), Ostfildern 2005, S. 95–109; Christian Burkhart, Die Bischöfe von Speyer und Worms, die Lorscher Vögte und die Anfänge der Zisterzienserabtei Schönau im Odenwald im 12. Jahrhundert, in: Zeitschrift für die Geschichte des Oberrheins 156, 2008, S. 1–84.

27 Vgl. Hans Ulrich Berendes, Die Bischöfe von Worms und ihr Hochstift im 12. Jahrhundert. Köln 1984, S. 117. Vor allem Burkhart 2008 (wie Anm. 26).

28 Stefan Weinfurter, Der Untergang des alten Lorsch in spätstaufischer Zeit. Das Kloster an der Bergstraße im Spannungsfeld zwischen Papsttum, Erzstift Mainz und Pfalzgrafschaft, in: Archiv für mittelrheinische Kirchengeschichte 55, 2003, S. 31–58.

29 Friedrich Knöpp, Das letzte Jahrhundert der Abtei, in: Friedrich Knöpp (Hg.), Reichsabtei Lorsch. Festschrift zum Gedenken an ihre Stiftung 764, Bd. 1, Darmstadt 1973, S. 198–209.

30 Hubertus Seibert, Reichsbischof und Herrscher. Zu den Beziehungen zwischen Königtum und Wormser Bischöfen in spätsalisch-frühstaufischer Zeit, in: Zeitschrift für die Geschichte des Oberrheins 143, 1995, S. 129–138, hier S. 125.

31 Burkard Keilmann, Die Kaiserurkunde von 1184 und das Kaiserportal am Dom zu Worms, in: Der Wormsgau 14, 1982, S. 15–19.

32 Friedrich Knöpp, Lupold von Worms 1196–1217, in: Knöpp (Hg.) 1973 (wie Anm. 29), Bd. 1, S. 361.

33 Wann Heinrich V. von Braunschweig die Pfalzgrafschaft zu Lehen erhielt, ist umstritten. Den Titel *palatinus comes Reni* führte er erstmals in einer Urkunde vom 9. April 1196. Die Urkunden Heinrichs VI. für deutsche Empfänger, hg. von Bettina Pferschy-Maleczek, in: MGH Vorabedition, URL: [http://www.mgh.de/fileadmin/Downloads/pdf/ Heinrich_VI_final2-PropFig.pdf] (11. Juni 2012), BB 502, S. 206, Z. 26. Siehe jetzt: Andrea Briechle, Heinrich, Herzog von Sachsen und Pfalzgraf bei Rhein. Ein welfischer Fürst an der Wende vom 12. zum 13. Jahrhundert (Heidelberger Veröffentlichungen zur Landesgeschichte und Landeskunde 16), Heidelberg 2013.

34 Beim Tod Heinrich des Älteren von Braunschweig fiel die Pfalzgrafschaft an den Wittelsbacher Ludwig I. (vgl. Codex Diplomaticus Schonaugiensis, hg. von Valentin Ferdinand

Gudenus, in: Sylloge I variorum diplomatariorum monumentorumque veterum ineditorum adhuc et res germanicas in primis vero moguntinas illustrantium, Frankfurt 1728, S. 1–304, hier: Nr. 35, S. 85 f.). Hierzu jetzt: Bernd Schneidmüller, 1214 – Wittelsbachische Wege in die Pfalzgrafschaft am Rhein, in: Jörg Peltzer u.a. (Hgg.) 2013 (wie Anm. 24), S. 23–49.

35 Vgl. Knöpp, Lupold von Worms, in: Knöpp (Hg.)1973 (wie Anm. 29), S. 361–366.

36 Siehe dazu Meinrad Schaab, Die Entstehung des pfälzischen Territoriums am unteren Neckar und die Anfänge der Stadt Heidelberg, in: Zeitschrift für die Geschichte des Oberrheins 106, 1958, S. 233–276, hier S. 245.

37 Vgl. Seibert 1995 (wie Anm. 30), S. 137.

38 MGH Diplomata Friedrichs II. Nr. 176, bearbeitet von Walter Koch, Bd. 2, Hannover 2007, S. 16.

39 Ebd.

40 Seibert 1995 (wie Anm. 30), S. 137 f.

41 Gerold Bönnen, Ratsherrschaft und Autorität – Zur Funktionsweise städtischer Herrschaftspraxis im 13. Jahrhundert, in: Hubertus Seibert/Werner Bomm/Verena Türck (Hgg.), Autorität und Akzeptanz. Das Reich im Europa des 13. Jahrhunderts, Ostfildern 2013, S. 91–106.

42 Cronica civitatis Wormatiensis per monachum quendam Kirsgartensem, in: Quellen zur Geschichte der Stadt Worms, Bd. 3: Monumenta Wormatiensia. Annalen und Chroniken, hg. von Heinrich Boos, Berlin 1893, S. 1–96, hier cap. 35, S. 40; Walter Hotz, Der Dom zu Worms. Darmstadt 1981, S. 86–100; Matthias Untermann, Die Baugeschichte des Wormser Doms, in: Laura Heeg, Die Salier. Macht im Wandel. Essays, München 2011, S. 232–239.

43 Jan Keupp, Die Wahl des Gewandes. Mode, Macht und Möglichkeitssinn in Gesellschaft und Politik des Mittelalters (Mittelalter-Forschungen 33), Ostfildern 2010.

44 Heinrich von Veldeke, Eneasroman. Die Berliner Bilderhandschrift, übersetzt und kommentiert von Dorothea und Peter Diemer, hg von Hans Fromm (Bibliothek deutscher Klassiker 77), Frankfurt/M. 1992, S. 101.

45 Stefan Weinfurter, Politischer Wandel und Wertewandel im frühen 13. Jahrhundert, in: Matthias Puhle (Hg.), Aufbruch in die Gotik. Der Magdeburger Dom und die späte Stauferzeit, Bd. I: Essays, Mainz 2009, S. 352–361.

46 Zu all diesen Vorgängen grundlegend: Knut Schulz, »Denn sie liebten die Freiheit so sehr ...«. Kommunale Aufstände und Entstehung des europäischen Bürgertums im Hochmittelalter, Darmstadt 5. Aufl. 1995. Vgl. auch Knut Schulz, Ministerialität und Bürgertum. Rückblick und Bewertung nach vierzig Jahren, in: Kurtrierisches Jahrbuch 47, 2007, S. 189–210, und Knut Schulz, Die Freiheit des Bürgers. Städtische Gesellschaft im Hoch- und Spätmittelalter, Darmstadt 2008.

47 MGH Diplomata Friedrichs I. Nr. 853, hg. von Heinrich Appelt, Bd. 4: 1181–1190, Hannover 1990, S. 82–84.

48 Burkard Keilmann, Der Kampf um die Stadtherrschaft in Worms während des 13. Jahrhunderts (Quellen und Forschungen zur hessischen Geschichte 50), Darmstadt/Marburg 1985, S. 46–47.

49 Vgl. Quellen zur Geschichte der Stadt Worms, Bd. 1: Urkundenbuch der Stadt Worms. 627–1300, hg. von Heinrich Boos, Berlin 1886, Nr. 126, S. 97.

50 Vgl. Theo Broekmann, Rigor iustitiae. Herrschaft, Recht und Terror im normannisch-staufischen Süden (1050–1250), Darmstadt 2005, S. 311–316. Bereits zuvor hatten die Würzburger *barones, ministeriales et cives* diesen Eid geleistet. Vgl. Historia diplomatica, Bd. 4, 2 (wie Anm. 6), S. 697–699.

51 Vgl. Historia diplomatica, Bd. 4, 2 (wie Anm. 6), S. 692 f. und 694.

52 Vgl. Quellen zur Geschichte der Stadt Worms, Bd. 1 (wie Anm. 49), Nr. 175, S. 127.

53 Annales Wormatienses 1226–1278, in: Quellen zur Geschichte der Stadt Worms, Bd. 3 (wie Anm. 42), S. 143–162, hier S. 147.

54 Annales Wormatienses (wie Anm. 42), S. 147 f.: *Et in die sancti Marci evangeliste mittens eos Wormatiam cum quinque mille armatis et pluribus. (...) A civibus vero totaliter coacti sagittis et pugnis statim hora sexta reverse sunt Oppenheim ad suum regem.*

55 Historia diplomatica Friderici Secundi, Bd. 4, 1: A mense septembri 1234 ad mensem junium 1235, hg. von Jean Louis Alphonse Huillard-Bréholles, Paris 1854, ND 1963, S. 529.

56 Gottfried von Viterbo, Continuatio Funiacensis et Eberbacensis, hg. von Georg Heinrich Pertz, in: MGH SS 22, Hannover 1872, S. 342–349, hier S. 348f.

57 Rogeri de Wendover chronica sive flores historiarum, hg. von Felix Liebermann, in: MGH SS 28, Hannover 1975, S. 3–73, hier S. 71.

58 Rogeri de Wendover chronica (wie Anm. 57), S. 71; die Gewichtsangabe bei Olaf B. Rader, Friedrich II. Der Sizilianer auf dem Kaiserthron. Eine Biographie, München 2010, S. 245.

59 Rogeri de Wendover chronica (wie Anm. 57), hier S. 72 f.: *Que si multum ei placuit in specie corporali, multo melius placuit in experientia thori, quam virginali puritate signatam invenit*; Übersetzung nach: Klaus van Eickels/Tania Brüsch (Hgg.), Kaiser Friedrich II. Leben und Persönlichkeit in Quellen des Mittelalters, Düsseldorf 2000, S. 290 f. Vgl. Olaf B. Rader 2010 (wie Anm. 58), S. 248.

60 Ex Mathei Parisiensis Operibus, hg. von Felix Liebermann, in: MGH SS 28, S. 74–443, hier: S. 131. Vgl. Olaf Rader 2010 (wie Anm. 58), S. 248.

61 Diplomata et regesta Wormatiensia. 1074–1522, hg. von Johann Friedrich Boehmer, in: Fontes rerum Germanicarum 2, Stuttgart 1845, S. 215–242, hier Nr. 9, S. 223.

Gerold Bönnen

DER WORMSER DOM UND SEINE BEDEUTUNG FÜR DIE STADT WORMS UND DIE STADTGESCHICHTE

VORBEMERKUNG

Die Vielfalt der Beziehungen zwischen einem romanischen Dom und »seiner« Stadt wird selbst im Falle der in überschaubarer Größe gebliebenen vormaligen Kathedralstadt wie Worms nicht immer deutlich. Unstrittig ist für jeden, der sich auf die Stadt zubewegt (dies gilt vor allem aus der weitgehend unverbauten westlichen Richtung vom Donnersberg her), dass der Dom das mit Abstand größte und alle anderen Gebäude eindrucksvoll überragende Bauwerk geblieben ist, das bis heute Stadtbild und -silhouette dominiert und prägt.[1] Selbstverständlich kann hier die enorme Bandbreite der seit mehr als eintausend Jahren lebendigen und wechselvollen, nicht selten spannungsreichen Beziehungen von Stadt (gemeint ist: städtische Institutionen, die in der Stauferzeit entstandene Stadt im Rechtssinne, ebenso auch die Stadt als besiedelter Raum) und Dom (im zweifachen Sinn: bezogen auf das eigentliche Bauwerk als »Rest« eines bis um 1800 viel größeren Gebäudekomplexes und zugleich die an ihn gebundenen Institutionen und Funktionen wie die bis 1801 bestehende Bischofskirche, Domkapitel, Verwaltungs- bzw. Herrschaftssitz, Wirtschaftszentrum, Rechtsraum usw.) nur angerissen bzw. allenfalls angedeutet werden. Ein klarer Schwerpunkt der Betrachtung liegt im hohen Mittelalter als der Blütezeit der Stadt und der Bauzeit der Kathedralkirche St. Peter.

Für das 19. und 20. Jahrhundert kann es im Folgenden in einem zweiten Schwerpunkt nur darum gehen, gestützt auf Bildmaterial die Wandlungen der städtebaulichen Einbindung des Domes und seines Umfeldes zu skizzieren und damit die bleibenden Herausforderungen für Stadtplanung und -gestaltung anzudeuten, die der gewaltige Dom in der 1945 so verheerend zerstörten Innenstadt auch kommenden Generationen noch aufgeben wird.

Es ist eine Binsenweisheit, die aber gar nicht oft genug betont werden kann: Worms war aufgrund des hier bestehenden Bischofssitzes über einen Zeitraum von deutlich mehr als tausend Jahren eine geistlich, religiös geprägte Stadt, in der Grundbesitz, soziale Struktur, Topographie und vieles mehr auch über die Reformation hinweg bis kurz vor 1800 erheblich von sehr vielfältigen kirchlichen Kräften geprägt blieben. Dies sollte man deshalb immer wieder betonen, weil eine liberal-protestantisch dominierte, gern auch kleruskritische und zudem national ausgerichtete Geschichtsschreibung des 19. Jahrhunderts diesen Aspekt der Wormser Identität lieber ausgeblendet hat. Das hat sich erst in den letzten Jahren verändert – das im Jahre 2000 vielfältig intensive Gedenken an den bedeutendsten der Wormser Oberhirten, Bischof Burchard (1000–1025) bzw. die Aktivitäten zur Erforschung, Vermittlung und Sichtbarmachung

Abb. 55: Luftbild von Dom und Stadt Worms

seiner Leistungen, hat gerade dazu einen beachtlichen Beitrag geleistet. Seither ist die Forschung zum geistlichen Worms erfreulich in Bewegung geraten. Auch die seither für jeden sichtbare große Domsanierung mit ihren beeindruckenden Leistungen und neuen Forschungsergebnissen hat das Faszinosum des Wormser Domes immer wieder in der Öffentlichkeit präsent gehalten.

Der in drei Schritten unternommene Versuch, die Beziehungen und Kontakte dieses grandiosen Bauwerks und damit auch der Domkirche St. Peter mit der Stadt Worms skizzenhaft nachzuzeichnen, wechselseitige Beeinflussungen und gegenseitige Verschränkungen zu betonen, soll mit den beiden Baujahrhunderten, dem 11. wie dem 12., einsetzen und findet hier zugleich seinen Schwerpunkt.

DOMBAU UND STADTGEMEINDE IN WORMS WÄHREND DES 11./12. JAHRHUNDERTS

Wer heute die früheren Bischofsstädte am Rhein mit ihren imposanten Domen besucht, der wird diese Bauwerke zunächst und in erster Linie als kirchliche Gebäude ansehen. Hier findet – so werden viele Besucher vermutlich meinen – die mittelalterliche Bedeutung der Religiosität und des kirchlichen Lebens ihren Stein gewordenen Ausdruck. Es verengt allerdings den Blickwinkel, wenn man diese Bauten ausschließlich auf ihre religiösen Funktionen reduziert. Vielmehr haben sie langfristig weit über den Bereich der Religion hinausreichend umfassende und stets auf die gesamte Stadt und ihre Bevölkerung bezogene Funktionen wahrgenommen und sind tief im Gesamtgefüge der Kathedralstädte (und ihres Umlandes) verankert.

Hinter dieser Akzentuierung verbirgt sich zunächst das schlichte Problem der Funktionen der Domkirche: Was hat eine Gesellschaft wie die des 12. Jahrhunderts veranlasst, derart aberwitzig anmutende Anstrengungen für einen neuen Wormser Kirchenbau zu unternehmen, wo doch bereits eine mächtige Kathedrale des Jahrhunderts zuvor stand? Reicht der Hinweis auf die Wirkmächtigkeit der christlichen Religion allein zur Erklärung aus? Wie, in welchem Umfang bzw. in welchen Bereichen der Verfassungs- und weiteren Stadtgeschichte ist die romanische Domkirche mit der Stadt Worms und insbesondere der Stadtgemeinde verbunden und wie drückt sich diese Verbindung aus? Welche Wechselbeziehungen bestehen angesichts der engen zeitlichen Nähe zwischen der Fertigstellung des Domes im Jahre 1181 und der Herausbildung und weiteren Entwicklung der Stadtgemeinde sowie der Funktion des Dompatrons Petrus auch als Stadtpatron? Welche Entwicklung nimmt diese Konstellation seit dem 13. Jahrhundert? Auf diese Fragen sollen zunächst ansatzweise Antworten gesucht werden.

Der 29. Juni des Jahres 1016 war ein großer Tag für Worms. Am Hochfest des Dompatrons Petrus wurde mitten in der Dombaustelle eine Versammlung nahezu aller Stadtbewohner abgehalten. Dabei nahm der seit dem Jahre 1000 amtierende Bischof und Domerbauer Burchard[2] eine für die Hörigen des südöstlich vor der Stadt gelegen Frauenstifts Nonnenmünster wichtige Rechtsweisung vor. Die Rechtshandlung fand in einem eindrucksvollen äußeren Rahmen statt. Sie wurde »öffentlich vor dem Altar des heiligen Apostels Petrus«, also an der zentralen Kultstätte von Bischofsstadt und Bistum, vorgenommen. Ausweislich der Zeugenreihe der über den Vorgang ausgestellten, im Original erhaltenen Urkunde waren neben Burchard zehn hohe Geistliche der Domkirche, die Kanoniker aller vier weiteren Wormser Stifte sowie 43 namentlich genannte Laien anwesend, dazu »nahezu alle Stadtbewohner«. Wir verfügen damit über ein außergewöhnliches Zeugnis dafür, dass der Dom am Tag seines Patrons und zwei Jahre vor seiner Neuweihe im Jahr 1018 als Rechtsort für eine alle Bewohner umfassende Volksversammlung gedient hat.

Knapp vierzig Jahre später ließ Bischof Arnold 1058 an der nördlich des Domes gelegenen bischöflichen Hauskapelle St. Stephan nahe bei deren Eingang eine aufwendig gestaltete Weiheinschrift anbringen. Laut ihrem Text hat er die Kirche mit Reliquien ausgestattet und ihr vor deren Schwelle »im Beisein von Klerus und Volk« Güter übertragen. Auch dieser feierliche öffentliche Akt vor dem Dom im Beisein der Stadtbevölkerung fand am 29. Juni statt und bezeugt somit ausdrücklich die Funktionen des Dombereichs für die auch rechtlich relevante Herstellung einer gesamtstädtischen Öffentlichkeit im Bereich der Domkirche. Für das Jahr 1137 ist am Tag des Patrons anhand der Zeugenreihe einer bischöflichen Urkunde erneut eine vor Klerus und Volk von Worms vollzogene Rechtshandlung in dem Gotteshaus bezeugt. Anlässlich einer Güterschenkung an das Domstift werden sowohl hohe Geistliche aller Wormser Stifte als auch herausragende Vertreter der bischöflichen Dienstmannschaft namentlich genannt. Die Formulierung lässt auch hier an eine Volksversammlung denken, bei der neben dem Klerus der gesamte, am Heiligentag in Worms anwesende Hörigenverband des Domes sowie darüber hinaus die (sonstige) Bevölkerung von Worms anwesend sind.

Diese Zeugnisse lassen eine zumindest seit der Zeit Bischof Burchards lebendige Tradition erkennen. Danach hat der Petersdom als quasi gesamtstädtischer Versammlungsort fungiert. Herausragende Bedeutung kommt dabei dem Heiligentag zu, der sowohl gottesdienstlich-liturgische als auch rechtliche und ökonomische Bedeutung für die grundherrschaftlich gebundene Bevölkerung der Stadt und ihres Umlandes besitzt (Zinszahlungen, Abgaben etc.). Der Dom ist religiöser und rechtlich-sozialer Mittel- und Bezugspunkt des Bistums[3] und der Familia des Bischofs, eines differenzierten, an Bischof und Domkirche gebundenen Personenverbandes, eine in unterschiedlichem Maße rechtlich und ökonomisch gebundene Bevölkerung, dem der weitaus größte Teil der Bewohnerschaft von Worms angehört hat.

Nach diesem Blick auf eine der Funktionen des Domes soll zunächst ein knapper Blick auf die äußeren Daten der Baugeschichte des Gotteshauses bis zu seiner Gesamtweihe im Jahre 1181 folgen. Mit einem für die damalige Zeit und im Verhältnis zu seinem Vorgängerbau außergewöhnlich großen Neubau des Gotteshauses wurde unter Bischof Burchard bald nach seinem Amtsantritt im Jahre 1000 begonnen. Der Ostchor sowie das Quer- und Langhaus des heutigen (staufischen) Domes stehen auf den Grundmauern des etwa 100 Meter langen Burcharddoms, der – obwohl noch nicht ganz fertiggestellt – bereits im Jahre 1018 in Anwesenheit Kaiser Heinrichs II. geweiht wurde. Der 1020 eingestürzte Westchor konnte bis 1022 wiederhergestellt werden. Im weiteren Verlauf des 11. Jahrhunderts erfuhr der Dombereich eine bauliche Ausweitung und Verdichtung durch Altarstiftungen (v.a. der Nikolauskapelle 1058, 1034 Nennung des Heilig-Kreuz-Altars anlässlich einer Memorienstiftung Kaiser Konrads II. für die Absicherung des Gebetsgedenkens seiner Ahnen und Familienmitglieder, 1034 – dem Erbauungsjahr auch der Wormser Synagoge – Altarstiftung für zwei römische Märtyrerheilige durch Burchards Nachfolger Bischof Azecho).

Der heutige Dom, der sich von den Ausmaßen her wesentlich am Burcharddom orientiert hat, wurde in der relativ kurzen Bauzeit von etwa 1125/30 bis 1181 in – vereinfacht formuliert – drei Schritten errichtet. Die naheliegende Frage, warum ein ambitionierter Neubau des hundert Jahre alten Bauwerks überhaupt angegangen wurde, ist nicht leicht zu beantworten und muss spekulativ bleiben. Zu betonen ist, dass es auch vor 1125 immer wieder einmal Umbauten, die Einbringung neuer Reliquien und Weihen von Domteilen gegeben hat, darunter eine Weihehandlung in Anwesenheit des Salierkaisers Heinrichs V. 1110, die mehr als fünfzig im Dom vorhandene Reliquien auflistet.

Dass der nach erheblichen politischen Schwierigkeiten im Jahre 1125 faktisch in sein Amt eingetretene neue Bischof Buggo sogleich den Neubau einer Domkirche begonnen hat, ist zunächst als programmatischer Ansatz zu einer Betonung der darniederliegenden bischöflichen Herrschaft aufzufassen – man wollte ein Zeichen setzen und die Kräfte in der Stadt auf dieses große Unternehmen konzentrieren. Buggo nannte sich nicht nur ausdrücklich wie sein berühmter Vorgänger Burchard, er wollte es ihm offenbar gleich tun und verstärkte die Anstrengungen zur Sicherung und Ordnung der Bischofsherrschaft auch auf materiellem Wege ganz erheblich. Die hervorragende wirtschaftliche Aufwärtsentwicklung und

Abb. 56: Worms, Dom, Juliana Relief im Ostchor des Doms, Pfeilerfuß auf der Nordseite, Aufnahme um 1937/38

die rasch eingetretene politische Ruhephase kamen ihm dabei zugute. Die Vorbilder Speyer und Mainz mit ihren jüngeren, modernen beiden Domen standen Buggo vor Augen – da wollte man in Worms natürlich nicht nachstehen. Buggo blieben immerhin noch 24 Jahre Bauzeit, bevor er 1149 starb. Betrachtet man die Baugeschichte des Wormser Domes, so sind ein erster Bauabschnitt (Chor, Querhaus, Vierungsturm, Osttürme und Ansatz des Langhauses) von ca. 1125/30 bis 1145, ein zweiter von 1160 bis 1170 (Errichtung des Langhauses) und ein dritter (ca. 1171 bis 1181, Westchor mit westlichem Kuppelturm; Obergeschosse der Rundtürme) zu unterscheiden. Die mit einer Reliquienübertragung aus dem Hochaltar in das Langhaus verbundene Gesamtweihe fand am 2. Mai 1181 statt.

Kehren wir nach diesem Überblick über die äußeren Daten zur eingangs formulierten Frage nach den Trägern des Bauvorhabens neben den Bischöfen bzw. der Geistlichkeit und dem Königtum zurück, so bietet sich als Indiz zu deren Beantwortung ein kunstgeschichtlich sehr bedeutendes Werk an, das mit einiger Wahrscheinlichkeit noch vor 1132 entstandene sogenannte Juliana-Relief auf der Chorseite des nordwestlichen Vierungspfeilers.

Insbesondere die Stifterinschrift des Münzers Adelbraht (ADELBRAHT MONETARIVS), neben der Bildbeischrift und der Meisterinschrift (OTTO ME FECIT) eines der frühesten inschriftlichen Zeugnisse des Domneubaues und der älteste Namensbeleg für einen Wormser Münzer, lässt aufhorchen.[4] Bereits zu Beginn der Bauarbeiten beteiligen sich exponierte Vertreter der bischöflichen Dienstmannschaft durch die Stiftung aufwendiger künstlerischer Werke bzw. durch Finanzierung von Bauarbeiten im östlichen Dombereich aktiv an der Gestaltung des Gotteshauses. Das Juliana-Relief ist ein eindrucksvolles Indiz des frühen, für das zügige Fortschreiten des Baues mitentscheidenden Engagements der aus dem Umfeld der bischöflichen Stadtherren zunehmend herauswachsenden, aufgrund ökonomischer Verfügungsmacht und politisch-herrschaftlicher Schlüsselpositionen immer wichtiger gewordenen führenden Personen und Familien in der Stadt.

Wichtig für die Einschätzung der Rolle der hiermit punktuell greifbaren führenden Familien und Gruppen in der Stadt und ihre fortschreitende Rechtsverbesserung ist das im Jahre 1165 der Gemeinschaft der Münzerhausgenossen als wirtschaftlich-politisch einflussreicher Elite erteilte Privileg Kaiser Friedrichs I. Barbarossa.[5] Dieser Schicht hatte etwa eine Generation zuvor der erwähnte Münzer Adalbert/Adelbraht angehört. Das Privileg bestätigt ältere wirtschaftliche und politische Vorrechte bzw. die Befreiung von Belastungen für die in ihrem Bestand ausdrücklich anerkannte Gemeinschaft, darunter ihre eigene Gerichtsbarkeit. Während zum Zeitpunkt der Urkundenausstellung 1165 offenkundig noch keine gesamtstädtische Organisation bestanden hat, verfügen wir aus dem Jahre 1180 über den ersten Beleg für ein vierzigköpfiges städtisches Friedensgericht. Dieses Gremium vermochte bis zu seinem Auftreten als Stadtrat um 1200 offenkundig immer mehr Kompetenzen an sich zu ziehen. In den Jahren 1165 bis 1180 kam es also zu dem für die städtische Entwicklung in Worms sehr wichtigen Schritt der Herausbildung eines Rechtsprechungs- und Verwaltungsorgans, das im Einvernehmen mit dem Bischof und dem Kaiser bestanden hat. Das Zusammenfallen seiner Entstehungszeit mit der intensiven letzten Bauphase des Domes ist sicher kein Zufall.

Im Jahre 1181 konnte der neue Dom geweiht werden. Im Jahre 1192 fand der Bauherr Konrad II. (1171–1192) in dem heiligen Laurentius geweihten Westchor, symbolträchtig neben Burchard als dem Erbauer des Vorgängerdomes, seine letzte Ruhestätte. Während der Bauzeit war somit auch eine verfassungsrechtlich hoch bedeutsame Entwicklung hin zu einem selbständigen Vertretungsgremium zu einem gewissen Abschluss gekommen.

Für die Frage nach den Funktionen des Domes und seiner Einbindung in das städtische Gemeinwesen wurde die Anbringung des Textes der von Kaiser Friedrich I. Barbarossa 1184 für die Stadt Worms ausgestellten, bedeutsamen Urkunde über die rechtliche Besserstellung und finanzielle Entlastung der Wormser Bürger am Nordportal der Kathedrale von großer Bedeutung. Diese Vorgänge, die Ausstellung des bis heute im Stadtarchiv verwahrten Diploms im Einvernehmen mit dem Bischof zum einen und die wenig später erfolgte und bis zur Stadtzerstörung 1689 geltende öffentlich sichtbare Präsentation des Textes am Haupteingang in die Kirche zum anderen, sind Ereignisse, denen von allen Betroffenen in Worms eine außerordentliche Bedeutung beigemessen wurden.[6]

Verständlich wird die Bedeutung nur dann, wenn man sich die überragende, gleichsam direkt stadtherrliche Position Friedrichs I. in und gegenüber Worms vor Augen hält. Es unterliegt keinem Zweifel, dass der Kaiser als faktischer Mit-Stadtherr in Worms anzusehen ist; er hat sich in keiner anderen nordalpinen Stadt so häufig aufgehalten und zu kaum einem Bischof so enge Beziehungen wie zum Wormser unterhalten. Das Diplom bestätigt zunächst die zugleich rechtlichen und ökonomischen Vergünstigungen aus älteren Herrscherprivilegien. Darüber aber noch hinausgehend bringt es den bedeutsamen Prozess der fortschreitenden Rechtsverbesserung der Wormser Stadtbewohner insofern zu einem Abschluss, als der jährlich zu leistende Kopfzins als letztes Zeichen verbliebener persönlicher Abhängigkeit beseitigt wird. Damit erlangen wesentliche Teile der städtischen Bevölkerung die volle persönliche Freiheit; zugleich werden damit wichtige wirtschaftliche Hemmnisse beseitigt.

Das Einvernehmen und die politische Mitwirkung der führenden Familien in der Stadt sind die Voraussetzungen für die vermutlich unmittelbar darauf erfolgende inschriftliche Anbringung des Textes über dem Nordportal (vgl. Abb. 54) und einer weiteren, den Text kommentierenden Spruch- und Widmungsinschrift, die in Form einer fiktiven Rede einen Lobpreis auf die Treue und politische Klugheit der Stadt ausspricht, »eine stark verklausulierte Deutung der engen Beziehung zwischen Reichsoberhaupt und Stadt Worms«.[7] Der Gestaltung der Stelle am Dom wurde bereits im Plan des Langhauses besondere Aufmerksamkeit gewidmet. Es kann davon ausgegangen werden, dass eine Vorhalle, vielleicht sogar ein gedeckter Gang zum Eingang der im Prozessionswesen

Abb. 57: Stadtsiegel Worms an Urkunde im Stadtarchiv Worms

Abb. 58: und Umzeichnung

und beim feierlichen Herrschereintritt in das Bauwerk wichtigen bischöflichen Hauskapelle St. Stephan geplant waren, die jedoch nicht ausgeführt wurden. Das Säulenportal wurde repräsentativ mit qualitätvoller bauplastischer Ausstattung gestaltet und mit einem aufwendigen Kapitellgürtel sowie einem ornamentgerahmten Bogenfeld versehen.

Verständlich wird der tiefere Sinn der Anbringung der Inschrift, wenn man sich die im ganzen Abendland verbreitete Bedeutung von Kirchenportalen als Orten der Rechtssetzung und des an die Öffentlichkeit gebundenen Gerichts nachdrücklich vor Augen hält. So ist der öffentliche Platz vor der geweihten Kirche zum Beispiel seit dem 12. Jahrhundert im kanonischen Recht als Ort der Eheschließung vorgeschrieben. Er ist vielfach bezeugt als Stelle von Vertragsabschlüssen und Rechtshandlungen wie Eidesleistungen und Urkundenausstellungen und in diesen Zusammenhang ist auch der Wormser Dom einzuordnen. Fragt man nach den Vorbildern für diese Praxis, so ist an die benachbarten Kathedralstädte zu denken. In Speyer wurden im Jahre 1111 durch Kaiser Heinrich V. eine für die Speyerer Bürger höchst folgenreiche Abgabenbefreiung in Verbindung mit Rechtsverbesserungen gewährt; ihr Text wurde in Goldbuchstaben über dem Portal der Domkirche angebracht.[8] In Mainz hatte Erzbischof Adalbert I. 1135 ein Gerichts- und Steuerprivileg für die Bürger erneuern und bestätigen und den Text in die Marktseite der sogenannten »Willigistür« am Dom einfügen lassen, wo sie noch heute besichtigt werden kann. Kurz darauf – vermutlich in den 1140er Jahren – wurde an der Westfassade des Trierer Domes eine für die Wirtschaftsbeziehungen der Moselmetropole wichtige Inschrift über Zollsätze im Handel mit Köln angebracht. Diese Inschriften machen übrigens deutlich, wie sehr auch andernorts die Domkirchen mit dem Rechts-, Verfassungs- und Wirtschaftsleben der Städte und der in ihnen führenden Bevölkerungsgruppen verwoben sind.

Eine weitere wichtige Spur, die die Verflechtungen von Dombau und Gemeindebildung besonders augenfällig macht, nimmt ihren Ausgang von dem Text der erwähnten Widmungsinschrift im Bogenfeld des Nordportals. Ihr letzter Satz entspricht exakt der Umschrift des frühesten und lange Jahrhunderte verwendeten Wormser Stadtsiegels (Übers.: »Unter dir, Petrus, seinem guten Patron, möge Worms sicher sein«).

Toni Diederich,[9] einer der besten Kenner der mittelalterlichen Städtesiegel, hat dazu bemerkt, als Ausdruck städtischen Selbstbewusstseins am Ende des 12. Jahrhunderts könne das Wormser Stadtsiegel nicht hoch genug eingeschätzt werden. Das Siegel ist im Mittelalter das wichtigste der Beglaubigung dienende Rechts- und Herrschaftszeichen. Sein stets ganz bewusst gewähltes Bildprogramm besitzt hohe Aussagekraft. Das Wormser Siegel zeigt unter einem Kleeblattbogen den thronenden heiligen Petrus mit zwei Schlüsseln in der Rechten und einem geöffneten Buch in der Linken. Über dem Bogen erhebt sich ein von zwei Rundtürmen flankierter breiter Turm. Am rechten und linken Rand befinden sich jeweils hintereinander zwei Türme, mit anderen Worten, es findet sich eine Kombination von profaner und sakraler Architektur. Bild und Umschrift verdeutlichen zweifelsfrei die zentrale Rolle des Stadtpatrons Petrus. Ganz bewusst steht der Dom als zentrales Gebäude und kultisch-politischer Mittelpunkt der sich zugleich als Sakralgemeinde konstituierenden Stadtgemeinde im Zentrum der Aussage.

Obwohl das Siegel der Stadt erst im Jahre 1198 erstmals erwähnt wird, kann davon ausgegangen werden, dass es in direktem Zusammenhang mit der Anbringung der Inschrift und der Ausstellung des Diploms als äußeres Zeichen rechtlicher Handlungsfähigkeit und des Rückbezuges auf den Stadtpatron kurz nach 1184 gestochen wurde. Das Stadtsiegel erweist sich somit als überaus wichtiges Bindeglied zwischen Dombau und Stadtgemeinde.

DER DOMBEZIRK ALS VERSAMMLUNGS-, SCHWUR- UND WAHLSTÄTTE IM 12. UND 13. JAHRHUNDERT

Zunächst erscheint es sinnvoll, die topographische Situation des Dombezirks für die Zeit des späteren Mittelalters zu veranschaulichen, soweit dies trotz der unzureichenden Überlieferung zur baulichen Situation möglich ist. Die Funktion des Bischofshofes bzw. der Kaiserpfalz und seiner Vorgänger als öffentlicher Versammlungsplatz ist bereits sehr früh bezeugt. So heißt es in einer im dritten Viertel des 10. Jahrhunderts (962/79) ausgestellten Urkunde Bischof Annos von Worms (950–978), ihr Rechtsgehalt sei verhandelt worden »in Worms, im öffentlichen Palast vor der Menge des Volkes«. Dieses bemerkenswerte Quellenzeugnis bezieht sich mit großer Wahrscheinlichkeit auf den Platz vor Dom und Bischofshof. Die Nachricht macht den besonderen Rechtscharakter dieses Ortes bereits für die Zeit vor Bischof Burchard anschaulich. Für die rechtliche Sonderstellung des Ortes verfügen wir in den christlichen und hebräischen Quellen zur Judenverfolgung des Jahres 1096 – parallel zu Verhältnissen in anderen Städten – über aussagekräftige Hinweise. Die Bischofspfalz wurde von den verfolgten Juden als Rückzugsort aufgesucht, um sich dort – unter dem vermeintlichen Schutz des Bischofs – gegen die fanatisierten Angreifer zu verteidigen. Ähnliches spielte sich in den übrigen, von der Verfolgung betroffenen Bischofsstädten an Rhein und Mosel ab. Der Bereich des Bischofshofes blieb – auch dies entsprechend den Verhältnissen andernorts – bis in die Neuzeit ein Ort erhöhten Rechtsschutzes.

Neben Urkunden, Chroniken, Inschriften und Baudenkmälern verfügen wir hinsichtlich der Funktionen des Dombereiches auch über eine literarische Quelle, das wohl kurz nach 1200 niedergeschriebene Nibelungenlied. Es handelt sich um ein zentrales Zeugnis für den exponierten Status des Domvorplatzes und dessen Funktionen als Rechtsort. Zur Technik des unbekannten Autors des Epos gehörte es, seine Handlung an zeitgenössische Schauplätze zu verlegen und dabei in reichem Maße konkrete Bezüge zu seiner Gegenwart zu verarbeiten. Aufhorchen lässt im Zusammenhang der hier verfolgten Fragestellung bereits die ausdrücklich als Rechtshandlung geschilderte, mit einer Eidesleistung gepaarte Eheschließung zwischen Kriemhild und Siegfried, die der Dichter im Saal am Bischofshof ansiedelt.

Dabei werden auch – im Zusammenhang mit einer Versammlung davor – eine *stiege* bzw. *des sales stiegen* erwähnt, die Saalstiege. Während diese Szene trotz ihrer Relevanz für die Funktionen des Domvorplatzes kaum beachtet wurde, gilt dem anlässlich des Eintritts in den Dom eskalierenden Rangstreit der Königinnen Kriemhild und Brünhild vor dem Münster als einer der Schlüsselszenen des gesamten Epos traditionell starke Aufmerksamkeit.[10] Doch auch hier scheint ein entscheidender Punkt noch zu wenig berücksichtigt zu sein. Der Dichter betont nämlich ausdrücklich, dass das Schwerwiegende des dabei erhobenen Vorwurfs gerade in der Öffentlichkeit (»offenliche«) der Beschimpfung liegt. Ihre besondere Brisanz und letztlich entscheidende Tragweite erhielt die Streitszene der beiden Königinnen für die zeitgenössischen Hörer des Epos demnach aus der Platzierung an diesem rechtlich wie religiös in hohem Maße exponierten Schnittpunkt zwischen Sakralraum und zentralem öffentlichem Versammlungsplatz, eine Tatsache, die den Zeitgenossen beim Hören der Verse anschaulich vor Augen gestanden haben muss. Die Erwähnung der in historischen Quellen erst später fassbaren Saalstiege, der steinernen Freitreppe am Bischofshof, macht es sehr wahrscheinlich, dass dieser Bereich bereits um 1200 als in baulicher und funktionaler Hinsicht voll ausgebildet war.

Gerade aus der Zeit des beginnenden 13. Jahrhunderts existieren daneben urkundliche Zeugnisse für die Funktionen des Dombereiches. So soll im Jahre 1213 ein städtischer Vertrag mit dem Kollegiatstift Neuhausen, verhandelt im Bischofspalast, abgeschlossen worden sein. Im Gegensatz zu dieser nicht ganz gesicherten Nachricht ist der Bischofspalast 1215 ausdrücklich als Ort eines Rechtsgeschäfts über das Zisterzienserkloster Otterberg bei Kaiserslautern bezeugt. Dieses wurde vor Bischof, Klerus, Ministerialität und Bürgerschaft feierlich vollzogen. Offenkundig war der Bischofshof während der Frühzeit der Stadtgemeinde auch der gemeindliche Beratungsort. Den Zusammenhang zwischen öffentlicher Versammlung, Rechtshandlung und sakralem Raum verdeutlicht auch eine am 11. November, am Martinstag 1216 in der Stephanskapelle ausgestellte Urkunde, in der die anwesenden vierzig Ratsleute der Stadt sowie die Domgeistlichkeit (der Bischofsstuhl war gerade vakant) den Kauf umfangreicher Liegenschaften durch die bei Heidelberg gelegene, von den Wormser Bischöfen gegründete und geförderte Zisterzienserabtei Schönau bestätigen. Das von etwa fünfzig namentlich genannten, überwiegend laikalen Zeugen aus dem bürgerlich-städtischen Milieu vollzogene Rechtsgeschäft wurde mit den Siegeln des Abtes, des Domstifts und der Stadt Worms beglaubigt. Hier vollzog sich also das öffentliche und das Rechtsleben der Stadt schlechthin.

Für das 13. Jahrhundert erkennen wir ansatzweise ein Gesamtbild der Bedeutung des Dombezirks für die Stadtverfassung. Dabei können wir uns einerseits auf Quellen über die Konflikte zwischen Bischof und Rat aus der Zeit um 1232/33 und andererseits auf ein in das 13./frühe 14. Jahrhundert zu datierende Weistum stützen.

Erstmals erkennbar kam es in den Jahren 1231/32 zu Konflikten um die Stadtherrschaft und Stadtverfassung, wobei sich der Bischof und der seit der Barbarossazeit bestehende Rat bzw. die in ihm führenden Familien gegenüberstanden. Offener Konflikt entzündete sich an der Frage einer vom Bischof für die Reise zum Reichstag nach Ravenna von den Bürgern geforderten Steuer. Schließlich entschied sich die Ratsmehrheit für die Entsendung einer eigenen Gesandtschaft zu dem von Kaiser Friedrich II. einberufenen Reichstag. Auf diesem wurden nun Beschlüsse gefasst, die deutlich gegen eigenständige städtische Ratsgremien gerichtet waren, wie sie sich auch in anderen Bischofsstädten herauszubilden begonnen hatten. Die Zielrichtung war dabei die Aufrechterhaltung der stadtherrschaftlichen Position der Bischöfe gegen die vermehrten Ansprüche bürgerlicher Gremien auf einen wachsenden Anteil an der Stadtherrschaft. Doch ist der Wormser Konflikt nicht nur wegen dieser verfassungsrechtlichen Streitigkeiten für die hier verfolgte Thematik interessant.

Als Zeichen der Absetzung von der bischöflichen Herrschaft hatten der Rat bzw. die Konsuln (Ratsmitglieder) vor 1232 ein großes steinernes, vermutlich befestigtes Haus an der Hagenstraße samt dazu gehörigem Areal erworben und es aufwendig um- und ausgebaut.[11] Hier fanden seither die Beratungen (*consilium*) der Ratsleute statt, wobei man den Bischof, wie es in den Wormser Annalen heißt, »gleichsam für nichts erachtete«. Unter Absetzung von der traditionell engen räumlichen Zusammengehörigkeit versuchten die Ratsmitglieder, sich dem öffentlichen, gegenseitige Kontrolle und Legitimation verschaffenden Dombereich zu entziehen und ihre Autonomiebestrebungen auf diese Weise – eben durch ein eigenes Rathaus – sinnfällig zu demonstrieren, ein Vorhaben, das bei dem empörten Bischof und der Geistlichkeit verständlicherweise auf heftigsten Widerstand stoßen musste. Der städtische Versuch misslang zwar vorerst, da das Haus nach seiner von Kaiser Friedrich II. vorgenommenen Übertragung an die Wormser Kirche im Frühjahr 1232 durch die Stadt selbst abgebrochen wurde, doch stellt sich die Frage, wie es mit dem Schicksal des Versammlungsplatzes vor dem Dom bestellt war.

Doch zurück zu den Konflikten 1232/33: Erst nach der Verhängung kirchlicher Strafmittel und mit Unterstützung durch das Königtum gelang es den Beteiligten Anfang 1233, sich auf einen Vergleich in Gestalt einer neuen Bestimmung über die Wahl des künftigen Ratsgremiums zu einigen. Wir sind über diese Ereignisse und deren Ergebnis durch die urkundliche Festlegung der künftigen Ratsverfassung ebenso informiert wie durch einen aufschlussreichen, lebendigen Bericht über die Versöhnung und das Zeremoniell des Wiedereinzugs des zeitweilig aus der Stadt ausgezogenen Klerus. Eine lateinische Chronik berichtet über den Ablauf der im Februar 1233 erfolgten Versöhnung und faktischen Wiederherstellung des Stadtfriedens nach der unmittelbar zuvor erzielten Übereinkunft zwischen Stadt und Bischof. Demnach zogen Bischof und Klerus im Anschluss an die Aufhebung des über Worms verhängten Interdikts vom vorstädtischen Stift St. Cyriakus in Neuhausen in die Stadt ein. In Anwesenheit des durch seine Glocke zusammengerufenen Volkes und des Klerus wurden vom Bischof auf dem Bischofshof vereinbarungsgemäß neun Konsuln ernannt, die sodann sechs Ritter hinzuwählten. Der somit neu konstituierte Rat und der Bischof schworen sich anschließend gegenseitig feierliche Eide über die Anerkennung ihrer jeweiligen Rechte und Gewohnheiten.

Bei der genau bezeichneten Örtlichkeit des Eidschwures handelt es sich um die für das städtische Verfassungsleben bedeutende Freitreppe am Bischofshof, die sogenannte Saalstiege. Dem Bericht entspricht der Text der im Februar 1233 zwischen Stadt und Oberhirten getroffenen Übereinkunft über die Besetzung des Rates, wodurch der aus dem 12. Jahrhundert stammende vierzigköpfige Rat aufgehoben wurde. Der Versuch der Ratsmehrheit, die bischöfliche Herrschaft entscheidend einzuschränken, misslang. Mit der Übereinkunft von 1233 wurde ein komplexes System der jeweiligen Herrschaftsbeteiligung bestimmter Personen und Gruppen (König, Bischof, Geistlichkeit, Bürger) auszubalancieren versucht. Beurkundet wurde der Vertrag von allen an der Stadtherrschaft Beteiligten: König Heinrich (VII.), dem Bischof, dem Domkapitel und den Bürgern. Es kann aufgrund verschiedener Indizien als sehr wahrscheinlich gelten, dass bereits um 1200 die Stelle vor dem Dom Wahl-, Beratungs- und Versammlungsort für die gemeindlichen Organe geworden war.

Diese Quellen zu den Ereignissen am Beginn der 1230er Jahre lassen sich hinsichtlich ihrer Aussagen zu den Funktionen des Dombezirkes durch eine städtische Urkunde zusätzlich ergänzen und illustrieren. Der Wahl städtischer Funktionsträger dienende Volksversammlungen zur Rechtsprechung an derselben Stelle unter Glockengeläut »zum Zusammenrufen des Volkes« (*ad populum convocandum*) gehen nämlich auch aus einer im Zusammenhang mit dem im Jahre 1232 seinen Höhepunkt erreichenden Konflikt zwischen Stadt und Bischof um die Stadtherrschaft und die Besetzung des Stadtrates von den Stadtbürgern ausgestellten Urkunde hervor. In dieser Urkunde bekunden die Ratsleute und Bürger von Worms eine unter Anwesenheit des Bischofs öffentlich bekundete Übereinkunft unter Beteiligung des durch die Glocke im Bischofshof zusammengerufenen Volkes. Mit diesen Quellen zu den Konflikten der Jahre um 1232 kommt ein weiteres Verbindungsglied zwischen Stadt und Dom ins Spiel, nämlich die Domglocken als Signalgeber, als Herrschafts- und Kommunikationsmittel. Die Verfügungsgewalt über die zugleich weltlichen wie geistlichen Zwecken dienenden Instrumente zur Versammlung war in den mittelalterlichen wie auch neuzeitlichen Städten stets ein Indikator für die Herrschaft und nicht umsonst häufig Gegenstand heftiger Konflikte: Wer über die Glocke verfügte, der konnte die Gemeinde bzw. die Bewohnerschaft einer Stadt versammeln, alarmieren und zu gemeinsamem Handeln aufrufen. Mit Ausnahme der kurzen, zunächst folgenlosen Episode des Wormser Rathauses fungiert der Platz nördlich des Domes während des gesamten 13. und beginnenden 14. Jahrhunderts nach Aussage dieser Quellen kontinuierlich als Versammlungs-, Wahl- und Gerichtsort im bürgerlich-städtischen Leben von Worms, ja als Stelle der gesamtstädtischen Öffentlichkeit schlechthin.

In einer undatierten, vor dem Jahre 1192 ausgestellten Urkunde Bischof Konrads wird ausdrücklich mitgeteilt, dass zur stärkeren Bekräftigung des Rechtsgeschäfts – einer Güterübertragung durch einen bischöflichen Ministerialen an das Kloster Otterberg – auf Bitten des Schenkgebers durch den Bischof eine Siegelurkunde über den Vorgang *coram ecclesia nostra*, also »vor unserer Kirche« (d.h. dem Dom), ausgestellt worden sei. Im Jahre 1208 beurkunden die Wormser Bürger in einer der frühesten von Seiten der Stadt selbst ausgestellten Urkunde, dass die Bürgerin Gisela eine Schenkung an das Andreasstift erneuert hat. Es heißt am Schluss des Pergaments, der Fall sei »verhandelt (worden) im Kreuzgang des Domes vor dem Kruzifix«. In den Jahren 1266 und 1276 beurkunden die Wormser geistlichen Richter einen Verkauf bzw. eine Schenkung ebenfalls im Kreuzgang der Domkirche.

Der Dombau hat in Worms, so lässt sich ein Zwischenfazit ziehen, in Verbindung mit weiteren fördernden Kräften gewissermaßen als Katalysator zu einer Bündelung organisierender Kräfte für eine gemeindliche Verfassung der Stadt und daraus folgende stärkere Mitbestimmungsrechte beigetragen.[12] Die finanzielle und logistische Herausforderung des Großbauwerks hat organisierende Kräfte gefordert und gefördert und vermochte zugleich die auffällig frühe Bildung gemeinschaftlicher Vertretungsorgane zu legitimieren, die aus älteren Vorläufern entwachsen ist. Entscheidende Bedeutung für diese Entwicklung besitzt die Zeit Friedrichs I. Barbarossa, insbesondere die Phase vom Beginn der 1160er bis zur Mitte der 1180er Jahre. Seit der Zeit um 1200 fanden auf dem Platz vor dem durch monumentale, aussagekräftige und die Stadt und ihre Bürger direkt betreffende Inschriften markierten Nordportal die Volks-, Gerichts-, Schwur- und Wahlversammlungen der Wormser Stadtbevölkerung statt. (vgl. Abb. 54) Der Dom und sein bauliches Umfeld diente vor allem während des 13. Jahrhunderts als Ort der Verhandlung und Veröffentlichung von bürgerlichen wie geistlichen Rechtsgeschäften, ihrer Beurkundung und Beschwörung, in einer Zeit, in der für das Rechts- und Gerichtswesen die Öffentlichkeit wie auch die religiöse Rückbindung noch einen konstitutiven Faktor darstellte.

VOM SPÄTEN MITTELALTER BIS ZUM ENDE DES ALTEN REICHES (1798/1801)

Nachdem der Dom kurz vor 1300 durch das neue Südportal[13] noch einmal baulich einen hochwertigen Akzent erhalten hatte, ergaben sich erst unter dem hoch bedeutsamen Juristen Bischof Johann von Dalberg (1482–1503) am Ende des 15. Jahrhunderts sehr qualitätvolle bauliche Neuerungen im Dom und seinem Umfeld (Kreuzgang, St. Johanneskirche). Um dieselbe Zeit erreichten die Konflikte zwischen dem sich zunehmend als Obrigkeit gegenüber den Stadtbürgern herausbildenden Stadtrat und der sich sozial zunehmend von der Stadtgesellschaft abkoppelnden Stiftsgeistlichkeit einen neuen Status und eine neue Qualität; Höhepunkt war hier der Auszug großer Teile der Geistlichkeit 1499 bis 1509.[14] Bereits um 1260 hatte das Domkapitel die Mitgliedschaft bürgerlicher Personen in seinen Reihen ausgeschlossen.

Um diese Zeit (ab 1491) baute der Rat das Münzerhaus am Markt als neues, städtisches Repräsentationsgebäude aus und suchte es auch rechtlich fester in der Verfassungstopographie zu etablieren. Zugleich wurde ein neues Stadtrecht erlassen, ein neues Stadtsiegel wurde bald nach 1500 eingeführt, städtische Propagandaschriften betonten mehr als je zuvor die Reichsfreiheit (*libertas*). Worms stellte sich in besonderer Weise auf die Seite des Reichsoberhauptes und versuchte erfolgreich, seine kommunale Autonomie zu verteidigen und auszuweiten, nachdem die vormals ebenfalls weitgehend freie Stadt Mainz 1462 ihrem Erzbischof unterlegen war. Der in den 1490er Jahre so stark verschärfte Kampf zwischen dem mit gotischen Veränderungen modernisierten Dombezirk als Hoheitsgebiet des Bischofs und dem neu akzentuierten Rathausquartier als bürgerlichem Mittelpunkt der Stadt führte zu einer Verlagerung von Rechtshandlungen in den weltlichen Bereich. Nach wie vor blieb der Dom aber für zentrale Rituale der Stadtverfassung unerlässlich. Der traditionelle Versammlungsplatz zwischen Bischofspalast und Dom als Ort der bischöflichen Strafgerichtsbarkeit, des Königsempfangs, der Huldigung an den Herrscher und als Ausstellungsort von Urkunden ist und bleibt auch weiterhin quellenmäßig belegt. Als »weltlicher« Akt fanden nachweislich auch über das 15. Jahrhundert hinaus die Ratswahlen mit feierlichem Schwur im Bischofshof statt. Da der Rat keine eigene Ratskapelle errichtete, blieb er für religiöse Handlungen ohnehin auf den Dom angewiesen. Mit der bischöflichen Bestätigung der Verlagerung der Rats-Tagungsorte mit der sog. Rachtung (Verfassungsänderung) vom Jahre 1529 war es der Stadt immerhin gelungen, den städtischen Wahl-, Schwur- und Versammlungsplatz hin zum eigenen Gebäudekomplex zu verlagern.

Ein wichtiger Indikator für die stadtherrschaftliche Situation des späteren Mittelalters ist – wie auch in anderen Kathedralstädten – die von der Stadt beanspruchte Verfügungsgewalt über eine seit dem 13. Jahrhundert belegte Domglocke, die sog. Hofglocke, der eine erhebliche symbolische und praktische Bedeutung für das Zusammenrufen der Stadtbewohner ebenso wie für die Rechtsgültigkeit und Verbindlichkeit städtischer Ordnung und Herrschaft zugemessen wurde. Die mit dem Bau des kurzlebigen ersten Rathauses um 1230 punktuell fassbare Tendenz zur Verlagerung des städtischen Beratungs- und Versammlungsortes hat zunächst und für lange Zeit nichts an der dauerhaften Funktion des Domvorplatzes für die zentralen öffentlichen Angelegenheiten der Stadt geändert. Erst gegen 1400 wird der Beginn eines durch Bischof und Geistlichkeit bekämpften Verlagerungsprozesses zu dem im 13. Jahrhundert begründeten und ausgebauten Bürgerhof hin erkennbar, der seit dem 15. Jahrhundert als Beratungs- und Beschlussort städtischer Gremien eindeutig die Oberhand gewonnen hat. An der Wende zum 15. Jahrhundert war die Attraktivität des immer stärker rein geistlich gewordenen Domkomplexes – auch angesichts der ständigen Konflikte zwischen Geistlichkeit und Rat – in starkem Schwinden begriffen. Immerhin blieb der Dom als Ort der städtischen Verteidigung (Münsterturmwache) und der städtischen Sturmglocke für die Stadt von beträchtlichem Interesse. Die umstrittene Verfügung über die Domglocken verband beide Seiten über die Zeit der Reformation hinaus. Die städtischen Münsterturmwächter sind bis in das 17. Jahrhundert belegt.

Die in den 1520er Jahren einsetzende reformatorische Bewegung[15] eröffnete eine Phase tiefgreifender Wandlungen in der Reichs- und nach wie vor Bischofsstadt. Mit Martin Luthers Auftreten vor dem Reichstag von 1521[16] wurde der Dombezirk – speziell der 1689 zerstörte Bischofshof – langfristig zu einem für die Erinnerungsgeschichte der späteren lutherischen bzw. evangelischen Konfession zentralen Erinnerungsort, allerdings mit Rückwirkungen auf Worms erst seit dem 19. Jahrhundert.

Trotz der bis zum Ende der 1550er Jahre andauernden Etablierung einer konfessionellen Trennung zwischen der zum Luthertum sich wendenden Mehrheit der Bürgerschaft und der durch Reichsrecht geschützten altgläubigen Minderheit mit ihrem weiter bestehenden Verfügungsrecht über fast alle Kirchen und Klöster in und vor der Stadt änderten sich die grundsätzlichen Verhältnisse zwischen Stadtrat und Dom in verfassungstopographischer Hinsicht nicht fundamental. So fungierte einer der Domtürme mindestens bis zum frühen 17. Jahrhundert als Träger der städtischen Schlagglocke und Signalgeber für Feuer- und Gefahrenabwehr, 1586 wurde eine neue Schlagglocke aufgehängt. Bislang ist nicht genau geklärt, wie lange Katholiken noch im Rat vertreten waren. Immerhin ist für das Jahr 1587 noch die Grabplatte eines in der Pfarrkirche St. Johannes beerdigten Bürgermeisters und Ratsherrn Gregor Glaser (geb. 1514) als einer der wenigen Wormser katholischen Bürger belegt. Die Johanneskirche als Pfarrkirche spielte überhaupt als Bindeglied zur Stadt eine wichtige Rolle, wobei es hier (wie auch bei anderen Pfarrkirchen) bis zum Ende des Alten Reiches mit der Stadt über Fragen der Bauunterhaltung zu Streitigkeiten gekommen ist. Der Anteil der katholischen Bevölkerung kann für das 18. Jahrhundert auf ca. 20 Prozent der Gesamteinwohnerschaft von Worms geschätzt werden.[17]

Selbstverständlich blieb der 1689 mit der gesamten Stadt zerstörte Bischofshof (ein barocker Neubau der Zeit um 1730 wurde in den 1790er Jahren komplett abgetragen) auch Sitz der weltlichen und geistlichen Behörden des Hochstifts und Bistums (Fürstliche Regierung, Generalvikariat, bischöfliches Konsistorium, geheime Hofkanzlei, Hofkammer). Trotz der für die katholische Seite überaus schwierigen konfessionellen Wandlungen, die sich unter anderem in den wegbrechenden Stiftungen äußerten, konnte der gesamte Domkomplex aufgrund der sonst unangetastet gebliebenen wirtschaftlichen Existenzgrundlagen baulich gehalten und nach den Verheerungen des Pfälzischen Erbfolgekrieges im Laufe des 18. Jahrhunderts auch wieder aufgebaut werden. Der Dom, der seine gesamte Innenausstattung verlor, wurde 1689 glücklicherweise nicht zerstört. Ein Neuanfang war möglich, wenngleich auf relativ niedrigem materiellen Niveau.

Die engsten, stets äußerst argwöhnisch betrachteten Verbindungen zwischen der Reichsstadt und der auch für das kleine Hochstift weiterhin bestehenden bischöflichen Regierung und damit dem Dom als Rechtsort bestanden bis zum Ende des Alten Reiches 1798 bei den Wahlen der Mitglieder des faktisch immer stärker oligarchisch verfassten Stadtrates und herausgehobener städtischer Amtsträger auf der Grundlage des fortbestehenden bischöflichen Rechtes zur Ernennung und Vereidigung der neuen Amtsträger fort. Zwar gab es faktisch extrem eingeschränkte bischöfliche Wahlmöglichkeiten, aber man hielt an dem Herkommen fest.[18]

Im Dom wurde dem Bischof die Kandidatenliste für die Wahl der Amtsträger übergeben, in der Laurentiuskapelle legten die städtischen Amtsträger am Tag nach Dreikönig einen Eid auf die gültige Rachtung von 1519 gegenüber Kaiser, Bischof, Hochstift und Stadt ab und die Mitglieder der neuen Verwaltung der Stadt zogen paarweise mit ihren Vorgängern in den Dom. Beim Betreten des Domes durch die neuen Regierungsmitglieder der Reichsstadt warteten bereits in der Laurentiuskapelle der bischöfliche Statthalter und weitere Amtspersonen des Hochstifts. Ein Ratsschreiber verlas sodann die Eidesformel, nach dem Rechtsakt (Handschlag) verkündeten die bischöflichen Beamten an der sogenannten Saalstiege (heute Bereich des Schlösschens) das Ergebnis, worauf eine Einladung zur Tafel in den Bischofshof folgte. Das rechtserhebliche bzw. begründende Zeremoniell blieb auch in der protestantischen Reichsstadt an den Dom gebunden.

Daneben gab es Berührungspunkte bei der Wahl eines neuen Bischofs: Ein Gesandter des Kaisers musste die Wahl durch das Domkapitel bestätigen, der Rat erweis durch eine in seinen Formen genau vorgeschriebene feierliche Begrüßung mit Salutschüssen und Präsent seine Ehrerbietung unter Demonstration der besonderen Kaisertreue. An den anschließenden Prozessionen vom Bischofshof in den Dom und zurück nahm zwar der lutherische Rat selbstverständlich nicht teil, jedoch sollten eigens bestellte Notare den exakten Ablauf dokumentieren. Selbstverständlich kam es wegen dieser und anderer Prozessionen immer wieder zu Akten produzierenden Streitigkeiten.

So blieben Dom und Stadt trotz aller Wandlungen bis zum nachhaltigsten Einschnitt in die Wormser Stadtgeschichte, der französischen Zeit zwischen 1798 und 1815, rechtlich-verfassungsmäßig miteinander verschränkt und aufeinander bezogen.

VON UM 1800 BIS HEUTE

Die Aufhebung des Wormser Bistums, die Herabstufung des Domes zu einer Pfarrkirche, die durch die Nationalgüterversteigerungen ab 1801 erfolgte fundamentale Besitzumschichtung vormals geistlicher Liegenschaften und jetzt häufig abgetragener kirchlicher Gebäude sowie der Funktionsverlust und die für eine Unterhaltung noch bestehender Bauten wegbrechende Finanzbasis haben den gesamten Dombezirk in der Stadt mit ihren um 1800 nicht mehr als 5.000 Einwohnern fundamental und in nachhaltiger Weise verändert. Symbolisch steht dafür das Schicksal der kunstgeschichtlich so bemerkenswerten Johanneskirche, die ab 1806 auf Abbruch versteigert wurde und in schnellem Tempo vollständig von der Bildfläche verschwand.

Abgesehen davon, dass durch die Trennung von Staat und kirchlichen Institutionen beide Seiten (erst) jetzt getrennte Wege gingen, erhielten die Katholiken (und die erst 1699 zugelassenen Reformierten) in der napoleonischen Notabelnzeit und der sich ab 1816 im modernen Sinne sich anschließenden bürgerlichen Gesellschaft volle bürgerliche Freiheiten und Gleichberechtigung in allen Belangen.[19]

Für die Domgemeinde ging es nach 1800 darum, mit den bescheidenen finanziellen Mitteln wenigstens den Dom selbst zu erhalten und dafür auch die noch bestehenden Anbauten (Abbruch des Domkreuzgangs 1818–1821, des Kapitelhauses bis 1830 etc.[20]) zu opfern. So wurden bis um 1830 nicht unerhebliche Teile der funktionslos gewordenen Domumgebung abgetragen. Umso mehr wurde die Frage der Gestaltung des Umfeldes um den jetzt fast freiliegenden Dom zu einer öffentlichen Angelegenheit, die seit den 1830er Jahren von verschiedener Seite debattiert wurde. Erst jetzt, mit dem ganz allmählich auch in Worms sich bemerkbar machender Beginn einer neuen Wertschätzung für Denkmäler und historische Bauten, tritt die Vorstellung auf, der freiliegende Dom sei als Denkmal, als Sehenswürdigkeit zu betrachten und entsprechend gestalterisch-gärtnerisch einzubetten.[21]

Das katholische Bevölkerungsdrittel der Stadt bemühte sich (zeitgleich mit der Gründung eines Vereins zum Bau eines Reformationsgedächtnisdenkmals 1856) um die Etablierung eines (bislang noch ganz unerforschten) Dombauvereins, um die jetzt immer dringender werdenden Sanierungsarbeiten zu ermöglichen. Erste bauliche Maßnahmen am Gotteshaus fanden dann in den 1860er Jahren statt; in derselben Zeit nahm auch das im Gefolge des Bahnanschlusses von Worms 1853 deutlich gewachsene touristische Interesse am Dom stark zu. Ausweis dafür ist etwa das 1865 erschienene »Photographische Album der Bau-,Kunst- und Alterthumsdenkmale Deutschlands. Dom in Worms« mit sieben Tafeln (vgl. Abb. 59–62).[22]

Eine neue Qualität der Zusammenarbeit von Stadt, staatlichen Denkmalpflegestellen und kirchlichen Behörden machte die um 1885 beginnende große Domsanierung notwendig, die erst in den 1930er Jahren zum Abschluss kam. Wissenschaftlich markiert die 1938 erschienene große Dom-Monographie des Kunsthistorikers Professor Dr. Rudolf Kautzsch (1868–1945) den Abschluss der Domsanierung kurz vor dem Krieg.

Im Mittelpunkt der aufwendigen und nach modernsten Methoden erfolgten Arbeiten standen die theoretischen und praktischen Vorarbeiten zur Sicherung und Rettung des vom Einsturz bedrohten Westchores und die Realisierung dieses anspruchsvollen Projekts. Der dazu 1892 berufene »Kunstrat für den Wormser Dom« vereinigte führende Fachleute der Zeit. Das über die Vorgänge und Planungen vor allem im Domarchiv St. Peter vorhandene, seit 2010 durch Mitarbeiterinnen des Wormser Stadtarchivs gründlich verzeichnete Archivmaterial (Akten, Karten, Entwürfe, Abrechnungen etc.) ist überaus vielfältig und aussagekräftig und bedürfte unbedingt einer eigenen wissenschaftlichen Aufarbeitung.[23] Eine besondere Verbindung zwischen Dom und Stadt markiert dabei die doppelte Funktion des überaus verdienstvollen Stadtplaners und Dombaumeisters Karl Hofmann in den 1880er und 1890er Jahren[24].

Mit der gelungenen Sanierung und überregional anerkannten Rettung des Domes (seit den Burchardfeiern im Jahre 1925 mit dem Status einer *Basilica minor*), der nach 1918 auch auf den städtischen Notgeldscheinen abgebildet wurde und so symbolisch für die Stadt stand, stellte sich seit um 1900 auch wieder die Frage nach der künftigen Gestaltung des Domumfeldes, eine Aufgabe, die in öffentlicher Hand lag und nach wie vor liegt. Der geplante Bau eines neoromanischen Pfarrhauses südlich vor dem Dom war 1907

Abb. 59: Domansicht von Norden, rechts Heylsches Schlösschen, links heute das Gelände der 1974 neu errichteten Volksbank. (alle Fotos dieser Seite aus Album »Dom zu Worms«, 1890/93)

Abb. 60: Domansicht von Süden: Blick auf die beim Wiederaufbau bis 1932 veränderte Nikolauskapelle, links Schuppen mit Material für die geplante Restaurierung

Abb. 61: Ansicht des Doms von Süden, direkt auf das Südportal, rechts Schienen einer Lorenbahn für die Restaurierungsarbeiten

Abb. 62: Domansicht von Westen (Stadtmauer) mit der erst nach 1930 abgebrochenen Remise bzw. Stallungen des ab 1880 erbauten Heylshofs direkt vor dem Westchor, heute Platz der Partnerschaft, links dahinter der Heylshofpark

Gegenstand einer als ›Kampf um den Dom‹ erbittert geführten Kontroverse unter Fachleuten, die in manchem an die jüngst geführten Debatten um das »Haus am Dom« erinnert.

Erst 1935/36, im Zeichen der Instrumentalisierung des Gotteshauses als Kulisse für Aufmärsche auf dem nun erst freigelegten und neu gestalteten westlichen ›Platz der Nation‹ (heute Platz der Partnerschaften), wurde das Domumfeld in der im Grunde bis heute bestehenden Anordnung gestaltet und auch die Westseite freigelegt, nachdem die Familie von Heyl das bis dahin zum Heylshof gehörende Grundstück zur

Abb. 63: Rekrutenvereidigung des Pionierregiments 36 vor dem Dom 1937, Platz der Nation/heute Platz der Partnerschaft, vor dem Westchor, Foto von 1937

Abb. 64: Gärtnerisch gestalteter Bereich des ehem. Kreuzgangs, Dom Nordseite mit Blick auf die 1932 wieder errichtete Nikolauskapelle, Foto von 1938

Abb. 65: Blick von Norden über den Schlossplatz auf den abgedeckten Dom, rechts das fast völlig zerstörte Heylsche Schlösschen, im Bild links Dom, Nordportal, Foto Juli 1945

Abb. 66: Blick auf Dom von Süden nach Kriegszerstörung, Foto: Juli 1945

Verfügung gestellt hat und die dort stehenden Bauten abgerissen worden sind.

Die Verheerungen der Stadt kurz vor dem Ende des 2. Weltkriegs fügten dem Dom Schäden zu, konnten ihn aber nicht in seiner Grundsubstanz treffen. Schnell wurde das abgetragene Dach des Doms wieder erneuert, so dass der aus der Ruinenlandschaft der Innenstadt herausragende Dom auch den Wiederaufbauwillen der Stadt repräsentierte. Grundlegende bauliche Änderungen seines Umfeldes auf westlicher und südlicher Seite unterblieben, während die freie Fläche auf der Nordostseite 1973/74

Abb. 67: Blick auf den nach Nordosten noch freiliegenden Dom, Foto 1965

mit einem Neubau der Wormser Volksbank gefüllt worden ist.

Der massive Konflikt um das seit 2010 geplante »Haus am Dom« hat die Fragen nach der baulichen Bedeutung des Domes (von den Gegnern meist unhistorisch reduziert auf den vielfach betont eingeforderten »freien Blick«) für die Stadt ganz neu aufgeworfen und deutlich gemacht, wie zeitgebunden die verbreiteten Vorstellungen über die angemessene Einbindung des Domkomplexes in ihr Umfeld waren und bleiben werden.

SCHLUSSBEMERKUNGEN

Der Wormser Dom ist seit mehr als neun Jahrhunderten das mit Abstand bedeutendste Bauwerk in Worms. Als Mittelpunkt des viele Jahrhunderte bestehenden Bistums, als Sitz des jahrhundertelang amtierenden bischöflichen Stadtherrn, als religiöses Zentrum von Stadt und Umland sowie als Mittelpunkt eines eigenen rechtlichen und wirtschaftlichen Lebenskreises ist er im Bewusstsein. Nach der Säkularisation und dem Bedeutungsverlust nach dem Ende des Bistums um 1800 setzte im Laufe des 19. Jahrhunderts seine »Verdenkmalung« ein, die ihm neben der zentralen Funktion als Gotteshaus des katholisch gebliebenen Bevölkerungsanteils (durchweg ein Drittel der Wormser) eine bis heute aktuelle Stellung als Symbol der Stadt und ihrer kulturell so reichen, wenngleich außerordentlich wechselvollen Geschichte über Konfessionsgrenzen hinaus insgesamt zu sichern vermochte.

Lange Jahrhunderte war St. Peter weit mehr als ein Gotteshaus im heutigen, verengten Verständnis, denn während seiner Bauzeit zwischen 1130 und 1180 entstand und festigte sich die Stadtgemeinde als rechtsfähige Bürgergemeinschaft, wie sie bis heute besteht. Der Dom bzw. sein Bau als gewaltiges Gemeinschaftsunternehmen ist dabei (im Lauf des für die urbane Dynamik von Worms so entscheidenden 12. Jahrhunderts) gleichsam zum Identität stiftenden Geburtshelfer einer erst später wirklich profanen Stadtverfassung und städtischer Organe geworden.

Seit der Dom in seiner heutigen Gestalt im Grunde vollendet war, also seit den 1180er Jahren, verfügte Worms über ein Stadtsiegel und einen Rat an der Spitze der verfassten Bürgergemeinschaft. Beides fand seinen ideellen Grund hier, im Dom als Rechts- und Versammlungsort, als Bezugspunkt der durch christliche Gemeinschaftsbildung geprägten weltlichen Gemeinde der Bürger. Im Konsens mit Bischof und Geistlichkeit, dem so häufig hier weilenden Reichsoberhaupt sowie der zunehmend oligarchisch gefügten städtischen Führungsschicht wurde der Dom zum Träger städtischer Rechte und zum Katalysator einer frühen, organisierten Bürgergemeinde. Dies belegt die nach dem Speyerer Vorbild angebrachte Inschrift des Textes der im Stadtarchiv verwahrten Urkunde Friedrichs I. Barbarossas vom Jahre 1184 am Nordportal ebenso wie die Identität von Stadt- und Dompatron, dessen Symbol (der bzw. die Schlüssel) bis heute das Wappen der Stadt darstellt. Dom und seit dem 13. Jahrhundert bestehendes Rathaus (Bürgerhof) standen bis zum Ende des Mittelalters in einem rechtlich nie genau geklärten Spannungsverhältnis. Trotz der ungewöhnlichen Reichsfreiheiten der Stadt und ihres Rates konnte der Bischof symbolträchtige Relikte stadtherrlicher Rechte im Dom bewahren.

Auch über die Wandlungen der Reformationszeit hinweg blieben der spätere lutherische Stadtrat und der als Domkirche weiterbestehende Dom mit all seinen Institutionen bis zum Ende des Alten Reiches 1798 über rechtliche Verschränkungen und zeremonielle Vorgaben nebeneinander bestehen und miteinander verwoben – nicht immer konflikt- aber wenigstens gewaltfrei.

Das schwierige Zusammenleben, besser sollte man von einem rechtlich genau austarierten Nebeneinanderleben sprechen, der ab 1700 drei christlichen Bekenntnisse in der Reichsstadt Worms (zu denen die jüdische Gemeinde hinzukommt) wurde erst mit dem fundamentalen Einschnitt der französischen Zeit 1798/1801 rechtlich entschärft. Dies geschah allerdings um den Preis des Verlusts der Bischofskirche mit den an sie gebundenen zentralörtlichen Funktionen, materiellen Möglichkeiten und baulichen Zeugnissen, die zwischen 1800 und um 1830 in erheblichem Umfang abgeräumt, versteigert, abgetragen und entsorgt wurden und Worms den Charakter einer geistlichen Stadt endgültig nahmen. Der Dom lag nun gleichsam auf einem Silbertablett und die Frage, wie man ihn städtebaulich einbindet (oder nicht, sondern freigelegt bestehen lässt) beschäftigte Fachleute und zunehmend auch eine breite Öffentlichkeit bis heute. Die Debatte um den »freien Blick«, der ja eine »Erfindung« des 19. Jahrhunderts ist, hat diese Frage seit einigen Jahren in ganz unerwarteten Maße wieder neu auf die Tagesordnung gebracht.

Heute, mehr als zweihundert Jahre nach der Trennung von Staat bzw. Stadtverfassung und Religion, nach der zivilisatorischen Leistung der rechtlichen Gleichstellung aller Bürger vor dem Gesetz ohne Ansehen der Religionszugehörigkeit, ist das Verhältnis von Dom und Stadt durch vielfältige Verschränkungen und gute persönliche Kontakte beider Seiten gekennzeichnet. Der Dom, durch die laufende große Sanierung der letzten mehr als zehn Jahre immer wieder neu im Mittelpunkt der Aufmerksamkeit von Forschung,[25] Besuchern, Gläubigen und Wormser Bürgern, mit Unterstützung des 2002 begründeten Dombauvereins[26] noch stärker als zuvor in der Bürgerschaft verankert, ist und bleibt über alle konfessionellen Grenzen hinweg religiös und kulturtouristisch sowie bezüglich der Identität der großen Mehrheit der Wormser Bevölkerung die das Stadtbild und mehr bestimmende Krone der Stadt.

Anmerkungen

1 Der vorliegende Beitrag verzichtet auf Einzelnachweise und versteht sich als am Vortragstext orientierter, essayartiger Überblick ohne Anspruch auf eine auch nur annähernde Vollständigkeit. Es kann nur ausgewählte neuere Literatur mit weiteren Hinweisen genannt werden. Weitere Nachweise für Abschnitt 1 in Gerold Bönnen, Dom und Stadt – Zu den Beziehungen zwischen der Stadtgemeinde und der Bischofskirche im mittelalterlichen Worms, in: Der Wormsgau 17, 1998, S. 8–55. Zuletzt zur Stadtgeschichte: Gerold Bönnen (Hg.), Geschichte der Stadt Worms, Worms, 2. Aufl. Stuttgart 2015.

2 Zuletzt: Frank G. Hirschmann, Die Anfänge des Städtewesens in Mitteleuropa. Die Bischofssitze des Reiches bis ins 12. Jahrhundert (Monographien zur Geschichte des Mittelalters 59, 1–3), Stuttgart 2011–2012 (3 Bde.), hier Bd.1, S. 284–315 zu Worms, zu Burchards Wirken S. 297–306 mit ausführlicher Diskussion des Forschungsstandes und reichen Nachweisen.

3 Gerold Bönnen, Das Bistum und das Hochstift Worms und der Neckarraum im hohen Mittelalter, in: Christian Burkhart/Jörg Kreutz (Hgg.), Die Grafen von Lauffen am mittleren und unteren Neckar (Heidelberger Veröffentlichungen zur Landesgeschichte und Landeskunde 18), Heidelberg 2016.

4 Die Identität Adelbrahts ist bislang nicht eindeutig geklärt, weshalb hier folgender Hinweis gegeben werden soll: In einer heute im Staatsarchiv Würzburg verwahrten Urkunde vom Jahr 1104 des namhaften und vermögenden Mainzer Bürgers Wignand und seiner Frau Adelheid übergab das Ehepaar einem als Treuhänder fungierenden Konsortium führender erzbischöflicher Dienstleute Güterbesitz für das Kloster, in welches ihre beiden Töchter eintreten würden. Unter den zahlreichen Zeugen der Rechtshandlung, deren Urkunde im Original erhalten und vom Erzbischof besiegelt ist, findet sich unter den mehr als 30 Zeugen auch ein *Adelbraht monetarius*. Dass er als Zeuge genannt wird, lässt auf eine Zugehörigkeit zur genannten Gruppe an der weltlichen Spitze der Stadt Mainz schließen. Was aber hat ein Mainzer Münzer mit einer Stiftung in Worms zu tun oder war er später als solcher hier tätig? Wenn es derselbe wäre, was würde das für die Beziehungen beider Dome in einer für die Baugeschichte spannenden Zeit bedeuten? Wieso lässt sich eine so herausgehobene Person wie *Adelbraht* in keiner anderen Quelle zwischen 1100 und 1130 sicher belegen? Auch bei dieser immerhin möglichen Zuschreibung bleiben viele Fragen noch offen.

5 Stefan Kötz, Das Privileg Kaiser Friedrichs I. Barbarossa für die Wormser Münzer von 1165, in: Der Wormsgau 28, 2010/11, S. 7–59.

6 Vgl. die grundlegende Inschriften-Edition von Rüdiger Fuchs aus dem Jahre 1991 mit weiterführenden Hinweisen: http://www.inschriften.net/worms/inschrift/nr/di029-0026.html#content, Aufruf 4.3.2016.

7 Vgl. Rüdiger Fuchs 1991 (wie Anm. 6).

8 Die Salier. Macht im Wandel, hg. vom Historisches Museum der Pfalz, Kat. der Ausst. 2 Bde., München 2011.

9 Toni Diederich, Stadtpatrone an Rhein und Mosel, in: Rheinische Vierteljahresblätter 58, 1994, S. 25–86. Zuletzt: ders., Siegelkunde. Beiträge zu ihrer Vertiefung und Erforschung. Wien/Köln/Weimar 2012. Vgl. auch Markus Späth (Hg.), Die Bildlichkeit korporativer Siegel im Mittelalter. Kunstgeschichte und Geschichte im Gespräch, Wien/Köln/Weimar 2009.

10 Das Nibelungenlied, hg. von Karl Bartsch/Helmut de Boor, (Deutsche Klassiker des Mittelalters, 22. Aufl.), Mannheim 1988. Das Nibelungenlied illustriert auch die Funktionen der Wormser Domglocken im Zusammenhang mit einem durch sie eingeläuteten höfischen Fest (vgl. Vers 811), weitere entscheidende Stellen: Vers 610 und Vers 838.

11 Stephan Albrecht, Mittelalterliche Rathäuser in Deutschland, Darmstadt 2004, zu Worms S. 155–157.

12 Zur Frage nach dem Wechselverhältnis von Dom und Stadt siehe zuletzt: Sabine Reichert, Die Kathedrale der Bürger. Zum Verhältnis von mittelalterlicher Stadt und Bischofskirche in Trier und Osnabrück. (Westfalen in der Vormoderne 22), Münster 2014, Forschungsüberblick S. 9–18. Zum Dom als Rechtsort: Helen Wanke, Zwischen geistlichem Gericht und Stadtrat. Urkunden, Personen und Orte der freiwilligen Gerichtsbarkeit in Straßburg, Worms und Speyer im 13. und 14. Jahrhundert. (QAmKG 119), Mainz 2007, hier zu Worms S. 380–396 als Vergleichsobjekt zu Straßburg und Speyer.

13 Eduard Sebald, Das Südportal des Wormser Doms, hg. von Landesamt für Denkmalpflege Rheinland-Pfalz, (Forschungsberichte zur Denkmalpflege 5), Worms 1999.

14 Zuletzt: Gerold Bönnen, Worms: Kampf um die Stadtherrschaft zwischen Bischof und städtischen Führungsgruppen, in: Winfried Wilhelmy (Hg.), Schrei nach Gerechtigkeit. Leben am Mittelrhein am Vorabend der Reformation, Kat. der Ausst. BDD Mainz (Publikationen des Bischöflichen Dom- und Diözesanmuseums Mainz 6), Regensburg 2015, S. 64–72. Zur Stiftsgeistlichkeit vgl. Beitrag im oben genannten Katalog: Burkard Keilmann, Der verhaßte Stadtherr. Bischof Johann von Dalberg (1455–1503), S. 74–79 mit vielen Literaturhinweisen.

15 Zuletzt als fundierter Überblick: Thomas Bergholz (Bearb.), Die evangelischen Kirchenordnungen des XVI. Jahrhunderts, Bd. 19 – Rheinland-Pfalz II, 2 Teilbde., Tübingen 2008, zur Reichsstadt Worms Teilbd. I, S. 114–212.

16 Werner Zager, Verwirklichte Freiheit. Martin Luther vor dem Reichstag zu Worms, in: Werner Zager (Hg.), Martin Luther und die Freiheit, Darmstadt 2010, S. 9–23.

17 Zur Frage nach dem Zusammenleben zwischen den Konfessionen in Worms und seinen Grenzen vgl. Beitrag Gunter Mahlerwein in: Bönnen (Hg.) 2015 (wie Anm. 1).

18 Zum Folgenden: Markus Gabel, Formen des Zeremoniells im Worms des 18. Jahrhunderts. Politische Inszenierung in einer protestantischen Reichsstadt mit katholischem Bischofssitz (Mainzer Studien zur Neueren Geschichte 27, Magisterarbeit Univ. Mainz), Frankfurt/M. 2010.

19 Zuletzt als Überblick für das 19. Jahrhundert auch mit Eingehen auf die baulichen Verluste der vormaligen Wormatia Sacra mit weiteren Belegen: Gerold Bönnen, Die »Neuerfindung« städtischer Identität: Der Wandel von kollektiver Erinnerung und Gedächtnis der Stadt Worms im langen 19. Jahrhundert, in: Joachim J. Halbekann/Ellen Widder/Sabine von Heusinger (Hgg.), Stadt zwischen Erinnerungsbewahrung und Gedächtnisverlust, Ostfildern 2015 (Stadt in der Geschichte 39), S. 255–299.

20 Nach wie vor grundlegend: Eugen Kranzbühler, Verschwundene Wormser Bauten. Beiträge zur Baugeschichte und Topographie der Stadt Worms, Worms 1905. Für die wichtigen Jahre von 1798 bis 1814 vgl. grundlegend den Beitrag von Franz Dumont in: Bönnen 2015 (wie Anm. 1).

21 Dazu Ferdinand Werner, Der Wormser Dom und seine Umgebung von der Französischen Revolution bis heute, in: Der Wormsgau 32, 2016, S. 127–168. Vgl. auch Ferdinand Werner, Der Heylshofgarten in Worms. Vom Villengarten zum Stadtgrün, in: Der Wormsgau 31, 2014/15, S. 119–156.

22 Sommer's photographisches Album der Bau-,Kunst- und Alterthumsdenkmale Deutschlands. Dom in Worms, Heidelberg 1865 (6 S. Text, sieben Tafeln), Ex. in der Stadtbibliothek Worms. Vgl. auch oben Anm. 20.

23 Erster Überblick: Margit Rinker-Olbrisch, Die Familie Brand und das Domarchiv St. Peter Worms, in: Der Wormsgau 29, 2012, S. 199–229; die Erschließungsdaten finden sich unter: http://www.stadtarchiv-worms.findbuch.net/php/main.php?ar_id=3709#1, Aufruf 2.2.2016. Zum Projekt siehe: http://www.worms.de/de-wAssets/docs/kultur/stadtarchiv/Jahresberichte/Jahresbericht2010.pdf, Aufruf 3.2.2016.

24 Dazu und zur Domsanierung: Fritz Reuter, Karl Hofmann und »das neue Worms«. Stadtentwicklung und Kommunalbau 1882–1918 (Quellen und Forschungen zur hessischen Geschichte 91), Darmstadt/Marburg 1993 S. 259–266.

25 Zu den neuesten Forschungsergebnissen vgl. die Beiträge in diesem Band, die jeweils die neue Forschungsliteratur zitieren.

26 Vgl. http://dombauverein-worms.de/ [Aufruf 3.2.2016].

Abb. 68: Worms, Dom, nördliches Seitenschiff, Reliefbild mit Geburt Jesu aus dem ehem. Kreuzgang

Franz Brendle

STIFT UND STADT WORMS, DAS REICH UND DIE REFORMATION

DIE REFORMATION UND DIE STADT WORMS

Stift und Stadt Worms spielten im Reformationsgeschehen des 16. Jahrhunderts eine herausragende Rolle. Der weltgeschichtliche Reichstag von Worms 1521 mit dem Zusammentreffen von Kaiser und Mönch, das dort verabschiedete Wormser Edikt, das dann doch nicht zur Richtschnur der Auseinandersetzung mit der neuen Lehre werden konnte, aber auch die vielleicht letzte Möglichkeit, mittels theologischer Disputationen und Gespräche doch noch die Einheit der abendländischen Kirche retten zu können – all dies ist untrennbar mit der Geschichte dieser Stadt verbunden und verwoben. Aber Worms war nicht nur die Stadt der Reichstage und der Religionsgespräche, sondern auch die Bischofsstadt, die so lange um ihre reichsunmittelbare Stellung kämpfte und die Reformation schließlich zumindest in Teilen durchführte.

In drei Abschnitten soll die Verbindung von Stift und Stadt Worms mit dem Reich und der Reformation aufgezeigt werden, indem erstens die verfassungspolitischen und religiösen Voraussetzungen dargestellt, zweitens die Anfangsjahre der Reformation in Worms und im Reich geschildert werden, um schließlich drittens auf die Durchsetzung und die Folgen der Reformationsbewegung in Worms und im Reich zu schauen.

Die städtische Reformation war in den letzten Jahrzehnten ein beliebtes Objekt der frühneuzeitlichen Forschung. Hier habe die Identität der religiösen mit der politischen Gemeinde eine weniger autoritäre Entwicklung begünstigt. Ohne Zweifel war die Stadtreformation eine faszinierende Erscheinung, da in ihr Intellektualität, Spiritualität, politische Kultur, Verfassungs- und Sozialstruktur der Reichsstädte zum Tragen kamen. Es sei gleichsam stärker die Reformation von unten durchgeschlagen und stehe deshalb der Fürstenreformation Luthers gegenüber. Aber trotz der viel unmittelbareren Konfrontation mit dem reformatorischen Bewusstsein und Durchsetzungswillen der städtischen Bürger wurden die städtischen Reformationen doch letztendlich ebenfalls Reformationen der Obrigkeit und stärkten diese auf Dauer: die reichsstädtischen Kirchen- und Schulregimenter nach 1555 waren integraler Bestandteil der städtischen Ratsregimenter. Dies war allerdings in den Sturmjahren der Reformation noch nicht ganz absehbar.

Martin Luther hat von der Solidität der reichsstädtischen Reformationen nicht zu viel gehalten. Mit Bedenken sah er die obrigkeitlichen Schwächen gegen die Bewegungen von unten, gegen den Pöbel, von dem Luther vor allem Gefahren für die Reinheit des reformatorischen Geistes ausgehen sah, Gefahren der Radikalisierung – obgleich gerade diese Bewegungen in der Regel die Reformation begünstigt hatten. Schärfer als mancher heutige Historiker erkannte der Reformator überdies die labile Situation vieler Reichsstädte zwischen Kaiser und Reformation, zwischen Karl V. und Zwingli: die Fragwürdigkeit einer Entscheidung, die den Kaiser verprellte, das Lavieren in den Reichsgremien. Die sich bereits in den 1530er Jahren abzeichnende reichspolitische Privilegierung des Luthertums gegen die oberdeutsche und Schweizer Reformation hat ebenso wie der Tod Zwinglis die Städte dann schließlich auf den Weg Martin Luthers gewiesen.

DER WORMSER REICHSTAG 1521

Dies war 1520 bei der welthistorischen Begegnung zwischen Karl V. und Martin Luther so noch nicht abzusehen. Auf den 19 Reichstagen zwischen 1521 und 1555 wurde die Glaubensfrage neben Reichssteuer und Türkenhilfe zum zentralen Verhandlungsgegenstand. Dass der Reichstag sich inhaltlich mit der Lutherfrage befasste, war ein revolutionärer Akt, da dem weltlichen Arm gegenüber dem gebannten Ketzer Luther eigentlich nur die Exekution bleiben konnte. Aber weil sich der Reichstag mit den Reformationsfragen beschäftigte, hat er zu ihrer Politisierung und damit zu ihrer Rettung beigetragen.

So kam es auf dem ersten Reichstag, den Karl V. 1521 nach Worms einberief, zur weltgeschichtlichen Begegnung zwischen Kaiser und Mönch. Dies war keine Begegnung, die auf Augenhöhe stattfand, sondern in der der Kaiser den der Häresie (Abweichung von der offiziellen Lehrmeinung der Kirche) verdächtigen Professor aus Wittenberg in seinem Privatquartier einem Verhör unterzog. Luther hatte zwar freies Geleit, jedoch nicht die Möglichkeit zu einer theologischen Disputation auf dem Reichstag erhalten. Da Luther auf dem Reichstag letztlich zu einem Widerruf seiner als häretisch angesehenen Aussagen nicht zu bewegen war, stand am Ende des Reichstags das Wormser Edikt, das Luther in die Reichsacht erklärte. Bis 1532 sollte es die Grundlage der Religionsfrage auf dem Reichstag bilden, das sich in der Praxis allerdings als wenig wirksam erwies. Denn schon auf dem Rückweg von Worms wurde Luther zu seiner eigenen Sicherheit auf die Wartburg »entführt«, wo er im Schutz seines Landesherrn die Übersetzung der Heiligen Schrift in Angriff nahm.

Ungeachtet des Wormser Edikts, schlossen sich bereits in den 1520er Jahren zahlreiche Reichsstände der Reformation an, darunter auch die Stadt selbst, nach der das Edikt benannt war. Diese evangelisch gesinnten Stände setzten auf einen Ausgleich in der Glaubensfrage, den ein Nationalkonzil herbeiführen sollte. In Worms hatte bereits zur Zeit des Reichstags 1521 eine eindeutige Stimmung für Luther geherrscht. Nach Angaben des päpstlichen Nuntius Aleander »regnete« es Lutherschriften in deutscher und lateinischer Sprache. So war es für den päpstlichen Legaten einfach, in kurzer Zeit mehr als 20 Lutherschriften zu kaufen, die dann beim Verhör Luthers im Bischofshof auf einer Bank lagen. Möglicherweise gab es sogar schon vor dem Reichstag von 1521 einige Anhänger Luthers in der Stadt. Die Depeschen des päpstlichen Nuntius legen dafür ein beredtes Zeugnis ab. Die Wormser trugen ihm offen ihre Abneigung zur Schau, die Bürgerschaft wollte ihm nicht einmal eine standesgemäße Unterkunft gewähren.

Den triumphalen Einzugs Luthers in die Stadt, der bei seiner Ankunft in Worms mit Ovationen gefeiert wurde, kommentierte Aleander sarkastisch, es komme wohl bald dazu, dass man den Ketzermeister zum Wundertäter mache. Aber das eigentlich auslösende Ereignis für die Reformation in der Stadt war doch Luthers Aufenthalt in Worms. Die heftigen Debatten, die in der gesamten Öffentlichkeit um ihn geführt wurden, trugen mit dazu bei, die evangelische Bewegung unter der Bürgerschaft und einigen Wormser Klerikern auszulösen. Dazu gehörten vor allem der Kantor des St. Andreasstiftes, Nikolaus Maurus, und Ulrich Preu, der Pfarrer der Magnuskirche.

Dass es nicht zu einer ungehinderten Ausbreitung der Reformation in der Stadt kommen konnte, lag zum einen an der prekären Situation, in der sich gleichwohl alle Reichsstädte befanden, dass der Kaiser als der eigentliche Stadtherr beim alten Glauben verblieb. Zum andern an der schwierigen Lage der Stadt, die sich im Zangengriff des Wormser Fürstbischofs und der benachbarten Kurpfalz befand, die beide ihre Ansprüche auf die Stadt geltend machen wollten, die sich selbst als freie Stadt des Reiches empfand. Seit dem hohen Mittelalter schwelte der Konflikt zwischen dem Bischof, der auch in der Stadt hoheitliche Rechte beanspruchte und der Bürgerschaft mit ihrem Rat, der sich als reichsunmittelbar betrachtete. Der Kampf zwischen Bischof und Stadt, der sich wie ein roter Faden durch die Geschichte von Worms zieht, hat unter den Bischöfen Johannes von Dalberg (1482–1503) und Reinhard von Rüppurr (1503–1533) einen letzten Höhepunkt erfahren. Der Stadt kam dabei die Präsenz von Kaiser und Reich am Mittelrhein entgegen und ermöglichte ihr, eine geschickte Privilegienpolitik zu betreiben. So gewann man den Rückhalt für Neuerungen, die der Bischof unter normalen Umständen nicht hingenommen hätte.

Die Hauptpunkte des Streits zwischen Bischof und Stadt waren einmal grundsätzliche Auffassung vom Status der Stadt Worms als einer dem Reich unmittelbar untertanen Freien Stadt oder einer mit bestimmten Rechten und Freiheiten ausgestatteten Stadt des Bischofs. Daraus ergaben sich dann die weiteren Streitpunkte um die Besetzung des Rats, der städtischen Ämter und des Gerichts. Parallel dazu liefen die Auseinandersetzungen mit dem Klerus um den Weinschank und die Getreidesteuer. Der Klerus wünschte für seinen eigenen Verbrauch wie für den Verkauf von Wein völlige Steuerfreiheit, die Stadt wünschte die völlige Besteuerung. 1509 einigte man sich darauf, dass die Geistlichen steuerfrei haben sollen, was sie für ihren eigenen Bedarf benötigten; alle Verkäufe in und außerhalb der Stadt sollten besteuert werden. In Bezug auf das Besetzungsrecht der Ratsstellen musste die Stadt dem Bischof in der sogenannten Pfalzgrafenrachtung weitgehende Zugeständnisse machen, konnte diese jedoch in der Folgezeit geschickt dadurch umgehen, dass sie einen eigenen Dreizehnerrat installierte, der die eigentlichen Amtsgeschäfte versah. Aus diesem Kreis wurden die wichtigsten städtischen Ämter, darunter das Amt des »Stättmeisters« als eines regierenden Bürgermeisters, besetzt. In ihr Amt wurden sie jedoch durch den Bischof oder seinen Vertreter eingesetzt, aber die Vorauswahl, die der Stadt zustand, verhinderte eine zu starke Einflussnahme des Stadtherrn. Bischof und Stadt versuchten, durch Delegationen beim Kaiser und durch mehr oder weniger erfolgreiche Privilegienpolitik ihre Positionen zu sichern – so der Bischof – oder sie zu stärken – so die Stadt. Doch war Worms trotz bischöflichem Stadtherrn keine bischöfliche Stadt. Vielmehr sollte sich erweisen, dass die Freie Stadt Worms auch religiöse und konfessionelle Fragen selbst entscheiden konnte, wenn sie nur die schmalen bischöflichen Rechte unangetastet ließ und geltendes Reichsrecht sorgfältig beachtete. Dennoch blieben der schwelende Streit mit dem Bischof und die Angst vor der politischen Einflussnahme der benachbarten Kurpfalz ein ständiges Ärgernis für die Wormser Stadtpolitik.

Dieser Ärger der Wormser Bürger richtete sich denn auch gegen die gesamte Geistlichkeit in den Wormser Stiften und an den Pfarrkirchen. Kritisiert wurden ihre Sonderrechte, die u.a. damit zusammenhingen, dass die Geistlichen einer eigenen Jurisdiktion, nämlich der des Bischofs, unterstanden und damit der Gerichtsbarkeit der Stadt entzogen waren. Im Blick auf Abgaben und Steuern genossen sie weitgehende Vorteile. Anstoß erregten auch die Konkubinatsverhältnisse, in denen manche Priester lebten. All dies trug mit dazu bei, dass sich die Bürgerschaft der evangelischen Bewegung zuwandte. An dem gesamten Gefüge und den Formen des kirchlichen Lebens hat sich jedoch in den ersten Jahren noch nicht viel geändert. Ausschlaggebend war zunächst, dass evangelisch gepredigt wurde, die Wortverkündigung und ihre Auslegung rückte in den Mittelpunkt des Gottesdienstes.

DIE ANFANGSJAHRE DER REFORMATION IM REICH UND IN DER REICHSSTADT WORMS

Trotz der schwierigen Lage der Stadt ist es bezeichnend, dass das kaiserliche Edikt, das den Namen der Stadt trug, gerade in ihr nicht befolgt worden ist. Zwar waren Rat und Bürgerschaft in der Regel darauf bedacht, als kaisertreu zu gelten, dennoch wurde das Wormser Edikt von der dortigen Bürgerschaft gänzlich ignoriert und abgelehnt. Als Aleander drei Tage nach der Verkündung des Edikts eine öffentliche Verbrennung lutherischer Schriften inszenieren ließ, hatte dies keineswegs die erhoffte Wirkung, sondern führte im Gegenteil zu einer großen Erbitterung unter der Bürgerschaft. Der Dominikaner Dr. Burchard, der vor der Verbrennung auf dem Domplatz eine Predigt gehalten hatte, fühlte sich seines Lebens nicht mehr sicher und musste die Stadt fluchtartig verlassen.

Rat und Bürgerschaft standen nun dem Bischof und der Geistlichkeit in den Stiften und Pfarreien gegenüber. Diese wehrten sich heftig gegen die neue Bewegung. Aus den Beschwerden, welche die Bürgerschaft im Jahre 1525 an die Geistlichkeit richtete, geht hervor, dass zu den Gegenmaßnahmen der altgläubigen Seite Störungen der Predigten gehörten: Man läutete gleichzeitig die Glocken am Dom und anderen Stiftskirchen oder hielt Prozessionen mit lauten Gesängen ab. Erstes Zentrum der evangelischen Bewegung war wohl die Magnuskirche mit ihrem reformatorisch gesinnten Pfarrer Ulrich Preu. Wortführer gegen die Evangelischen wurde offensichtlich der Domprediger Dr. Daniel Zangenried, der auf Betreiben der Bürgerschaft 1526 von seinem Amt abgelöst wurde. Durch Ulrich von Hutten und Martin Luther selbst wurden Rat und Bürgerschaft von Worms dagegen in ihrem Tun gestärkt.

Die Haltung des Rates ist von der Ambivalenz zwischen einem Nachgeben auf die Wünsche der Bürgerschaft einerseits und einer Rücksichtnahme auf die Belange von Bischof und Kaiser andererseits gekennzeichnet, wie sie für so viele reichsstädtische Magistrate in dieser Phase der städtischen Reformation kennzeichnend ist. So ordnete der Rat 1523 an, dass sich die Bürger aller Schmäh- und Lästerworte gegeneinander wegen der Religion enthalten sollten. Möglicherweise ist dieser Erlass die Reaktion auf eine Intervention des Papstes. Ende 1522 erhielt Bischof Reinhard von Rüppur eine Bulle von Hadrian VI. aus Rom, worin die Stadt Worms ermahnt wurde, beim alten Glauben fest zu verbleiben, aber die teuflische lutherische Lehre ja nicht anzunehmen. Bischof Reinhard leitete das Schreiben an den Rat weiter. Dem Bischof gegenüber äußerte sich der Rat nicht, und als dieser kurz vor Pfingsten wegen einer Antwort nachfragte, gab ihm der Rat lakonisch zu erkennen, eine Antwort sei in der Bulle ja gar nicht erbeten worden, sie erübrige sich also. Trotz deutlicher Sympathie für die neue Lehre gab sich der Rat nach außen hin so zunächst unparteiisch. Die neu entstandene Bewegung sah sich immer noch in der Minderheit und in einer Verfolgungssituation, schwebte doch das Wormser Edikt wie ein Damoklesschwert über ihr. Zum Ausharren und zum Abwarten auf bessere Zeiten ermahnte denn auch der »Trostbrief der christlichen Kirchendiener zu Worms«, der Ende 1524 an die Christen in Mainz und Umgebung erging.

Der bekannteste Wormser Drucker jener Jahre war Peter Schöffer. Er war 1460 in Mainz als Sohn des ehemaligen Gutenbergmitarbeiters gleichen Namens geboren worden und 1518 nach Worms gekommen. In den elf Jahren, in denen er hier tätig war, sind eine Anzahl bedeutender Drucke aus seiner Werkstatt hervorgegangen. Spätestens seit 1523 hat Schöffer Schriften Luthers und der evangelischen Bewegung gedruckt. Offenbar war er selbst ihr Anhänger geworden, zeitweise stand er vielleicht sogar den Täufern nahe.

Einen entscheidenden Schritt für die Durchsetzung der neuen Lehre bildeten die Bestimmungen des Speyrer Reichstags von 1526. Er stand bereits im Zeichen des aufkommenden Gegensatzes zwischen alt- und neugläubigen Ständen und konnte nur mühsam eine bereits offenkundige Spaltung des Reiches überdecken. Insbesondere drangen die evangelisch gesinnten Fürsten auf die Einberufung eines Konzils oder Nationalkonzils, das die strittige Glaubensfrage lösen sollte. Den Verhandlungsführern der Stände gelang schließlich eine formale Übereinkunft, indem sie im Reichsabschied formulierten, dass in Bezug auf die Religionsfrage ein jeglicher Reichsstand mit seinen Untertanen »also leben, regieren und sich halten solle, wie ein jeder solches gegen Gott und kaiserliche Majestät hoffe und vertraue zu verantworten«. Es war dies eine für die Reformationszeit typische Kompromissformel, welche die tatsächlichen Differenzen zu überbrücken half, indem sie beiden Seiten ihre jeweils eigene Interpretationsmöglichkeit offen ließ. Denn mit dem Hinweis auf den Kaiser, der sich ja 1521 eindeutig gegen Luther ausgesprochen hatte, glaubten die Altgläubigen deutlich genug einen Schutzwall gegen alle reformatorischen Neuerungen aufgebaut zu haben. Auf der anderen Seite interpretierten die neugläubigen Stände den Kompromiss als eine Freistellung in Glaubensangelegenheiten und leiteten daraus die Berechtigung für die kirchliche Umgestaltung ihrer Gebiete in einem evangelischen Sinne ab.

Auch der Wormser Rat nutzte diesen Freiraum und berief 1527 den Straßburger Theologen Leonhard Brunner auf eine von der Stadt neu geschaffene und bezahlte evangelische Prädikantenstelle. Im Barfüßerkloster an der Petersgasse, wo angeblich nur noch ein einzelner Mönch seine Zeit mit Kegelspiel zubrachte, richtete der Rat gegen den Willen des Bischofs eine Lateinschule ein. Er nahm damit auch drohende Prozesse vor dem Reichskammergericht in Kauf, wie sie zu der Zeit von vielen ehemaligen Äbten und Geistlichen, die vertrieben worden waren, angestrengt wurden. In der Stadt machten sich 1526 auch die Täufer, oder wie sie von ihren Gegnern genannt wurden, die Wiedertäufer, bemerkbar. Worms wurde sogar zu einem Zentrum der Täuferbewegung. Führende Täufer lebten und wirkten vorübergehend in der Stadt: Hans Denk, Ludwig Hetzer, Melchior Rink, Melchior Hofmann und Jakob Kautz. Als Wiedertäufer wurden sie deshalb bezeichnet, weil sie lediglich die Erwachsenentaufe als gültig ansahen und deshalb Erwachsene noch einmal tauften, die als Kinder schon getauft worden waren. Die Täufer verwickelten die evangelischen Prädikanten in Streitgespräche. In der ihnen wohlgesonnenen Druckerei des Peter Schöffer erschien die älteste protestantische, von Kautz kompilierte Vollbibel 1529, die auf die bis dahin übersetzten Teile Luthers zurückgriff und volkstümlich als »Wiedertäuferbibel« bezeichnet wurde.

Im Frühjahr 1527 spitzte sich der Konflikt öffentlich zu. Kurz vor Ostern wurde bekannt, dass der Prädikant Heinrich Hilarius, ehemaliger Kanoniker des Andreasstifts, unter den Einfluss der Täuferbewegung geraten war. Er hatte mehrere Kinder zwar getauft, aber unter Protest und mit der Erklärung, dies geschähe unter Zwang, die Taufe kleiner Kinder sei im Grunde unnütz. Bald darauf kam es zum Höhepunkt der Auseinandersetzungen: An Pfingsten schlug Jakob Kautz an der Dominikanerkirche ein Plakat an, das in sieben Thesen die wichtigsten Grundsätze der Täufer darlegte und zu einer Disputation darüber aufforderte. In den Thesen wurde nicht nur die Kindertaufe abgelehnt. Der eigentliche Akzent lag auf einer spiritualistischen Verwerfung aller äußeren bzw. äußerlichen Faktoren und Mittel des Heils. Weder das Wort der Bibel oder der Predigt, noch das Abendmahl, noch Christi leibliches Leiden sind von Bedeutung. Allein auf das Innere, auf die innere Aneignung und den inneren Gehorsam kommt es an. Am 13. Juni legten Ulrich Preu und Johannes Rom sieben Gegenthesen vor, mit denen sie die Lehre der Täufer und Spiritualisten zurückwiesen. Eine Disputation hat allerdings wohl nie stattgefunden.

DIE BEHAUPTUNG DES LUTHERTUMS IN SPEYER UND AUGSBURG

Doch setzte sich die Auseinandersetzung auch auf Reichsebene fort. Unter dem Eindruck der Glaubensfrage stand denn auch der zweite Speyrer Reichstag von 1529. Nach der Vorstellung Erzherzog Ferdinands, der als Statthalter des Kaisers fungierte, sollten Türkenhilfe, Glaubensfrage und Unterhaltung der Reichsbehörden beraten werden. Eingriffe in den Glauben, in geistliche und weltliche Obrigkeiten, Güter und altes Herkommen wurden bis zum Konzil verboten.

Der Glaubensartikel des letzten Speyrer Reichstags wurde mit der Begründung, er sei willkürlich ausgelegt worden, für aufgehoben erklärt. Die Reichstagsmehrheit stimmte dieser Forderung zu. Gegen dieses Verfahren wandten sich fünf Fürsten und vierzehn Reichsstädte in einem offenen Protest, dass in Dingen, die Gottes Ehre und das Seelenheil angingen, Mehrheitsentscheidungen nicht bindend sein könnten: Kurfürst Johann Friedrich von Sachsen, Landgraf Philipp von Hessen, Wolfgang von Anhalt, Georg der Fromme von Brandenburg-Ansbach und Ernst von Braunschweig-Lüneburg gaben als Protestanten der neuen Bewegung ihren Namen. Sie hatten ihre Protestation zu den Reichsakten eingereicht, worin sie für sich und ihre Untertanen an ein freies allgemeines Konzil oder eine Nationalversammlung appellierten. Die protestierenden Fürsten hatten nicht nur ihren Rechtsstandpunkt gewahrt, sondern zugleich erreicht, dass die Reichstagsmehrheit auf die Exekution ihrer Beschlüsse verzichtete. Worms allerdings vollzog den Speyrer Mehrheitsabschied mit.

Am Tage nach der Protestation kamen zwar Landgraf Philipp von Hessen und Kurfürst Johann von Sachsen, die politischen Führer der deutschen Protestanten, nach Worms. Dennoch schloss sich die Stadt dem Protest nicht an. Denn der Rat sah sich durch die Auseinandersetzung mit dem Bistum gezwungen, eine vorsichtige Haltung einzunehmen, auch Rücksicht auf den Kaiser walten zu lassen, zumal sich Karl V. auf dem Reichstag 1521 sehr freundschaftlich gegen die Stadt erwiesen hatte. Solange die Stadt in politischen und kirchlichen Angelegenheiten vorsichtig vorging und dem Kaiser in seiner Kirchenpolitik keine Schwierigkeiten bereitete – glaubte man –, hatte derselbe keine Veranlassung, die Stadt dem Wormser Bischof oder der Kurpfalz auszuliefern. Immerhin blieb die Hoffnung auf bessere Zeiten.

Allerdings ging die Stadt jetzt konsequenter gegen die Täufer vor, um nicht den Verdacht der Sektiererei aufkommen zu lassen. Die Klärung der innerprotestantischen Streitfragen erfolgte in der Weise, dass der Rat die Täufer aus der Stadt auswies. Mit den Täufern verließ auch Peter Schöffer die Stadt. Schon vorher waren 1528 mehrere Wiedertäufer ins Gefängnis geworfen und andere ausgewiesen worden. Im Mai 1529 wurde dann ein Erlass des Reiches, der sich gegen die Täufer richtete, an einem Sonntag nach dem Gottesdienst feierlich und öffentlich auf dem Markt verlesen. Der evangelische Prädikant Brunner blieb allerdings in seinem Wirken vom Rat ungestört, wenngleich er mehrmals zur Vorsicht und Rücksichtnahme aufgefordert wurde. Allerdings wurden seine Pläne, über sein Abendmahlsverständnis zu predigen, vom Rat unterbunden, da sein Vorhaben gegen den Speyrer Reichsabschied verstoße.

Der Augsburger Reichstag von 1530 sah zum ersten Mal seit 1521 wieder Kaiser Karl V. anwesend. Die Stände rückten sogleich die Glaubensfrage in den Mittelpunkt. Gemäß der Aufforderung der kaiserlichen Proposition, dass jede Seite ihre Meinung schriftlich einreichen solle, übergab der Kurfürst von Sachsen, unter anderem zusammen mit den Reichsstädten Nürnberg und Reutlingen, allerdings ohne Worms, das von Philipp Melanchthon verfasste Augsburger Bekenntnis, das im Grundton irenisch gehalten war, weil es nicht nur die Unterschiede zur alten Kirche, sondern vor allem die Gemeinsamkeiten mit ihr betonte. Um die Akzeptanz des Kaisers zu erhalten, wollte er zeigen, dass die neue Glaubensrichtung keine Abkehr von der alten Kirche darstelle. So hat Melanchthon in der *Confessio Augustana* besonders kontroverse Positionen wie den päpstlichen Primat oder den Opfercharakter der Messfeier erst gar nicht erwähnt. Dennoch antwortete die katholische Seite darauf scharf: mit der *Confutatio*, der Verurteilung des Augsburger Bekenntnisses, die im Namen des Kaisers verlesen wurde.

Zwischen altgläubiger und protestantischer Seite scheiterten 1530 letztlich alle Versuche zur Annäherung der Standpunkte in theologischer wie politischer Hinsicht. Karl V. legte den Entwurf eines Abschieds in der Glaubensfrage vor, der das Augsburger Bekenntnis für widerlegt erklärte und den Evangelischen ein halbes Jahr Bedenkzeit einräumte, um sich in den strittigen Punkten der Mehrheit anzuschließen. Bis dahin sollten Druck und Verkauf von Schriften in der Glaubenssache verboten sein; fremde Untertanen durften nicht zum neuen Glauben gebracht, die Religionsausübung katholischer Untertanen in evangelischen Gebieten nicht behindert werden. Der Kaiser sagte zu, sich um die baldige Abhaltung eines Konzils zu bemühen. Angesichts der drohenden Türkengefahr musste Karl V. jedoch Zugeständnisse machen; er konnte die Glaubenseinheit zunächst nicht mit Gewalt erzwingen. Stattdessen schloss er den Nürnberger Anstand oder Nürnberger Religionsfrieden mit den protestantischen Ständen, der sich an der zeitlich befristeten Aufhebung des Wormser Edikts orientierte und damit den Weg zum Religionsfrieden wies.

DIE DURCHSETZUNG DER REFORMATION IM REICH UND IN DER REICHSSTADT WORMS

Erst mit dem Nürnberger Religionsfrieden 1532 hatte sich nun auch in Worms die Lage soweit entspannt, dass Leonhard Brunner frei auf der Kanzel predigen konnte. Für 15 Jahre hatte er nun ein ungehindertes Walten, konnte sich die Reformation in der Reichsstadt entfalten. In diese Zeit fallen auch die Religionsgespräche, die wieder einmal Worms in den Mittelpunkt des Interesses rückten. Mit der Entstehung mehrerer Konfessionen im Reich und in Europa hatte nämlich das mittelalterliche Ketzerproblem eine ganz neuartige Größenordnung erhalten, vor der die entwickelten geistigen und gewaltsamen Mittel zur Wiederherstellung der Einheit versagten. Als neue Möglichkeiten zur Beilegung boten sich Glaubensgespräch, kirchlich-politischer Kompromiss und schließlich die Akzeptierung des religiösen Pluralismus an. Die Religionsgespräche gewannen im 16. Jahrhundert eine zentrale Bedeutung als politisches und theologisches Mittel der Religionsvergleichung in den Gelehrten- und Ratsdisputationen in der ersten Hälfte des Jahrhunderts. Vor allem die Zeit zwischen 1540 und 1557 kann geradezu als die Ära der Reichsreligionsgespräche bezeichnet werden (Hagenau, Worms und Regensburg). Worms war zweimal, nämlich 1540 und 1557 Ort solcher Religionsgespräche, die letztlich doch keine Einigung in der Glaubensfrage erbrachten. Immer deutlicher zeigte sich, dass nach ihrem Scheitern Gespräche weniger der Religionsvermittlung dienten als vielmehr der Religionspolitik.

Seit der Mitte der 1530er Jahre befand sich das Reich in einer Phase der schnellen Ausbreitung der Reformation in fürstlichen Territorien. 1534 gingen Württemberg und Pommern zum neuen Glauben über, mit Kurbrandenburg und dem Herzogtum Sachsen fielen 1539 wichtige Säulen der alten Kirche. Pfalzgraf Ottheinrich von Pfalz-Neuburg demonstrierte auf dem Regensburger Reichstag 1541 gleichfalls seine protestantische Gesinnung, das Fürstentum Braunschweig-Calenberg wurde nach dem Tod Herzog Erichs I. 1540 von dessen Witwe kontinuierlich der Reformation zugeführt, ebenso wurde den klevischen Herzögen eine evangelische Gesinnung nachgesagt. Im Reich herrschte für die Ausbreitung der Reformation ein günstiges Klima, es entstand der Eindruck, als ob alle Dämme gebrochen wären, als hätte die Reformation endgültig ihren Durchbruch erreicht.

Der unaufhaltsam scheinende Fortgang der Reformation mag ein Grund dafür gewesen sein, dass der Kaiser sich zu einem offensiven, gewaltsamen Vorgehen gegen die Protestanten entschloss. Mitte der 1540er Jahre schienen die Voraussetzungen dafür günstig zu sein. Denn Karl V. hatte im Frieden von Crépy 1544 den letzten Krieg mit Frankreich siegreich beendet und die Unterstützung des französischen Königs und des Papstes für den Protestantenkrieg erhalten. Der politische Kopf der deutschen Protestanten, Landgraf Philipp von Hessen war gleichzeitig selbst bei den eigenen Glaubensgenossen durch seine Bigamieaffäre diskreditiert. Zudem gelang es dem Kaiser, nicht nur die katholischen Reichsstände, sondern auch den evangelischen Herzog Moritz von Sachsen für sich zu gewinnen. Das Angebot der sächsischen Kurwürde war für diesen verlockender als konfessionelle Solidarität.

INTERIM UND RELIGIONSFRIEDE

Der Schmalkaldische Krieg 1546/47 endete mit einem überwältigenden Sieg des Kaisers; Karl V. befand sich auf dem Höhepunkt seiner Macht. Auf dem sogenannten Geharnischten Reichstag von Augsburg 1548 scheiterte der Kaiser jedoch mit seinem Plan, das Reich in einen straffer und zentralistischer organisierten Bund umzuwandeln, am Widerstand der Reichsstände, auch der katholischen. Das Interim als eine Art kaiserliche Zwischenreligion bis zur Entscheidung eines Konzils gestand den Evangelischen bis zur Entscheidung durch das Generalkonzil Laienkelch und Priesterehe zu, machte aber die bischöfliche Jurisdiktion, die katholische Ekklesiologie und den traditionellen Frömmigkeitsapparat wieder verbindlich.

Auch der Wormser Rat musste das verhasste Interim annehmen. Die beiden evangelischen Prediger Hieronymus Brack und Leonhard Brunner mussten die Stadt verlassen. Brunner ging nach Straßburg, Brack nach Westhofen. Im August 1548 hielt Brack in der Predigerkirche seine Abschiedspredigt und ermahnte darin die Bürger der Stadt, beständig beim Evangelium zu verbleiben. Den Bürgern in den Zünften wurde befohlen, das Interim anzunehmen, auch wurde ihnen ernstlich verboten, gegen dasselbe in übler Weise zu schimpfen oder zu reden. Bei Zuwiderhandlungen drohten Strafen an Leib und Gut. Auch wurde der Besuch von Winkelpredigten (so nannte man heimliche Predigten, die an versteckten Winkeln stattfanden – daher der Name) strengstens untersagt.

Als die beiden Prediger ihren Abschied genommen hatten, ließ der Rat den Lehrern der lateinischen und der deutschen Schule die Weisung zukommen, fortan von den Schülern nicht mehr die deutschen Psalmen singen zu lassen. Bald darauf, nämlich am 3. September 1548, kam Kaiser Karl V. persönlich nach Worms und wurde zum ersten Mal feierlich vom Rat empfangen. Das Zeremoniell dieses Empfangs war von großer Bedeutung. Es sollte zeigen, wie großes Gewicht der Rat darauf legte, dass der Kaiser die Stadt Worms als seine und des Reiches Stadt behandle. Dem Kaiser wurden die Schlüssel der Stadt entgegen getragen und der Stättmeister und der Stadtschreiber, der die Ansprache an den Kaiser hielt, empfingen das Reichsoberhaupt im Namen der Stadt. Erst dann fand ein zweiter Empfang des Kaisers im Bischofshof statt, wobei allerdings die Vertreter des Wormser Magistrats ebenfalls anwesend waren.

Doch blieb die kaiserliche Machtstellung im Reich ebenso wie das Interim selbst Episode. Gegen die unumschränkte kaiserliche Dominanz wandte sich der Fürstenaufstand unter Führung des Kurfürsten Moritz von Sachsen, der im Passauer Vertrag 1552 ein Ende fand. Trotz des Widerstandes Karls V. verhandelten unter der Führung des römischen Königs Ferdinand nicht nur die protestierenden, sondern auch zahlreiche neutrale Fürsten, geistliche wie weltliche, um eine endgültige Beilegung der strittigen Religionsangelegenheit. Am 23. Juni 1552 wurde man sich in Passau darüber einig, dass katholische und evangelische Reichsstände gegenseitig ihre konfessionellen Besitzstände anerkennen und darauf verzichten sollten, einander wegen der Religion künftig in irgendeiner Weise zu beschweren oder gar mit Krieg zu überziehen (Passauer Vertrag). Bereits der nächste Reichstag sollte darüber hinaus einen neuen Anlauf zu einem Vergleich in der Glaubensfrage selbst unternehmen. Dazu erteilte Karl V. seinem Bruder Ferdinand weitgehende Vollmachten, weil er selbst nicht daran teilnehmen und unausweichlich scheinende Zugeständnisse an die Protestanten bewilligen wollte.

Mit der Beendigung des Interims durch den Passauer Vertrag zeigte sich in Worms, dass sich das Luthertum doch weitgehend durchgesetzt hatte. Die Lutheraner stellten in der Stadt die Mehrheit, doch verblieb eine katholische Minderheit. Besonders innerhalb des Rates nahmen die Evangelischen eine dominierende Stellung ein, nur einzelne wenige Ratsherren können aufgrund der städtischen Ratslisten dem alten Glauben zugerechnet werden. Hier spielte offenbar der Gegensatz zum katholischen Fürstbischof die entscheidende Rolle, dass die evangelische Konfession gleichsam zur Voraussetzung für den Eintritt in den Dreizehnerrat angesehen wurde. Zugespitzt könnte man sagen: Ratsfähig war nur, wer evangelisch war.

Zur Durchsetzung der eigenen konfessionellen Interessen gegenüber dem Fürstbischof musste eine gemeinsame Linie im Rat aufgebaut werden.

Der Augsburger Religionsfrieden schrieb dieses Nebeneinander von altem Glauben und evangelischem Bekenntnis in der Reichsstadt fest. Das Religionsproblem wurde vor allem im Interesse der weltlichen Fürsten geregelt. Allen erbfürstlichen Inhabern von Landesherrschaft wurde das *ius reformandi* zugesichert, das heißt die Entscheidung über die in den Kirchen des Territoriums zu befolgende Konfession. Ein halbes Jahrhundert später wurde diese Regelung von dem Greifswalder Universitätsjuristen Joachim Stephani mit der berühmten Formel *cuius regio, eius religio* (wessen Land, dessen Religion) beschrieben. Eingeschränkt war das Reformationsrecht der weltlichen Fürsten dadurch, dass es nur für die Alte Kirche und die Anhänger der Augsburger Konfession galt, also nicht für die reformierten Schweizer und die Zwinglianer im Reich, geschweige denn für die aus der radikalen Reformation hervorgegangenen religiösen Randgruppen, wie die Täufer und Schwenckfeldianer. Eine weitere Begrenzung des landesfürstlichen Religionsbannes stellte das Emigrationsrecht des Augsburger Reichsabschieds dar, das dem einzelnen Untertanen die Freiheit einräumte, bei einer vom Landesfürsten abweichenden Glaubensüberzeugung auswandern zu dürfen – freilich nach der herkömmlichen Leistung aller Verpflichtungen gegenüber der bisherigen Landesherrschaft. Hinsichtlich des Besitzes der Kirchengüter sollte das Normaljahr 1552, also der Zeitpunkt des Abschlusses des Passauer Vertrags, gelten. Für die freien Reichsstädte wie Worms waren die Bestimmungen des Augsburger Religionsfriedens jedoch uneindeutig. Eigentlich sollten sowohl Katholiken als auch Augsburger Konfessionsverwandte in ihnen das Recht zur öffentlichen Religionsausübung erhalten. Faktisch setzte sich jedoch der Obrigkeitsanspruch der reichsstädtischen Räte durch und begünstigte einen Konfessionszwang für die Bürgerschaft.

Für die geistlichen Fürsten hatte Ferdinand in langwierigen Verhandlungen den sogenannten Geistlichen Vorbehalt (*reservatum ecclestiasticum*) durchzusetzen versucht. Er besagte, dass ein geistlicher Fürst für seine Person zwar den evangelischen Glauben annehmen dürfe, in diesem Fall aber auf sein Amt und seine Würden zu verzichten habe, damit das Domkapitel einen Mann »alten Glaubens« zum Bischof wählen könne. Die Protestanten empfanden es als keine ausreichende Kompensation, dass König Ferdinand ihnen in einer Nebenerklärung, der *declaratio Ferdinandea*, zugestand, dass der Adel und die Städte in den geistlichen Territorien beim evangelischen Bekenntnis bleiben dürften. So zeichnete sich der Streit um die Auslegung schon in den Bestimmungen des Augsburger Religionsfriedens ab. Denn von protestantischer Seite wurde der Friedensschluss im Sinne einer grundsätzlichen Freiheit in Religionsangelegenheiten interpretiert, während viele Katholiken darin nur einige wenige Ausnahmen vom ansonsten weiterhin gültigen kanonischen Recht erblickten.

Allerdings sollten sich im Reich gerade um den auch Worms betreffenden Reichsstädteartikel in der Folgezeit heftige Auseinandersetzungen entwickeln. Denn andererseits war den weltlichen Reichsständen ja ohne Zweifel das *ius reformandi* übertragen worden, konnte also als evangelische Obrigkeit das Kirchenwesen in seinem Territorium bestimmen. Musste also ein evangelischer Rat für alle Zeiten etwa ein katholisches Kloster in seiner Herrschaft dulden, oder musste er nicht vielmehr als zuständige Obrigkeit, solch »abergläubische Relikte« mittels einer Kirchenordnung verbieten und Klöster trotz des Bestandsschutzes des Reichsstädteartikels aufheben. Eine solche Säkularisation war überdies nicht nur ein Akt kirchlicher Pflichterfüllung, sondern versprach darüber hinaus reichen wirtschaftlichen Nutzen und Gewinn durch den Verkauf des kirchlichen Inventars und Ornats. Beispiele für derartige Säkularisationen hätte sich der Wormser Rat auch in den benachbarten hessischen, württembergischen und pfälzischen Gebieten zur Genüge vor Augen führen können.

Dennoch sollte sich gerade das Nebeneinander von Katholiken und Protestanten in der Stadt als prägend erweisen. Als Gottesdienststätten standen den Protestanten zunächst vor allem die drei Bettelordensklöster der Augustiner, Dominikaner und Franziskaner zur Verfügung, die sich in das Bürgerrecht der Stadt begeben hatten. Daraus ließen sich jetzt für die Stadt durchaus Ansprüche auf eine Mitbenutzung ableiten. Während die Augustinerkirche schon 1566 abbrannte, blieb das Franziskanerkloster an der Petersgasse als lutherische Lateinschule erhalten. Beim Dominikanerkloster wurde eine Aufteilung zwischen der Stadt und dem weiter bestehenden Konvent vorgenommen: Den Mönchen verblieb der Chorraum, während die Lutheraner das Kirchenschiff als Gottesdienstraum benutzen konnten. So blieb die Dominikanerkirche bis zur Stadtzerstörung 1689 die Hauptkirche der Lutheraner. Die Magnuskirche, in der zuerst lutherisch gepredigt worden war, blieb ebenfalls im Besitz der Lutheraner, während die von den Schweden während des Dreißigjährigen Krieges eingerichtete evangelische Pfarrstelle am Dom mit den Schweden auch wieder verschwand. Neben dem Friedhof von St. Magnus entwickelte sich der Stephansfriedhof, auch Pestfriedhof genannt, zum eigentlichen Bestattungsplatz für die Lutheraner der Stadt. Denn hier besaß die Stadt seit dem 16. Jahrhundert die Besitzrechte an der dortigen Kapelle, genannt zum Armen Stephan.

Das Bistum Worms verlor mit dem Übertritt der Kurpfalz 1556 zur Reformation nicht nur einen wichtigen Rückhalt, sondern auch zahlreiche Pfarreien und geistliche Güter, die von der Kurpfalz eingezogen wurden. Diese Schwäche suchte das Domkapitel dadurch zu kompensieren, dass es Bischöfe wählte, die bereits Erzbischöfe von Mainz oder Trier waren und somit einen entsprechenden Machtrückhalt besaßen. Dies sicherte den Bestand des Hochstifts bis zum Ende des Alten Reiches.

SCHLUSS

Das Bild einer scheinbar trauten Harmonie zwischen den Konfessionen ist allerdings nur schwer mit dem konfessionellen Zeitalter in Verbindung zu bringen. Bei allem friedlichen Nebeneinander sollte nicht vergessen werden, dass jede Konfession auf ihrem Alleinvertretungsanspruch beharrte und ihre Rechte eisern verteidigte. Das soll an einer kleinen Episode deutlich werden.

Die Dominikanerkirche wurde zwar von beiden Konfessionen gemeinsam genutzt, aber dennoch blieb das Verständnis für die Gegenseite doch begrenzt. Als die Frau des lutherischen Domwächters 1590 in einem Häuslein oberhalb des Ostchores, in dem ihr Mann Feuerwache hielt, ein Kind gebar, weigerten sich die Dominikaner, das Kind ungetauft durch den Chorraum tragen zu lassen, der ja ihrem Zuständigkeitsbereich unterstand. Endlich kam man auf den Einfall, das noch ungetaufte Kind in einem Zuber an einem Seil außerhalb des Ostturms am Dom herunterzulassen, um es dann um die Kirche herumzutragen, und von der anderen Seite in das Kirchenschiff zu bringen, wo es dann evangelisch getauft werden konnte. So war beiden Seiten Genüge getan. Immerhin hat das Kind die Aktion überlebt und konnte so zu einem Symbol gemeinsamer, wenn auch nur schwer zu erringender Gemeinsamkeit im Glauben der Konfessionen werden.

WEITERFÜHRENDE LITERATUR

Georg Baring, Wormser Propheten, in: Archiv für Reformationsgeschichte 31, 1934, S. 23–41.

Adalbert Becker, Beiträge zur Geschichte der Frei- und Reichsstadt Worms und der daselbst seit 1527 errichteten höheren Schulen. Worms 1880.

Winfried Becker (Hg.), Der Passauer Vertrag von 1552. Politische Entstehung, reichsrechtliche Bedeutung und konfessionsgeschichtliche Bewertung, Neustadt a. d.Aisch 2003.

Gerold Bönnen (Hg.), Geschichte der Stadt Worms. 1. Aufl., Stuttgart 2005.

Franz Brendle, Um Erhalt und Ausbreitung des Evangeliums: Die Reformationskriege der deutschen Protestanten, in: Franz Brendle/Anton Schindling (Hgg.), Religionskriege im Alten Reich und in Alteuropa, 2. Aufl., Münster 2010, S. 71–92.

Benno von Bundschuh, Das Wormser Religionsgespräch von 1557 unter besonderer Berücksichtigung der kaiserlichen Religionspolitik. Münster 1988.

Hermann Haupt, Beiträge zur Reformationsgeschichte der Stadt Worms. Zwei Flugschriften aus den Jahren 1523 und 1524, Gießen 1897.

Friedhelm Jürgensmeier, Das Bistum Worms. Von der Römerzeit bis zur Auflösung 1801, Würzburg 1997.

Paul Kalkoff, Die Depeschen des Nuntius Aleander vom Wormser Reichstag 1521. 2. Aufl., Halle 1897.

Otto Kammer, Die Anfänge der Reformation und des Evangelischen Gottesdienstes in Worms. Worms 1983.

Fritz Reuter, Mehrkonfessionalität in der Freien Stadt Worms im 16.–18. Jahrhundert, in: Bernhard Kirchgässner/Fritz Reuter (Hgg.), Städtische Randgruppen und Minderheiten. Sigmaringen 1986, S. 9–48.

Fritz Reuter, Der Reichstag zu Worms von 1521. Reichspolitik und Luthersache, 2. Aufl. Köln 1981.

Sabine Todt, Kleruskritik, Frömmigkeit und Kommunikation in Worms im Mittelalter und in der Reformationszeit. Stuttgart 2005.

Heinz Schilling/Heribert Smolinsky (Hgg.), Der Augsburger Religionsfrieden 1555. Gütersloh 2007.

Günter Sofsky, Die verfassungsrechtliche Lage des Hochstifts Worms in den letzten zwei Jahrhunderten seines Bestehens unter besonderer Berücksichtigung der Wahl seiner Bischöfe. Worms 1957.

August Weckerling, Leonhart Brunner, der erste vom Rate der Reichsstadt Worms angestellte evangelische Prediger (1527–1548). Worms 1859.

III.

RUNDGANG

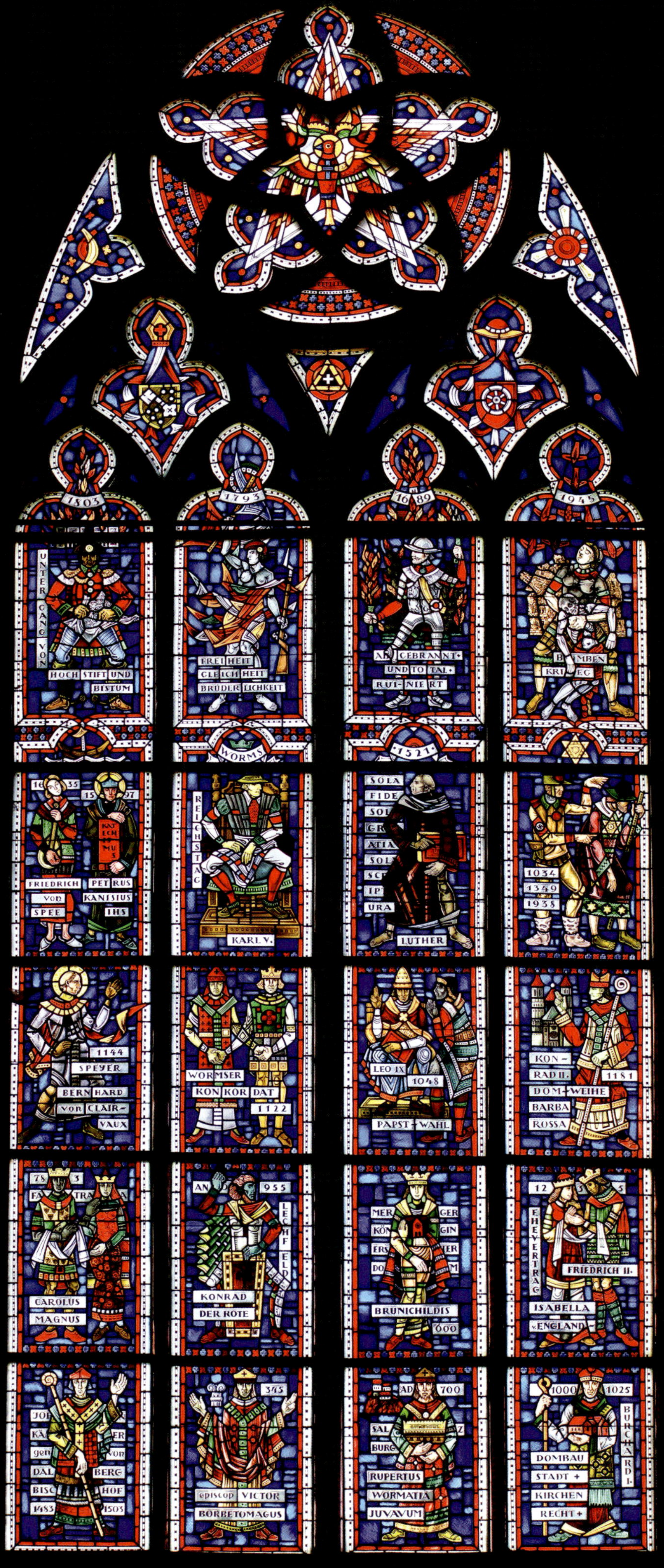

Abb. 70: Worms, Dom, sog. Geschichtsfenster in der Annenkapelle (1992) von Heinz Hindorf

Irene Spille

DOM ST. PETER IN WORMS
RUNDGANG

Worms ist eine sehr alte Stadt mit Siedlungsspuren aus vorgeschichtlicher Zeit. Die Lage am Rhein machte sie zu einem Verkehrs- und Handelsplatz mit strategischer Bedeutung. Die Römer brachten das Christentum in die Städte am Rhein, und so soll es einer nicht gesicherten Überlieferung nach bereits 346 n. Chr. einen Wormser Bischof namens Victor gegeben haben. Der erste sicher bezeugte Wormser Bischof ist jedoch Berthulf, 614 n. Chr. urkundlich genannt. Karl der Große weilte häufig in seiner Wormser Königspfalz, die wohl nördlich des Domes lag, und 783 heiratete er im Dom seine Gemahlin Fastrada. Die salischen Herzöge (besser: die Herzöge von Kärnten), aus deren Geschlecht mit Konrad II. 1024 das salische Königshaus hervorging, hatten bis 1002 eine Burg in Worms an der Stelle, an der später das Stift St. Paulus, das heutige Dominikanerkloster, erbaut wurde: der Dom diente ihnen als Grablege. Höhepunkte in den Folgejahren waren 1048 die Papstwahl von Leo IX., das Wormser Konkordat 1122, königliche Hochzeiten und verschiedene Reichstage, wobei der Reichstag von 1521 mit der Einbestellung Luthers besonders folgenreich war.

Ihr Glanz als eine der deutschen Metropolen und Bischofsstädte des Mittelalters hatte zwar 500 Jahre überdauert, aber Worms konnte ihn nicht in die Neuzeit übernehmen. Einen schweren Schicksalsschlag für die Stadt bedeutete die Pfalzverwüstung 1689 durch französische Truppen während des Pfälzischen Erbfolgekriegs. Seither wurde das Wormser Bistum in Personalunion mit dem Erzbistum Mainz und dem Bistum Trier geführt. Im Zuge der Französischen Revolution kamen 1794 französische Besatzungstruppen in die Stadt. Das linksrheinische Gebiet war für Jahre unter französischer Herrschaft (Département Mont Tonnère) und 1801 wurde das Bistum Worms aufgelöst.

Im Rahmen der Neuordnung kirchlicher Verhältnisse nach 1815 wurde Worms dem Bistum Mainz zugeordnet. Die Stadt selbst verlor ihren Status als Reichsstadt und wurde 1816 dem Großherzogtum Hessen-Darmstadt zugeschlagen. Der Dom, seither eine Pfarrkirche, erlangte 1862 die Würde einer Propsteikirche, und wurde unter Papst Pius XI. 1925 zur »Basilica minor« erhoben.

ZUR GESCHICHTE DES DOMS

Der Dom ist auf einem Hügel erbaut, im Westen der ummauerten mittelalterlichen Stadt. Auf diesem absolut hochwassersicheren Terrain lag in der Römerzeit das Forum von Worms. Unter dem Dom wurden Reste eines großen Gebäudes festgestellt, das als

Abb. 69 (S. 151): Worms, Dom von Südosten gesehen

Abb. 71: Historische Karte zum Bistum Worms

römerzeitliche Basilika (Markt- und Gerichtshalle) gedeutet wird. Man geht davon aus, dass in diesem Gebäude nach der Christianisierung die erste große Kirche in Worms eingerichtet war.

In fränkisch-karolingischer Zeit stand an dieser Stelle eine Bischofskirche, die von ihren Ausmaßen her im Langhaus des heutigen Doms Platz gefunden hat. Häufig wird in dieser frühen Zeit (6.–10. Jahrhundert) von Dombauten, Bränden, Zerstörungen und Weihen berichtet, doch diese Überlieferungen sind nicht gesichert. Auch die fränkische Königin Brunichildis und König Dagobert werden, wohl wegen der Bedeutung des Wormser Doms, mit ins Spiel gebracht. Die früheren archäologischen Befunde lassen keine eindeutigen Aussagen zu einer detaillierten Baugeschichte in vorromanischer Zeit zu. Während der Bauarbeiten zum Haus am Dom in Worms brachten die 2015 begonnenen und noch nicht völlig ausgewerteten archäologischen Ausgrabungen im Süden des Domes, im Bereich des ehemaligen Kreuzgangs und des Domvorplatzes vor der Nikolauskapelle, Reste einer möglicherweise merowingischen Taufpiscina zutage. Diese Entdeckung, ein weiterer Mosaikstein zur Domgeschichte, wirft gleichzeitig eine Reihe neuer Fragen auf.

DER DOMBAU UNTER BISCHOF BURCHARD (1000–1025)

Bischof Burchard I. von Worms (1000–1025) gilt als Erneuerer der Stadt wegen seiner enormen Bautätigkeit (vier Stiftskirchen und damit eine Neuordnung des Stadtgrundrisses, Baumaßnahmen an der Stadtmauer),

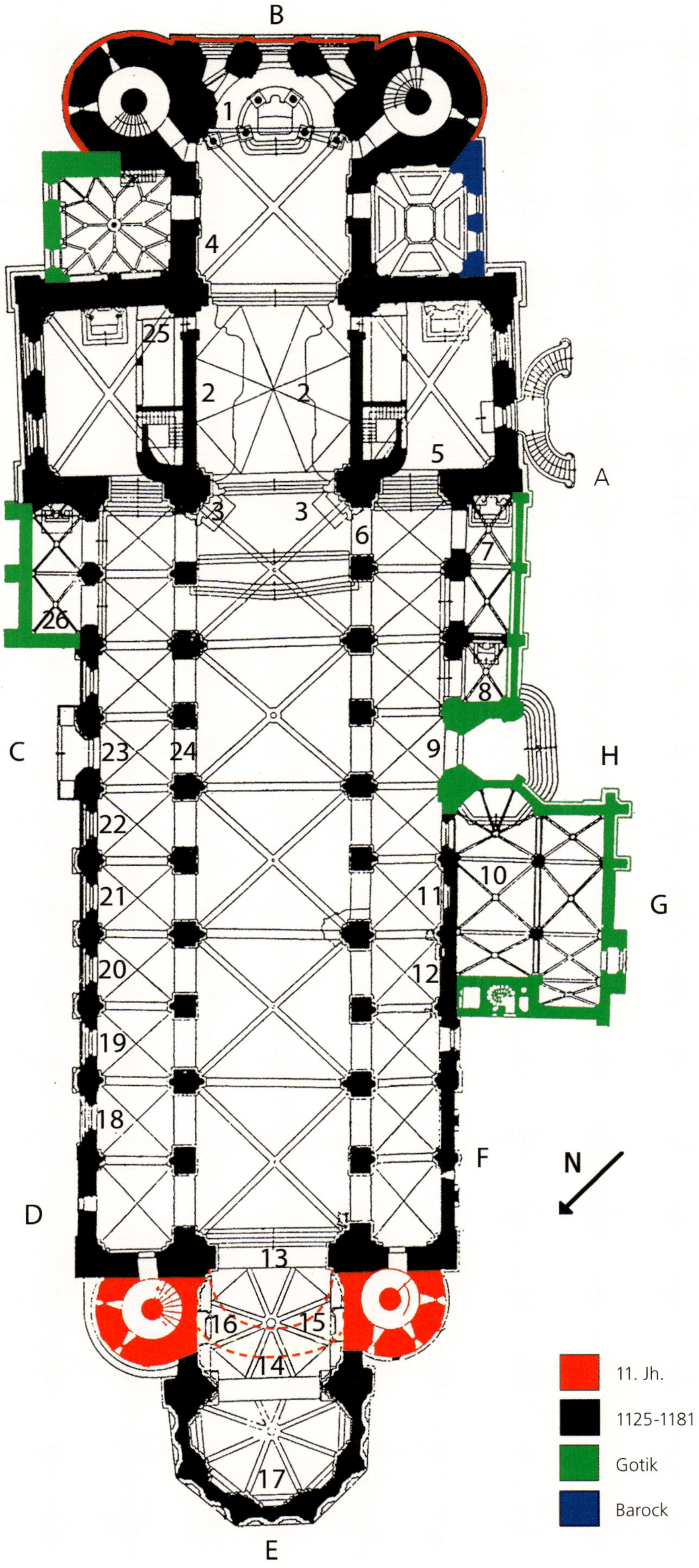

A	Südlicher Domplatz
B	Ostchor
C	Nordportal
D	Ehemaliger Bischofshof
E	Westchor
F	Ehemaliger Kreuzgang
G	Nikolauskapelle
H	Südportal

1	Hochaltar
2	Chorgestühl
3	Seitenaltäre
4	Juliana-Relief
5	Südl. Querhaus mit Dommodell
6	Saliergruft
7	Georgskapelle, Altar und Fenster
8	Annenkapelle, Geschichtsfenster und Daniel in der Löwengrube
9	Südportal, romanisches Tympanon
10	Nikolauskapelle mit Altar, Reliquiar, Löwentaufstein, Dreijungfrauenstein
11	Tafelbild, um 1400
12	Romanisches Portal der Nikolauskapelle
13	Grab von Bischof Burchard
14	Grab von Bischof Konrad von Sternberg
15	Denkmal für Bischof Franz Ludwig zu Pfalz-Neuburg
16	Grabmal für Bischof Theoderich von Bettendorf
17	Salisches Kruzifix
18	Verkündigung
19	Geburt Christi
20	Grablegung
21	Auferstehung
22	Wurzel Jesse
23	Nordportal
24	Petrus und Paulus
25	Christophorus
26	Marienkapelle

Abb. 72: Worms, Dom, Grundriss mit farbig eingetragenen Bauphasen von 1018 bis zur Barockzeit

Abb. 73: Blick in die Saliergruft von 1909 unter dem östlichen Mittelschiffjoch

seiner Reformen in der bischöflichen Verwaltung und seiner theologischen Arbeiten. Er erbaute bald nach 1005 einen neuen Dom, der nahezu dieselben Größenausmaße wie der heutige Dom, mit fast demselben Grundriss hatte. Einige Formen orientieren sich an dem Neubau des Mainzer Doms unter Erzbischof Willigis (1009 geweiht). Die Weihe konnte 1018 gefeiert werden. Kurz danach brach der Westbau wegen seines ungünstigen Baugrundes, der noch mehrfach Probleme bereiten sollte, zusammen. Bis 1022 war der Schaden behoben und der Dom wurde erneut geweiht. Das in den Folgejahren erbaute Kloster Limburg an der Haardt/Pfalz und der Neubau des Speyerer Doms (Speyer I) waren von den Formen des Burcharddoms beeinflusst.

Eine weitere Domweihe ist für 1110 überliefert. Sie ist auf eine erste Erneuerung des Ostchores unter Kaiser Heinrich V. zu beziehen (vgl. den Beitrag De Filippo/Schulten/Untermann in diesem Band). Aus dieser Zeit wurden vor dem Westbau Reste einer Schrankenanlage gefunden, die die Handschrift der lombardischen Steinmetze tragen, welche zeitgleich am Speyrer und am Mainzer Dom gearbeitet haben.

Der heutige Dom entstand im 12. Jahrhundert und wurde weitgehend auf den Fundamenten des Burcharddoms erbaut. Bald nach 1100 wurde unter Kaiser Heinrich V. der neue Ostchor begonnen, der dann in zwei Bauphasen, etwa bis 1144, errichtet wurde. Bis Mitte des 12. Jahrhunderts folgte das Langhaus und anschließend wurde unter Kaiser Friedrich I. Barbarossa und Bischof Konrad II. von Sternberg der 1181 geweihte Westchor errichtet. Gegen 1300 entstand das reich geschmückte, gotische Südportal in Verbindung mit Kapellenumbauten bzw. -neubauten an der Südfassade des Doms.

Der Dom, wie auch die anderen mittelalterlichen Wormser Kirchen, ist mit dem Altarraum nach Südosten orientiert. Das war auch die Ausrichtung der früheren römischen Basilika auf dem Domhügel. Diese Lage ist wohl durch die geographische Situation bedingt. Damit wurde die Ausrichtung des ersten Gotteshauses in der Stadt, der Basilika, für die späteren Kirchen verbindlich.

Verheerend für Stadt und Dom war die Pfalzverwüstung 1689 während des Pfälzischen Erbfolgekrieges. Der Dom brannte innen aus, die Gewölbe zerborsten. Nahezu die gesamte mittelalterliche Ausstattung ging verloren. Nach Beseitigung der Bauschäden im frühen 18. Jahrhundert wurde der Dom innen barock ausgestattet. Ein Höhepunkt ist der Hochaltar von Balthasar Neumann (vgl. den Beitrag v. Engelberg in diesem Band).

ZUR RESTAURIERUNGSGESCHICHTE DES DOMS

Die Auflösung des Bistums, verbunden mit den Säkularisations- und Abbruchmaßnahmen an anderen Bauten in kirchlichem Eigentum, ging nicht spurlos am Dom vorüber. Der Zustand der Bausubstanz, noch in Folge der Zerstörung 1689, verschlechterte sich stark. Schließlich war der Westchor einsturzgefährdet. Die erforderliche Restaurierung wurde zwar seit Mitte des 19. Jahrhunderts geplant, doch aus verschiedenen Gründen immer wieder verschoben. Eine großartige Leistung waren dann zwischen 1901 und 1906 der Abbau des baufälligen Westchors und sein exakter Wiederaufbau, weitgehend mit dem historischen Steinmaterial, unter Dombaumeister Professor Karl Hofmann (TH Darmstadt). In den Folgejahren wurde der Dom unter Dombaumeister Brand umfassend restauriert. Die Vorgehensweise hält noch heutigen Kriterien stand. Bis 1930 erfolgte die Erneuerung der Nikolauskapelle. Die Gesamtrenovierung wurde 1932 abgeschlossen.

Bei den Fliegerangriffen im 2. Weltkrieg, am 21. Februar 1945, wurde das Langhausdach von Brandbomben getroffen und brannte ab. Die Kriegsschäden wurden relativ rasch beseitigt. Ab 1961 erfolgte eine Außenrenovierung und ab 1977 dann die Innenrenovierung, die sich vorwiegend auf eine Reinigung beschränkte. Bauschäden, besonders im Bereich des Westchors, machten ab 2002 eine erneute Restaurierung erforderlich, beginnend mit der Westgruppe mit Westchor samt Kuppel und den westlichen Rundtürmen, gefolgt vom Südostturm, dem Ostchor, der nördlichen Langhausseite mit Seitenschiffen, Marienkapelle und Nordostturm (vgl. den Beitrag Cebulla in diesem Band). Die begleitenden einhergehenden Bauforschungen erbrachten weitere neue Erkenntnisse zur Baugeschichte, die in der Forschung zu diskutieren sind (vgl. den Beitrag De Filippo/ Schulten/Untermann und den Beitrag von Winterfeld in diesem Band).

ZUM AUSSENBAU UND ZUR DOMUMGEBUNG

Der südliche Domplatz bietet sich als Ausgangspunkt für einen Rundgang um den Dom an. Hier steht seit 2002 ein Denkmal für Bischof Burchard (1000–1025), geschaffen von Ernemann Sander (Königswinter) im Gedenken an das 1000-jährige Jubiläum im Jahr 2000. Die lebensgroße Bronzefigur bildet den Bischof ab, segnend mit der Rechten und in der Linken mit Bischofsstab, deren Krümme eine figürlichen Szene schmückt: Sie zeigt den Bischof, der sich barmherzig über einen daniederliegenden Menschen beugt. Betrachtet man den Dom von Süden, so blickt man zuerst auf gotische Bauteile: die Nikolauskapelle, das aufwendig gestaltete Südportal (vgl. den Beitrag Sebald in diesem Band) sowie die Annen- und Georgskapelle. Dahinter erhebt sich das romanische Langhaus mit seiner typischen Wandgliederung durch Lisenen und Rundbogenfriese. Der südliche Domplatz war bis zur Wende zum 19. Jahrhundert der Friedhof für die Pfarrgemeinde St. Peter. Daran erinnern die auf dem Platz aufgestellten Sandsteinsarkophage wie auch die an die Außenwand des Domes gemalten Grabkreuze.

Mitten in diesem Friedhof stand die **Johanneskirche**, die Pfarr- und Taufkirche der Gemeinde, die 1807 im Zuge der Säkularisation abgerissen wurde. Ihr Aussehen ist durch Abbildungen bekannt. Säulen und

Abb. 74: Worms, Ansicht des südlichen Domvorplatz in Worms mit der Johanniskirche (abgebrochen 1807), von Johannes Ruland um 1780

Abb. 75: Worms, Inneres der Johanniskirche mit Blick auf die an den Säulen platzierten barocken Figuren, Johannes Ruland um 1780

Abb. 76: Worms, Domvorplatz von Süden mit Ausgrabungen, Foto 2015

Abb. 77: Worms, Haus am Dom, Reste der ab 2015 ergrabenen Piscina, Einbau im Untergeschoss des neu errichteten Haus am Dom

Abb. 78: Worms, Dom, Südseite, Gesamtansicht aus der Luft

andere Reste von Bauschmuck werden im Wormser Museum aufbewahrt, aber auch in anderen Museen wie dem Dom- und Diözesanmuseum in Mainz (vgl. Abb. 74 und 75).

Es handelte sich um einen zehneckigen Zentralbau (Dekagon) mit einem angefügten Glockenturm. Eindrucksvoll war die Gestaltung durch Säulengalerien unter den Dächern. Nach stilistischen Merkmalen zu urteilen, entstand die Kirche etwa gleichzeitig oder bald nach Fertigstellung des Domwestchores noch in den letzten Jahrzehnten des 12. Jahrhunderts.

Der romanische Dom, aus Sandstein erbaut, ist eine kreuzförmige Basilika, doppelchörig mit einem Chorraum im Osten und einem weiteren im Westen. Nach Osten schließt sich an das Langhaus ein Querhaus mit Vierungsturm an und daran der Chor, der von zwei Rundtürmen flankiert wird. Im Westen fügen sich an das Langhaus zwei weitere Rundtürme an, und der dazwischenliegende Westchor wird von einem Turm überragt, der ein Gegengewicht zum östlichen Vierungsturm bildet. So wird das Erscheinungsbild des Domes durch die beiden Turmgruppen im Osten und im Westen bestimmt.

Der Rundgang in Richtung Ostchor führt vorbei am kleinen romanischen Portal (1130/40), über eine barocke Treppe zugänglich, zum südlichen Querhaus. Zwischen dem südlichen Querhaus und dem runden Südostturm liegt die Sakristei, die in der 1. Hälfte des 18. Jahrhunderts neu erbaut wurde. Hier führen einige Stufen hinab vor die gerade geschlossene **Ostfassade** (vgl. Abb. 2). Über einer Sockelzone aus kleinsteinigem Quadermauerwerk, das wahrscheinlich vom Fundament des Burcharddoms stammt, erhebt sich das in drei Felder gegliederte Fenstergeschoss der Ostfassade. Auf den Fensterbänken der Rundbogenfenster mit trichterförmiger, profilierter Laibung sitzen verschiedene Tiere: Löwen, eine Bärin mit ihren Jungen und ein Widder (vgl. Abb. 16 und 17 und den Beitrag De Filippo in diesem Band). Von ihrer Symbolik her erinnern sie an das Böse, das durch die Kirche gebannt ist. Unter dem Dreiecksgiebel des Daches, getrennt durch ein Gesims, erstreckt sich in ganzer Fassadenbreite ein Galeriegeschoss. Die rundbogigen Arkaden der Zwerggalerie werden von Säulen mit Würfelkapitellen getragen. Im Sims unter dem Säulenfuß sind Maskenköpfe eingesetzt. Ein Säulenschaft im mittleren Bereich ist geschmückt mit einem Menschen, auf dessen Schulter ein Affe sitzt. Der Affe, ein Symbol des Teufels, erinnert an den Hochmut, die Eitelkeit, wohingegen der Mensch als Baumeister zu deuten ist (vgl. Abb. 11). Kopien im Innern des Doms laden ein, diese singulären Bildwerke genauer anzuschauen. Die runden Treppentürme sind durch hervortretende Gesimse in fünf Geschosse gegliedert, die Geschosse durch Lisenen und Rundbogenfriese in Felder geteilt. Weitere Masken und Fratzen schmücken die Konsolsteine der Rundbogenfriese.

Auf der **Nordseite des Domes**, als Gegenstück zur Sakristei, schließt sich die sogenannte Silberkammer (früher Heiligkreuzkapelle) an, die im Kern aus dem 11. Jahrhundert stammt und im späten 13. Jahrhundert umgebaut wurde. Im Anschluss an das Querhaus wurde ab Mitte des 15. Jahrhunderts am Ostende des nördlichen Seitenschiffs die spätgotische Marienkapelle (früher Ägidienkapelle) angebaut.

Daneben öffnet sich das **Nordportal**. Es war ursprünglich das Hauptportal des Domes, durch das der Bischof, der Kaiser und andere hochgestellte Persönlichkeiten in den Dom einzogen. Nach Wormser Überlieferung soll sich hier der im Nibelungenlied überlieferte Streit zwischen den Königinnen Kriemhild und Brunhild zugetragen haben. Reste einer geplanten Vorhalle lassen sich noch erkennen. Bemerkenswert an diesem Säulenportal ist die Kapitellzone. Auf der linken Seite, in den Blattkapitellen, befinden sich Menschenköpfe, auf der rechten Seite hervorragende Adlerkapitelle. Nicht nur im Tympanon (Bogenfeld), sondern auch auf den danebenliegenden Wandflächen sind Ritzungen von Heiligenscheinen zu erkennen. Dies besagt, dass das Quadermauerwerk im Umfeld des Portals im Mittelalter dünn verputzt und bemalt war. Über dem Portal, in einer Rahmung, war das von Kaiser Friedrich Barbarossa 1184 verliehene Stadtfreiheitsprivileg angebracht (vgl. Abb. 54).

Abb. 79: Nordseite mit Blick auf die westliche Turmgruppe

Abb. 80: Details zu den Turmbekrönungen der östlichen Turmgruppe

Der Platz vor dem Nordportal gehörte zum Immunitätsbezirk des Bischofs. Hier galt das städtische Recht nicht mehr und ein Verfolgter konnte Zuflucht finden (vgl. den Beitrag Bönnen in diesem Band). Hinter dem Schlösschen aus dem 19. Jahrhundert, im Garten des heutigen Heylshofs, befand sich der mittelalterliche **Bischofshof**. Am westlichsten Joch des Langhauses ist erkennbar, wo der Bischofshof an den Dom angebaut war. Der Komplex erstreckte sich weiter nach Norden bis an die Stephansgasse. Die

Abb. 82: Blick in den Südwestturm („Eselsturm") mit innen hochführender Rampe statt Stufen

einzelnen Gebäude sind im Park markiert. In der Mitte lag die Aula maior (das Hauptgebäude), wo im April 1521, während des Wormser Reichstages, die Verhandlung gegen Martin Luther stattfand. Luther, der unter Kirchenbann stand, widerrief seine Schriften nicht, weswegen die Reichsacht über ihn verhängt wurde. Die Spaltung der christlichen Kirche des Abendlandes war die Folge. Nach Norden schlossen sich an die Aula maior die Saalstiege und die Stephanskapelle an, die von 1055 stammte. Im Bereich des Heylshofgartens lag das römische Forum von Worms; hier vermutet man auch die Königspfalz Karls des Großen. Nach der Stadtzerstörung von 1689 wurde im westlichen Bereich des Parks ein barocker Bischofshof errichtet, der in den Wirren der Französischen Revolution zerstört wurde.

Besonders eindrucksvoll ist der Blick auf den **Westchor**, den jüngsten Teil des mittelalterlichen Doms, vom Platz der Partnerschaft aus. Hintereinander staffeln sich die fünfseitige Apsis und der Turm über dem Chor, flankiert von zwei runden Treppentürmen. Deren untere Geschossen stammen von dem Vorgängerbau Bischof Burchards. Der Nordwestturm war 1429 durch einen Blitzschlag zerstört und 1472 in spätgotischen Formen, angepasst an den romanischen Vorgänger, wiederhergestellt worden. Der Westchor, nur 50 Jahre jünger als der Ostchor, spricht eine ganz andere Formensprache als dieser. Die Wände mit ihren Blendarkaden und Fenstern haben eine viel größere Plastizität und Tiefe. Die Rosettenfenster, in das Formengut der späten Romanik einbezogen, verweisen auf den Umbruch zur Gotik. Markant ist die

Abb. 81: Westchor vom Platz der Partnerschaft aus gesehen

Abb. 83: Nördliche Mittelschiffswand mit Blendengliederung, barocke Pfeilerfiguren, links die Schwalbennestorgel von 1985

Zwerggalerie der Apsis, die eine Wiederholung im Chorturm und den beiden Rundtürmen findet. Die Säulen der Galerien tragen Blattkapitelle mit Eckvoluten, sogenannte Wormser Kapitelle, die man auch an zeitgleichen oder wenig später errichteten Sakralbauten in Worms findet. Die steinernen Turmdächer tragen auffällige Bekrönungen in Form von Knäufen, die würfelähnlich abgeplattet und kreuzförmig durchbohrt sind.

Zurück auf der Südseite, vorbei am »Siegfriedstein«, einem mittelalterlichen Kelterstein aus der Domkellerei, schließt sich der Bereich des **Kreuzgangs** mit heute zerstörten angrenzenden Gebäuden an. An der Langhauswand des Domes lassen sich zum einen die drei Rundbogengeschosse des romanischen Kreuzgangs ablesen, wie auch die Spitzbögen des spätgotischen Kreuzgangs, der ab 1484 von Bischof Johann von Dalberg errichtet wurde und mit hochwertigen steinernen Bildwerken (heute aufgestellt im nördlichen Seitenschiff des Doms) ausgestattet war. In den Obergeschossen der Gebäude befanden sich die Bibliothek, Schreibstube und Archive. Das Kapitelhaus schloss sich an die Nikolauskapelle an, jetzt ersetzt durch das Gemeindehaus »Haus am Dom« (2018). Der Kreuzgang wurde erst 1830 niedergelegt.

An den Kreuzgang schließt die 1301 fertiggestellte **Nikolauskapelle** an. Ihr Südportal ist mit einem Tympanon geschmückt, das zwei Szenen aus der

Abb. 84: Südliche Mittelschiffswand mit Blendengliederung, barocker Kanzel (1715) und Pfeilerfiguren

Nikolauslegende zeigt: Nikolaus als Patron der Seefahrer rettet ein Schiff vor dem Sturm, der als Teufelchen am Schiffsmast dargestellt ist. In der anderen Szene entreißt Nikolaus einem Henker, der drei unschuldig verurteilte Männer hinrichten wollte, das Schwert. Der Figurenschmuck an der Süd- und Ostseite der Kapelle leitet zum Südportal über. Dargestellt sind auf der Südseite die Muttergottes mit Jesuskind und die heilige Katharina von Alexandrien, siegreich auf Kaiser Maxentius stehend. Auf der Ostseite sind zu sehen: Johannes der Täufer, ein Hinweis auf die Johanneskirche als Taufkapelle vor dem Dom, ein Posaunenengel, der als Bezug zum Friedhof vor dem Dom an das Jüngste Gericht mahnt, und zuletzt ein Bischof mit einem Kirchenmodell in der Hand, der als Bischof Burchard mit dem Modell der Johanneskirche gedeutet wird.

Das **Südportal** wurde in der Zeit um 1290 bis 1300 neu gestaltet mit herausragendem Figurenschmuck, der den Bildhauerarbeiten am Straßburger Münster eng verwandt ist. Das heilsgeschichtliche Programm (vgl. Abb. 21–24 und Beitrag Sebald in diesem Band) zeigt in den Großfiguren auf der rechten Seite des Gewändes die vier großen alttestamentlichen Propheten, denen auf der linken Seite die vier Evangelisten gegenüberstehen. Die Gegenüberstellung von Szenen aus dem Alten und dem Neuen Testament in den Bogenläufen wird bekrönt von der Darstellung der »triumphierenden Kirche«, in dieser Art der

Abb. 85: Blick in den östlichen Altarraum mit barocker Ausstattung

Darstellung einzigartig: Maria, die auf einem Tier reitet, das die Evangelistensymbole verkörpert. Im Bogenfeld über dem Portal ist die Marienkrönung gezeigt. Das Programm wird komplettiert durch vier allegorische Figuren, rechts an der Annenkapelle: in der oberen Reihe Caritas (Liebe) und Fides (Glaube), zwei der christlichen Tugenden und in der unteren Reihe die »Synagoge« und »Frau Welt«, deren Rücken von Schlangen und Kröten angenagt wird, als Sinnbild des Hochmuts. Die Programme an den Kirchenportalen dienten als Unterweisung und Mahnung zugleich.

INNENRAUM UND AUSSTATTUNG

Die steinerne Monumentalität im Innenraum des Wormser Doms ist überwältigend. Im Mittelschiff kann man den Baukörper auf sich einwirken lassen und sich orientieren.

Der **Hochaltar im Ostchor** des Wormser Doms zieht den Blick des Betrachters sofort auf sich. Er wurde von dem Würzburger Architekten Balthasar Neumann und unter dem Bischof Franz Georg von Schönborn zwischen 1738 und 1742 geschaffen. Finanziert wurde er durch ein Vermächtnis des Bischofs Franz Ludwig von Pfalz-Neuburg, der die Wiederherstellung des Doms nach der Pfalzverwüstung 1689 begonnen hatte. Die Schnitzarbeiten und Figuren des Altars stammen vom Würzburger Bildhauer Johann Wolfgang van der Auwera (1708–1756) (vgl. den Beitrag von Engelberg in diesem Band).

Das geschnitzte Chorgestühl (1755–1759) in der Vierung der Ostteile, in Formen des Rokokostils, stammt von dem Mainzer Hofschreiner Franz Anton

Abb. 86: Westchor, links Denkmal für Bischof Franz Ludwig von Pfalz-Neuburg, unter der westliche Rosette romanisches Triumphkreuz (Kopie)

ALTERA LAVRENTI
INCENDIA
ĀPRIMIS.
NON SINT

Hermann (vgl. den Beitrag Bratner und Ecker in diesem Band). Es ist in den oberen Brüstungsfeldern mit geschnitzten Musikinstrumenten geschmückt und mit den mit den barocken Musikemporen verbunden. Am Aufgang zur Vierung stehen zwei Seitenaltäre des Mainzer Bildhauers Johann Peter Jäger, 1749–1751 entstanden. Im linken Altar ist Christus als Erlöser zu sehen, im rechten Maria Immaculata. Ein schlichter Zelebrationsaltar wurde nach den liturgischen Bestimmungen des 2. Vatikanischen Konzil nach 1965 in die Vierung versetzt. Der Altarraum erfährt im Jubiläumsjahr eine grundlegende Neugestaltung (vgl. den Beitrag Schäfer in diesem Band).

Der **Altarbereich** gehört bis 1110 und von 1125–1144 zu den ersten ›Bauphasen‹ des 12. Jahrhunderts und setzt sich zusammen aus der Vierung, dem Chorraum und der Apsis. In mittelalterlicher Zeit war der Altarraum im östlichen Langhausjoch vom Mittelschiff, dem Gottesdienstraum für die Laien, durch einen Lettner (eine geschmückte Trennwand mit Durchgängen für Geistliche, darauf eine Galerie für die Musiker) abgetrennt. Der mittelalterliche Gottesdienstbesucher hatte einen völlig anderen Raumeindruck als der heutige. Durch einen weiteren Lettner war auch der Westchor vom Langhaus abgetrennt.

Eine Wandvorlage in der Nordwestecke des Chores ist geschmückt mit dem **Juliana-Relief** (vgl. Abb. 56 und Beitrag Bönnen in diesem Band). Die heilige Juliana hat den Teufel erkannt und überwältigt, ein Engel führt ihn ab. Interessant sind dabei die Inschriften »OTTO ME FECIT – Otto (wohl der Künstler) hat mich gemacht« und »ADELBRAHT MONETARIUS – Schatzmeister Adelbracht (Stifter). Andere Wandvorlagen an der Nordwand des Chores sind durch bärtige Männerköpfe geschmückt, aus deren Mündern Rankenornamente wachsen.

Die Wandflächen des Chores sind durch Vorlagen in rundbogige Felder unterteilt. Darüber spannt sich ein Bandrippengewölbe. Die beiden Querhäuser sind gleichermaßen gestaltet. Die Vierung öffnet sich nach oben in eine achteckige Kuppel. Die fünf Doppeljoche des Mittelschiffs, von denen das zweite bis fünfte Joch 1160/70 erbaut wurden, öffnen sich in Pfeilerarkaden. In der Fensterzone, durch ein Gesims abgetrennt, befinden sich jeweils zwei Rundbogenfenster, die von Blendbögen umrahmt sind. Die Felder unter den Fenstern sind teilweise durch weitere Blendbögen gestaltet (vgl. Abb. 73). Die Gewölbe sitzen auf Wandvorlagen mit Polsterkapitellen. Gurtbögen trennen die einzelnen Joche, die mit Kreuzgewölben mit profilierten Rippen überspannt sind. An einigen Langhauspfeilern befinden sich barocke Heiligenfiguren, dazwischen – auf der Südseite – die Kanzel mit Schalldeckel von 1715. Die Nordseite wird an der Stelle der mittelalterlichen Orgel von einer Schwalbennestorgel der Firma Klais (Bonn) von 1985 bestimmt (vgl. den Beitrag Ehses und Zerfaß in diesem Band).

Der Bedeutung der Doppelchoranlage und dem Westchor ist ein eigener Beitrag gewidmet (vgl. den Beitrag Kosch in diesem Band). Der **Westchor** ist dem heiligen Laurentius geweiht, der im Apsisgewölbe in einem Wandgemälde von 1711 zu sehen ist. Herzog Konrad der Rote, der in der Saliergruft im Wormser Dom bis heute begraben ist, war im August am Laurentiustag des Jahres 955 in der Schlacht auf dem Lechfeld bei Augsburg gegen die Ungarn ums Leben gekommen. Deswegen galt er als Märtyrer und ihm zu Ehren wurde am Vorgängerbau die Laurentiuskapelle errichtet, die eine Doppelchörigkeit des Domes entstehen ließ.

Die Steinsichtigkeit des Innenraums ist nicht ursprünglich. Im Mittelalter waren alle Wände mit einer Putzschlämme überzogen und farbig bemalt, besonders die Kapitelle waren bunt.

Im südlichen Querhaus des Doms zeigt ein Dommodell aus den 1920er Jahren die historische Platzsituation mit der Johanneskirche, Kreuzgang und Bischofshof. Besonders beeindrucken die hier aufgestellten Originale und Kopien der mittelalterlichen Bauskulptur, wobei die sogenannte Baumeistersäule (Kopie) – ganz aus der Nähe gesehen – die erstaunliche Kunstfertigkeit der Steinmetze erahnen lässt.

Eine Treppe im **südlichen Seitenschiff** führt in die 1909 angelegte Saliergruft unter dem ersten Mittelschiffsjoch (vgl. Abb. 83 und 84). Dort wurden 1906 in

Abb. 87: Nikolauskapelle mit Fensterzyklus von Heinz Hindorf (1967–1970)

der Erde die Steinsarkophage gefunden, in denen die Vorfahren und Angehörigen des ersten Salierkaisers Konrad II. bestattet wurden. Folgende Persönlichkeiten sollen hier ruhen: Herzog Konrad der Rote (955 bei der Schlacht auf dem Lechfeld gefallen, Urgroßvater von Konrad II.), Herzogin Judith (Großmutter), Graf Heinrich von Speyer (Vater), Herzog Konrad von Kärnten und dessen Gemahlin Mathilde (Onkel und Tante), Konrads Schwester Judith und seine Tochter Mathilde.

An den östlichen Bereich des südlichen Seitenschiffs sind die gotische Georgskapelle und die Annenkapelle, beide um 1300, angebaut. Der steinerne Altar der Georgskapelle (jetzt Werktags-Sakristei), im Renaissancestil um 1590 erbaut, hat den Dombrand 1689 unbeschadet überstanden. Im Altar ist die Auferstehung Christi dargestellt und darüber der Kampf des heiligen Georg mit dem Drachen. Bemerkenswert sind die Fenster von Heinz Hindorf (1909–1990), besonders das Geschichtsfenster (vgl. Abb. 70), das die Geschichte des Bistums von den Anfängen bis 1945 zeigt.

In der Westwand der Annenkapelle erblickt man die Darstellung des Daniel in der Löwengrube. Die

Abb. 88: Nikolauskapelle, Schlussstein mit heiligem Petrus in einem Boot, aus dem ehem. Kreuzgang, heute im Altar eingebaut

Abb. 89: Nikolauskapelle sog. Löwentaufstein, um 1480/85 aus der 1807 abgerissenen Taufkirche St. Johannes

Szene mit Daniel und den Löwen wird von einer Rundbogenarchitektur umrahmt. Darüber schwebt ein Engel mit dem Propheten Habakuk, der Daniel Nahrung in die Grube bringt. Hinzu kommen drei weitere Löwen. All diese Figuren gehörten zur Außengestaltung des romanischen Südportals und wurden bereits während des Baus der Annenkapelle hier eingesetzt (vgl. Abb. 25, 26 und den Beitrag Sebald in diesem Band). Das romanische Tympanon (Bogenfeld) des Südportals ist gleichfalls erhalten. Es ist die in das Innere des Kirchenschiffs gewandte Rückseite des gotischen. Beim Umbau wurde es an der rechten Seite etwas beschnitten.

Daneben führt eine Tür in die um 1300 erbaute **Nikolauskapelle**, einer gewölbten Halle mit zwei Mittelstützen. Im Altartisch ist ein Schlussstein aus dem ehemaligen Domkreuzgang vermauert, mit der Darstellung des heiligen Petrus als Fischer in einem Boot. An der Wand steht ein erst im 20. Jahrhundert erworbener Flügelaltar von 1520 mit Darstellungen des Schmerzensmanns unten in der Predella sowie Laurentius- und Nikolaus-Darstellungen an den Seiten. In der Mitte ist eine Madonnenfigur, um 1500, aufgestellt. Eine kleine Wandnische nimmt ein modernes Nikolausreliquiar auf, ein Schiff, in das eine Ampulle mit Wasser aus der Begräbnisstätte des heiligen Nikolaus eingefügt ist, geschaffen 1990 von dem Wormser Goldschmied Johannes Kienast.

Die in der Wand eingelassene Weiheinschrift der ersten Nikolauskapelle von 1058 weist auf die Tradition der Nikolausverehrung in Worms. Diese ältere Kapelle war erheblich kleiner als die heutige gotische. Bemerkenswert ist grundsätzlich die Errichtung einer Nikolauskapelle zur Mitte des 11. Jahrhunderts, weil Nikolaus als Bischof von Myra noch in der dortigen Kirche, in Kleinasien, ruhte und nur in der oströmischen Kirche Bedeutung hatte. Erst 1087 wurde er nach Bari in Italien überführt und danach verbreitete sich die Nikolausverehrung und er wurde schließlich zu einem der volkstümlichsten Heiligen. Worms ist eine der frühesten Stätten der Nikolausverehrung im westeuropäischen Kulturkreis überhaupt.

Ein bemerkenswertes Ausstattungsstück der Kapelle ist der spätgotische Löwentaufstein, um 1480, der aus der 1807 abgerissenen Johanneskirche stammt. Die Füße des Taufsteins sind als Löwen gestaltet. Der Taufstein ist mit Astwerk überzogen, dazwischen sind Johannes der Täufer und Propheten dargestellt. An der Wand steht der Dreijungfrauenstein, um 1430, der aus dem westlich gelegenen Bergkloster stammt, mit den heiligen Frauen Embede, Warbede und Willebede. Die eindrucksvolle Fensterverglasung, die eine besondere Raumatmosphäre schafft, stammt ebenfalls von Heinz Hindorf (1967–1970).

Im südlichen Seitenschiff, westlich vom Portal zur Nikolauskapelle, in einer Wandnische, ist das gotische Marienaltärchen von 1400, das den zerstörerischen Dombrand von 1689 wunderbarerweise überstanden hat, aufgestellt. Daneben befindet sich die ehemalige, inzwischen zugemauerte Tür der romanischen Nikolauskapelle. Im Bogenfeld ist Nikolaus als Lehrer, umgeben von Schülern, zu sehen. Dann folgt der Zugang zum Kreuzgang, umrahmt mit spätgotischen Schlusssteinen aus dem Kreuzgang, bald nach 1484 entstanden. Einige Meter weiter ist in der Mauer noch die ehemalige Treppe ablesbar, die im Mittelalter in das Obergeschoss des Kreuzgangs führte.

Vom **Westchor** aus erlebt man einen wunderbaren Blick durch den gesamten Dom, der sich allerdings erst seit der Neuzeit so bietet. Im letzten Mittelschiffjoch sind im Fußboden die Lettnerfundamente mit ihren halbkreisförmigen Ausbuchtungen sichtbar gemacht. In den Stufen zum Westchor war das Grab von Bischof Burchard angelegt; eine Platte mit Inschrift erinnert jetzt an den Erbauer des Doms. Westlich dahinter liegt das Grab von Bischof Konrad von Sternberg, unter dem der Dom 1181 geweiht wurde (vgl. den Beitrag Kosch in diesem Band). Im Fußboden markiert ist die etwas kürzere Apsis des Burcharddoms. Die Gestaltung der Wandflächen unterscheidet sich grundsätzlich von der in den Ostteilen und im Langhaus. Die Wände sind durchgestaltet mit plastischer Tiefe. Charakteristisch für die Apsis sind die trichterförmigen Blendnischen mit den Zackenbändern sowie das zentrale Rosettenfenster, umgeben von kleinen Rundfenstern und runden Blenden. Hier kündigt sich in der romanischen Formensprache der Übergang zur Gotik an, denn Rosettenfenster gelten gemeinhin als ein Stilmerkmal der Gotik. Die farbige Verglasung der Rundfenster und der Rosette mit dem thronenden Christus stammt von Paul Weigmann 1980. Über dem Chorjoch des Westbaus erhebt sich eine Kuppel, deren Grundriss in ein Achteck übergeht. Auch die fünfseitige Apsis ist mit einer Kuppel mit Gewölberippen überspannt. An der Südwand des Westchorjochs ist ein barockes Denkmal für den Wormser Fürstbischof Franz Ludwig von Pfalz-Neuburg († 1732) angebracht, der durch ein Vermächtnis den barocken Hochaltar gestiftet hat. Begraben ist er im Dom zu Breslau. An der Nordseite steht das monumentale Grabmal im Renaissancestil für den Wormser Bischof Theoderich von Bettendorf († 1580). Im rundbogigen Wandfeld unter der Fensterrosette hängt ein Kruzifix; das Original (heute im Bischöflichen Dom- und Diözesanmuseum Mainz) stammt aus dem frühen 11. Jahrhundert.

Im **nördlichen Seitenschiff** sind die spätgotischen steinernen Bildwerke aus dem Domkreuzgang aufgestellt, die in vielen Details und mit beeindruckenden Figuren Szenen aus der Heilsgeschichte im Bild erzählen. Sie sind im späten 15. und frühen 16. Jahrhundert entstanden. In ihren gotischen Formen und Stilelementen machen sich erste renaissancezeitliche Einflüsse bemerkbar.

Der Zyklus beginnt mit der **Verkündigung**, entstanden 1487. Der Engel Gabriel erscheint Maria in ihrer Kammer. Diese Kammer ist mit einem Bücherregal ausgestattet und stellt Maria als belesene und fromme Frau heraus. Ihre Mutter Anna hatte ihr das Lesen beigebracht und so entsteht der Eindruck von religiöser Gelehrtheit. Bemerkenswert hier wie bei allen anderen Darstellungen eine große Detailtreue und das für jene Zeit typische Astwerk als Dekorationsmittel (vgl. auch am Löwentaufstein in der Nikolauskapelle). Alle Bildwerke sind mit einer Rahmung versehen, in der weitere Figuren eingesetzt sind: Bei

Abb. 90: Relieftafeln aus dem ehemaligen Kreuzgang, heute im nördlichen Seitenschiff aufgestellt: Verkündigung, über Maria und dem Engel Darstellung von Gottvater

Abb. 91: Relieftafeln aus dem ehemaligen Kreuzgang, Wurzel Jesse mit Bild des Stifters Johann von Dalberg, dahinter der Dompatron hl. Petrus mit dem Schlüssel

Abb. 92: Relieftafeln aus dem ehemaligen Kreuzgang, Grablegung mit den trauernden Frauen, Maria und Johannes

Abb. 93: Relieftafeln aus dem ehemaligen Kreuzgang, Auferstehung, flankiert von Heiligenfiguren

Abb. 94: Detail aus dem Relief der Verkündigung: Maria, Bücherregal im Hintergrund

Abb. 95: Detail aus dem Relief der Geburt Christi: Hirtenpaar (vgl. Abb. 68)

der Verkündigung sind es z. B. die Propheten, die auf die Geburt Christi hinweisen. Die biblischen Szenen sind am Bildrand durch Figurengruppen von Heiligen und Stiftern ergänzt. Ursprünglich waren diese steinernen Bildwerke allesamt farbig gefasst: Teilweise lassen sich noch Farbspuren erkennen. Dann folgt die **Weihnachtsdarstellung** von 1515, der Zeit Albrecht Dürers (vgl. Abb. 68 und 95). Die Geburt in Bethlehem ist mit allen dazugehörigen Details wiedergegeben. Dazu gehören Ochse und Esel, die Hirten auf dem Feld und der Engel, der die frohe Botschaft verkündet. Die dargestellten Gebäude im Hintergrund des Bildes entsprechen in Gestaltung und Konstruktion der hierzulande üblichen Bauweise um 1500. Besonders reizvoll ist die Rahmung des Bildwerks mit musizierenden Engeln, gleichsam ein Engelskonzert zu Weihnachten. Die Kreuzigungsdarstellung, die hier folgen müsste, ist 1830 bei der Niederlegung des Kreuzgangs, verloren gegangen. Das nächste Motiv ist die **Grablegung** von 1488, im Hintergrund die Kreuze von Golgotha mit den beiden anderen Gekreuzigten. Der Leichnam Jesu wird von Nikodemus und Josef von Arimathäa gehalten. Hinter ihm stehen Maria und Johannes sowie zwei weitere Frauen und schließlich zu seinen Füßen Maria Magdalena mit dem Salbgefäß. Es folgt die Darstellung der **Auferstehung** von 1488 aus dem verschlossenen Grab. Neben dem Sarkophag, aus dem Christus heraussteigt, sitzen die schlafenden Soldaten. Besonderes Augenmerk gilt den verschiedenen kleinen, ganz naturalistischen Darstellungen von Pflanzen und Kleintieren mit symbolischer Bedeutung. Den Abschluss bildet die **Wurzel Jesse**, der Stammbaum Christi. Während die anderen, Bildwerke von Domherren gestiftet wurden, wurde dieses vom Bischof Johann von Dalberg in Auftrag gegeben. Der Künstler, der es 1488 geschaffen hat, soll Conrad Sifer aus Heilbronn sein, der auch am Straßburger Münster tätig war. Dieses Bildwerk ist von besonders hoher, künstlerischer Qualität und Plastizität. Aus dem Körper des schlafenden Jesse entspringt ein Baum mit den Königen des Alten Testaments im Astwerk. Unschwer ist König David mit der Harfe zu erkennen. In der Krone der geschwungenen Ranke sitzt Maria mit dem Jesuskind (nach Mt 1,6–16). Die Traube ist als eucharistisches Symbol zu lesen. Am Rande des Bildwerks kniet der Bischof als Stifter, hinter ihm stehen Petrus als sein Patron und der heilige Hieronymus mit dem Löwen als Hinweis auf seine Gelehrsamkeit.

Am **Nordportal**, das dem Südportal gegenüberliegt, ist das Bogenfeld von Interesse. Ursprünglich wies diese Seite nach außen, aber schon 1184 bei der Anbringung des Stadtprivilegs durch Friedrich Barbarossa wurde es gedreht. Dem Verlauf des Bogens folgt ein Band mit Akanthusblättern, in das im Scheitel eine der frühesten Blattmasken eingefügt ist.

An den beiden Mittelschiffspfeilern, die dem Portal am nächsten stehen, kann man an den Innenseiten die gemalten Figuren der Apostel Petrus und Paulus, entstanden im 14. Jahrhundert, erkennen. Am nächsten Pfeiler nach Osten wie auch an den Wandflächen neben dem Nordportal sind geritzte Heiligenscheine zu finden, die auf vergangene Pfeilermalereien, vermutlich Altarplätze, hinweisen. Von diesem Standort aus erblickt man an der Ostwand des nördlichen Querhauses die riesige Darstellung des Christophorus, mit dem Jesuskind auf seinen Schultern, ebenfalls mit plastisch vertieften Heiligenscheinen. Die Wandmalerei blieb als einziges Zeugnis der romanischen Ausmalung aus dem 12. Jahrhundert erhalten.

Das **nördliche Querhaus** dient bis heute als Grablege für Geistliche am Wormser Dom. In der Ecke des Seitenschiffs zum nördlichen Querhaus öffnet sich die Marienkapelle, früher Ägidien- oder Dalbergkapelle genannt, mit einem Altar mit einer spätgotischen Marienfigur aus dem 15. Jahrhundert. Die beiden farbigen Glasfenster der Kapelle sind ebenfalls von Heinz Hindorf 1986/88 geschaffen. In einem der Fenster sind, in Anlehnung an Ägidius, dem früheren Patron der Kapelle, die 14 Nothelfer dargestellt, im anderen Fenster Szenen aus dem Marienleben. Die Kapelle ist heute Ort der Stille und des Gebets.

Peter Reifenberg

DAS SALISCHE KRUZIFIX DES WORMSER DOMS

Ob ungläubig, suchend oder christgläubig: Nahezu jeder in Worms Geborene spürt beim Anblick des Doms zu Worms, wie sehr dieser für ihn Ort der existentiellen Identifikation ist, dem er sich sein ganzes Leben lang inniglich verbunden fühlt.

Für den Christen bedeutet es sehr viel mehr: ein mit lebendigen Steinen gebautes, Leben und Sterben prägendes Glaubenssymbol, Haus Gottes für den Glaubenden, mehr als Identifikationsort, mehr als Heimat, eher Sprungbrett zum Himmel ...

Bis in die 80er Jahre hing in der nüchtern-solide eingerichteten Domsakristei das schlichte, in seiner Aussage reiche salische Kruzifix aus dem 11. Jahrhundert. Es trägt die Zeichen der Geschichte: Zerstörung und Wiederaufbau, Tod und Leben.

Während allerdings das beeindruckende Udenheimer Kreuz dem meditierenden Beter in der Gotthard-Kapelle des Mainzer Doms eindrucksvoll als Original vorsteht, wartet der Betrachter auf die Heimführung des Originals in den Wormser Dom. Das Mainzer Diözesanmuseum sollte sich mit der Kopie des romanischen Kreuzes begnügen und den Wormsern das Kreuz zurückführen.

Der in seiner Schlichtheit beeindruckende Kruzifixus bleibt ein wichtiges Glaubenszeugnis, eine helfende Brücke auf dem Weg zum unsagbaren Geheimnis: Er stellt eine Momentaufnahme des sterbenden Jesus dar, die Augen gebrochen, auf dem Weg in die Verherrlichung, und der Beter verspürt, wie sehr das Sterben in den Tod hinein die größte Tat des Menschen sein muss, er verspürt im Antlitz Jesu die Erhabenheit des unbegreiflichen Christus. »Am Kreuz hat für Jesus das Aushalten der Unbegreiflichkeit Gottes den Höhepunkt erreicht« (K. Rahner).

Indem das unsagbare Geheimnis den Menschen vor die Frage nach sich selbst zwingt, gibt dieses ihm schon immer seine eigene Antwort, die aus einer unbegreiflichen Liebe spricht.

Es ist die Übereignung der Existenz in das Göttliche hinein: »Vater, in deine Hände empfehle ich meinen Geist« (Lk 23,46) und führt zur Konsequenz, welche die Väter der Kirche im Satz des Trostes immer wieder aussprechen: »Alles, was angenommen wurde, ist erlöst«.

Mit Karl Rahner dürfen wir schlussfolgern: Jesus hat den Tod angenommen, der mehr sein muss als das Nichts der Sinnlosigkeit. Er hat die Verlassenheit wie die Einsamkeit angenommen, so muss darin die Nähe des Unbegreiflichen ruhen. Er riskiert die äußere Erfolgslosigkeit, die im Inneren göttliche Vollendung bedeutet.

Die vermeintliche Gottverlassenheit Jesu am Karfreitag kann für den Glaubenden Hoffnung auf Erlösung und Nähe Gottes im Osterjubel bedeuten. Im Gebet des Trost suchenden, sündigen Menschen vor dem Kreuz scheint die Möglichkeit auf, »das Wunder des Karfreitagsglaubens« zu erbitten, der sich letztlich dem offenen Herzen und den Augen des Glaubens als Wunder der Gnade, als Gnadenerfahrung erschließt. Voller Zuversicht können wir vor dem Kreuz deshalb das Osterbekenntnis sprechen: »Alles, was angenommen ist, ist erlöst«. Christus ist der Schlussstein des Glaubenslebens: Das schöne Westwerk des Doms böte dem salischen Kruzifixus einen von den Bürgern der Stadt konservatorisch bestens behütenden Platz.

Abb. 96: Kruzifix aus dem Wormser Dom, Original im Bischöfl. Dom-und Diözesanmuseum Mainz, Korpus Weidenholz, Kreuz Tannenholz mit Resten originaler Fassung, H. 88 cm, B. 78 cm

Thomas Förster

DIE WORMSER TAFELN, UM 1260

Die Wormser Tafeln ragen aus dem lückenhaft erhaltenen Tafelmalereibestand in Nordeuropa aus der Zeit vor 1300 als früheste Zeugnisse für einen wandelbaren Altaraufsatz hervor. Ihre beidseitige Bemalung und die Scharniere weisen darauf hin, dass sie einst als Flügeltafeln ein Mittelstück flankierten. Dieses verlorene Mittelstück könnte, wie die Flügel, als Tafel oder Relief gestaltet gewesen sein. Wahrscheinlicher ist aber ein Schreinkasten mit wertvollen Reliquien und eventuell einer Skulptur.

Die einstigen Flügelaußenseiten zeigen den hl. Erzmärtyrer Stephanus als Diakon und den hl. Bischof Nikolaus von Myra/Bari unter einer gemalten Arkadenarchitektur einander zugewandt. Über ihre Reliquien waren sie im Dombezirk zugegen. Das an Festtagen geöffnete Retabel präsentierte die Apostel Petrus und Paulus, die sich dem kostbaren Mittelstück zuwandten. Die Rillen in den oberen Rahmenschenkeln bezeugen, dass die Apostelfürsten hinter einem heute verlorenen Schleierwerk auftraten. Sie schwebten in einem reliefierten Goldgrund aus Kreisen und Rauten – im himmlischen Jerusalem.

Malerei und Relief imitierten getriebene Goldschmiedearbeiten von Reliquienschreinen. Solche wurden damals noch hoch hinterm Altarblock aufgestellt. Ihnen gegenüber gewinnen nun die Tafelbilder an Geltung. Sie veranschaulichen uns Heiligenbilder, die den Messaltar als eine Bühne beleben – inszeniert im Rhythmus des Kirchenjahres.

Die erkennbaren engen Beziehungen zur Mainzer Buch- und Glasmalerei lassen vermuten, dass die Wormser Tafeln innerhalb eines Mainzer Werkstattverbundes entstanden sind. Vermutlich waren sie für den Hochaltar im Ostchor des Wormser Domes bestimmt. 1937 verkaufte die Domgemeinde die Tafeln dem Hessischen Landesmuseum Darmstadt.

Abb. 97a-e: Großwerkstatt aus Tafel-, Glas-, Buch- und Wandmalern in Mainz
Eichenholz (Rahmen), Ahornholz (Tafeln) / je H. 114 cm, B. 72 cm / Inv. Nr. HLMD GK 944

DAS WANDBILD DES HL. CHRISTOPHORUS

Abb. 98a: Worms, Dom, Wandbild des hl. Christophorus (Höhe ca. 10 m) an der östlichen Stirnwand des nördlichen Querschiffarms, untere Teile von barocken Einbauten verdeckt

»Du sollst wissen, dass Christoph nicht eine Person ist, sondern ist ein Ebenbild aller Christen. Die Geschichte will nicht eine Historie sein, sondern will das christliche Leben vor Augen malen.«

Deutung der Christophorus Legende durch Martin Luther in einer Predigt am Christophorustag 1529

Media vita
In morte sumus.[1]
Quem quærimus adiutorem
Nisi te, Domine,
Qui pro peccatis nostris
Iuste irasceris.

Sancte Deus,
Sancte fortis,
Sancte et misericors Salvator:
Amaræ morti ne tradas nos!

Mitten im Leben
sind wir im Tod.
Welchen Helfer suchen wir
als dich, Herr,
der du wegen unserer Sünden
mit Recht zürnst.

Heiliger Gott,
heiliger starker,
heiliger und barmherziger Erlöser:
überlass uns nicht dem bitteren Tod.

Im Eckjoch des nördlichen Seitenschiffs findet sich hoch oben in der Querwand die Besonderheit einer ins Innere des Gotteshauses gerichteten Fensteröffnung. Von dort aus ist ein weit entfernt an der Ostseite des nördlichen Querhausarms angebrachtes Wandgemälde nach dem Ab- oder Aufstieg über die Wendeltreppe des Nordwestturmes zu sehen. Dieses noch vor 1200 entstandene Bild stellt einen jugendlich bartlosen heiligen Christophorus dar, der den Christusknaben auf der Schulter trägt. Der Vorstellung his-

Abb. 98b: Tür im Eckjoch des nördlichen Seitenschiffs zur Wendeltreppe des Nordwestturms. Ein hochgelegener Verbindungsgang mit Fenster ins Kircheninnere führte zum mittelalterlichen Bischofspalast.

Abb. 98c: Blick durch das nördliche Seitenschiff aus der Fensteröffnung des einstigen Durchgangs zum Obergeschoss der Pfalz. Man nimmt in der Ferne das Wandgemälde des hl. Christophorus im nördlichen Querschiffarm wahr.

torischer Volksfrömmigkeit nach war der Betrachter des Heiligenbildes für diesen Tag vor einem plötzlichen Tod sicher.

Die stark restaurierte Inschrift über dem Bild gibt das mittelalterliche Gebetsanliegen wieder: »Durch dich wird ein gutes Zeichen gegeben. Jede Art von Krankheit wird vertrieben, [ebenso] Unwetter, Hungersnot und Seuchen – o Christophorus, du Zeuge Christi« (übertragen aus dem Lateinischen). Der Name des Heiligen, übersetzt »der Christusträger«, dessen Legende erst im späteren 13. Jahrhundert durch die *Legenda aurea* des Jacobus de Voragine populär wird, ist im Sinne eines Ehrentitels zu verstehen. Das Wormser Gemälde gehört zu den frühesten erhaltenen Beispielen seiner Art neben den Darstellungen des 12. Jahrhunderts im Alpenraum. Hier in Worms erscheint das ins Bild gefasste Gebetsanliegen wie eine ferne Vision, durch die großen Fenster im Querhaus in helles Licht getaucht. Offenbar fanden nicht nur einfache Gläubige beim Anblick des Heiligen Trost inmitten einer bedrohlichen Lebenswelt, sondern auch hohe Würdenträger oder der Bischof vertrauten auf die Kraft des »Christusträgers«, mit einem letzten Blick beim Aufstieg vom Dominneren zu ihren privaten Gemächern im Obergeschoss des ehemals angrenzenden Pfalzgebäudes.[2]

1 Wolfgang Schobert, »Mitten im Leben ...« Systematisch-theologische Bemerkungen zur Wahrnehmung des Todes im Mittelalter, in: Gott und Tod: Tod und Sterben in der höfischen Kultur des Mittelalters (Bayreuther Forum TRANSIT – Kulturwissenschaftliche Religionsstudien 10), Münster 2011.

2 Clemens Kosch, Die romanischen Kaiserdome von Mainz, Worms und Speyer. Architektur und Liturgie im Hochmittelalter (Großer Kunstführer 259), Regensburg 2011, S. 54–57.

IV.

ZUR AUSSTATTUNG IM WORMSER DOM

Meinrad v. Engelberg

DER BAROCKE HOCHALTAR DES WORMSER DOMS

1. BAROCK UND ROMANIK: STÖRENDER KONTRAST ODER SPANNENDER DIALOG?

»Der Dom St. Peter zu Worms ist nicht nur eines der herrlichsten Werke romanischer Baukunst, sondern er besitzt auch einen der edelsten Altäre des 18. Jahrhunderts in Deutschland.«[1]

Mit diesen Worten beginnt Joachim Hotz seinen 1963/64 im »Wormsgau« publizierten Beitrag zu »Balthasar Neumanns Hochaltar im Wormser Dom«[2] (vgl. dazu den Beitrag Ecker und den Beitrag Bratner in diesem Band) und beschreibt damit zugleich ein bis heute für viele Besucher sich aufdrängendes Dilemma: Beide Kunstrichtungen, die Romanik der Kaiserdome und der Spätbarock Balthasar Neumanns, werden gleichermaßen geschätzt – aber fügen sie sich zu einer künstlerischen Einheit zusammen? »Passt« dieser Altar in diesen Dom? Wäre es nicht im Sinne der Stilreinheit und »authentischen« Wirkung des Raums wünschenswert, man blickte wie z. B. im benachbarten Speyer auf die »reine mittelalterliche Form« einer undekorierten, glatten romanischen Apsis? Ist der Altar Neumanns nicht auf einen seiner reich dekorierten, weiß verputzten, strahlend hellen Kirchenräume wie z. B. Vierzehnheiligen hin komponiert? War und ist der Zusammenklang von Raum und Ausstattung hier nur das ästhetisch mäßig überzeugende Resultat ungünstiger historischer Umstände, die weder das eine noch das andere, weder die vielen Betrachtern bis heute als besonders »mittelalterlich« erscheinende steinsichtige Kargheit romanischer Dome[3] noch die in sich geschlossene, harmonische Pracht barocker Stiftskirchen in ihrer wünschenswerten Rein- bzw. Idealform begünstigten?

Die Denkmalpflege lehrt seit mehr als einem Jahrhundert, dass auch solche »historisch gewachsenen« Zustände schützenwert sind, aber das beantwortet nicht die Frage nach der immanenten gestalterischen Qualität dieser Raumlösung. Es liegt nahe, die Ungunst der Umstände im armen, entmachteten, sich mühsam aus der Brandasche von 1689 erhebenden Worms als begründende Ursache eines unbefriedigenden »Kompromisses« anzusehen: Zu mehr Barock im Dom habe es eben nicht gereicht, vielleicht leider, vielleicht Gottseidank.[4] Vergleicht man mittelalterliche Kathedralen in Süddeutschland, die ebenfalls nach Bränden aufwendig wiederhergestellt wurden, z. B. den ab 1667 renovierten Passauer Dom,[5] so zeigt sich ein völlig anderes Raumbild, nämlich das einer durch und durch »barockisierten«, in sich formal konsequenten und daher spontan überzeugenden Erscheinung des Inneren, die nur für Kenner (z. B. an den Proportionen des hohen, steilen Mittelschiffs

Abb. 99: Worms, Dom, Ostchor, Blick auf den Hochaltar

und den weit gespannten schlanken Arkaden) den gotischen Kern dieses in seiner Raumwirkung barocken »Gesamtkunstwerks« enthüllt.

Sollte man also den nunmehr bald 300 Jahre alten Kompromiss schulterzuckend akzeptieren, den (ver-) störenden Kontrast einfach hinnehmen, oder handelt es sich bei den unaufgelösten Spannungen dieses Ensembles vielleicht doch um eine künstlerische Absicht, einen zunächst verstörenden Dialog, den es lediglich zu dechiffrieren gilt, um ihn besser verständlich, anregend, zuletzt argumentativ schlüssig und überzeugend erscheinen zu lassen?

2. DER GROSSE UNBEKANNTE: FRANZ LUDWIG VON PFALZ-NEUBURG, FÜRSTBISCHOF VON WORMS – ZUM STIFTER DES HOCHALTARS

An der Errichtung des Hochaltars waren zwei Wormser Bischöfe maßgeblich beteiligt: Der Vorgänger stiftete die Mittel, der Nachfolger sorgte für die Ausführung. Der jüngere hört auf einen in den Ohren heutiger Barockliebhaber klingenden Namen – Franz Georg von Schönborn (1682–1756) – der ältere zählt zu den großen Unbekannten einer an sich gut untersuchten Epoche: Schon 1973 wurde beklagt, dass Franz Ludwig von Pfalz-Neuburg (1664–1732) keine »moderne, wissenschaftlichen Ansprüchen genügende Biographie« besäße – daran hat sich bis heute leider nichts geändert.[6]

Franz Ludwig[7] zählte zu den einflussreichsten und dynastisch bestens vernetzten Kirchenfürsten seiner Zeit, in seiner Ämterhäufung und Machtfülle allenfalls mit dem ungleich bekannteren Albrecht von Brandenburg (1490–1545), dem Kardinal Luthers, oder dem Kurkölner Wittelsbacher Clemens August (1700–1760) vergleichbar. Ein zeitgenössisches Wiener Zeremonialprotokoll nennt alle seine Titel: »*Herr Frantz Ludwig durch Germanien Ertz-Cantz[l]er, und des Heyl: Röm: Reichs Churfürst zu Mayntz, Administrator des Hoch-Meister-Thums in Preussen, Großmeister des Teutschen Ordens, Bischof zu Wormbs und Breßlau, Propst und Herr zu Elwangen, Administrator zu Brünn, Pfaltz-graf bei Rhein, aus dem Hauß Neuburg Kays. May. Mütterl. Herr Oncle* [...].«[8]

Die Familie, ein Zweig der Pfälzer Wittelsbacher, benannt nach dem eher unbedeutenden Stammsitz Neuburg an der Donau, erlebte im 17. Jahrhundert einen kometenhaften Aufstieg, als durch geschickte Heiratspolitik zunächst 1614 das niederrheinische Herzogtum Berg mit der Residenz Düsseldorf, und schließlich durch Aussterben der Heidelberger Vettern die pfälzische Kurwürde im Jahr 1685 an Franz Ludwigs Vater Philipp Wilhelm (1653–1690) gelangte. Da dessen ältere Söhne Johann Wilhelm (1658–1716) und Karl Philipp (1661–1742) das weltliche Erbe des Kurfürstentums der Pfalzgrafschaft bei Rhein übernahmen, schlug Franz Ludwig die geistliche Laufbahn ein, freilich ohne jemals die Weihen zu empfangen – das hätte es ihm erlaubt, ggf. in den weltlichen Stand zurückzukehren. Da seine Schwester Eleonore Magdalena Theresia (1655–1720) 1676 den Habsburger Leopold I. (1640–1705) heiratete, wurde er zum Onkel zweier Kaiser (ihrer Söhne Josef I. und Karl VI.). Die familiäre Nähe zum Haus Österreich ließ Franz Ludwig als geeigneten Kandidaten zur Festigung der reichspolitischen Vernetzung der Habsburger erscheinen: So übernahm er 1683 das schlesische (also bis 1740 noch österreichische) Bistum Breslau, wurde 1687 Oberlandeshauptmann von Schlesien, 1694 Bischof von Worms, Propst im schwäbischen Ellwangen und Hochmeister des Deutschen Ritterordens, 1716 schließlich Kurfürst-Erzbischof von Trier: Seine Territorien erstreckten sich somit über 900 km. Wie das von Monika Gartner zusammengestellte Itinerar belegt, war der Wormser Oberhirte zwischen 1716 und 1729 nur wenige Tage in seiner rheinischen Bischofsstadt, während er in Trier (Ehrenbreitstein) und Breslau (Neiße) regelmäßig viele Monate verbrachte.[9]

1710 war der Pfälzer zum Koadjutor, eine Art zu Lebzeiten nominierter Amtsnachfolger, des Mainzer Kurfürsten Lothar Franz v. Schönborn (1655–1729) ernannt worden. Als dieser starb, vertauschte der

Erzbischof für die ihm noch verbleibenden drei Lebensjahre den Trierer mit dem Mainzer Kurhut, was deutlich für die politische Hierarchie dieser beiden formal gleichwertigen Ämter spricht.[10] Entgegen dem heute geläufigen Bild gehörte Franz Ludwig also in die erste Reihe der europäischen Dynastien, während die Schönborns erst 1663 durch Kaiser Leopold, den Schwager des Neuburgers, in den einfachen Reichsfreiherrenstand erhoben worden waren.[11]

Nachfolger auf dem freigewordenen Trierer Erzstuhl wurde der aus kleinem rheinischem Adel stammende Franz Georg von Schönborn, ein Neffe von Lothar Franz; sein Bruder Damian Hugo (1676–1743) regierte seit 1715 das benachbarte Fürstbistum Speyer, ein weiterer Bruder, Friedrich Karl (1674–1746), war Bischof von Bamberg und Würzburg. Nach dem Tod des Neuburgers Franz Ludwigs plädierten die Habsburger dafür, Worms und Trier wieder unter einer Person zu vereinigen, weil sie auf dem gleichzeitig freigewordenen, bedeutenderen Mainzer Erzstuhl nicht einen weiteren Schönborn, sondern den aus dem lokalen Stiftsadel stammenden Friedrich Karl zu Eltz sehen wollten – das Wormser Bistum war somit kaum mehr als ein sekundärer Spielstein auf dem Brett, und diente sozusagen als Kompensation: Die schwäbische Fürstpropstei Ellwangen gab es wie beim Vorgänger noch dazu.[12] Hierdurch vereinigten beide Amtsinhaber drei Hochstifte (Trier, Worms, Ellwangen) in einer Person, was das Engagement Schönborns für das mitgeerbte Legat Pfalz-Neuburgs, eben die Errichtung eines neuen Hochaltars in Worms, umso plausibler macht. In seinem Testament vom 05.04.1732 hatte der Vorgänger durchaus zutreffend beansprucht, dass er *»[...] das bisthumb in solch standt nunmehr gestellet habe[n], daß ein künftiger Unser nachfolger bey demselben als ein ansehnlicher Reichsfürst sein notdürftiges Auskommen finden kann.«*[13]

Franz Ludwig hatte, um ein dauerhaftes Zeichen seiner Fürsorge für Worms zu geben, 1710 der renovierten Westchorkuppel ein neues Kreuz aufgesetzt. Die 1728 in seinem Auftrag neu gegossenen sechs Glocken – solange hatte der Dom anscheinend kein Geläut mehr besessen – trugen die das Jahr angebende Inschrift: »SeX soCias ponit CUM CLero prInCIpe prinCeps Eia sonent sanCtIs petro paVLoque patronIs« – Die sechs Gefährten, vom Fürst(bischof) und dem Klerus gestiftet, mögen zu Ehren der Patrone Petrus und Paulus erklingen.[14] Trotz geringer Präsenz erwies sich der reisefreudige Prälat somit als engagierter Förderer seines rheinischen Hochstifts, ja galt als dessen »Erneuerer«, der »[....] sein Bistum zu einem bewunderungswürdigen Hochstand [...]« gebracht habe.[15] Die Latte lag somit hoch für den ehrgeizigen Amtsnachfolger.

Der Wiederaufbau des (schon in der Revolutionszeit wieder zerstörten) Bischofshofes wurde durch Franz Ludwig anscheinend nach Plan des Rheingauer Architekten Anselm Franz von Ritter zu Groenesteyn (1692–1765) ins Werk gesetzt.[16] Der Schönborn-Nachfolger ließ nach einem Brand 1735 in diesem Neubau durch den fränkischen Baumeister Balthasar Neumann (1687–1753), der viele Jahre das Würzburger Residenzprojekt seines Bruders Friedrich Karl geleitet hatte, die Bischofskapelle ausstatten: Er war also ebenso um Wahrung der Kontinuität wie um die Hinzufügung neuer, eigener Akzente bemüht.

Neumann wurde, einmal vor Ort, nun auch mit der Planung des Domhochaltars betraut, obwohl dies eigentlich keine typische Aufgabe für einen vor allem auf Hochbauentwürfe und komplizierte Gewölbekonstruktionen spezialisierten Militäringenieur war. Ähnlich wie die Würzburger Residenz kann der Wormser Altarentwurf nicht als alleinige, geniale Invention Neumanns verstanden werden – das hätte nicht dem üblichen Vorgehen der Epoche entsprochen.[17] Vielmehr fungierte der Architekt hier wie dort als Koordinator und Regisseur der zuvor eingesammelten Ideen verschiedener Autoren und mitwirkender Künstler.[18] Das mag auch erklären, warum der ausgeführte Altar sich nicht allein aus dem vorherigen Oeuvre des Würzburger Hofbaumeisters herleiten lässt, sondern umgekehrt dessen spätere Werke beeinflusste.[19]

1738 wurden die Verträge mit den ausführenden Handwerkern unterzeichnet, wobei Neumann die Skulpturen durch den Würzburger, ihm vom

Residenzbau bestens vertrauten Bildhauer Johann Wolfgang von der Auwera (1708–1756) anfertigen und 1741 über den Main einschiffen ließ. Sie wurden in Holz ausgeführt und dann (auf Neumanns Vorschlag hin) vergoldet statt weiß marmoriert.[20] Von der Lahn (dem kurtrierischen Balduinstein bei Limburg) wurden dagegen die sechs gestaltbestimmenden Marmorsäulen importiert.[21] Die Altarfiguren – Peter und Paul, die Apostelfürsten – rekurrieren auf das Patrozinium des Domes und stellen zugleich einen deutlichen Rom-Bezug her. Das den Baldachin dominierende Wappen mit dem (Mainzer) Kurhut verweist auf den Stifter Franz Ludwig von Pfalz-Neuburg, der in seinem Breslauer Testament vom 5. April 1732 die Errichtung gewünscht und reich dotiert hatte.[22] Der Nachfolger setzte somit, ohne sich persönlich in den Vordergrund zu drängen, den Wunsch des Vorgängers um, brachte sich aber mittels der ausgewählten Künstler sichtbar in die Gestaltfindung mit ein. Offizieller Auftraggeber und Genehmigungsbehörde für alle Bauentscheidungen war das Domkapitel, dem hier wie überall die Kathedrale als kontinuitätsstiftendes Kollektivgremium unterstand.[23] Als eine Art persönliche Signatur fügte Franz Georg der Chor-Neuausstattung noch einen in Augsburg gefertigten (ebenfalls nicht erhaltenen) silbernen Kronleuchter hinzu, der das Schönborn-Wappen trug.[24]

Franz Ludwig von Pfalz-Neuburg wurde an jenem Ort begraben, wo er verstarb: in einer eigens für ihn vom Wiener Hofarchitekten Johann Bernhard Fischer von Erlach (1656–1723) erbauten prächtigen Grablege am Breslauer Dom, die ein Pendant zur ab 1680 von römischen Künstlern errichteten Elisabethkapelle seines Amtsvorgängers Kardinal Friedrich von Hessen-Darmstadt (1616–1682) darstellte[25] – Anlagen, die auch als Vorbild für die von Neumann ab 1721 realisierte Schönborn-Grabkapelle am Würzburger Dom gedient haben könnten. Der Nachfolger aus der heute berühmteren fränkischen Familie blieb trotz allen Einsatzes hinter den Erwartungen des Wormser Kapitels zurück: »Doch der neue Bischof weilte zumeist in Trier und gab im Gegensatz zu seinem Vorgänger kaum Impulse«.[26]

3. DER ZWEITGETEILTE PHOENIX: WORMS NACH 1689

Kaum eine Jahreszahl dürfte sich so tief in die kollektive Erinnerung der Stadt eingebrannt haben wie ihre gezielte Zerstörung durch französische Truppen im Pfälzischen Erbfolgekrieg 1689.[27] Sie setzte den gnadenlosen Schlussstrich unter den unaufhaltsamen Niedergang, welchen die ehemals blühende Handelsstadt seit dem Mittelalter erlebt hatte. 1521 als Schauplatz des ersten Reichstags Karls V. noch von weltpolitischer Bedeutung, war es wenige Jahrzehnte später die gerade in dieser Region überaus kleinteilige konfessionelle Zersplitterung, die dem Fürstbistum Worms seine Basis entzog: Nachdem die Kurpfalz sowie die nassauischen und leiningischen Grafenhäuser vom *jus reformandi* Gebrauch gemacht und somit ihre Kirchen dem Einfluss des katholischen Klerus entzogen hatten, zählten um 1600 nur noch 15 Pfarreien zum Bistum. Der päpstliche Legat Commendone empfahl daher auf dem Augsburger Reichstag 1566, statt eines eigenen Bischofs zukünftig bevorzugt einen der benachbarten, mächtigen Oberhirten mit der Bistumsleitung zu beauftragen: Mehrheitlich und abwechselnd die Kurfürsten von Mainz und Trier; nur noch zweimal wurde Worms bis zu seiner Auflösung 1802 von einem eigenen Bischof regiert.[28] Der erste Mainzer Domkapitular, der diese (vom Tridentinum eigentlich nicht gewünschte) Doppelfunktion wahrnahm, war Domdekan Georg von Schönenburg, der 1581 gewählt wurde, 1582 die reichdotierte Mainzer Dompropstei übernahm und dadurch sein armes Wormser Bistum »quersubventionierte«.[29] Bezeichnenderweise findet sich sein prächtiges Grabdenkmal im Südquerhaus des Mainzer Doms; dort steht es am Anfang einer Reihe von Bischofsepitaphien, die nicht nur das Mainzer Rad, sondern auch den Wormser Petersschlüssel und manchmal (wie bei Friedrich Karl v. Ostein, † 1763) auch zwei Mitren zeigen.[30]

Die Stadtregierung selbst, deren reichsfreier Status nicht unumstritten war,[31] hatte sich schon 1527 dem neuen Glauben zugewandt (vgl. auch die Beiträge Bönnen und Brendle in diesem Band).[32] Der Wiederaufbau nach dem Brand vollzog sich somit (ähnlich wie in Speyer) konkurrierend durch zwei reichsrechtlich unabhängige Akteure in einer Kommune. 1709–1725 errichtete der pfälzische Kapitän-Ingenieur Villaincourt im Auftrag der lutherischen Reichsstadt die Evangelische Dreifaltigkeitskirche, die nach dem ursprünglichen Plan als zusammenhängender Komplex mit Rathaus und Lateinschule den kommunalen Wiederaufbauwillen und den engen Zusammenhang von weltlicher und geistlicher Obrigkeit in Gestalt des lutherischen Magistrats hätte manifestieren sollen.[33] Die auffällige Ähnlichkeit des gewählten Typus – Saalkirche mit Emporen unter gotisierendem Holzgewölbe – mit der Frankfurter Katharinenkirche[34] und der (als einzige bis heute unzerstört erhaltenen) Speyrer Dreifaltigkeitskirche[35] zeugt vom Schulterschluss der evangelischen Reichsstädte am Mittelrhein, dem das ebenfalls schwer getroffene Bistum nun gleichwertige eigene Initiativen entgegensetzen musste.

Glücklicherweise hatte der romanische Dom, anders als in Speyer, die französische Brandstiftung, wenn auch völlig ruiniert, zumindest in der Bausubstanz überstanden,[36] aber die »denkmalgerechte« Wiederherstellung und Erhaltung eines solchen Bauwerks allein konnte in der konfessionellen Konkurrenz jener Zeit keinesfalls als gleichwertige Zeichensetzung mit dem ehrgeizigen lutherischen Neubau gegenüber verstanden werden. Die Wormser Protestanten deuteten die Zerstörung der Stadt als Strafe Gottes, weil sie bisher den Bau einer Kirche ihrer Konfession unterlassen und sich stattdessen mit dem Langhaus der paritätisch genutzten Dominikanerkirche begnügt hatten.[37] Das prächtige Gotteshaus, 1709–1725 realisiert, sollte somit als Zeichen einer neuen Prioritätensetzung und der wiedererstarkten lutherischen Position innerhalb einer weiterhin bikonfessionellen Stadt gedeutet werden: Die Kirche entstand bezeichnenderweise an der Stelle eines profanen Repräsentationsgebäudes, der Münze, und somit in direkter Frontstellung zum Ostchor des bischöflich-katholischen Doms. Die Gedenkmünze der Grundsteinlegung erklärte den Neubau zur Erinnerungsstätte des ersten reformatorischen Aktes vor Kaiser und Reich: »*So setzt mich Gott nun an den Ort, wo Luther einst bekannt sein Wort.*«[38]

Wie selbstbewusst der Rat die lokale Historie für sich reklamierte und zur konfessionellen Heilsgeschichte umdeutete, belegte die 1945 leider zerstörte Freskenausstattung des neuerbauten evangelischen Gotteshauses, die neben vielen biblischen Szenen auch Luthers Auftritt auf dem Reichstag 1521 als Gegenstand eines 1733 geschaffenen Historiengemäldes von Johann Martin Seekatz präsentierte.[39] Der Bilderreichtum der lutherischen Kirche wiederum war ein deutliches Manifest gegen die in der benachbarten Kurpfalz und den Grafschaften weit verbreitete reformierte (bilderfeindliche) Haltung. Diese dritte Konfession erhielt 1744, also ebenfalls in enger zeitlicher Nachbarschaft zum Altarprojekt im Dom, mit der Friedrichskirche ein erstes eigenes Gotteshaus in der Reichsstadt.[40] Wie eng die politisch (durch Territorialbesitz, der auch nach erfolgtem Konfessionswechsel zäh verteidigt wurde) begründete Verkettung der Konfessionen in dieser Region war, belegt Fritz Arens mit einem sprechenden Beispiel: »In der Wimpfener evangelischen Stadtkirche ist hoch oben im Chor das Wappen Franz Ludwigs an die Wand gemalt, das Hochstift hatte hier die Baulast.«[41] Es wäre somit widersinnig gewesen, ausgerechnet in der eigenen Bischofskirche auf eine solche künstlerisch-konfessionelle Zeichensetzung zu verzichten.

4. ST. PETER AM RHEIN: ZUR SIGNIFIKANZ DER FORMENSPRACHE DES HOCHALTARS

»Der Säulenaufbau wirkt trotz seiner Lockerheit nicht in erster Linie als Dekoration oder wie ein großes Möbelstück, sondern als Raum enthaltende Architektur.«[42]

Die von Joachim Hotz publizierten Vorzeichnungen zum Wormser Hochaltar aus dem Mainfränkischen Museum Würzburg lassen erkennen, wie Neumann seinen Altarentwurf tatsächlich aus der vorgefundenen romanischen Architektur der Ostchorapsis entwickelte. Der mutmaßlich frühere (vom ausgeführten Projekt noch weiter entfernte) Plan[43] zeigt, dass die Anordnung der sechs Säulen die Geometrie des Chorschlusses exakt nachzeichnen, diesen also quasi auskleiden sollte: Vier Säulen wären so in die Apsis gestellt worden, dass sie die (heute vermauerten) drei Nischen des Halbkreises nicht verdeckten, aber direkt an der Wand anlägen. Die beiden Außensäulen sollten die Ecken des Chorquadrats besetzten, wodurch sich für das zusammenfassende Gebälk eine Art Omega-Form ergibt. Neumann erprobt auf diesem Blatt rechts und links als Varianten einen konkaven und konvexen Schwung der äußeren Travée, aber beide hätten jeweils geometrisch zur Überschneidung mit den vorhandenen Chormauern geführt. Eine zu enge formale Anschmiegung erzeugt somit Konflikte zwischen alt und neu, Architektur und Altar, die in diesem Konzept beide als autonom, aber interagierend gedacht werden. Daher entscheidet sich Neumann in einem zweiten Plan,[44] den Kolonnadenaufbau weiter nach Westen in das Chorjoch hinein zu verrücken, den Durchmesser der zentralen Säulenstellung zu verkleinern und somit eine Luft- und Abstands-, man könnte auch sagen Respektzone zwischen Romanik und Barock einzuführen. Die drei Nischen der Apsisrückwand, diesmal als Apsidiolen dargestellt, bezeichnen zugleich die Stellung der darüber angebrachten Fenster, die somit von den Säulen nicht verstellt werden. Der Entwurf übersetzt den von der Architektur skandierten Rhythmus aus einer romanischen Massen- in eine barocke Gliederstruktur, so wie Berninis Baldachin über dem Papstaltar des Petersdoms mit seinen vier Ecksäulen die vier mächtigen Kuppelpfeiler Bramantes aufnahm. Es handelt sich in beiden Fällen beim Säuleneinbau nicht um eine verkleinerte Kopie des umgebenden Raumschemas, sondern um ein gestalterisches Echo, eine skulpturale Antwort: Berninis formbestimmende und oft nachgeahmte Idee lag darin, die bogenförmigen Voluten, welche den Säulenaufbau bekrönen und zusammenhalten, nicht konvex gemäß der Geometrie der darüber sich wölbenden Kuppelschale, sondern konkav, also gegenläufig zu führen und dadurch eine Binnenspannung zwischen großer und kleiner Architektur zu erzeugen. Dies führt in Worms zu der merkwürdigen Lösung einer Verdoppelung des Kurfürstenhuts, der einmal das über dem Tabernakel befindliche Wappen des Neuburgers bekrönt, aber auch die Spitze des gesamten Aufbaus bildet und einsam vor der leeren Apsiskalotte prangt – vielleicht eine Anspielung auf die beiden Fürsterzbischöfe, auf Mainz und Trier, die in diesem Werk als Stifter und Auftraggeber zusammenwirkten?

Abb. 100a und b: Ostchor, Grundriss und Schnitt

Eine weitere Vorzeichnung Neumanns belegt,[45] dass in der Mitte des Säulenhalbrunds über der Hochaltarmensa nicht wie heute eine Madonnenfigur, sondern allein der Tabernakel stand, also das »Zelt Gottes

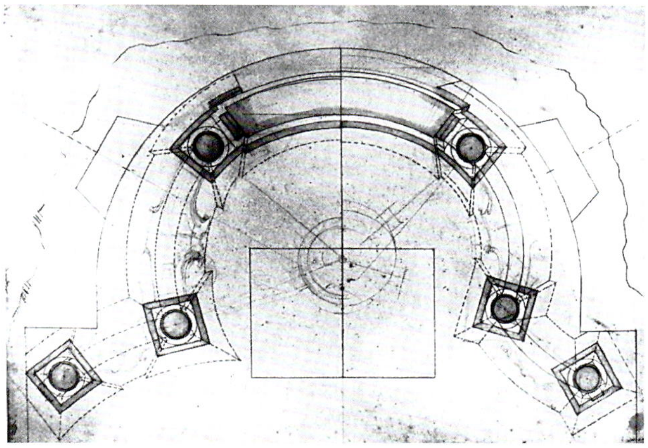

Abb. 101: Vorentwürfe Neumanns für den Hochaltar des Doms, vermutlich erster Plan

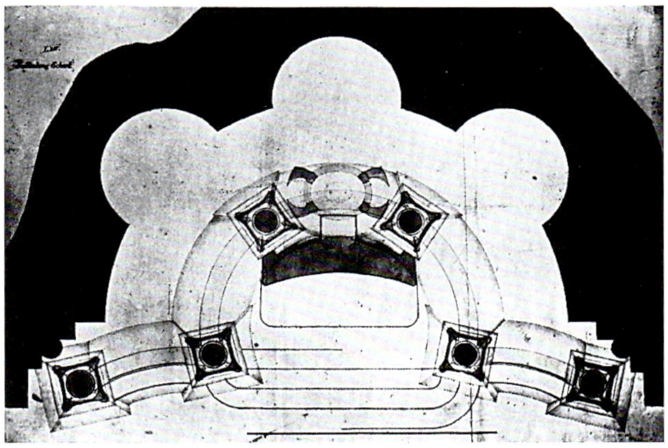

Abb. 102: Vorentwürfe Neumanns für den Hochaltar des Doms, vermutlich zweiter Plan

Abb. 103: Rom, St. Peter, Baldachinaltar

unter den Menschen«, in dem nach tridentinisch-katholischem Bekenntnis Christus in der Gestalt des gewandelten Brotes dauerhaft anwesend ist. Er hätte die Form des großen Baldachins noch einmal verkleinert wiederholt und zur markanten Hervorhebung für die bei der Anbetung über dem Sakramentshaus in einer Monstranz auszusetzenden Hostie gedient. Hierin liegt ein entscheidender Unterschied zum Sakralraumverständnis der benachbarten Lutheraner, die die Präsenz des Erlösers nur im Augenblick des Abendmahls anerkennen und daher keinen Tabernakel benötigen. Noch deutlicher wird diese Positionsbestimmung im Vergleich mit Kirchenneubauten in den stärker von der (vormals reformierten) Pfalz beeinflussten Nachbarregionen, z. B. dem Nassau-Weilburgischen Kirchheimbolanden. Die dort wenige Jahre später (1739–1744) von Julius Ludwig Rothweil errichtete Schlosskapelle setzt an die Stelle des Tabernakels über die Altarmensa die Kanzel und stellt somit das Wort Gottes, seine Verkündigung und Auslegung, ins Zentrum des säulengeschmückten Retabels und der Aufmerksamkeit der Gläubigen. Im Wormser Dom dagegen sollte das Messopfer als Kern katholischer Liturgie und Dogmatik feierlich und gut sichtbar hervorgehoben werden. Daher erscheint es nur folgerichtig, dass der Bischof in seinem Testament anordnete, dass »*auch darzu*« [zum Hochaltar] »*ein zierlich und herrlicher Ornat für die festa majora*

Abb. 104: Entwürfe Neumanns für den Hochaltar des Doms, zentrale Travée mit Tabernakel

ahngeschaffet … werden möge.«, der in Wien gefertigt und im Rechnungsbuch des Kapitels mit 8267 fl. vermerkt ist, also fast die Hälfte des Altarbaus kostete.[46]

Der Säulenbaldachin, welcher zunächst ziemlich ungewöhnlich und allein aus den spezifischen Wormser Raumvorgaben heraus entwickelt wirkt, fügt sich in eine Reihe von Aufbauten, die seit dem Ende des 17. Jahrhunderts vor allem in Domkirchen entstanden sind. Typologisches Urbild ist der oben bereits erwähnte, 1635 vollendete Bernini-Baldachin über dem Papstaltar des Petersdoms, dessen Grundstruktur mit den vier »salomonischen«, angeblich aus dem Jerusalemer Tempel übernommenen gedrehten Säulen auf einen mittelalterlichen Vorläufer in der alten Peterskirche zurückverweist.[47] Leider sind viele Beispiele einer ehemals dichten Reihe[48] von barocken Hochaltären dieses Typus inzwischen zerstört: Im Mainzer Dom, der benachbarten Metropolitankirche, befand sich ein Baldachinaufbau in der Mitte des Westchors, der beim Brand und Einsturz der Turmspitze 1767 verloren ging: Er ist nur durch Beschreibungen, nicht bildlich überliefert. Im Grundriss des Jacobus Harewijn von 1722 ist eine viersäulige Struktur über annähernd quadratischer Grundform gezeigt, unter der sich der Hochaltar befand.[49] Dieser Typus ist auf Allansichtigkeit und Umschreitbarkeit ausgerichtet und daher eigentlich nur für solche Kirchen geeignet, in denen er (wie in Rom und Mainz) frei in der Vierung aufgestellt werden kann. Die tridentinische Neuordnung der Kirche betonte dagegen die konzentrierte Ausrichtung des Gebetsraums auf den im Osten anzuordnenden Hochaltar hin, der somit eine klare Hauptansicht erhielt. Dies führte dazu, dass die in deutschen Domkirchen ab ca. 1670 aufgestellten Baldachinaltäre meist keine geschlossene, zentralisierte Form mehr zeigten, sondern sich vielmehr den Gläubigen gegenüber öffneten. Hotz beschreibt diesen dynamischen, gleichsam werbenden, den Raum einbeziehenden und umarmenden Aspekt für Worms mit den treffenden Worten, daß »[…] die Flanken wie aufgeklappte Torflügel erscheinen […] wie ein heiliger Schrein, den man vorübergehend für die Anbetung der Gläubigen geöffnet hat. […] Man erwägt den Gedanken, die Flankenteile könnten sich eines Tages wie die Türen vor dem Sanctissimum schließen.«[50]

Neumann erwähnt in einem Schreiben vom 28.11.1738, das neben seinem eigenen Vorschlag auch einer »*des Herrn Generalen von Welsch*«[51] vorgelegen habe. Dieser Entwurf ist nicht erhalten, aber ein vom selben Künstler, dem kurmainzischen Oberbaudirektor Maximilian von Welsch (1671–1745) nahezu gleichzeitig geplanter, im Krieg zerstörter und heute vor allem in seinem oberen Abschluss stark vereinfacht rekonstruierter Hochaltar für St. Quintin in Mainz.[52] Der Mainzer Altaraufbau ist nur viersäulig, weist aber strukturell so große Ähnlichkeiten mit dem Wormser Entwurf Neumanns auf (z. B. die weite Säulenstellung mit dazwischen eingesetzten Freifiguren), dass man schwer entscheiden kann, wer hier von wem beeinflusst wurde. Auch hier lautete die Aufgabe, in die Apsis einer bestehenden, mittelalterlichen Kirche einen neuen Hochaltar einzufügen, ohne deren Struktur zu verdecken.

Der Würzburger Bildhauer Balthasar Esterbauer (1672–1728) hatte um 1700 mehrere bedeutende Beispiele dieses Typus geschaffen: Der dortige Domhochaltar (1701–1704), den Neumann selbst 1749–1751 unter Berücksichtigung seiner Wormser Erfahrungen umgestaltete, ist leider im Krieg vollständig zerstört worden. Erhalten hat sich dagegen ein ähnlicher Aufbau im heutigen Fuldaer Dom St. Salvator, zur Bauzeit noch Kirche der gleichnamigen Benediktinerreichsabtei.[53] Hier steht das sechssäulige Retabel mit Volutenbekrönung freilich in einem barocken, 1712 geweihten Raum, mit dem es zeitgleich und im Zusammenhang konzipiert wurde. Die Mauern des Dientzenhofer-Baus sind zeittypisch verputzt und leuchtend weiß gestrichen, so dass sich die dunkle Marmor-Gold-Silhouette des Aufbaus hier ebenso entschieden von der rahmenden Architektur löst wie in Worms. Im Unterschied zu geschlossenen, wandartigen Retabelaufbauten (z. B. den Querhausaltären in Fulda) sind die offenen, transluzenten Säulenstellungen dieses Typus besonders für Gegenlichtsituationen geeignet, wie sie sich in Fulda (durch den angebauten Mönchschor) oder in Worms (durch die romanischen Apsisfenster) bieten. Der Fuldaer Aufbau wirkt aber verglichen mit dem Wormser deutlich kompakter: Die Säulen sind

Abb. 105: Mainz, Pfarrkirche St. Quintin, Hochaltar, Foto vor 1945

rechts und links der Mensa zu zwei Dreiergruppen zusammengebunden, wohingegen die Stützen in Worms zu drei Zweiergruppen gebündelt sind, die es ermöglichen, lebensgroße Statuen in den Interkolumnien aufzustellen. In Fulda sind die Standbilder – es handelt sich auch hier um die Apostelfürsten Petrus und Paulus – in Nischen der schräggestellten Rückwand neben dem Ziborium angebracht.

Die seitliche Bündelung der Säulen gibt in Fulda die zentrale Blickachse frei auf ein weiter östlich angebrachtes Retabel, das den Mönchschor abschließt.[54] Aus dem Mittelschiff gesehen fügen sich beide, räumlich weit entfernte Altarelemente zu einem optisch kohärenten Ensemble zusammen: ein Effekt, der sich auch in Worms beobachten lässt, seitdem Johann Peter Jäger (1708–1790) 1751 die westlichen

Abb. 106: Fulda, Dom, Hochaltar

Vierungspfeiler des Ostchors mit Nebenaltären besetzte, so dass sich aus dem Mittelschiff gesehen die drei Retabel zu einer Gesamtkomposition verbinden. Dass man den optischen Zusammenhang der drei im Abstand eines Jahrzehnts geschaffenen Einbauten sehr wohl bedachte, belegen die Kapitelsprotokolle: Am 11.4.1747 wurde ein vorgelegter Entwurf für die Seitenaltäre abgelehnt – nicht zum ersten Mal, wie ausdrücklich bemerkt wird – »[...] *solche aber ebenso wenig, als die vorherigen* [Vorschläge] *adaequat, sondern vielmehr befunden worden, daß sothane althäre falß selbige an die pylaren* [Vierungspfeiler] *gesetzt werden sollten, dem Chor und hohen althar den prospect verderben würden* [...].« Am 25.11.1749 wurde schließlich vorgeschlagen, der Mainzer Hofschreiner (vermutlich Franz Anton Herrmann [1711–1770], der spätere Schöpfer des Chorgestühls) solle auf einen älteren Entwurf Neumanns zurückgreifen, dessen Ikonographie freilich geändert werden müsse.[55] Blickt man auf das 1753 vollendete, stimmige Raumbild, so

Abb. 107: Worms, Dom, Blick aus dem Mittelschiff in den Ostchor

scheint es durchaus plausibel, dass das gesamte Ensemble einer kohärenten Planung folgt.[56] Das Chorgestühl, von Franz Georg von Schönborn ergänzend zum Hochaltar des Vorgängers gestiftet und vermutlich von Franz Anton Herrmann ab ca. 1755 geschaffen, ergänzt das Ensemble und wird ebenfalls in diesem Band vorgestellt (vgl. den Beitrag Bratner und den Beitrag Ecker in diesem Band).

Für das Verständnis der Wormser Lösung ist entscheidend, dass diese in ihrer Zeit und im Rahmen der Bauaufgabe »Renovierung einer mittelalterlichen Kirche« keineswegs ungewöhnlich war, im Gegenteil: Es scheint vielmehr so, als sei es das Anliegen der Beteiligten gewesen, Worms aufschließen zu lassen in die ehrenvolle Reihe der prächtig ausgestatteten Domkirchen, den romanischen, in Ehren ergrauten Bau aus der Zurücksetzung und Vernachlässigung vieler Jahrhunderte zu befreien, ein unübersehbares Zeichen zu setzen für dessen entschiedene Erneuerung und Verjüngung. Dass in einer Domkirche, die

Abb. 108: Ellwangen, St. Vitus, Inneres

Petrus, dem ersten Papst geweiht ist, die Bezugnahme auf das römische Baldachinmodell Berninis in seiner inzwischen in Süddeutschland weit verbreiteten einansichtigen Variation geradezu geboten erschien, kann nicht verwundern. Neumanns Anteil war somit weniger ein genuin schöpferischer als ein redaktioneller, indem er eine für diese räumliche Hülle formal adäquate Ausführung eines geläufigen, wenn auch hoch anspruchsvollen Altartypus entwickelte. Die Serialität dieser Lösung erscheint als ästhetische Parallele und Konsequenz der Personalunion oder »Bischofsanlehnung«,[57] die gerade in Worms regelmäßig praktiziert wurde: ein katholisch-barockes Netzwerk nicht nur der Auftraggeber[58] und Künstler, sondern auch der gestalterischen Lösungen, durchaus vergleichbar der oben erwähnten Familienähnlichkeit evangelischer, im Barock neuerbauter Stadtkirchen am Mittelrhein.

Abb. 109: Amiens, Kathedrale, Chor

5. MODI DER RENOVATIO: ELLWANGEN – WORMS – AMIENS

»Zum Ersten … das Hohe Altar in unserer uhralten Dhombkirchen in besseren und zu Gottes Ehr convenienten ansehnlichen Standt gestellet, und dazu ein zierlich und herrlicher Ornat vor di festa majora ahngeschaffet … werden möge.«[59]

Die Wormser Konstellation – Franz Ludwig als Stifter, Franz Georg als Umsetzer einer durchgreifenden Kirchenrenovierung – hat eine Parallele in der Umgestaltung der Vitus-Stiftskirche der Fürstpropstei Ellwangen durch italienische Künstler aus der nahen württembergischen Residenz Ludwigsburg.[60] Auch hier hatte der Pfalz-Neuburger ein Mandat hinterlassen, das vom Schönborn-Nachfolger 1737–1741, also nahezu gleichzeitig mit dem Wormser Hochaltar, realisiert wurde, freilich mit völlig anderen künstlerischen Mitteln: In der Ellwanger Stiftskirche an der Jagst sind Gewölbe und Wände der romanischen Basilika, die in ihrer Bauart dem Wormser Dom durchaus vergleichbar ist, mit einer alles überdeckenden prunkvollbunten Stuckdekoration versehen. Der originale barocke Hochaltar wurde 1867 leider entfernt, der heutige (neubarocke) 1909 ergänzt, so dass ein unmittelbarer Vergleich beider Lösungen nicht mehr möglich ist. Die Gesamtkosten von über 26.000 fl. hätten auch für den Neubau einer vergleichbar großen Barockkirche ausgereicht, was erneut belegt, dass die Entscheidung zur Renovierung einer mittelalterlichen Basilika keineswegs als Ausdruck von Sparsamkeit missdeutet werden darf. Dennoch ist es auffällig, dass sich die Ergebnisse in Ellwangen und Worms gestalterisch so deutlich unterscheiden, obwohl die Bauherrenschaft und die konzeptionellen Vorgaben – Umgestaltung einer spätromanischen, dreischiffigen Basilika im gebundenen System – quasi identisch waren.

Es stellt sich somit die Frage, warum der formale Kontrast in Worms so viel härter, schroffer und direkter ausfällt als in Ellwangen, oder umgekehrt formuliert: warum der unveränderten romanischen Raumhülle am Rhein so viel mehr Autonomie, Wirkmächtigkeit und Ausdrucksvermögen zugestanden wurde als an der Jagst. Warum verzichtete derselbe Schönborn, der in Ellwangen mit Gold, Rosa und Weiß nicht sparen ließ, in Worms auf Stuck und Fresken, die doch selbst die Lutheraner in ihrer benachbarten Dreifaltigkeitskirche so großzügig eingesetzt hatten?

Der Verfasser hat als Erklärung dieses zunächst merkwürdigen, aber keineswegs ungewöhnlichen Befundes in seiner Dissertation zur Renovierung mittelalterlicher Kirchen im Barock ein Modell differenzierter Modi vorgeschlagen, d.h. verschiedener »Tonarten« oder »Redeweisen«, in denen eine solche Erneuerung optional konzipiert werden konnte.[61]

Die Domkapitelprotokolle belegen, dass der bis heute raumbestimmende Kontrast von prachtvollem barocken Altar und mittelalterlicher Raumschale keineswegs als Provisorium bis zu einer späteren vollständigen Modernisierung verstanden wurde, sondern als ein zusammenhängendes Ensemble, auf dessen ästhetische Stimmigkeit geachtet wird. So beschloss man am 6.4.1741, die Rippen des Gewölbejochs im Chor rot zu färben, die Felder dazwischen weiß, während Neumann blau vorgeschlagen hatte.[62] Es wurden neue, vermutlich rein weiße Fenster bestellt und in die zuvor geweiteten Leibungen eingesetzt;[63] diese erschienen aber auf die Dauer als zu hell – der von Neumann durchaus kalkulierte Gegenlichteffekt erwies sich als zu stark –, so dass sie 1748 durch *»grüne Vorhäng von gekippertem straßburger leinen«* gedämpft wurden. 1742 boten »Kunstmaler« aus Mannheim an, den Chor zu freskieren, und es dürften nicht nur die exorbitanten 5.000 fl. gewesen sein, die das Kapitel davon Abstand nehmen ließ: Anscheinend betrachtete man den Kontrast zwischen romanischer, durch frische bunte Farben kontrastreich hervorgehobener Raumhülle und barockem Einbau als ebenso endgültig wie stimmig und ästhetisch wohlkalkuliert.[64]

Während also in Ellwangen eine den gesamten Raum vereinheitlichende Modernisierung durch italienische Künstler erfolgte, wurde in Worms ein Prinzip angewandt, das vor allem auf dieser, der westlichen Seite des Rheins weit verbreitet war und daher vom Verf. vorschlagsweise als »französischer Modus« der *Renovatio* bezeichnet wurde.[65] Damit ist natürlich nicht eine Reverenz vor dem französischen König und seinen zerstörerischen Heerzügen gemeint, sondern eine bestimmte, in Frankreich und Westeuropa weit verbreitete Ausdrucksform der besonderen Wertschätzung mittelalterlicher Kathedralen.[66] Diese Hochachtung äußerte sich freilich nicht in der völlig unveränderten, »denkmalgerechten« Bewahrung des mittelalterlichen Raumbildes, sondern im vorsichtigen Hinzufügen zeitgemäßer, also »barocker« Einbauten, die somit notwendig und planmäßig mit der unveränderten Raumschale kontrastieren sollten. Leider hat die Revolution und das Stilreinheitspostulat des 19. Jahrhunderts in Frankreich die meisten derartigen Ensembles zerstört, doch haben sich einige wenige Beispiele erhalten, die erkennen lassen, dass die scheinbare »Notlösung« des unaufgelösten Kontrastes in der Sicht der Auftraggeber nur eine andere und vielleicht angemessenere Form war, alt und neu wirkungsvoll zu verbinden. Die Kathedrale von Sens besitzt ebenfalls einen an Bernini gemahnenden Baldachinaltar in der Mitte des gotischen Chors.[67] Ein vollständig erhaltenes, erstrangiges spätbarockes Ensemble kann man in der Kathedrale von Amiens bewundern und überprüfen, wie sorgfältig gotische Raumvorgaben und posttridentinische Einbauten hier aufeinander bezogen wurden.[68]

Sicher spielte die Tatsache, dass der Wormser Dom und das Fürstbistum mit Gottes Hilfe allen Angriffen so unerschütterlich getrotzt hatten, während die Lutheraner in unmittelbarer Nachbarschaft zum Mittel des Neubaus greifen mussten, um ihre konfessionelle Vitalität und Eigenständigkeit zu betonen, eine gewichtige Rolle bei der Entscheidung, das ehrwürdige Alter der Kathedrale nicht zu verschleiern, sondern durch einen sorgfältig gesetzten Kontrast liebevoll unterstreichend zu betonen. Immerhin galt im nahen und ungleich reicheren Mainz eine ähnliche Maxime: *»Der Staub im Dom ist älter als die Lehre Luthers!«*[69]

Abschließend sei der verdiente Erforscher des alten Worms, Eugen Kranzbühler, zitiert, der bereits 1906 konstatierte: »Mit der kraftvollen romanischen Architektur und ihrem leuchtenden Gestein klingen das Gold, der warme Ton des Holzwerks und die zarten Farben an Altären und Gestühl zu einem wundervoll harmonischen Ganzen aus, vor dem alle puristischen Anwandlungen verstummen müssen.«[70]

Anmerkungen

1 Joachim Hotz, Balthasar Neumanns Hochaltar im Wormser Dom, in: Der Wormsgau 6, 1963/64, S. 9–25, hier S. 9.

2 Dieser und der anschließende Aufsatz von Fritz Arens, Die Errichtung des Hochaltars im Wormser Dom, in: Der Wormsgau 6, 1963/64, S. 25–42 können immer noch als grundlegend gelten.

3 Wie bekannt waren mittelalterliche Kirchen keineswegs steinsichtig, sondern im Äußern und Innern bunt bemalt. Die heute in den meisten Innenräumen vertraute kahle, bildlose Oberfläche resultiert aus der Entfernung aller bauzeitlichen und späteren Farbschichten und zeigt de facto einen Rohbauzustand, der den ästhetischen Idealen der Moderne entspricht, aber keinesfalls »authentischer« ist als alle älteren, den jeweiligen Moden unterworfenen wechselnden Raumfassungen. Vgl. hierzu einführend Andreas Hartmann-Virnich, Was ist Romanik? Geschichte, Formen und Technik des romanischen Kirchenbaus, Darmstadt 2004, S. 254f, Abb. 101, 208, 301, 305. Ein gutes Beispiel in Rheinland-Pfalz bietet die ev. Pfarrkirche von Bacharach. Der Limburger Dom gibt nach seiner Renovierung in den 1980er Jahren heute wieder eine annähernde Vorstellung der ursprünglichen Farbgestaltung romanischer Architektur der Mittelrheinregion. Der Reichtum originaler, mit der Architektur durchaus kontrastierender Ausstattungen hat sich ebenfalls nur in wenigen (mehrheitlich gotischen) Kirchen, z. B. St. Elisabeth in Marburg, den Nürnberger Hauptpfarrkirchen St. Sebald und St. Lorenz oder dem Münster in Bad Doberan erhalten.

4 Hotz 1963 (wie Anm. 1), S. 18: »Doch in dem immer wieder von Kriegen heimgesuchten Gebiet fehlten die Geldmittel, um solche Gedanken [..., dem Innern der Kathedrale ein neues Festgewand zu verleihen] in die Tat umzusetzen.«

5 Karl Möseneder (Hg.), Der Dom in Passau vom Barock bis zur Gegenwart, Passau 1995.

6 Ludwig Petry, Zum Itinerar Franz Ludwigs von Pfalz-Neuburg als Trierer Kurfürst (1716–1729), in: Franz Rudolf Reichert/ Sigrid Duchhardt-Bösken (Hgg.), Beiträge zur Mainzer Kirchengeschichte in der Neuzeit. Festschrift für Anton Philipp Brück, Mainz 1973, S. 205. Die Monographie von Josef Johannes Schmid, Reichsprälat zwischen Ost und West. Franz Ludwig von Pfalz-Neuburg (1664–1732), München/Augsburg 1990. liegt leider nicht gedruckt vor; eine aktualisierte Neuauflage ist geplant (freundl. Hinweis von J. J. Schmid). Vgl. bis dahin Josef Johannes Schmid, Pfalz-Neuburg, Franz-Ludwig von (1664–1732), in: Biographisch-Bibliographisches Kirchenlexikon XVI, Hamm 1999, coll. 1231–1237 und Josef Johannes Schmid, Wittelsbacher als geistliche Fürsten am Rhein in der Frühen Neuzeit. Dynastische Ambition, europäische Politik und kulturelles Erbe, in: Franz J. Felten (Hg.), Preußen und Bayern am Rhein. (Mainzer Vorträge 17), Stuttgart 2014, S. 81–106.

7 Friedhelm Jürgensmeier (Hg.), Das Bistum Worms von der Römerzeit bis zur Auflösung 1801. Würzburg 1997, S. 225–234.

8 Friedrich W. Riedel, Die Reise des Mainzer Kurfürsten Franz Ludwig von Pfalz-Neuburg nach Wien im Jahr 1731, in: Reichert/Duchhardt-Bösken 1973 (wie Anm. 6), S. 222, nach HHSTA W, ZA Prot. 14, Prothocollum Aulicum in Ceremonialibus de Anno 1728–1731, fol. 483.

9 Ludwig Petry in: Reichert/Duchhardt-Bösken 1973, (wie Anm. 6), S. 208–218.

10 Friedrich W. Riedel in: Reichert/ Duchhardt-Bösken 1973 (wie Anm. 6), S. 219. Kurmainz spielte bei der Kaiserwahl und Krönung in Frankfurt als Letztwähler die einflussreichste Rolle. Als »Erzkanzler durch Germanien« bekleidete der Fürsterzbischof wichtige Funktionen im Reich, während Trier als »Erzkanzler für Burgund« durch den Verlust nahezu aller ehemaligen, westlich gelegenen Reichsgebiete an Frankreich nur noch nominell von politischer Bedeutung war.

11 Helmut Hartmann, Die Wappen am Chorgestühl des Wormser Doms, in: Der Wormsgau 6, 1963/64, S. 43f erläutert am Beispiel des Wappens Franz Georgs, das am Wormser Chorgestühl angebracht ist, den schrittweisen Aufstieg des Hauses Schönborn, das erst 1701 in den Grafenstand erhoben wurde, und somit dynastisch weit unter dem kurfürstlichen Haus Pfalz-Neuburg rangierte.

12 Heinz Duchardt, Wien, Mainz, die Schönborn und die Wormser Bischofspostulation von 1732, in: Reichert/Duchhardt-Bösken 1973 (wie Anm. 6), S. 239–252.

13 Jürgensmeier 1997 (wie Anm. 7), S. 233.

14 Eugen Kranzbühler, Der Wormser Dom im 18. Jahrhundert, in: Studien aus Kunst und Geschichte. Friedrich Schneider zum 70. Geburtstage gewidmet, Freiburg/Br. 1906, S. 299.

15 Jürgensmeier 1997 (wie Anm. 7), S. 233f nach der Bistumsgeschichte des Johann Friedrich Schannat, Historia episcopatus Wormatensis, pontificum Romanorum bullis, regum, imperatorum diplomatibus [...], 2 Bde. Frankfurt 1734.

16 Kranzbühler 1906 (wie Anm. 14), S. 300. Eugen Kranzbühler, Verschwundene Wormser Bauten. Beiträge zur Baugeschichte und Topographie der Stadt, Worms 1905, S. 117–136.

17 Hotz 1963 (wie Anm. 1), S. 9f. Arens 1963 (wie Anm. 2), S. 41. Neumann in einem Brief von 28.11.1738: *»Es seindt zwar allerley Concepten vorhandten geweßen und noch eines ahnkommen von herrn generalen von Welsch, es ist aber resolvirt wordten bey dem meinigen [zu bleiben].«*

18 Arens 1963 (wie Anm. 2), passim, bes. S. 28. So wurde die Arbeit des Vergolders mit 2000 fl. incl. Materialkosten entlohnt, während Neumann 1741, also zum Abschluss der Arbeiten *»[...] intuitu seiner bisherigen in dieser Sachen gehabten vielen bemühungen und gegebener vorschlägen zu etwaiger recognition [Anerkennung] zu geben [...]Auß dem haereditets Vorrath* [Erbnachlass] *ihme 500 fl. pro discretione verabfolgen zu lassen.«* Hier zitiert nach Kranzbühler 1906 (wie Anm. 14), S. 302.

19 Vergl. z. B. Trier, St. Paulin (ab 1743); Brühl, Schlosskirche (1745); Bruchsal, Peterskirche (1748), Abb. in Erich Franz, Räume, die im Sehen entstehen. Ein Führer zu sämtlichen Bauten Balthasar Neumanns. Stuttgart 1998, S. 152–160. Eine Dissertation von Christoph Nicht, der auch an der Vortragsreihe der Kath. Akademie des Bistums Mainz im Wormser Dom 2010/11 teilgenommen hat, zu den Altären Balthasar Neumanns ist leider bisher unpubliziert.

20 Stiftskapitelprotokoll vom 5.4.1741, hier zit. Kranzbühler 1906 (wie Anm. 14), S. 300.

21 Arens 1963 (wie Anm. 2), S. 31f.

22 Nach dem von Arens 1963 (wie Anm. 2), S. 28 ausgewerteten Rechnungsbuch des Domkapitels beliefen sich die Gesamtkosten des Altarprojekts zuletzt auf stattliche 18.500 fl. Der konzeptionell vergleichbare Altar nach Entwurf Maximilian von Welschs in St. Quintin in Mainz (Abb. 4) kostete dagegen »nur« 7.644 fl.

23 Arens 1963 (wie Anm. 2), S. 39. Hartmann 1963 (wie Anm. 11), S. 42f, 49.

24 Arens 1963 (wie Anm. 2), S. 40.

25 Bernhard Patzak, Die Elisabethkapelle des Breslauer Domes. Breslau 1922. Stanislaw Mossakowski, Die Kurfürstenkapelle Fischers von Erlach im Breslauer Dom, in: Wiener Jahrbuch für Kunstgeschichte 19, 1962, S. 64–87.

26 Jürgensmeier 1997 (wie Anm. 7), S. 235.

27 Vgl. Georg W. Böhmer, Die schreckliche Zerstörung von Worms im Jahre 1689 und die seitdem erfolgte Wiederherstellung dieser freien Reichs-Stadt. Eine Rede am 3. Jun. 1789 im obern Hörsale des Gymnasiums gehalten. Frankenthal 1789; Gerold Bönnen (Hg.), Geschichte der Stadt Worms, 2. Aufl., Darmstadt 2015, S. 299–303.

28 Jürgensmeier 1997 (wie Anm. 7), S. 206–210.

29 Erwin Gatz (Hg.), Die Bistümer des Heiligen Römischen Reiches von den Anfängen bis zur Säkularisation, Freiburg 2003, S. 826–829; Jürgensmeier 1997 (wie Anm. 7), S. 180ff.

30 Stefan Heinz/Barbara Rothbrust/Wolfgang Schmid, Die Grabdenkmäler der Erzbischöfe von Trier, Köln und Mainz, Trier 2004, S. 177–192, Abb. 103, 106, 115. Vielleicht gab es auch in Worms ein Grabdenkmal Schönenburgs, das die Zerstörung 1689 nicht überlebte.

31 Jürgensmeier 1997 (wie Anm. 7), S. 231; Bönnen 2015 (wie Anm. 27), S. 305f. 1694 und 1734 flammte dieser Streit erneut auf, als die von Franz Ludwig in Auftrag gegebene Bistumsgeschichte Johann Friedrich Schannats (1683–1739) noch einmal die bischöfliche Stadtherrschaft reklamierte und entsprechende Gegendarstellungen des lutherischen Rates provozierte.

32 Jürgensmeier 1997 (wie Anm. 7), S. 161–167. Das Barfüßerkloster wurde 1527 durch den Rat beschlagnahmt und zur Lateinschule umgewandelt. Es befand sich in der Nähe der späteren Dreifaltigkeitskirche, also unmittelbar gegenüber dem Dom.

33 Fritz Reuter, Die ev. Dreifaltigkeitskirche in Worms (Rheini-

sche Kunststätten 476), Köln 2003, S. 4, Abb. 5. Bönnen 2005 (wie Anm. 27), S. 288 ff, 305f, 768–772.

34 Neubau nach Plänen von Stadtbaumeister Melchior Heßler, 1678–1681.

35 Neubau nach Plänen des kurpfälzischen Baumeisters Johann Peter Graber 1701–1717.

36 Kranzbühler 1906 (wie Anm. 14), S. 297 ff.

37 So die Überlegungen des Ratsherrn Johann Friedrich Seidenbender, hier zit. nach Reuter 2003 (wie Anm. 33), S. 3; Bönnen 2005 (wie Anm. 27), S. 769.

38 Evg. Dreifaltigkeitsgemeinde Worms (Hg.), Die Reformations-Gedächtnis-Kirche zur Heiligen Dreifaltigkeit in Worms am Rhein. Denkschrift zum Tag der Wiedereinweihung am 30. Oktober 1959. Worms 1959, S. 13–26, hier S. 19.

39 Reuter 2003 (wie Anm. 33), S. 3–7, Abb. 10.

40 Bönnen 2005 (wie Anm. 27), S. 344, Abb. 34.

41 Arens 1963 (wie Anm. 2), S. 42, Anm. 122.

42 Hotz 1963 (wie Anm. 1), S. 11.

43 Hotz 1963 (wie Anm. 1), Taf. 3; vgl. hier Abb. 101.

44 Hotz 1963 (wie Anm. 1), Taf. 3; vgl. hier Abb. 102.

45 Hotz 1963 (wie Anm. 1), Taf. 4; vgl. hier Abb. 104.

46 Arens 1963 (wie Anm. 2), S. 40.

47 Charles Avery, Bernini. Genius of the Baroque, London 1997, S. 94–100.

48 Meinrad v. Engelberg, Renovatio Ecclesiae. Die Barockisierung mittelalterlicher Kirchen. Petersberg 2005, S. 303, Anm. 562. Ein wichtiges, ebenfalls nicht erhaltenes Beispiel war Westchoraltar Justus Gleskers (ca. 1610–1678) im Bamberger Dom von ca. 1650. Zu Glesker siehe Erich Herzog, Der Frankfurter Barockbildhauer Justus Glesker, in: Schriften des Historischen Museums Frankfurt/M. 10, 1962, S. 53–148.

49 Hans-Jürgen Kotzur (Hg.), Der verschwundene Dom. Wahrnehmung und Wandel der Mainzer Kathedrale im Lauf der Jahrhunderte. Kat. d. Ausst. Bischöfliches Dom- und Diözesanmuseum Mainz, Mainz 2011, S. 302.

50 Hotz 1963 (wie Anm. 1), S. 11, 14

51 Hotz 1963 (wie Anm. 1), S. 9.

52 Joachim und Ulrike Glatz, St. Quintin in Mainz. (DKV-Kunstführer 639), München 2007, S. 15f, 1738–40. Arens 1963 (wie Anm. 2), S. 29.

53 Zum Fuldaer Domneubau siehe Gregor K. Stasch (Hg.), Begleitband zur Ausstellung 300 Jahre Dom zu Fulda und sein Architekt Johann Dientzenhofer (1663–1726), Vonderau-Museum Fulda, Petersberg 2012.

54 Anton und Thomas Schmitt, Der Dom zu Fulda. Fulda 1997, Abb. S. 13.

55 Kranzbühler 1906 (wie Anm. 14), S. 306 f.; Hotz 1963 (wie Anm. 1), S. 22.

56 Hotz 1963 (wie Anm. 1), S. 22 nimmt an, die Entwürfe stammten von Jäger selbst, somit hätte er die formalen Vorgaben des älteren Hochaltars geschickt aufgenommen.

57 Jürgensmeier 1997 (wie Anm. 7), S. 206–210, 234 f.

58 Kranzbühler 1906 (wie Anm. 14), S. 299: In der ersten Phase des Wiederaufbaus hatte man die Oberhirten der anderen deutschen Bistümer angeschrieben und um finanzielle Unterstützung gebeten. Am 17.4.1725 wurde beschlossen, die Chorfenster, die vom Bischof von Münster und Paderborn Clemens August von Wittelsbach gestiftet worden waren, mit dessen Wappen versehen zu lassen.

59 Aus dem Testament Franz Ludwigs, Breslau 5.4.1732, Abschrift im Domstiftsprotokoll, 25.4.1732, hier zitiert nach Kranzbühler 1906 (wie Anm. 14), S. 300.

60 Engelberg 2005 (wie Anm. 48), S. 535–539 mit Literatur.

61 Engelberg 2005 (wie Anm. 48), S. 24–28.

62 Hotz 1963 (wie Anm. 1), S. 20.

63 Arens 1963 (wie Anm. 2), S. 32, durch Domwerkmeister Johann Georg Endtner 1741.

64 Kranzbühler 1906 (wie Anm. 14), S. 306.

65 Engelberg 2005 (wie Anm. 48), S. 91–120.

66 Mathieu Lours, L‹autre temps des cathedrales. Du concile de Trente à la Révolution Française, Paris 2010.

67 Dieter Kimpel/Robert Suckale, Die gotische Architektur in Frankreich 1130–1270. 1. Aufl. 1985, (überarbeitete Studienausgabe), München 1995, S. 94.

68 Lours 2010 (wie Anm. 66), S. 255–258.

69 Fritz Arens, Mainz im Jahre 1660, in: Mainzer Zeitschrift Bd. 39/40, 1944/45 (ersch. 1947), S. 42: Zwei niederländische Jesuiten, die sich bei einem Besuch im Jahr 1660 über den anscheinend ungepflegten Zustand des Mainzer Doms wunderten, berichten: »Sie sagen, daß der Dom selbst in seinem Staub, der älter sei als Luther, über den Irrglauben triumphiere.[...] Wie schön sähe der Dom aus, wenn die Fenster einmal gereinigt und die Wände geweißt würden!«.

70 Kranzbühler 1906 (wie Anm. 14), S. 310.

Luzie Bratner

DAS CHORGESTÜHL IM WORMSER DOM

MEISTERSTÜCK DES ROKOKO

Im Zuge des Pfälzer Erbfolgekrieges war am 31. Mai 1689 die gesamte mittelalterliche Ausstattung des Wormser Domes durch Brand vernichtet worden. Erst unter Franz Ludwig von Pfalz-Neuburg, der seit 1694 auf dem Wormser Bischofsstuhl saß, begannen der langsame Wiederaufbau sowie eine barocke Neuausstattung des Ostchores, die sich über zwei Jahrzehnte hinzog.[1] Franz Ludwig von Pfalz-Neuburg, der von 1716–1729 außerdem Kurfürst von Trier war und dieses Amt zugunsten des Mainzer Erzbischofstuhles 1729 aufgab und 1732 starb, hatte testamentarisch Mittel zur Verfügung gestellt für die Errichtung eines neuen Hochaltars in seiner Wormser Bischofskirche. Die Ausführung nach einem Entwurf Balthasar Neumanns (1687–1753) mit Skulpturen des Würzburger Bildhauers Johann Wolfgang van der Auwera (1708–1756) erfolgte dann erst unter seinem Nachfolger Franz Georg von Schönborn zwischen 1738–1741 (Bischof von Worms seit 1732, Kurfürst von Trier 1729–1756).[2] Dieser monumentale Ziboriumsaltar (vgl. Beitrag von Engelberg) bildet Auftakt und Bezugspunkt für die gesamte barocke Ausstattung. Diese fand ihre Fortsetzung in der Stiftung der Chorseitenaltäre 1749–1753 durch den Wormser Domherren und Domdekan in Mainz Johann Franz Jakob von Hoheneck (1686–1758),[3] links der Salvatoraltar, rechts der Immakulata-Altar von dem Mainzer Künstler Johann Peter Jäger.[4] Die 1754 anschließende Stiftung eines neuen Chorgestühls ist mit dem Beschluss am 3. Dezember 1754 in den Domkapitelprotokollen dokumentiert und dem Wormser Domkapitel zu verdanken. Aufgrund der gemalten Wappenschilde der 13 Domkapitulare lässt sich die Fertigstellung des Gestühls dann relativ genau datieren zwischen Herbst 1758 und Herbst 1759.[5] Schon 1755 wurde vermutlich mit den Arbeiten begonnen. 2008–2009 wurde eine umfassende Restaurierung des Gestühls durchgeführt, die im vorliegenden Band ausführlich vorgestellt wird (vgl. den Beitrag Ecker in diesem Band).

Das Chorgestühl nimmt die ganze Tiefe der Vierung vor dem Hauptchor des Domes ein und befindet sich in einem ursprünglich nur dem Domkapitel zugänglichen Raumabschnitt. Es setzt sich aus zwei gegenüberliegenden Seiten zusammen, die auf der Nord- und der Südseite jeweils die Querarme abschranken und in einem vorschwingenden Kompartiment an die Vierungspfeiler anschließen. Auf der Ostseite führen zweiflüglige Türen in den geschwungenen Abschlüssen in die Querarme. Über den Türen sind Kartuschen mit dem Wappen des Domkapitels (Petrus, Südseite) bzw. dem Wappen des Bistums (Nordseite) angebracht. Die Rückwände des Gestühls lehnen sich an die steinernen Chorbühnen an und

Abb. 110: Worms, Dom, Ostchor, Detail des Chorgestühls mit Blick auf die Rückwand und Hermenfiguren

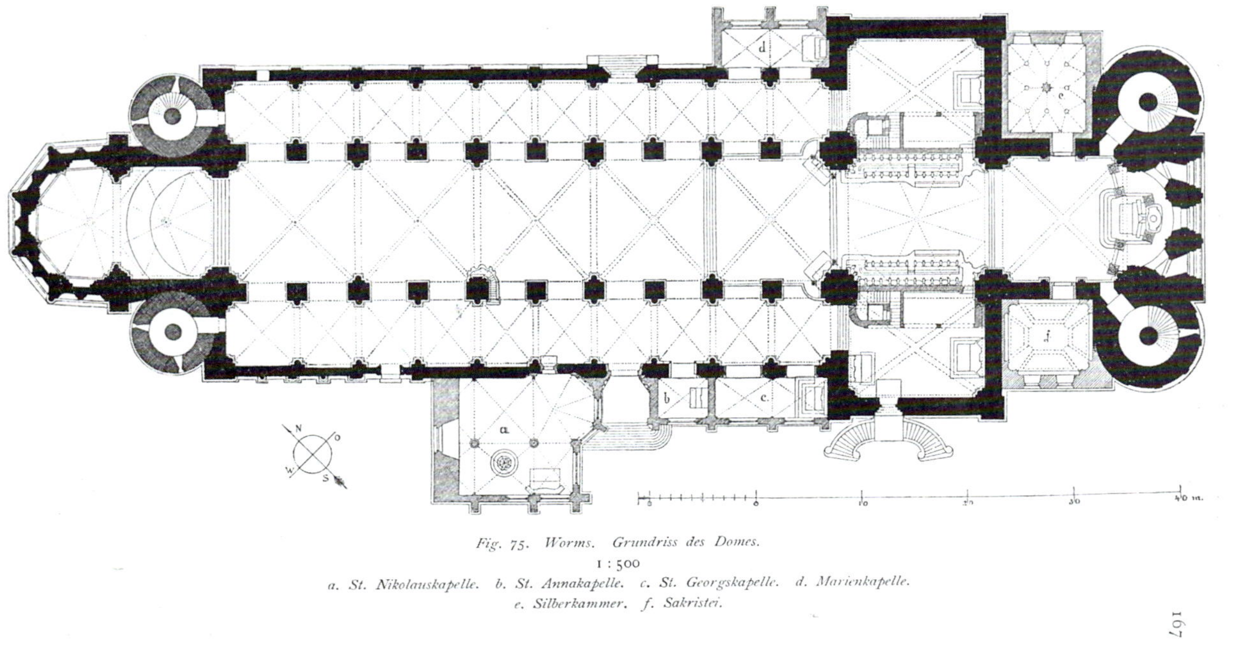

Abb. 111: Grundriss des Wormser Doms mit Chorgestühl in der Vierung (Wörner 1887)

verdecken sie vollständig.[6] Der Aufbau des Gestühls gliedert sich mit Sitzbänken, Dorsale (Rückwand) und Emporenbrüstung in drei Zonen: Über den jeweils 14 Sitzen gliedert sich das Dorsale in entsprechend viele schmale durch Pilaster getrennte Felder. Die vordere Sitzreihe umfasst zehn Sitze und lässt in der Mitte und an den Seiten Durchgänge frei. Die hintere, über drei Stufen erhöhte Sitzreihe wird von einem bewegten Gesims mit einem Baldachin überfangen. Insgesamt stehen 48 Sitze zur Verfügung, auch wenn das eigentliche Domkapitel sich lediglich aus 13 Domkapitularen und neun Domizellaren zusammensetzte. Jede Seite wird in der Mitte durch das Wappen Franz Georg von Schönborns über dem Abschlussgesims akzentuiert. Die auf Goldgrund in heraldischen Farben aufgemalten Wappen des Domkapitels sind an dem Gesims angebracht, je fünf auf einer Seite und zwei weitere unterhalb des Baldachins.[7] Die Emporenbrüstung ist mit abwechslungsreichen, vergoldeten Reliefs ausgestattet, die Musikinstrumente zeigen, und sie wird von Rocaille-Vasen bekrönt.[8] Vor den östlichen Bänken steht jeweils eine stark gebauchte Kniebank mit drei Reliefs und feinem Gitterwerk: Christus zwischen den Evangelisten Matthäus und Markus (Nordseite), bzw. Maria zwischen Lukas und Johannes (Südseite). Das Gestühl ist im Eichenholzton belassen, in Vergoldung davon abgesetzt sind die geschnitzten skulpturalen Teile: Reliefs, Figuren und Ornamente. Für den künstlerischen Entwurf gilt der Mainzer Hofschreiner Franz Anton Herrmann als verantwortlich. Die Frage der Zusammenarbeit mit einem Bildhauer wurde noch nicht untersucht. Vielleicht könnte wie bei den Chorseitenaltären und vielleicht auch am Mainzer Gestühl der Bildhauer Heinrich Jung (1715–1766)[9] oder der Bildhauer Johann Jacob Juncker (um 1720–1786) mitgewirkt haben. Auch die Zuschreibung der beiden Wormser Seitenaltäre an einen der beiden Bildhauer wird diskutiert.

Abb. 112: Gesamtansicht der Südseite des Chorgestühls

FRANZ ANTON HERRMANN – HOFSCHREINER UND ARCHITEKT

Der aus Wien stammende Entwerfer, Kunstschreiner und Architekt Franz Anton Herrmann (1711–1770) ist seit 1733 in Mainz nachweisbar.[10] Er entwickelte sich mit seiner Werkstatt zum führenden Kunstschreiner in Mainz und bescherte dieser Kunstgattung in und um Mainz eine ausgesprochene Blütezeit. Als Meisterstück zur Aufnahme in der Zunft lieferte er einen Mainzer Schreibschrank, einen »Cantourgen«, mit dem er sogleich einen neuen Typus begründete.[11] Dieses Meisterstück zeigt die erstklassige Qualität seiner Arbeiten beispielhaft und Herrmann führt sich damit am Mainzer Hof sogleich als innovativer Künstler ein. Als kurfürstlicher Hofschreiner führte Herrmann eine bestehende erfolgreiche Werkstatt fort. Zudem baute er die Hofschreinerei zu einer derart großen Werkstatt aus, dass sie gleichsam eine Monopolstellung innehatte.[12] Als Hofschreiner war Herrmann nicht der Zunft unterstellt, sondern direkt dem Kurfürsten.[13] So arbeitete er nicht für den freien Verkauf, sondern auf Bestellung eines höfischen Kundenkreises, der relativ aufwendige und kostbare Möbel verlangte. Eine besondere Aufgabe stellte sich mit der Ausstattung der großen romanischen Kathedralkirchen, nicht nur in Worms, sondern auch in Mainz und Speyer. Die Vermittlung solcher kirchlichen Aufträge wurde durch verwandtschaftliche Beziehungen und Verflechtungen der Domkapitel begünstigt. Vielleicht gab das wenig ältere Wormser Gestühl den Ausschlag für die Aufträge an Herrmann in Mainz (1760–1762/64) und Speyer (1762–1763).

Im Kunstdenkmälerinventar ist das Chorgestühl ohne Künstlerzuschreibung verzeichnet.[14] Friedrich Schneider schreibt es 1913 noch Balthasar Neumann zu.[15] Dieser war zum Zeitpunkt der Ausführung aber bereits verstorben, wie schon Eugen Kranzbühler

Abb. 113: Details der Südseite des Chorgestühls

konstatiert hatte, ohne einen anderen Künstler ins Spiel zu bringen.[16] Die Zuschreibung an Neumann wird weiter tradiert, da mit einem erstklassigen Ensemble wie der Chorausstattung in Worms die Vorstellung verbunden ist, es müsse auf den Entwurf einer bedeutenden Künstlerpersönlichkeit zurückgehen.[17] Diese dafür verantwortliche bedeutende Künstlerpersönlichkeit ist aber vielmehr in Herrmann zu finden. Eine Zuschreibung an den Mainzer Hofschreiner Franz Anton Herrmann findet sich dann 1923, allerdings noch mit Fragezeichen versehen bei Thieme/Becker.[18] Joachim Hotz, der sich ausführlich mit den Quellen zur Ausstattung des Wormser Domes beschäftigt, schreibt das Wormser Gestühl vor allem auch aufgrund stilistischer und kompositorischer Übereinstimmungen mit dem archivalisch belegten Mainzer Domchorgestühl ebenfalls Herrmann zu.[19] Zudem wertet er die verschiedenen in den Wormser Domkapitelprotokollen dokumentierten Aufträge an Herrmann als Indiz.[20] Ferner erwägt Hotz eine mögliche Vermittlerrolle des Domherren und Mainzer Domdekans Johann Franz Jakob von Hoheneck.

ZUR EINORDUNG DES WORMSER CHORGESTÜHLS

Auch stilistische Vergleiche mit den älteren Herrmann'schen Chorgestühlen in St. Cäcilien in Heusenstamm (1748/49–1751) und der Peterskirche in Mainz (Ausstattung 1748–1756) stützen die Zuschreibung.[21] Das in seiner Anlage mit zwei sich gegenüberliegenden Bankreihen vergleichbare, aber eher bescheidene Gestühl in Heusenstamm weist bereits charakteristische Merkmale auf, die sich auch bei späteren Arbeiten Herrmanns zeigen. Wie in Worms bezieht sich eine Seite jeweils auf die Mittelachse und die Unterordnung unter einen beherrschenden Hochaltar ist auffällig. Wolf stützt die Zuschreibung des Wormser Gestühls an Herrmann in seinen Untersuchungen zu Bewegtheit und Rhythmisierung:[22] Der Aufbau ist in Worms symmetrisch und auf eine Mittelachse bezogen, was auf den ersten Blick ruhig und gleichförmig wirkt. Es überlagern sich aber verschiedene Rhythmisierungen. Diese werden einerseits durch den Wechsel zwischen Pilastern und Hermen am Dorsale, andererseits durch die Brechungen des Hauptgesimses mit Kartuschen und Rocaillen erzeugt. Das Gesims führt außerdem durch eine komplizierte Abfolge von geraden und geschwungenen Stücken in Bezug auf die Dorsalfelder, die abwechselnd einen runden oder geraden Abschluss zeigen, auf die Mittelachse. Die Ein- bzw. Ausleitung führt über drei gekrümmte Achsen zu den Vierungspfeilern über. Diese Kompositionsweise kann laut Wolf als vorbereitend für die noch komplizierte Rhythmisierung des Mainzer Gestühls angesehen werden.

Die Frage der Zuschreibung des Chorgestühls an Herrmann und eine Verbindung zu seinen weiteren großen Chorgestühlen lässt sich auch weiter untermauern, wenn man die Einbindung des Chorgestühls in den Raum und seine Rolle innerhalb des Gesamt-

Abb. 114: Christusdarstellung auf der Kniebank der Nordseite des Gestühls

Abb. 115: Bekrönung des Gestühls mit dem Wappen von Franz Georg von Schönborn und Bildfelder mit Musikinstrumenten

konzeptes betrachtet. Es handelt sich in der Gesamtkonzeption zunächst um ein eher untergeordnetes, zurückhaltendes Werk, das innerhalb von Querhaus und Chor der Raumbildung und der Hinführung zum Hochaltar dient. Genauso kann es sich aber als eigenständiges Werk behaupten, wenn man es aus der Perspektive des Domkapitels sowohl in der frontalen Gesamtansicht als auch im Detail betrachtet. Es nimmt die gesamte Querhausbreite ein und ist in der oben dargestellten Weise dynamisch durchkomponiert. Vom Mittelschiff aus verengen die Seitenaltäre zunächst den Blick, finden aber durch das Gestühl eine Verlängerung der Blickachse, die durch die Einbeziehung der Vierungspfeiler in einer Verschleifung zum Hochaltar hinführt. Auch die Lichtführung unterstreicht dies, indem die Seitenaltäre im Dunklen liegen: das Licht kann erst oberhalb des Gestühls seitlich hereinbrechen, um in den Vergoldungen des Hochaltars seinen glänzenden Höhepunkt zu finden. In der Gesamtausstattung des Chores nimmt das Chorgestühl also eine wesentliche, Architektur und Ausstattung verbindende Rolle ein.

Anmerkungen

1 Ernst Wörner, Kreis Worms (Kunstdenkmäler im Großherzogtum Hessen, Provinz Rheinhessen), Darmstadt 1887, S. 188–191. Rudolf Kautzsch, Der Dom zu Worms. 3 Bde., Berlin 1938, S. 316–318, 320–322, Taf. 43, 130–134, 138–140.

2 Joachim Hotz, Balthasar Neumanns Hochaltar im Wormser Dom, in: Der Wormsgau 6, 1963/64, S. 9–25, Taf. 1–5. Fritz Arens, Die Errichtung des Hochaltars im Wormser Dom, ebd., S. 25–42, Taf. 6. Claudia Gerner-Beuerle/Joachim Glatz, Blattgold, Gummigutt und über 300 Puzzleteile. Die Restaurierung des Hochaltars im Wormser Dom, in: Baudenkmäler in Rheinland-Pfalz 60, 2005, S. 92–95.

3 Günter Rauch, Das Mainzer Domkapitel in der Neuzeit: Zu Verfassung und Selbstverständnis einer adeligen geistlichen Gemeinschaft; mit einer Liste der Domprälaten seit 1500, in: Zeitschrift der Savigny-Stiftung für Rechtsgeschichte 94, Kan. Abt. LXIII, 1977, S. 169. Die Altäre wurden von dem für den Dom hinterlassenen Geld seines Bruders Domscholaster Johann Philipp von Hoheneck (†1743) bezahlt. Nach Hotz 1963 (wie Anm. 2), S. 22 f. 1747 lagen sowohl Entwürfe von Franz Anton Herrmann als auch Johann Valentin Thomanns vor, das Projekt wurde aber erst 1749 wieder aufgegriffen.

4 Jäger ist archivalisch als Entwerfer der Altäre gesichert, vgl. Heinz Krauße d'Avis, Johann Peter Jäger, kurmainzischer Hofstuckkateur und Baurat 1708–1790, in: Mainzer Zeitschrift 11, 1916, S. 1–37, hier S. 9. Die Zuschreibung der Figuren der Seitenaltäre an die Mainzer Bildhauer Heinrich Jung oder Johann Jacob Juncker hingegen ist bislang nicht geklärt.

5 Helmut Hartmann, Die Wappen am Chorgestühl des Wormser Domes, in: Der Wormsgau 6, 1963/64, S. 42–49, Taf. 7–9, hier S. 49. Ein aus symmetrischen Gründen angebrachter 14. Wappenschild zeigt nochmals das Wappen des Bistums. Erstaunlicherweise ist aber in der Bekrönung jeder Gestühlseite das Wappen Franz Georg von Schönborns angebracht, der bereits 1756 verstorben war und nicht dasjenige seines amtierenden Nachfolgers, Johann Friedrich Carl von Ostein, Bischof von Worms 1756–1763, Erzbischof von Mainz 1743–1763. Vielleicht weil Konzeption und Planung wesentlich unter der Ägide von Franz Georg lagen – der Beschluss wurde 1754 gefasst – und er vielleicht auch weitere persönliche Mittel für die Ausführung zur Verfügung gestellt hatte.

6 Die Chorbühnen stehen auf den Sockeln der romanischen Chorschranken und wurden in den 1720er Jahren erneuert, vgl. Hotz 1963 (wie Anm. 2), S. 20 f. Sie öffnen sich in drei Bögen zu den Querhäusern, im westlichen Abschnitt befindet sich ein Treppenaufgang zum Chor und dem Chorgestühl.

7 Helmut Hartmann, Die Wappen am Chorgestühl des Wormser Domes, in: Der Wormsgau 6, 1963/64, S. 42–49, Taf. 7–9.

8 Fritz Reuter, Zur Darstellung von Musikinstrumenten im Dom zu Worms, in: Mainzer Zeitschrift 67/68, 1972/73, S. 264–273, bes. S. 266–273, Taf. 38 f.

9 Peter Metz, Mainzer Rokokoplastik. Diss. phil. Giessen (masch.), S. 16. Erika Peiper-Diener, Mittelrheinische Barockplastik, in: Mainzer Zeitschrift 24/25, 1929/30, S. 1–46, hier S. 37 f. Zu Jung vgl. Luzie Bratner, Die erzbischöflichen Grabdenkmäler des 17. und 18. Jahrhunderts im Mainzer Dom (QAmKG 113), Mainz 2005, S. 118–127.

10 Susanna Partsch, Herman, Franz Anton, in: De Gruyter Allgemeines Künstlerlexikon 72, Berlin/Boston 2012, S. 198f. Grundlegend die bei Fritz Arens 1968/69 entstandene Dissertation: Peter Alfred Wolf, Das Werk des Mainzer Hofschreiners Franz Anton Herrmann (1711–1770), in: Mainzer Zeitschrift 65, 1970, S. 1–35. Ein Schwerpunkt dieser Werkmonographie liegt auf ornamentgeschichtlichen Fragen, wie der Untersuchung von Kapitellformen, die als Rocaillekapitell mit charakteristischer Gesimsschweifung eine Mainzer Sonderentwicklung zeigt. Es wird vermutet, dass Herrmann neben der Ausbildung in der väterlichen Werkstatt, in Paris entscheidende Anregungen erfahren hat. 1733 vermählt sich Herrmann mit Maria Helene Rhode, der Tochter des Hofschreiners Heinrich Ludwig Rohde (ca. 1683–1755). Am 21. Juli 1735 erfolgt die Eintragung als Kandidat für ein Meisterstück, ein Jahr später, am 3. Juni 1736 die Aufnahme in die Mainzer Schreinerzunft. Zwischen 1736 und 1738 wurde er neben seinem Schwiegervater Heinrich Ludwig Rhode Mainzer kurfürstlicher Hofschreiner.

11 Heidrun Zinnkann, Meisterstücke. Mainzer Möbel des 18. Jahrhunderts. Museum für Kunsthandwerk Frankfurt, Frankfurt/M. 1988, S. 49–56.

12 Fast ein Drittel der in Mainz beschäftigten Schreinergesellen arbeiteten in Herrmanns Werkstatt, 1752 waren dies 44 Meister und 92 Gesellen, vgl. Zinnkann 1988 (wie Anm. 11), S. 22–26, hier S. 23.

13 Herrmann stand im Dienste dreier Kurfürsten, zunächst von Philipp Carl von Eltz, dann für zwanzig Jahre die längste Zeit von Johann Friedrich Carl von Ostein und schließlich von Emmerich Joseph von Breidbach-Bürresheim.

14 Wörner 1887 (wie Anm. 1), S. 190f.

15 Friedrich Schneider, Kunst und Künstler des 18. Jahrhunderts in Worms, in: Erwin Hensler (Hg.), Kurmainzer Kunst. Wiesbaden 1913, S. 73–77, hier S. 76.

16 Eugen Kranzbühler, Der Wormser Dom im 18. Jahrhundert, in: Studien aus Kunst und Geschichte. Friedrich Schneider zum 70. Geburtstag. Freiburg 1906, S. 297–312, hier S. 308.

17 Auch Georg Dehio, Handbuch der Deutschen Kunstdenkmäler. Bd. 4. Südwestdeutschland, Berlin, 2. Aufl. 1926, S. 377, hält noch an einer möglichen Zuschreibung an »Neumann (?)« fest.

18 Ulrich Thieme/Felix Becker, Allgemeines Lexikon der Bildenden Künstler von der Antike bis zur Gegenwart. Leipzig 1923, 16, S. 494. Es ist nicht ersichtlich, auf wen diese Zuschreibung zurückgeht. Kautzsch 1938 (wie Anm. 1), S. 321 stützt sich ebenfalls auf Thieme/Becker.

19 Hotz 1963 (wie Anm. 2), S. 23f. Zum Mainzer Gestühl, dessen Entstehung und Zuschreibung an Herrmann durch die Domkapitelprotokolle und verschiedene Entwurfszeichnungen nachzuvollziehen und gesichert ist: Heinrich Schrohe, Das heutige Chorgestühl des Mainzer Domes in seiner Entstehungsgeschichte, in: Aufsätze und Nachweise zur Mainzer Kunstgeschichte (Beiträge zur Geschichte der Stadt Mainz 2), Mainz 1912, S. 14–32; Adolf Gessner, Das Gestühl im Westchor des Mainzer Domes. Ergänzungsband zum Jahrbuch für das Bistum Mainz 1, Mainz 1950. Fritz Arens, Weitere neuentdeckte Entwürfe zum Mainzer Domchorgestühl, in: Ludwig Lenhart (Hg.), Universitas, Dienst an Wahrheit und Leben. Festschrift für Bischof Dr. Albert Stohr. Mainz 1960, S. 324–329, Abb. 1 und 2 zw. S. 328–329; Luzie Bratner, Franz Anton Herrmann und die Chorgestühle der Dome in Worms, Mainz und Speyer, in: GDKE Rheinland-Pfalz/Kath. Akademie Bistum Mainz (Hgg.), Mainzer Barock – ein vergessenes Erbe? Zur Prägung und Ausprägung der barocken Kunst im Mainzer Raum, Regensburg 2017, S. 59–83.

20 Darmstadt Staatsarchiv, S. 24.

21 Wolf 1970 (wie Anm. 10), hier S. 18–22, Taf. 11 a–b. Das erste, archivalisch für Herrmann belegte Chorgestühl entstand 1748/49–1751 in der nach Planungen Balthasar Neumanns erbauten Schönbornschen Begräbnis-Kirche St. Cäcilia in Heusenstamm. Hermann war neben dem Würzburger Bildhauer Johann Wolfgang van der Auwera mit deren Ausstattung betraut, die neben Tabernakel, Kanzel und Kommunionbank vor allem das herrschaftliche Gestühl betraf.

22 Wolf 1970 (wie Anm. 10), S. 26f.

Sandra Ehses

ZUR GESCHICHTE DER ORGELN IM DOM ZU WORMS

DIE ENTWICKLUNG IM 13. UND 14. JAHRHUNDERT

Die Geschichte der Orgeln im Dom zu Worms beginnt im Jahre 1259.[1] Der Orgelbauer erhält danach 200 Pfund, wobei der reine Materialwert des Werkes bei 163 Pfund liegt. Folglich wird die Differenz von 37 Pfund für die Arbeitszeit berechnet. Aus den Kosten für die im selben Jahr vorgenommene Erneuerung der Fenster, welche sich auf 51 Pfund belaufen, kann man schließen, dass 200 Pfund einen relativ hohen Wert haben und es sich um ein recht großes Werk handelt. Da die zum Registrieren benötigten Vorrichtungen erst Anfang des 15. Jahrhunderts entwickelt werden, handelt es sich um ein sogenanntes Blockwerk, das weder Koppeln noch ein eigenständiges Pedal[2] aufweist. Die Vermutung, dass sich diese Orgel an der Westwand des nördlichen Querschiffarms befindet, ist zu bezweifeln, da man heute noch Spuren der dazu benötigten Aufhängung dazu hätte aufdecken müssen. Theoretisch hätte die Orgel an diesem Ort auch auf »Stelzen« stehen können, doch eine solche Bauweise ist derzeit wohl noch nicht möglich und von keinem anderen Werk aus dieser Zeit bekannt. Abgesehen von der akustisch ungünstigen Position erfüllt dieser Ort auch nicht die optischen Anforderungen eines repräsentativen Aufstellungsortes für eine solche Orgel. Repräsentativ ist jedoch der Bogen im Mauerwerk, der den Zugang zu der Orgel ermöglicht haben soll. Sollte ein solch kunstvoll gestalteter Zugang später von einem Instrument verdeckt worden sein? Oder diente der reich profilierte Rundbogen als Zugang zu Mauertreppen oder anderen »liturgischen« Nutzungen? (Vgl. den Beitrag Kosch in diesem Band)

Bleibt die Frage nach der ursprünglichen Platzierung der Orgel. Am wahrscheinlichsten ist ein Instrument in der Bauweise einer Schwalbennestorgel an der Nordwand des Mittelschiffs, wie es im 13./14. Jahrhundert üblich ist, z. B. in Straßburg oder Metz. Zumal Berichte über den Einsturz des Nordwestturms 1429 diesen als »thurm da man auf die orgel gehet« beschreiben. Bilder der Nordwand ohne die heute im Wormser Dom befindliche Klais-Orgel zeigen zwei kleine Türen über dem zweiten Doppeljoch von Westen aus, welche den Zugang zum Instrument ermöglichen und die mutmaßliche Position anzeigen. Diese Stelle ist damals wie heute akustisch und optisch hervorragend. Da aus den folgenden Jahrzehnten keine weiteren Berichte vorliegen, wäre es denkbar, dass zwischenzeitlich lediglich Reparaturen vorgenommen wurden. Eine neue Orgel wäre sicherlich in den Rechnungsbüchern o. Ä. verzeichnet worden.

Abb. 116: Worms, Dom, Langhaus, Nordseite, Große Schwalbennestorgel Firma Klais 1985

Abb. 117: Detail aus Chorgestühl im Ostchor, Bildtafel mit eir er barocken Orgelempore

15. JAHRHUNDERT

Die nächste Überlieferung, die sich auf die Domorgeln bezieht, besagt, dass am Pfingstfest des Jahres 1440 eine neue Orgel vollendet wurde.[3] Zum ersten Mal wird ein Name im Zusammenhang mit einer Orgel genannt: »Valentinus de Spira«, vermutlich ein Organist. Für die Orgel selbst gibt es keine weiteren Nachrichten in den Quellen. Es ist zu vermuten, dass auch diese Orgel an der Nordwand zwischen dem 3. und 4. Joch von Westen angebracht war. Sie wird wegen des bereits erwähnten Einsturzes des Nordwestturms, der erst 1472 wieder aufgebaut wird, über eine Wendeltreppe bei Nordquerhaus und Ägidienkapelle erreicht. Der Turm mit innenliegender Wendeltreppe stürzte während des Ausbaus des Doms durch Bischof Johann von Dalberg ein. Die Nachricht, das aus Anlass des Reichstags in Worms 1495 Paul Hofhaimer und Arnolt Schlick die Orgel spielten, die als die besten Organisten ihrer Zeit gelten, lässt auf die hohe Qualität des Instrumentes schließen.

16. JAHRHUNDERT

Im Jahr 1544 sind mehrere Orgeln im Dom nachweisbar.[4] Eines der Instrumente befand sich auf dem Westlettner, ein zweites auf dem Ostlettner und das dritte, größere Werk war im Westchor (auch Laurentiuschor) platziert. Mit der letztgenannten Angabe dürfte wohl wiederum die Orgel an der Nordwand gemeint sein, die sich an der gleichen Stelle wie die heutige Schwalbennestorgel befindet. Wiederum ist statt des Orgelbauers der Name des Domorganisten bekannt: »M. Mathis (…) Der Organist zu Unserer Frauen hat vff der großen Orgel geschlagen«. Im Jahr 1545 sollte, möglicherweise im Rahmen der Vorbereitungen für den in diesem Jahr stattfindenden Reichstag, die große Orgel renoviert werden.[5]

17. JAHRHUNDERT

Sicher ist, dass es 1610 eine Orgel gab, denn eine Quelle vermerkt, »Der Organist soll sich äußern, ob wesentliche Schäden (defectus) an der Orgel vorhanden seien oder nicht«.[6] Nach den Angaben des Orgelsachverständigen Paul Smets wurde eine Orgel 1642 von dem Orgelbauer Johann Peter Geißel aus Mainz erstellt. An dieser Orgel arbeitete 1681 wieder ein Orgelbauer und wurde mit »13 Vl. Wein und 2 Malder Korn« vergütet. Wenige Jahre später beginnt ein sehr düsteres Kapitel der Stadt: der Brand und die Zerstörung im Jahre 1689. Ganz Worms wird stark beschädigt und auch der Dom wird nicht verschont. Rudolf Kautzsch schildert die Lage im Dom so: »Im zweiten Joch des Mittelschiffs (von Westen) war die Nordwand des Hochschiffs bedenklich zerstört. Hier war bis 1689 eine Orgel angebracht, vom Dachboden des nördlichen Seitenschiffs aus zugänglich. Die Orgel hatte 1689 Feuer gefangen, ihr Brand hatte die Wandflächen innen und außen, ganz besonders auch die Fensterwände schwer mitgenommen.«[7] In einer Schadensberechnung ist diesbezüglich die Rede von: »Orgeln ad 4000 Rthlr.«[8] Da hier der Plural verwendet wird, liegt die Vermutung nahe, dass es vor dem Brand offensichtlich mehrere Instrumente gab, zu denen jedoch keine weiteren Informationen vorliegen.

18. UND 19. JAHRHUNDERT

1704 bat der Vikar für das Schlagen der Orgel um eine Bezahlung und belegte damit die Existenz eines Instrumentes. Mit zunehmender Besserung der Lage schien dieses jedoch nicht mehr zufriedenstellend zu sein, so dass die Orgelbauer Gebrüder Stumm aus Rhaunen-Sulzbach 1790 bezüglich der »Risse und Überschläge für eine neue Orgel«[9] konsultiert wurden. Am 24. Juli 1792[10] wurde die alte Orgel zur Versteigerung freigegeben.

Allerdings macht der Rechnungsposten »Dem Orgelmacher aus der Dominicaner Kirche im Dom aufzustellen 95 fl 125 Xr.«[11] stutzig. Warum wird ein Instrument aus einer der benachbarten Kirchen in den Dom gebracht, obwohl kurz zuvor ein Neubau in Auftrag gegeben wurde? Mittels Rekonstruktion des Quellenmaterials ist davon auszugehen, dass französische Revolutionstruppen das bestellte Instrument bereits in der Werkstatt in Rhaunen-Sulzbach zerstörten, »die hölzernen Pfeifen verbrannten und die metallenen zu Knöpfen und Kugeln verquirirten«.[12] In der Firma Stumm wurde arbeitsteilig gearbeitet, d. h. es gab eine eigene Pfeifenmacherei, welche Pfeifenbestände gewissermaßen auf Vorrat produzierte. Einige für die Domorgel vorgesehenen Pfeifen konnten offensichtlich gerettet werden, indem sie fern der Orgel oder des Pfeifenlagers aufbewahrt wurden. Dies zeigen noch heute Einritzungen in Pfeifen der zeitnah in Auftrag gegebenen Instrumente der evangelischen Kirchen in Steeg und Hoppstädten, wo sie wohl aufgrund des Mangels an Geld und Material wiederverwendet wurden. Diese Vorgehensweise war möglich, da Stumm schematische Mensurverläufe verwendete. Auch der Prospekt der 1939 abgerissenen Domorgel belegt, dass es sich nicht um ein Werk von Stumm handelte. Er ist gänzlich untypisch für diese Werkstatt gestaltet und kann nicht im Entferntesten einem der

Schemata, nach denen bei Stumm Orgelprospekte erstellt wurden, zugeordnet werden. Nach diesen Überlegungen muss festgestellt werden, dass es wohl nie eine Stumm-Orgel im Dom zu Worms gegeben hat, weshalb der Transport des Werkes der »Dominicaner Kirche« von Nöten war.

20. JAHRHUNDERT

Im Jahr 1938 beschloss man auf Anregung des Domkapellmeisters Joseph Blum und des Domorganisten Gregor Lehr, eine neue Domorgel bauen zu lassen, da die bestehende zahlreiche Mängel aufwies und vom Holzwurm befallen war. Der Orgelbaumeister Paul Sattel aus Hochspeyer zeigte sehr großes Interesse, den Auftrag für den Neubau zu bekommen. Er erhoffte sich durch eine ausgezeichnete, beispielhafte Arbeit an einem prominenten Ort eine Steigerung des Bekanntheitsgrads seiner Werkstatt. Nachdem der Neubau vom Bischöflichen Ordinariat genehmigt und begrüßt wurde, dass mit der Verwendung des Prinzipals 8' der vorhergehenden Orgel der Klangcharakter der alten Orgel beibehalten werden soll, wurde der Auftrag bereits am 2. Januar 1939 bestätigt.

Am 15./16. Dezember 1939 wurden »784 kg Orgelpfeifen aus Metall in Holzwolle«[13] verpackt und nach Worms transportiert. Die alte Orgel wurde am 1. April 1940 abgebaut. Wegen der geänderten Umstände aufgrund des Kriegsausbruchs musste der Orgelbauer den geplanten Liefertermin verschieben und stellte mehrere Nachforderungen, die jedoch nicht alle erfüllt wurden, weshalb es sich bei dem Auftrag, die Domorgel in Worms zu errichten, um den letzten dieser Firma handelt. Am 2. Juni 1940 wurde die Orgel feierlich eingeweiht und vom Domorganisten Gregor Lehr vorgestellt. In den folgenden Jahren wurden Reparaturen und Umbauten von verschiedensten Orgelbauern (E. Kemper + Sohn, Emil Horn, Erich Breitmann, Gert Weyland) durchgeführt (vgl. den Beitrag Zerfass in diesem Band).

Der Dom zu Worms bietet folglich nicht nur eine höchst interessante Architektur- und Kunstgeschichte, sondern verzeichnet auch eine spannende und bewegte Orgelgeschichte, die wesentliche Aspekte, Neuerungen und Strömungen des Orgelbaus insgesamt nachvollziehen lässt. Möge diese Geschichte auch in den kommenden Jahrzehnten und Jahrhunderten mit Hingabe und im Dienste der Musik zum Lob Gottes fortgeschrieben werden.

Anmerkungen

1 Franz Bösken, Quellen und Forschungen zur Orgelgeschichte des Mittelrheins. Band 1, Mainz 1967, S. 476. Franz Falk, Die Bildwerke des Wormser Doms. Mainz 1871, S. 28. Adam Gottron, Festschrift zur Einweihung der neuen Domorgel am 2. Juni 1940. Worms 1940, S. 7. Rudolf Kautzsch, Der Dom zu Worms. 3 Bde., Berlin 1938, S. 33. Leo Reichert, Die Orgeln des Wormser Domes. Worms 1985, S. 17. Friedrich Zorn, Wormser Chronik. Stuttgart 1857, S. 112.

2 Man baut auch schon früher ein Pedal, welches aber nur zur Entlastung des Spielers auf dem Manual dient. Erst um 1350 bekommt das Pedal eigene Register zugewiesen.

3 Bösken 1967 (wie Anm. 1), S. 476. Falk 1871 (wie Anm. 1), S. 28. Gottron 1940 (wie Anm. 1), S. 7. Reichert 1985 (wie Anm. 1), S. 18. Zorn 1857 (wie Anm. 1), S. 183.

4 Bösken 1967 (wie Anm. 1), S. 476. Gottron 1940 (wie Anm. 1), S. 7. Reichert 1985 (wie Anm. 1), S. 19.

5 Gottron 1940 (wie Anm. 1), S. 7. Reichert 1985 (wie Anm. 1), S. 19.

6 Kautzsch 1938 (wie Anm. 1), S. 41.

7 Kautzsch 1938 (wie Anm. 1), S. 243.

8 Kautzsch 1938 (wie Anm. 1), S. 42. Reichert 1985 (wie Anm. 1), S. 20.

9 Kautzsch 1938 (wie Anm. 1), S. 44.

10 Gottron 1940 (wie Anm. 1), S. 9 und Reichert 1985 (wie Anm. 1), S. 21 nennen den 24. August.

11 Bösken 1967 (wie Anm. 1), S. 479. Reichert 1985 (wie Anm. 1), S. 21

12 Didaskalia – Blätter für Geist, Gemüth und Publizität, Nr. 46, Samstag, den 15. Februar 1845, Nr.47, Sonntag, den 16. Februar 1845 (Frankfurt), Beitrag: Die Orgelbauerfamilie Stumm aus Rhaunen-Sulzbach, 3. Absatz, 16. Februar 1845.

13 A. Schuch & Co.: Rechnung, 30. Dezember 1939

Dan Zerfaß

DIE ORGELN DES WORMSER DOMS

Der Wormser Dom verfügt derzeit über vier Orgeln. Bedingt durch die immense Größe des Kathedralraums und die verschiedenen akustischen Teilräume, die liturgisch vielfältig ausnutzbar sind, ist eine solche Gliederung in vier separate Instrumente durchaus naheliegend.

DIE SCHWALBENNESTORGEL

Anlässlich der letzten großen Innenraumsanierung des Wormser Doms stellte sich die Frage nach einem sinnvollen Standort der Hauptorgel wieder neu. (vgl. Beitrag Ehses in diesem Band) Der bis dahin verwendete Platz über dem Chorgestühl war für die neu formulierten liturgischen Anforderungen des II. Vatikanischen Konzils denkbar ungeeignet. Die bislang dort positionierten Instrumente vermochten das Langhaus klanglich nicht befriedigend zu füllen, wodurch eine sinnvolle Führung des Gemeindegesangs kaum möglich war. Um die Orgel wieder näher an die Gemeinde zu rücken, wurde auf den historischen Standort an der nördlichen Langhauswand zurückgegriffen, an dem beim Dombrand 1689 ein vergleichbar großes Instrument in Flammen aufgegangen ist. So wurde die Firma Klais beauftragt, an dieser Stelle eine Schwalbennestorgel mit 34 Registern zu errichten, die 1985 fertiggestellt werden konnte.

Architektonisch war diese Aufgabe eine Herausforderung. Da der Wormser Dom trotz seiner extremen Länge relativ schmal ist, musste die Gehäusetiefe so gering wie möglich gehalten werden, um die Raumproportionen so wenig wie möglich zu verändern. Zudem sollte der Baukörper so leicht und wenig flächig wie möglich erscheinen. Dieses Ziel wurde mit drei geschickten Kunstgriffen erreicht. Im Kontrast zu den Rundbögen der romanischen Wandgliederung verfügt der Orgelprospekt über Dreieckstürme, die zierlicher erscheinen als vergleichbare Rundtürme. Das Rückpositiv ist im Wesentlichen unterhalb des Spieltischs platziert und kann auf diese Weise weit eingezogen werden. Lediglich die Türme des Prästant 8‘ befinden sich tatsächlich im Rücken des Spielers. Schaut man durch die Längsachse des Doms seitlich auf die Orgel, sieht man, dass die Gehäusetürme unterschiedliche geometrische Formen als Grundrisse haben, wodurch auch die Seitenansicht lebhaft strukturiert erscheint.

Der Aufbau der Orgel folgt klassisch-barocken Vorbildern. Die drei Manualwerke stehen übereinander: ganz unten das bereits erwähnte Rückpositiv mit dem Prästant 8‘ im Prospekt. Darüber, oberhalb des Spieltischs, stehen Hauptwerk und Schwellwerk in einem Gehäuseteil, das in sich wiederum in zwei

Abb. 118: Detail zur Schwalbennestorgel, Pfeifen des Hauptwerks

Abb. 119: Dan Zerfaß, Domorganist und Regionalkantor, am Spieltisch der Schwalbennestorgel

DIE DISPOSITION LAUTET:

I Rückpositiv:	II Hauptwerk:	III Schwellwerk:	Pedal:
Prästant 8'	Prästant 16'	Rohrflöte 8'	Principal 16'
Gedackt 8'	Octav 8'	Gamba 8'	Subbass 16'
Octav 4'	Spitzflöte 8'	Vox coelestis 8'	Octav 8'
Rohrflöte 4'	Octav 4'	Blockflöte 4'	Bourdon 8'
Gemshorn 2'	Hohlflöte 4'	Principal 2'	Octav 4'
Larigot 1⅓'	Quinte 2⅔'	Quinte 1⅓'	Posaune 16'
Sesquialter 2f.	Superoctav 2'	Hautbois 8'	Trompete 8'
Scharff 5f.	Cornet 5f.	Tromp. harm. 8'	
Krummhorn 8'	Mixtur 6f.	- Tremulant -	
- Tremulant -	Trompete 8'		

Manuale: C-a^3
Pedal: C-f^1
Koppeln: III-II; I-II; III-I; III-P; II-P; I-P

Etagen gegliedert ist. Den Prospekt beider Werke bildet der Prästant 16' des Hauptwerks, der auch die Jalousien des oben stehenden Schwellwerks verdeckt. Das Pedal steht zu beiden Seiten aufgeteilt in C- und Cis-Seite. Die Orgel verfügt über Schleifladen mit mechanischer Spiel- und elektrischer Registertraktur. Ursprünglich waren hierzu 32 Setzer vorhanden.

Klanglich sind Hauptwerk, Rückpositiv und Pedal ebenfalls eher klassisch ausgerichtet mit vollständigen Prinzipalchören auf 16'- bzw. 8'-Basis. Hinzu kommen Flöten, gemischte Stimmen mit Terzchören (Cornet, Sesquialter) und Zungenstimmen, die für den Orgelbau der Region typisch sind (Trompete, Posaune, Krummhorn). Das Schwellwerk ist relativ klein disponiert, was nicht zuletzt den begrenzten Platzverhältnissen geschuldet ist. Dort findet sich neben den Flötenstimmen auch eine Gamba 8' und die Streicherschwebung Vox coelestis. Die Funktion der Klangkrone müssen Prinzipal 2' und Quinte 1⅓' übernehmen. Als Zungenstimmen waren ursprünglich Hautbois 8' und Clairon 4' disponiert.

Trotz der geringen Registerzahl vermag die Orgel vollkommen überzeugend den großen Raum zu beherrschen. Der Klang ist einerseits erstaunlich klar, was die Darstellung polyphoner Strukturen gut möglich macht. Andererseits bewirken der spezifische Nachhall und die erstaunliche Tragfähigkeit aller Stimmen ein großes dynamisches Spektrum, wodurch auch die Wiedergabe symphonischer Orgelmusik wesentlich überzeugender gelingt, als man beim Blick auf die Disposition vermuten mag.

Im Jahr 2008 stand eine grundlegende Reinigung der Orgel an. Das Konzept der Orgel hatte sich in vielerlei Hinsicht bewährt. Trotzdem wurden kleinere Korrekturen am Klangbild für sinnvoll erachtet. Um dem Schwellwerk mehr Kraft in der 8'-Lage zu verleihen, wurde das Clairon 4' durch eine Trompette harmonique 8' ersetzt. Hierbei konnten viele Pfeifen des Clairon durch Rücken um eine Oktave wiederverwendet werden, erhielten jedoch neue Zungenblätter. Die Grundtönigkeit der labialen 8'-Register wurde ebenfalls behutsam gestärkt, so dass sich der Klang dieses Teilwerks heute wärmer und runder präsentiert.

Das Scharff des Rückpositivs wurde bewusst zurückgenommen, um einen sinnvollen Dialog der Plenumsregistrierungen von Hauptwerk und Rückpositiv zu ermöglichen. Diese Maßnahme hat auch dazu beigetragen, dass der Gesamtklang der Orgel bei großen Registrierungen homogener und weniger hart ausfällt.

Im Pedal wurde eine Trompete 8' schmerzlich vermisst, die für so viele Aufgaben eigentlich unentbehrlich ist. Nach verschiedenen Überlegungen wurde zu ihren Gunsten der ursprünglich vorhandene Hintersatz 5f. aufgegeben. Um die Zugänglichkeit der Orgel in den von vorneherein knapp bemessenen Platzverhältnissen nicht weiter zu belasten, schied eine Lösung mit Ergänzungsladen aus.

Im technischen Bereich wurde eine neue Setzeranlage mit 4000 Speicherplätzen, codierbaren Ebenen und Sequenzern eingebaut, wodurch die Orgel heute außerordentlich vielseitig einsetzbar ist.

Die klanglichen Arbeiten, die in den Händen von Orgelbaumeister Andreas Brehm von der Firma Klais lagen, lassen das relativ kleine Instrument heute als Ideallösung für diesen Raum dastehen.

DIE CHORORGEL

Zur Begleitung des Domchors in der Liturgie und für Gottesdienste, die ausschließlich im Hochchor gefeiert werden, war die Konzeption einer Chororgel notwendig. Ihr Standort sollte nahe beim Chor sein, das barocke Chorgestühl aber möglichst nicht tangieren. Ein solcher Platz konnte an der Südwand direkt neben dem Zugang zur Sakristei gefunden werden. Das Instrument sollte über die beschriebenen Aufgaben hinaus genügend Kraft entfalten können, um im Bedarfsfall auch ein Begleiten der Gemeinde im Langhaus zu ermöglichen. Für ein solches Profil eignete sich in besonderer Weise der Typus der französisch-romantischen Chororgeln von Aristide Cavaillé-Coll.

Das Instrument wurde 1996 von der Firma Oberlinger erbaut. Die Fachberatung lag in den Händen von Prof. Daniel Roth (Titularorganist an Saint-Sulpice, Paris) und Jean-Pierre Swiderski (Chefintonateur der Firma Renaud, Nantes). Für das äußere Erscheinungsbild wurde geschickt ein neo-barockes Gehäusemodell variiert, das Cavaillé-Coll selbst mehrfach eingesetzt hat. Dabei wurden die äußeren Pfeifenfelder, die im Vorbild noch flach sind, als Rundtürme um die Ecke geführt und verleihen der Orgel so auch eine ansprechende Seitenansicht. Außerdem lässt das zitierte Gehäusemodell einen einfühlsamen Dialog mit der Ornamentsprache des Chorgestühls zu.

Klanglich orientiert sich die Orgel konsequent an den französischen Vorbildern. Füllig-warme und sorgfältig abgewogene Grundstimmen bilden das dynamische Fundament, Zungenstimmen verleihen ihm Kraft und Farbe. Die Bauweise und Mensuren der Zungenstimmen entsprechen genau denen der Chororgel von Saint-Sulpice in Paris. Die Orgel verfügt über eine mechanische Spiel- und Registertraktur. Einführungstritte für die Zungenstimmen (Appeles) sind ebenfalls nach

DIE DISPOSITION LAUTET:

I Grand-Orgue:	II Recit:	Pedale:
Bourdon 16'	Cor de nuit 8'	Soubasse 16'
Montre 8'	Viol de Gambe 8'	Bourdon 8'
Flûte harmonique 8'	Voix céleste 8'	Bombarde 16' (Auszug aus GO)
Bourdon 8'	Flûte octaviante 4'	
Préstant 4'	Octavin 2'	
Fourniture III	Basson-Hautbois 8'	
Bombarde 16'	Trompette harmonique 8'	
Trompette 8'	- Tremblant -	

Manuale: C-g3 — Appel-Tritte G.O., Rec. und Ped.
Pedal: C-f1
Koppeln (elektrisch): II-I; II-P; I-P; IIsub-I; IIsub-II; IIsup-I

Abb. 120: Chororgel an der Südwand im Ostchor, Firma Oberlinger 1996

französischer Eigenart vorhanden. Sie sind jedoch aus Platzgründen nicht durch geteilte Windkästen, sondern über Doppelschleifen konstruiert.

Im Hinblick auf die angestrebten Funktionen hat sich die Konzeption bestens bewährt. Außerdem stellt die Orgel stilistisch eine große Bereicherung in der Region dar.

DIE DISPOSITION LAUTET:

I. Manual:	II. Manual	Pedal:
Gemshorn 8'	Holzgedackt 8'	Subbass 16'
Prinzipal 4'	Rohrflöte 4'	Principalbass 8'
Waldflöte 2'	Quinte 1⅓'	Quintadena 4'
Mixtur II 1'		

Koppeln: II-I; II-P; I-P
2 freie Kombinationen, Tutti, Auslöser

DIE ORGEL DER NIKOLAUSKAPELLE

In der wunderschönen gotischen Nikolauskapelle finden regelmäßig Gottesdienste statt, so dass auch hier eine eigene Orgel notwendig war. Dieses Instrument wurde 1972 durch die Firma Erich Breitmann auf der vorhandenen Empore aufgestellt. Der Spieltisch befindet sich ebenerdig darunter. Die Trakturen sind elektropneumatisch.

DIE TRUHENORGEL

Als letzter Baustein des Orgelensembles kam 2010 eine Truhenorgel hinzu. Zum einen sollten weitere liturgische Orte erschlossen werden, die von den vorhandenen, unbeweglichen Orgeln aus nur

Abb. 121: Orgelempore in der Nikolauskapelle mit Orgel von Firma Erich Breitmann 1972

schwer zu bespielen sind. Zum anderen wurde ein Continuo-Instrument für außerliturgische Aufführungen benötigt, das nicht so weit vom Langhaus entfernt aufgestellt ist wie die Chororgel. Hierfür bot sich die Anschaffung einer Truhenorgel an, erbaut von Klaus Grüble.

Das Instrument verfügt über nur zwei Register, ein Gedackt 8' und eine offene Holzflöte 8', die ab g° ausgebaut ist. Durch Oktavkoppeln können diese Register wahlweise in 8'- und 4'- Lage sowie kombiniert gespielt werden. Mensuren und Intonation wurden dabei so gewählt, dass die problematischen Klanglöcher einer Oktavkoppel kaum wahrnehmbar sind. Der Klaviaturumfang ist C-d^3.

Das Instrument ist in seiner einfachen und übersichtlichen Bauweise gleichermaßen leicht zu transportieren und zu stimmen und verfügt über eine Transponiervorrichtung um einen Halbton nach oben und nach unten.

So stellt sich die Orgelsituation im Wormser Dom insgesamt als äußerst glücklich dar. Alle vier Instrumente tragen ihren Teil zu einer wirklich vielfältigen liturgischen und konzertanten Musik am Dom bei.

Günter Schneider

DIE GLOCKEN DES WORMSER DOMS

SIGNA ECCLESIAE

Seit dem 6. Jahrhundert sind Kreuz und Glocke die Zeichen der christlich-abendländischen Kirche. An jedem größeren Gotteshaus, besonders bei Bischofssitzen, waren das Kreuz als sichtbares »Signum« und die Glocke(n) als hörbares Zeichen zu finden.

Die Reformsynode von Aachen 817 ordnete für das Karolingerreich an, dass jede Bischofskirche mindestens sechs Glocken haben sollte. Diese allgemeinen Angaben gelten deshalb auch für die Vorgängerbauten des heutigen Wormser Domes. Genauere Angaben aus dem Mittelalter sind spärlich. Bekannt ist, dass der Dom vor dem vorsätzlich gelegten Stadtbrand 1689 insgesamt sechzehn Glocken besaß, die auf alle vier Chortürme verteilt waren. Damit wurde Worms damals nur vom Straßburger Münster (18 Glocken) und Hildesheim (17 Glocken) übertroffen. Der Mainzer Dom hatte auf beide Haupttürme verteilt nur 15 Klangkörper.

Die Tonfolge in Worms ist nicht bekannt. Neben dem Hauptgeläute gab es eine Vielzahl von Sologlocken für unterschiedliche liturgische Funktionen. Zusammen waren sie nur selten zu hören, z. B. beim »Classicum«, wenn der Kaiser in die Stadt einzog. Dann wurde mit allen verfügbaren Glocken der Kirchen, Klöster und Kapellen in der Stadt geläutet.

Spuren der 16 Glocken des Domes sind insofern erhalten, da in allen vier Chortürmen die Durchlässe der langen Glockenseile in den Treppen noch zu erkennen sind.

DIE VORGÄNGER-GELÄUTE

Erst dreißig Jahre nach der Brandkatastrophe von 1689 entstand 1728 ein neues verkleinertes Geläute mit sechs Glocken durch die Gießer Johann und Andreas Schneidewind aus Frankfurt am Main. Wie damals üblich wurden die Glocken vor Ort, d. h. vor dem Dom gegossen. Die größte Glocke wog 5902 Pfund, nach Umrechnung in heutigem Gewicht sind das ca. 2760 kg.

Da die Fensteröffnungen im Turm bis heute die einzige Möglichkeit der Einbringung in die Glockenstube darstellen (mit einer Breite von 1,60 m), hatte diese Glocke vermutlich die Tonhöhe h°.

Die Tonfolge im Gesamtgeläute kann durch Vergleiche mit erhaltenen Schneidewind-Glocken annähernd wie folgt umschrieben werden:

1. **Petrus-und-Franziskus-Glocke**
   ca. 2760 kg – Ton h°
2. **Paulus-Glocke**
   ca. 1530 kg – Ton cis'
3. **Marien-Glocke**
   ca. 915 kg – Ton e'
4. **Martins-Glocke**
   ca. 550 kg – Ton gis'
5. **Laurentius-Glocke**
   ca. 315 kg – Ton h'
6. **Nikolaus-Glocke**
   ca. 155 kg – Ton dis''

Gesamtgewicht ca. 6225 kg

Abb. 122: Paulusglocke von 1831 bei der Ablieferung im Ersten Weltkrieg, Foto 1917

Aus Platzgründen ist zu vermuten, dass die beiden größten Glocken im Südturm des Ostchores und die restlichen vier Glocken im Nordturm untergebracht waren.

Nach der Enteignung der Glocken 1794 und der Säkularisation erhielt der zur Pfarrkirche degradierte Dom 1831 ein neues Geläute durch Nicolaus Schrader aus Frankenthal mit vier Glocken in einem Holzglockenstuhl im Südturm. Die Gewichtsangaben weisen auf eine leichte Rippenkonstruktion nach barocker Tradition hin.

Die Tonfolge des Hauptgeläutes lautete:

1. **Peters-Glocke:**
   Ton: h° (2300 kg), Dm 1,60 m
2. **Marien-Glocke:**
   Ton: dis' (1125 kg), Dm 1,30 m
3. **Johannes-Glocke:**
   Ton: fis' (720 kg), Dm 1,10 m
4. **Paulus-Glocke:**
   Ton: gis' (480 kg), Dm 0,96 m
5. Außerdem war noch eine **kleine Sologlocke** mit dem Ton f'' (110 kg) vorhanden, die von Georg Christoph Roth aus Mainz 1704 für die ehemalige Taufkirche St. Johannes vor dem Dom gegossen wurde.

Gesamtgewicht: 4735 kg

Die Paulus-Glocke musste 1917 zu Kriegszwecken abgeliefert werden und wurde später nicht mehr ersetzt. Auf einem Foto vor der Ablieferung ist die Inschrift auf der Vorderseite zu erkennen, die ein abgewandeltes Zitat aus Schillers »Lied von der Glocke« darstellt:

> »DEN KLANG DER IN DEM OHR VERGEHET,
> DER MÄCHTIG TOENEND MIR ENTSCHALLET,
> ER LEHRET EUCH DASZ NICHTS BESTEHET,
> DASZ ALLES IRDISCHE VERHALLET«.

Die drei verbliebenen Schrader-Glocken wurden bei der Erfassung für die Rüstungsindustrie 1942 in die Denkmalgruppe D eingestuft und verblieben auf dem Turm. Doch beim Brand des Domes am Ende des Krieges wurden sie ein Opfer der Flammen.

Die Sologlocke von 1704 blieb erhalten und läutet heute in der St. Martins-Kirche.

DIE HEUTIGEN GLOCKEN

Sehr schnell nach der Beseitigung der Kriegsschäden und der Wiederherstellung der Domkirche wurden 1949 neue Glocken angeschafft. Aus finanziellen

Gründen entschied man sich für ein billigeres Material, das die Gießerei von Albert Junker als »Briloner Sonderbronze« anbot, ein Ersatzmaterial aus Kupfer und Silizium ohne Zinnanteil. Obwohl der neue Stahlglockenstuhl vier Gefache besaß, ließ man nur drei Glocken gießen. Diese Zurückhaltung ging auf die Mahnung des damaligen Bischofs Dr. Albert Stohr zurück, zuerst an das Notwendige wie den Wohnungsbau zu denken und zuletzt an das Angenehme.

Die Tonfolge seit 1949:

1. **Petrus und Paulus:**
   Ton c' (2218 kg), Dm 1,58 m
2. **Maria:**
   Ton e' (1114 kg), Dm 1,25 m
3. **Bruder Konrad:**
   Ton g' (653 kg), Dm 1,05 m

Gesamtgewicht: 3985 kg

Das Dreiergeläute war von Anfang an umstritten, was das Glockenmaterial als auch die musikalische Wirkung betraf. Es kam sogar zu einem Prozess zwischen dem staatlichem Sachverständigen und dem Glockengießer. Zudem passte das Ensemble tonlich nicht zu den umliegenden evangelischen Geläuten. Es sollte später einmal ersetzt oder zu mindestens ergänzt werden, was aber nicht geschah.

Ein zaghafter Versuch im Jahre 1980, das provisorische Domgeläute zu verändern und auf vier Glocken mit der Tonfolge h° – d' – e' – g' zu erweitern, blieb erfolglos.

DAS ERWEITERUNGSPROJEKT

Im Hinblick auf das anstehende große Domjubiläum 2018 wurde der Wunsch geäußert, das sehr bescheidene Geläute für eine so große und bedeutende Kirche zu optimieren.

Nach Prüfung der vorhandenen Glocken von 1949 war der Entschluss klar, diese in ein neues erweitertes Geläute zu übernehmen. Die Sichtweise auf das Material »Briloner Sonderbronze« ist heute nicht mehr so radikal wie vor 60 Jahren. Die Glocken haben eine für die Entstehungszeit passable Innenharmonie und Tonabstimmung. Die musikalische Wirkung kann man durch neue Klöppel und Holzjoche noch deutlich verbessern. Auch der Respekt vor der Leistung der unmittelbaren Nachkriegszeit soll dadurch ausgedrückt werden.

Im Vergleich mit den beiden anderen großen Kaiserdomen am Rhein in Speyer (9 Glocken, Tonbasis g°) und Mainz (9 Glocken, Tonbasis b°) erschien es angemessen und sinnvoll, das Wormser Domgeläute auf 8 Glocken zu ergänzen.

Ausgangspunkt der neuen Disposition ist die musikalische Integration der vorhandenen Glocken und der Grundton h°, der bei den beiden letzten historischen Ensembles jeweils vorhanden war. Eine größere Basisglocke ist nicht möglich, da die Platzverhältnisse im Turm dies nicht zulassen.

Die neue Disposition:

Nr.	Tonhöhe	Gewicht	Name/ Patrozinium	Gießer
1	h°	2885 kg	Amandus und Ruppert	Rincker/Sinn, 2018
2	c'	2218 kg	Petrus und Paulus	Junker/ Brilon, 1949
3	d'	1786 kg	Heinrich und Kunigunde	Rincker/Sinn, 2018
4	e'	1114 kg	Maria	Junker/ Brilon, 1949
5	g'	653 kg	Bruder Konrad	Junker/ Brilon, 1949
6	a'	556 kg	Heribert	Rincker/Sinn, 2018
7	h'	473 kg	Petrus Faber	Rincker/Sinn, 2018
8	d''	296 kg	Hanno	Rincker/Sinn, 2018
Gesamtgewicht		**9.955 kg**		

Es ergibt sich eine Tonfolge, die in dieser Zusammensetzung in Deutschland einmalig ist. Sie ist in sich stimmig und bietet viele Möglichkeiten an Teilgeläuten in Dur und Moll. Die Tonfolge ist an die Kirchentonart »Hypophrygisch« (4. Psalmton)

Abb. 123: Worms, Dom, Aufziehen der neuen Glocken in die östlichen Chortürme

angelehnt und kann als »Misericordias-Motiv« gedeutet werden.

Die beiden größten Glocken mit ihrem Halbtonabstand ergeben einen romantischen Effekt. Man kann unterschiedliche und differenzierte Teilmotive zu Festtagen, Sonntagen, Werktagen und weiteren liturgischen Anlässen zusammenstellen. Hierbei sind auch die Läutemotive mit eingeschlossen, die herkömmlich z. B. als Salve-Regina, Westminster, Te Deum oder Gloria umschrieben werden. Rein mathematisch könnten bei acht Glocken 255 Läutemöglichkeiten geschaltet werden, doch nicht jede Glockenkombination ist musikalisch sinnvoll. Es bleibt einer differenzierten Läuteordnung vorbehalten, zu jedem liturgischen Anlass ein passendes Motiv zu bestimmen.

Im Zuge der Restaurierungsarbeiten an der Domkirche wurde auch eine Turmmessung durchgeführt, um die Eigenschwingung beider Chortürme zu erfassen. Daraus resultierte eine Prognose, wie die dynamische Belastung durch die zusätzlichen schwingenden Klangkörper auf das Bauwerk einwirken werden. Durch das Ergebnis wurde die geplante Disposition bestätigt.

Das neue Ensemble wird auf die beiden östlichen Chortürme verteilt. Die zwei größten neuen Glocken h° und d' und die zwei kleinsten als Oktavglocken mit h" und d" werden in einem neuen Holzglockenstuhl

Abb. 124: Aufhängung der neuen Glocken, Glockengießerei Rincker, Sinn bei Wetzlar

im Nordturm untergebracht. Der vorhandene Stahlstuhl im Südturm ist verbraucht und technisch ungeeignet. Er wird durch einen Holzstuhl für 4 Glocken ersetzt.

Die renommierte Glockengießerei Rincker in Sinn bei Wetzlar erhielt den Auftrag die fünf neuen Glocken zu gießen. Die Vorfahren dieser Gusshütte hatten schon im 18. Jahrhundert in und um Worms Glocken gegossen. Durch das traditionelle Lehmformverfahren, wie es seit dem Mittelalter in Deutschland ausgeübt wird, ist eine künstlerisch hochwertige Herstellung der Klangkörper gewährleistet.

Im Südturm sind bereits von 15 Jahren Schallläden aus Eichenholz in die Fensteröffnungen eingebaut worden. Dies ist auch im Nordturm geschehen. Damit wird eine optimale Dämpfung und Lenkung der Klangstärke erreicht. Alle Glocken erhalten neue Klöppel aus weichem Schmiedeeisen. Der Glockenklang wird durch die Ergänzung nicht lauter, sondern vielfältiger. Durch die neue Zusammenstellung ist auch eine gute Anpassung an die Nachbargeläute möglich. In Worms wurde nach dem Krieg bei der Wiedereinrichtung der Geläute nur teilweise auf eine gemeinsame harmonische Basis geachtet.

Die Glocken der Innenstadt-Kirchen sind in mindestens zwei Tongruppen geteilt: die evangelischen Geläute der Magnuskirche (gis' – h' – cis"), der Friedrichskirche (a' – h' – d" – e" – fis") und der katholischen

DO
UND HEILIGE KUNIGUNDE
PATRON DER STADT W
GROSSER MISSIONAR
VON WORMS
UND IHRE HIRTEN
FREUNDE BISCHO
UND FREUNDE BISCHO
UM FRIEDEN ZWISCHEN
DER KIRCHE
VON IHRER MUTTER ILSE LAN
VALBURGA SCHMITT

Klosterkirche St. Paulus (fis' – a' – h") sind auf die Dreifaltigkeitskirche (a° – cis' – e' – fis') abgestimmt, die Glocken von St. Martin (b' – d" – f" – g") sind eher am Dom orientiert. Die Glocken der Lutherkirche, Liebfrauen und Lukaskirche folgen wieder anderen Wegen. Im direkten Umfeld des Domes könnte durch das erweitere Glockenensemble nun ein harmonisches ökumenisches Gesamtgeläute mit einer Tonweite von eineinhalb Oktaven in einer dichten A-Dur-Tonskala entstehen.

Das Glockenprojekt wird für viele kommende Generationen eine nachhal(l)tige Wirkung haben.

Abb. 125: Reihe der neuen Glocken bei der feierlichen Ankunft in Worms im April 2018

V.

LEBENDIGE GEMEINDE

MCMXXV

Peter Kohlgraf, Bischof von Mainz

DER DOM – EINE PREDIGT IN STEIN

FESTGOTTESDIENST ZUR ERÖFFNUNG DES JUBILÄUMSJAHRES: »1000 JAHRE WORMSER DOM«, DOM ST. PETER WORMS, 28. JANUAR 2018, FESTPREDIGT

Die Menschen in Worms bauten den Dom an der höchsten Stelle der mittelalterlichen Stadt. Ich finde, das sagt schon sehr viel aus: Das Gotteshaus ist so nicht nur vor Hochwasser geschützt, sondern durch die herausragende Position wurde deutlich, dass Gott in die Mitte gehört. Sein Haus sollte das Zentrum des städtischen Lebens sein. Rund um den Dom spielte sich das Leben der Menschen ab. Immer wieder – so stelle ich mir vor – werden sie diesen großen Dom bestaunt haben, der sich in seiner Größe und Mächtigkeit so sehr von ihren eigenen Häusern abhob. Wenn sie den Dom von außen sahen, mussten sie genau hinschauen, um manches Detail erkennen zu können, das die Baumeister ausgeschmückt hatten. Dem Menschen des Mittelalters war es nicht wichtig, dass jedes Detail zu sehen war. Ihr Bauwerk diente dem Gotteslob. Das ist die erste Predigt der Meister von damals: Alles, was Menschen tun und leisten können, sollen sie nicht zu ihrem Ruhm verwirklichen, sondern als Dank und Lob gegenüber dem Schöpfer. Es lohnt sich, sich heute an diesen Gedanken zu erinnern. Demut wäre ein passender Begriff dafür. »Bleibe demütig«, predigt der Dom. Nicht zufällig sind am Eingang des Südportals Szenen aus der biblischen Schöpfungsgeschichte in Stein gehauen. Im Sündenfall setzt sich der Mensch an Gottes Stelle – bis heute. Der Mensch soll sich daran erinnern, dass er auf Gott angewiesen ist, dass dies seine Würde und Größe ausmacht. Der alte Begriff der Demut meint nicht den Menschen »demütigen«, sondern ihm zeigen, dass er groß ist, weil Gott ihn groß sein lässt. Der Mensch muss sich nicht auf Kosten anderer Menschen groß machen. Das Gegenteil der Demut ist der Stolz. Ein stolzer Mensch macht andere klein, er lebt auf Kosten anderer. Demut wäre heute wieder zu entdecken, der Dom erinnert an diese Mutter aller Tugenden. Ich stelle mir vor, dass Bischöfe, Könige und Kaiser diese Bilder sahen, die auch zu ihnen, den Mächtigen sagten: Lebe dein Leben als Lob Gottes, als Dienst an den Menschen, lebe deiner Würde gemäß, die Gott dir gibt, bilde dir nichts ein auf irdischen Glanz und Ruhm. Vor Gott zählen andere Tugenden. Nimm deine Grenzen an, die du als Mensch hast. Das gilt auch für die Menschen, die heute hier ein- und ausgehen.

Die Außenseite des Doms schmücken viele Fabelwesen, viele von ihnen sind Bilder des Bösen, Symbole der Versuchungen, die den Menschen treffen können. Gott wird das Böse besiegen, das auch heute die Menschen plagt. Mit Gottes Hilfe kann ich dem

Abb. 126: Bischof Peter Kohlgraf bei der Predigt im Eröffnungsgottesdienst des Jubiläums 28. Januar 2018 Aufgeschlossen – 1000 Jahre Wormser Dom

Bösen widerstehen. »Du bist dem Bösen nicht machtlos ausgeliefert, Gott hilft dir«, predigt der Dom. Die Predigt ist realistisch. Der Baumeister verspricht keinen Himmel auf Erden, das Leben ist oft mühsam, es ist ein tägliches Ringen um den rechten Weg. Aber es lohnt sich, sich der Macht Gottes anzuvertrauen.

Bevor man nun durch das Südportal eintritt, erblickt man oben eine reitende Frau. Sie verkörpert die Kirche. Sie reitet auf einem Tier mit vier verschiedenen Beinen und vier verschiedenen Köpfen: dem Kopf eines Engels, eines Stieres, eines Adlers, eines Löwen – den Symbolen der vier Evangelisten. Die Kirche steht auf den vier Evangelien gegründet. Dieses Bild verkörpert eine Zusage. Das Evangelium trägt die Kirche. Und das ist ein Anspruch: »Vergiss das Evangelium nicht, auf dem du stehst« – predigt der Dom. In tausend Jahren lassen sich zahlreiche Beispiele finden, in denen das gelungen ist, aber auch Beispiele, die ein Versagen der Kirche bezeugen. Heute sehen wir etwa kritisch auf die Verquickung von weltlicher und kirchlicher Macht, wie sie im Mittelalter und darüber hinaus Normalität war. Das Evangelium dient nicht der Absicherung menschlicher Machtgelüste. Es hat eine politische Botschaft, weil es menschliche Macht begrenzen will: *»Ihr wisst, dass die, die als Herrscher gelten, ihre Völker unterdrücken und ihre Großen ihre Macht gegen sie gebrauchen. Bei euch aber soll es nicht so sein, sondern wer bei euch groß sein will, der soll euer Diener sein, und wer bei euch der Erste sein will, soll der Sklave aller sein«* (Mk 10,42–44) – dies gibt Jesus seinen Jüngern mit in die Zukunft. Wir müssen nicht ins Mittelalter schauen, um die Brisanz dieses Evangeliums zu erkennen. Was es heißt, eine Kirche des Dienens und nicht des Beherrschens zu sein, müssen wir auch heute mühsam lernen. Allerdings ruht sich die Kirche nicht auf den Evangelien aus, sie reitet, sie bewegt sich auf Christus zu. Für mich ist das ein geradezu prophetisches Bild für unsere heutige kirchliche Situation! »Beweg dich«, predigt der Dom, »beweg dich auf der Grundlage des Evangeliums, bleib nicht stehen, du weißt, wem du glauben kannst. Christus ist deine Zukunft.« Kirche hat Zukunft, wenn sie Christus im Blick behält.

Schließlich durchschreitet der Dombesucher das Portal, von außen sieht er eine Marienkrönung, innen das ältere Bild, Christus, thronend zwischen Petrus, Maria und heiligen Bischöfen. Der Mensch sieht seine Zukunft, seine Zukunft in der Herrlichkeit des Himmels. Der Dom verweist auf die himmlische Welt, dafür steht er, dafür zeigen seine Türme nach oben. »Vergiss den Himmel nicht«, predigt der Dom. Der Dom erinnert an die Schönheit der Zukunft des Menschen, die Gott verheißen hat. Gott ist unsere Zukunft, er wird dich krönen. Deine Zukunft ist ewige Freude. Wenn ich als Bischof immer wieder über die Kirche befragt werde, würde ich gerne dies bezeugen. In der Kirche berührt dich bereits ein Stück dieses Himmels. In der Liturgie, in den Gebeten und Feiern der Kirche berührt dich diese göttliche Wirklichkeit, sie macht dich groß und herrlich.

Der Dom predigt, damals und heute: »Bleibe demütig, gestalte deine Freiheit, indem du der Kraft Gottes Raum gibst, vergiss das Evangelium nicht, bewege dich, vergiss das Ziel nicht.«

Der Gemeinde in Worms und allen, die Kirchen staunend betrachten und sie besuchen, wünsche ich, dass sie neu diese Predigt sehen und verstehen lernen.

Tobias Schäfer

DER DOM UND SEINE GEMEINDE

Zwischen 300.000 und 400.000 Besucher zählen die elektronischen Zählgeräte an den Eingängen der Pfarrkirche der Gemeinde St. Peter Jahr für Jahr. Schon diese Zahl macht deutlich: Bei der Pfarrgemeinde St. Peter zu Worms handelt es sich nicht um eine gewöhnliche Pfarrgemeinde, denn ihre Pfarrkirche ist keine gewöhnliche Pfarrkirche. Es ist der Dom zu Worms, der in einer Reihe steht mit den romanischen Kaiserdomen am Rhein, dem Dom zu Mainz und dem Dom zu Speyer. Selbstbewusst wird in Worms von den Gästeführern im Dom jeder Touristengruppe das Bonmots erzählt, dass der Mainzer Dom zweifellos der älteste der drei Kaiserdome sei, der Speyrer unbestritten der größte, der Wormser Dom aber – wie unschwer zu erkennen sei – der schönste der drei Dome.

Nein, der tausendjährige Wormser Dom ist ohne Zweifel keine gewöhnliche Pfarrkirche. Und doch ist er kirchenrechtlich zu allererst genau das: Pfarrkirche wie jede andere Pfarrkirche. Seit das Wormser Bistum in der Säkularisation 1801/02 aufgelöst wurde, ist der Dom eben keine Bischofskirche mehr, sondern Pfarrkirche einer ganz normalen Innenstadtgemeinde (vgl. Beitrag von Karl Kardinal Lehmann in diesem Band). Die Wunden der untergegangenen Kathedralwürde sind bis heute sichtbar – vor allem, in dem, was nicht mehr erhalten ist. Die ursprüngliche Pfarrkirche St. Johannis, ein eindrucksvoller zehneckiger romanischer Zentralbau, der unmittelbar neben dem Dom auf dem südlichen Domplatz stand, wurde restlos abgetragen.[1] Zwei nebeneinanderliegende Pfarrkirchen brauchte man nicht. Auch die Kapitelshäuser waren mit dem Untergang des Bistums und der Auflösung des Domkapitels bedeutungslos geworden und wurden im 19. Jahrhundert mitsamt dem ursprünglich romanischen, später hochgotisch erneuerten Kreuzgang abgerissen. Die Abrissspuren sind wie Narben noch deutlich an der Südwand des Domes abzulesen. Auf der Nordseite stand einst der Bischofshof, der nach dem großen Stadtbrand 1689 in der Barockzeit neu errichtet worden war. Hier, in der Aula des Bischofshofes, war der Ort, wo Martin Luther anlässlich des Reichstages 1521, vor Kaiser und Reich seiner Gewissensüberzeugung treu blieb. Auch der Bischofshof ist heute restlos verschwunden. Im Dom zeigt das Dommodell im südlichen Querhaus das gesamte Ensemble, wie es sich bis ins 17. Jahrhundert erhalten hatte. Um den Schmerz über die »Degradierung« zur Pfarrkirche ein wenig zu lindern, hat Papst Pius IX. schon 1862 auf Bitten des Bischofs von Ketteler den Dom St. Peter zu Worms zur Propsteikirche erhoben – der einzigen im Bistum Mainz! Seitdem darf der Gemeindepfarrer den klangvollen Titel »Propst am Dom« tragen. 1925 kam eine weitere

Ehrung dazu: Papst Pius XI. erhob den Dom zur »Basilica Minor« – damals überhaupt erst die 11. päpstliche Basilika in Deutschland. Erst ein knappes halbes Jahr später wurde auch der Speyrer Dom ebenfalls mit dieser Würde versehen.

Trotz dieser glanzvollen Titel bleibt der Dom zu Worms primär eine gewöhnliche Pfarrkirche. Doch prägt natürlich das, was der Dom zu Worms war und ist – seine Geschichte, die Einzigartigkeit als romanisches Baudenkmal und als Kulturgut ersten Ranges – ganz wesentlich auch das Gemeindeleben. Die Bedeutung des Domes als Kulturdenkmal macht den Bau zum Anziehungspunkt für Hundertausende von Touristen. Seine mittelalterliche Baugestalt prägt die Stadt und gibt den seit 2002 jährlich stattfindenden Nibelungenfestpielen eine unverwechselbare Kulisse. Er ist Klangraum für eine eindrucksvolle Kirchenmusik, Station am Jakobus –Pilgerweg, Gottesdienstraum für eine etwa 4.000 Mitglieder umfassende Kirchengemeinde und Ort für das stille und persönliche Gebet: All das prägt und bestimmt auch die pastoralen Herausforderungen der Gemeinde, die zum Dom gehört.

DER DOM ALS LITURGIE-ORT

Der Dom ist zuerst Gotteshaus und Ort des Gottesdienstes – dies ist seine erste Bestimmung seit seiner Weihe am 9. Juni 1018[2] bis heute. Und der Dom zu Worms ist ein besonders eindrucksvoller Gottesdienstraum. Eine Eucharistiefeier im gut gefüllten Dom, musikalisch begleitet von der eindrucksvollen Schwalbennestorgel, unterstützt von einem der Chöre, ist ein geistliches Erlebnis. Gleichwohl kann aber auch eine Vorabendmesse mit 60 oder 70 Gläubigen, die sich in der Weite des beinahe 60 Meter langen Kirchenschiffs verlieren, der Priester am Altar weit weg, eine bedrückende Erfahrung sein. Der Dom bietet durch seine Architektur Chancen für eine vielfältige Gestaltung von Gottesdienst und Liturgie, setzt aber auch Grenzen. Und doch bleibt die Atmosphäre spürbar, die dadurch entsteht, dass hier seit tausend Jahren unzählige Generationen von Christen und Christinnen gebetet haben, hier ihre Sorgen, Nöte, Freuden, Hoffnungen, Ängste vor Gott getragen haben und es bis heute tun.

Nicht zuletzt der Titel einer päpstlichen »Basilica minor« verpflichtet zu einer mustergültigen Feier der Liturgie. Mehr noch als durch ihre Architektur und Geschichte soll sich eine Basilika, wie im entsprechenden Dekret der Gottesdienstkongregation[3] zu lesen ist, durch ihre geistliche Ausstrahlung auszeichnen: Die Liturgie soll hier so gefeiert werden, dass sie anderen zum Vorbild dienen kann. Die gewissenhafte Beachtung der liturgischen Gesetze, ein würdiger Vollzug der Liturgie, besonders auch eine lebendige Teilnahme der mitfeiernden Gemeinde sollen den Gottesdienst prägen. Entsprechend wird im Wormser Dom versucht, Liturgie auch in der Vielfalt unterschiedlicher Gottesdienstformen lebendig zu feiern. Dazu geben auch die unterschiedlichen Räume des Doms vielfältige Möglichkeiten.

Die gotische Nikolauskapelle mit ihren eindrucksvollen Fenstern von Heinz Hindorf (1967–1970) bietet Raum für Gottesdienste in kleinerer Gemeinschaft. Hier finden die Messfeiern an den Werktagen statt. Genauso bietet diese angebaute Kapelle einen ansprechenden Raum für Pilgergruppen, die hier bei einem Besuch Gottesdienst feiern können, ohne von den Besuchergruppen und Führungen beeinträchtigt zu werden. Hier wird auch das Stundengebet mit der Gemeinde gepflegt in Form einer wöchentlichen Laudes. Ebenso regelmäßig wird hier zur Eucharistischen Anbetung eingeladen. Nicht zuletzt ist die Nikolauskapelle seit dem Abriss der benachbarten Johanniskirche auch Taufkapelle, in der, am eindrucksvollen gotischen Löwentaufbecken, das Sakrament der Taufe gespendet wird.

Ein besonderer Gottesdienstraum ist der außerhalb von Gottesdiensten für Besucher nicht zugängliche Ostchor des Domes mit dem barocken Chorgestühl (vgl. den Beitrag Bratner in diesem Band). In den Sommermonaten wird jeweils samstags zu einem Ökumenischen Mittagsgebet eingeladen – ein kurzer geistlicher Impuls im Wechsel mit Orgelmusik, dem wechselweise ein evangelischer und ein katholischer Geistlicher vorsteht. Ebenso finden hier im Chorgestühl die adventlichen Roratemessen frühmorgens um 6 Uhr statt, traditionell nur beim Kerzenschein. Von hier geht der Blick in den dunklen, nur von einigen Kerzen beleuchteten Dom: Das ist eine ganz eigene Erfahrung, die trotz der frühen Stunde jedes Jahr zahlreiche Gläubige anspricht.

Auch der gegenüberliegende Westchor ist ein Gottesdienstraum mit besonderer Ausstrahlung. Hier wird in der Fastenzeit wöchentlich frühmorgens um 6 Uhr zur Laudes eingeladen mit einem geistlichen Impuls zur österlichen Bußzeit. Auch wenn die eigentliche »Beichtkirche« in Worms die St. Pauluskirche mit dem angeschlossenen Dominikanerkloster ist, so ist der Dom doch für viele Gläubige ein gut angenommener Ort für das Sakrament der Versöhnung, zu dessen Empfang jeden Samstag in der Marienkapelle eingeladen wird. Bußgottesdienste in der österlichen Bußzeit und in der Adventszeit ergänzen dieses Angebot.

Die Architektur des Domes bietet auch die Möglichkeit, besondere Gottesdienste entsprechend zu gestalten. Als »Wegkirche« sind etwa eindrucksvolle Prozessionen möglich: wie der Weg zur Krippe, mit der die Christmette in der Heiligen Nacht mit einer Meditation an der Krippe im Westchor des Domes beginnt. Bei der Gräbersegnung am Allerseelentag, an der die verschiedenen Grabstätten innerhalb des Domes abgegangen werden, wird der hier über die Jahrhunderte begrabenen Verstorbenen betend gedacht. Am Aschermittwoch eröffnen Domchor und Choralschola traditionell mit dem »Miserere« von Gregorio Allegri, jener eindrucksvollen Vertonung von Psalm 51, die Fastenzeit. Der Wechselgesang von verschiedenen Orten des Domes aus öffnet in einer bewegenden Weise das Herz für die geprägte vierzigtägige Bußzeit und lässt den Raum selbst zu einem Teil der Liturgie werden.

DER DOM ALS ZENTRUM FÜR EINE TOURISTEN- UND CITY-SEELSORGE

Der Dom prägt auch die pastoralen Schwerpunkte der zugehörigen Pfarrgemeinde. Die zum Dom gehörende Gemeinde definiert sich weniger durch ihren Wohnsitz im Bereich der fest umrissenen Pfarrei, sondern nicht zuletzt auch durch die Menschen, die unabhängig vom Wohnsitz für sich den Dom als geistliche Heimat und Gottesdienstort entdeckt und gewählt haben. Zugleich übernimmt der Dom innerhalb der Stadt Worms die Funktion einer der zentralen Innenstadtkirchen. Dabei ist zu beobachten, dass die sich durch den Dom definierende Gemeinde in Teilen eine eher »konsumierende« Gemeinde ist, die den eindrucksvollen Gottesdienst, die Musik, die Stimmigkeit von Architektur und Liturgie genießt, die aber nicht unbedingt an weiterführendem Engagement interessiert ist. Daneben gibt es auch den Teil der Gemeinde, der sehr bewusst danach fragt, wie er die »Zeichen der Zeit« zu deuten habe und was davon ausgehend der konkrete pastorale Auftrag dieser Gemeinde sei. Hier entdeckt die Gemeinde gerade in jüngerer Zeit die zahlreichen touristischen Besucher/innen als ihren Auftrag und versucht, eine Touristenseelsorge zu entwickeln. Der Bau des in der Öffentlichkeit nicht unumstrittenen »Hauses am Dom« ist hier einzuordnen. Es geht bei diesem Bauwerk in unmittelbarer Nachbarschaft zum Dom, an dem Ort, an dem bis in die erste Hälfte des 19. Jahrhunderts das Kapitelhaus stand, nicht nur um die dringend benötigten Gemeinderäume, sondern zuerst um einen Anlauf- und Kontaktpunkt. Das »Haus am Dom« ist auch ein kirchliches Besucherzentrum, an dem Kirche für die Besucher, Touristen und Pilger präsent und ansprechbar ist. Mit einem kleinen Café als Treffpunkt und einem Domladen lädt hier, wo viele Besucher/innen um des Domes willen ankommen, Kirche zu Begegnung und Kommunikation ein. Die Besucher/innen des Domes werden im Sinne einer missionarischen Pastoral als konkrete Herausforderung und Chance für die Domgemeinde begriffen. Es gilt, die Menschen bei ihrem Interesse für die Geschichte, Kulturgeschichte und Kunst des Doms abzuholen und ihnen, sofern sie dafür offen sind, zu erschließen, wofür dieser Bau zuerst steht: als Einladung zur Begegnung mit dem lebendigen Gott und seiner Frohen Botschaft vom Heil für alle Menschen. Bislang werden Domführungen fast ausschließlich von Gästeführern/

innen angeboten. Den Dom nicht nur als Kultur- und Geschichtsdenkmal, sondern auch in seiner geistlichen Dimension durch bewusst kirchliche und geistliche Führungen zu erschließen, ist eine Aufgabe und Chance, die in der Entwicklung begriffen ist. Ebenso sind thematische Angebote denkbar, die bestimmte Teile des Domes geistlich erschließen, wie die Bedeutung und Symbolik des großartigen gotischen Südportals oder die Botschaft einzelner Fenster. Hier ist künftig noch vieles denkbar, was bislang aber nicht zuletzt auch an den fehlenden räumlichen Möglichkeiten scheiterte.

DER DOM ALS ORT VON KULTUR UND GESCHICHTE

Über das ganze Mittelalter war Worms, nicht zuletzt durch seine zentrale Lage am Rhein, ein wichtiger Dreh- und Angelpunkt der Reichsgeschichte. Angefangen von den bedeutenden Wormser Bischöfen wie dem heiligen Amandus, dem Stadtpatron von Worms, und dem heiligen Rupert, der von Worms aus Bayern und Salzburg missionierte[4] – beide im 7. Jahrhundert –, bis zu den unzähligen Hof- und Reichstagen, die in Worms stattfanden: Immer ist der Dom im Zentrum des Geschehens. Kaiser, Könige und Päpste gingen hier ein und aus. Der in Worms aufgewachsene Bruno von Kärnten, dessen Mutter und zwei seiner Brüder in der Saliergruft des Domes begraben sind und der 996 als Gregor V. zum ersten deutschen Papst der Geschichte aufstieg, hat den neuen Dom nicht mehr gesehen: Er starb bereits 999 gerade einmal 27-jährig. Nur wenige Jahre später wurde 1048 im nun fertiggestellten Wormser Dom Bruno von Dagsburg-Egisheim, der Bischof von Toul, als Leo IX. zum Papst erwählt[5] – eine der wenigen Papstwahlen auf deutschem Boden. Als Papst hat Leo, der erste große Reisepapst der Geschichte, Worms mehrfach besucht und sich teilweise über Monate hier aufgehalten. Von Worms aus forderte auf dem Höhepunkt des Investiturstreites Heinrich IV. den Papst im Jahr 1076 zur Abdankung auf: »An Hildebrandt, nicht mehr Papst sondern falscher Mönch: Steig herab!« Hier in Worms wird schließlich der Investiturstreit im Jahr 1122 mit dem Wormser Konkordat durch einen Vergleich beendet. Dies sind nur einige wenige Schlaglichter der Geschichte. Immer wieder bieten geschichtliche Jubiläen die Gelegenheit, Menschen, die sich für Kultur und Geschichte interessieren, anzusprechen. Der Dom und seine Geschichte helfen hier, neue Zugänge zu erschließen.

MUSICA SACRA AM WORMSER DOM

»Im Hinblick auf den in letzter Zeit sehr deutlich ausgesprochenen Wunsch, die gottesdienstliche Feier des Domes durch die Produktionen eines Gesangschores gehoben und verherrlicht zu sehen, hielt es der Unterzeichnete für angemessen (...), einen desfalligen Aufruf von der Kanzel im Dom und in St. Martin zu erlassen...«.[6] Mit diesen Worten beginnt der Aufruf, mit dem Propst Philipp Fehr im Jahr 1871 die Gründung eines Domchores betreibt und so die Fundamente legt für die Musica Sacra am Wormser Dom. Nun ist freilich die Musiklandschaft hier nicht einfach zu vergleichen mit dem, was an den Kathedralkirchen üblicherweise möglich ist. Als Pfarrkirche einer eher durchschnittlich großen Pfarrgemeinde fehlen dem Dom zu Worms die finanziellen und vor allem personellen Ressourcen. Der hauptamtliche Domkantor am Wormser Dom ist, wollte man seine Aufgabenstellung vergleichen mit den großen Kathedralen, zugleich Domorganist, Domkapellmeister und Regionalkantor für die Dekanate Worms und das rheinhessische Dekanat Mainz-Süd mit derzeit 37 Pfarreien. Trotz der begrenzten Möglichkeiten wird hier Beachtenswertes geschaffen.

Der Wormser Dom mit seiner speziellen Akustik, die für die Musikschaffenden eine Herausforderung darstellt aber zugleich auch ganz eigene Möglichkeiten bietet, schafft dafür den Raum. Mit seinen Orgeln (vgl. die Beiträge Ehses und Zerfass in diesem Band) sind zudem hervorragende und die Akustik des Raumes nutzende Voraussetzungen gegeben. Ein eigener

Abb. 127: Dompropst Tobias Schäfer und Kaplan Jiri Landa bei der Feier der Erstkommunion im Chorraum des Doms

Verein »Musik am Dom zu Worms e.V.« hat sich die finanzielle Förderung der Musik und Konzerte zur Aufgabe gemacht. Mitgetragen von diesem Verein findet jährlich die Reihe »Musik am Dom« mit unterschiedlichen Konzerten eine überregionale Beachtung. Gut besuchte Orgelkonzerte, aber auch Chorkonzerte mit geistlicher Musik finden beinahe monatlich statt. Dabei werden sowohl die eigenen Chöre wie das »collegium vocale« am Wormser Dom und der Domchor unter der Leitung des Domkantors wie auch auswärtige Künstler und Chöre einbezogen.

Dazu kommt die Einbindung in das Programm des »Kultursommers Rheinland-Pfalz« mit viel beachteten Reihen wie den »Kathedralklängen« und im Kulturprogramm der Stadt Worms etwa mit der seit 2011 regelmäßig stattfindenden Reihe »wunderhoeren – Tage alter Musik und Literatur«. Ziel dieser Reihe ist es, Musik des Mittelalters und der Renaissance in originalen mittelalterlichen Räumen erlebbar zu machen. Hier hat der Dom zu Worms längst seinen festen Platz im Programm.

Nach wie vor aber steht im Zentrum der Musica sacra am Wormser Dom die Gestaltung von Liturgie und Gottesdiensten. Die unterschiedlichen Chöre – der seit 1871 bestehende Domchor als gemischter Chor, das collegium vocale, das sich eher als Projektchor auch an herausfordernde Projekte wagt, die Choralschola, die den gregorianischen Choral pflegt, die Dombläser, die »Domband«, die Familiengottesdienste mitgestaltet und sich dabei vor allem dem Neuen Geistlichen Lied verpflichtet weiß, und schließlich ein – wenn auch kleiner – Kinderchor gestalten regelmäßig Gottesdienste und tragen vor allem an den liturgischen Hochfesten zur Feierlichkeit der Liturgie bei.

DIAKONISCHE PASTORAL

Worms ist eine Stadt, die auch soziale Brennpunkte kennt. Im Bereich der Pfarrgruppe Dom und St. Martin liegen etwa eine Obdachlosenherberge und bereits seit Jahren eine größere Unterkunft für Asylsuchende, aber auch das Haus der Kinder- und Jugendhilfe St. Marien mit seinen Wohngruppen für Kinder und Jugendliche aus oft defizitären häuslichen Verhältnissen gehören zum Pfarrgebiet. Die Lebensmittelmittelausgabe des in Worms von Caritas und Diakonie getragenen Vereins »Die Tafeln e. V.« befinden sich ebenfalls mitten in der Dompfarrei. In der sozialen Not von Menschen in der Stadt und Durchreisenden sieht die Gemeinde auch eine besondere Herausforderung für ihr Handeln als Kirche. Ein sehr reger Caritasverband mit seinen unterschiedlichen Einrichtungen macht hier diakonische Kirche sichtbar. Darüber hinaus aber bemüht sich die Gemeinde deutlich zu machen, dass sie ihre Aufgabe nicht nur in der Bewahrung des historischen Bauwerks Dom und seiner Erschließung für Besucher und Touristen sieht, sondern auch die aus lebendigen Steinen gebaute Kirche im Blick hat und hier vor allem die Sorge um die schwächsten Glieder der Gesellschaft. Die Martinsbörse, eine Kleidertauschbörse für Kinderkleidung, ist ein wichtiges Angebot der Gemeinden. Aber auch die bewusste Bereitstellung von Wohnraum für 15 Flüchtlinge im Liobahaus, unweit des Doms, in dem auch die Kindertagesstätte der Domgemeinde untergebracht ist. Hier fühlt sich die Gemeinde auch dem Beispiel ihrer großen Heiligen verpflichtet wie dem heiligen Nikolaus, dessen Verehrung am Wormser Dom mit der Schenkung einer Nikolausreliquie im Jahre 980 durch die Kaiserin Theophanu begann, oder dem heiligen Martinus, der in Worms vor Kaiser Julian seinen Militärdienst quittierte und über dessen Gefängnis der Überlieferung nach die St. Martinskirche in Worms errichtet wurde. An diesen Heiligen erinnert ein im Dom aufbewahrter Schlussstein aus dem abgebrochenen Kreuzgang bis heute.

Der Dom als liturgischer Raum, als Architektur, als kunstgeschichtlich bedeutender Ort, als Erinnerungsort für eine reiche Geschichte, vor allem aber als Ort der Gottesbegegnung prägt so auch heute die Gemeinde in ihrem liturgischen, pastoralen und diakonischen Tun. Er ist mehr als ein Kulturgut ersten Rangs. Er ist Haus Gottes und Haus der Gemeinde und so ein eindrucksvolles Zeugnis gelebten Glaubens durch eine bewegte und lange Geschichte bis heute.

Anmerkungen

1 Vgl. dazu Beitrag von Julian Hanschke, Die Wormser Johanneskirche – Ein zehneckiger Zentralbau aus der Ära Kaiser Friedrich I. Barbarossa. Neue Forschungen zu Baugestalt und Ikonologie auf der Basis originaler bildlicher Quellen des 18. und 19. Jahrhunderts, in: Der Wormsgau 33, 2017, S. 39–58.

2 Zur Problematik der Datierung der ersten Domweihe: Karl Josef Benz, Untersuchungen zur politischen Bedeutung der Kirchweihe unter Teilnahme der deutschen Herrscher im hohen Mittelalter (Regensburger Historische Forschungen Bd. 4), Kallmünz 1975, S. 153–158.

3 Vgl. hierzu und zum Folgenden: Dekret der Ritenkongregation »De titulo Basilicae Minoris« vom 6. Juni 1968: AAS 60 (1968), S. 536–539.

4 Tobias Schäfer, Heiliger Rupert: Bischof und Missionar zwischen Worms und Salzburg, in: Der Wormsgau 33, 2017, S. 59–66.

5 Tobias Schäfer, Habemus Papam. Eine Papstwahl in Worms, in: Heimatjahrbuch für die Stadt Worms, 12. Jg. 2016, S. 153–159.

6 Auszug aus dem Protokollbuch des Wormser Domchors, zit. nach: Wormser Domchor (Hg.), 125 Jahre Wormser Domchor 1871–1976. Chronik des Wormser Domchors, Mainz 1996, S. 9.

ANHANG

ZEITTAFEL

ab spätrömischer Zeit	Erste Hinweise auf Christen in Worms
614	Berthulf, der erste sicher bezeugte Bischof von Worms, weitere wichtige Bischöfe des 7. Jhs. Amandus und Rupert
1000–1025	Bischof Burchard I., Neubau des Domes in seinen heutigen Ausmaßen,
1005–1022	angenommene Gesamtbauzeit des Wormser Domes unter Bischof Burchard
1016, 29. Juni	Versammlung in der Baustelle des Doms unter Bischof Burchard
1018, 9. Juni	Weihe des 1. Doms im Beisein von Kaiser Heinrich II.
1020–1022	Einsturz und Reparatur des Westchors
1034	Nennung eines Hl. Kreuz Altars (Stiftung unter Bischof Azecho)
1058	Weihe der 1. Nikolauskapelle
etwa ab 1106	Erneuerung des Ostchores unter Heinrich V. (wohl 1086, † 23.5.1125)
1110	Weihehandlung im Beisein von Heinrich V.
1125–1181	Erneuerung des Doms in drei Abschnitten, begonnen unter Bischof Buggo † 1149, vollendet unter Bischof Konrad von Sternberg
1125/30–1144/45	Abschnitt I: mit Altarbereich und Querhaus
vor 1133	Juliana-Relief
1160/70	Abschnitt II: Errichtung Langhaus unter Bf. Konrad I. von Steinach
1170/71–1181	Abschnitt III: Westchor mit westlichem Kuppelturm und Rundtürmen
1181, 2. Mai	Gesamtweihe des Doms
nach 1184	Anbringung des Stadtprivilegs am Nordportal des Doms Vollendung der vier Rundtürme
1192	Grablegung Bf. Konrad II. von Sternberg (neben Burchard-Grab)
um 1300	Gotisches Südportal und Nikolauskapelle
ab 1484	Umbau und Anbau der Annen- und Georgskapelle
1484, 13. August	Grundsteinlegung zur Erneuerung des Kreuzgangs unter Bischof Johann von Dalberg
1486–1515	Entstehung der Kreuzgangreliefs, jetzt im nördlichen Seitenschiff

1689	Pfälzischer Erbfolgekrieg, Zerstörung der Stadt und starke Beschädigung des Domes
1738–1742	Barocker Hochaltar von Balthasar Neumann
1801/03	Auflösung des Bistums Worms, Dom zeitweilig profaniert, Worms gehört zum franz. Département Mont Tonnere; Aufgehen im Bistum Mainz
1806	Abriss der Taufkirche St. Johannis, auf Abbruch versteigert
1818/21	Abbruch des Domkreuzgangs
bis 1830	Abbruch des Kapitelhauses
1862	Dom wird zur Propsteikirche erhoben
1925	Erhebung des Doms zur Basilica minor durch Papst Pius XI.
1945, 21. Februar	starke Beschädigung, besonders der Dächer, durch Brandbomben im 2. Weltkrieg; sofortige Behebung der schlimmsten Schäden

RESTAURIERUNGSGESCHICHTE

1884	Sachverständigengutachten zur Notwendigkeit der Sanierung
1885	Große Domsanierung bis 1933 u.a.
1901–1906	Wiederherstellung des Westchors
1920–1932	Erneuerung der Nikolauskapelle
21. Februar 1945	Zerstörung der Domdächer durch Brandbomben im 2. Weltkrieg
1960–1967	Außenrestaurierung
1979–1982	Innenrenovierung
ab 2002	erneute Außenrestaurierung, beginnend am Westchor
2004/05	Restaurierung des Hochaltars

DIE BISCHÖFE VON WORMS

(Im ersten Jahrtausend sind die Amtszeiten der Bischöfe wegen der schwierigen Quellenlage nur annähernd anzugeben. Die genannten Jahreszahlen, gestützt auf urkundliche Erst- bzw. Letztbezeugung oder erschlossen aus anderen Quellen, dienen bis ins 11. Jahrhundert als Orientierung.)[1]

4. Jh.	Viktor (?)
614	Berhtulf
7. Jh.	Amandus (Stadt- und Bistumspatron)
um 670	Chrotold
696	Rupert (danach Bs. von Salzburg, gest. nach 716)
764–793	Ermbert
799–826	Bernhar
826–830/833	Folkuin
840–856	Samuel
858–875	Gunzo
876–888	Adalhelm
891–914	Thietlach
916–949	Richgowo
951–978	Anno
979–998	Hildibald
998 (?) –999	Franko
999	(Erpho)
999 (?)	(Razo)
1000–1025	Burchard
1025–1044	Azecho
1044	Adalger
1044–1065	Arnold
1065–1070	Adalbero
1070–1107	Adalbert [»Gegen«bischöfe: Thietmar, Winither, Ebbo, Konrad]
1085	Thietmar
1085 (?)–1088	Winither
1088–1090	Ebbo
1099–1101	Konrad
1116–1149	Buggo
1150–1171 (?)	Konrad »I.« (von Steinach)
1173–1192	Konrad »II.« (von Sterberg)
1192–1195	Heinrich
1196–1217	Lupold von Scheinfeld
1217–1234	Heinrich von Saarbrücken
1234–1247	Landolf von Hoheneck
1247	Konrad von Dürkheim
1247–1257	Richard von Daun
(1247) 1257–1277	Eberhard Raugraf
1277–1283	Friedrich Raugraf
1283–1291	Simon von Schöneck
1291 (?) –1293	Eberhard von Strahlenburg
1293–1299	Emicho Raugraf
1299–1303	Eberwin von Kronberg
1303/04–1318	Emicho von Schöneck
1318–1319	Heinrich von Daun
1319–1329	Cuno von Schöneck
1329–1359 (res.)	Salmann Cleman
(1329–1332	Gerlach Schenk zu Erbach)
1359–1365	Dietrich Beyer von Boppard (danach Bischof von Metz)
1365–1371	Johannes Schadland (danach Bischof von Augsburg)
1371–1405	Eckard von Ders

1 Auszug aus: Friedhelm Jürgensmeier (Hg.), Das Bistum Worms. Von der Römerzeit bis zur Auflösung 1801, Würzburg 1997.

1405–1410	Mathäus von Krakau
1410–1426	Johann von Fleckenstein
1426 (res.)	Eberhard von Stettenberg
1426–1445	Friedrich von Domneck
1445 (res.)	Ludwig von Ast
1445–1482	Reinhard von Sickingen
1482–1503	Johann Kämmerer von Worms, gen. von Dalberg
1503–1533	Reinhard von Rüppurr
1523 (res.)	Koadjutor Philipp von Flersheim
1524/33–1552	Pfalzgraf Heinrich
1552–1580	Dietrich von Bettendorf
1580–1595	Georg von Schönenburg
1595–1604	Philipp von Rodenstein
1604	Philipp Cratz von Scharfenstein
1604–1616	Wilhelm von Effern
1616–1629	Georg Friedrich Greiffenclau von Vollrads
1629–1652	Georg Anton von Rodenstein
1654/62–1663	Hugo Eberhard Cratz von Scharffenstein
1663–1673	Johann Philipp von Schönborn
1673–1675	Lothar Friedrich von Metternich–Burscheid
1675–1678	Damian Hartard von der Leyen
1679	Karl Heinrich von Metternich-Winneburg
1679–1683	Franz Emmerich Waldbott von Bassenheim
1683–1691	Johannes Karl von Franckenstein
1691–1694	Ludwig Anton von Pfalz-Neuburg
1694–1732	Franz Ludwig von Pfalz-Neuburg
1732–1756	Franz Georg von Schönborn
1756–1763	Johannes Friedrich Karl von Ostein
1763–1768	Johannes Philipp von Walderdorff
1768–1774	Emmerich Joseph von Breidbach-Bürresheim
1774–1802	Friedrich Karl Joseph von Erthal

MASSE IN METER (GERUNDET)

	Worms	Mainz	Speyer
Äußere Länge	111	116	134
Innere Länge	107	109	109 (ohne Vorhalle)
Länge Langhaus	57	53	70
Breite Langhaus, innen	25	32	34
Breite Mittelschiff, innen	12	14	14
Scheitelhöhe der Gewölbe	27	28	33
Höhe der Osttürme	57	55	72

BILDNACHWEISE

Titelbild, Abb. S. 4, Abb. 1, 11, 20, 22, 25, 26, 68–70, 73, 76, 77, 79–95, 107, 116, 118–121, 123–125, 127 Foto: Norbert Rau, Worms

Abb. 2, 21, 54 Verlag Schnell und Steiner, Foto: Roman von Götz, Dortmund

Abb. 3 (Neg. Füller M 02378_3), 56, 57 und 58 (an Urkunde Stadtarchiv Worms Abt.1 A II Nr. 84a), 59–62 (aus »Album der Stadt Worms 1890-92«, von der Preußischen Meßbildanstalt gefertigt, Digitalisate im Stadtarchiv Worms, StadtAWo Abt. 208, Nr. 29a), 63 (Neg. H 3531), 64 (Neg. Füller 10513_3), 65 (M 01037_1), 66 (M 01035_1), 67 (M 11891_1), 71 (Worms 2000) Stadtarchiv Worms Fotoabteilung

Abb. 4 ZEGK Heidelberg, Plangrundlage Becker/ Schulz (Becker Geo Info GmbH, Frankfurt), Bearbeitung: Lena Schulten

Abb. 5, 10 ZEGK Heidelberg, Foto: Lena Schulten; 6, 7 12–17 ZEGK Heidelberg, Foto: A. De Filippo; 8, 9, 31, 32, 34, 35 ZEGK Heidelberg, Foto: W.E. Keil

Abb. 18 College of Arts, University of Lincoln, Foto: Michele Luigi Vescovi

Abb. 19 Foto: Emilio Scoti, Mailand

Abb. 23, 44, 96 Foto: Klaus Baranenko+, Worms

Abb. 24 GDKE Landesamt für Denkmalpflege Foto: Ursula Rudischer, 110, 112–115 GDKE Direktion Landesmuseum Mainz, Foto: Ursula Rudischer

Abb. 28 Plan Clemens Kosch, Mainz; Ausführung: Olga Heilmann, Paderborn

Abb. 30, 33 Plan Hamm+Kowalesky (Jürgen Hamm, Worms), Umzeichnung: A. De Filippo

Abb. 36–42 Foto: Jürgen Hamm, Worms

Abb. 43, 78 Bistum Mainz, Foto: Torsten Hemke

Abb. 45–50 Kirchliche Denkmalpflege Bistum Mainz, Foto: Bunz+Bunz, Owingen

Abb. 51–53, 117 Kirchliche Denkmalpflege Bistum Mainz, Foto: Iris Uhrig, Alsheim

Abb. 55 Nürnberg Luftbild, Foto: Hajo Dietz

Abb. 97 a–d Landesmuseum Darmstadt, Foto: Wolfgang Fuhrmannek

Abb. 98 a–c Verlag Schnell und Steiner, Foto: Andreas Lechtape, Münster

Abb. 99 CC BY-SA 3.0, Foto: Willy Horsch

Abb. 108 CC BY-SA, Foto: Andreas Praefcke

Abb. 109 Foto: Meinrad von Engelberg, Darmstadt

Abb. 122 Bistum Mainz, Dom- und Diözesanarchiv Generalakten XXIV G. Glocken im Weltkrieg

Abb. 126 Bistum Mainz, Pressestelle Pontifikalamt Dom zu Worms, 28.1.2018

REPROS

Abb. 27 und 29 aus: Clemens Kosch, Die romanischen Dome von Mainz, Worms und Speyer. Architektur und Liturgie im Hochmittelalter (Große Kunstführer Bd. 259), Regensburg 2011, S. 38 und S. 56

Abb. 72 aus: Irene Spille, Worms, Dom St. Peter. (Schnell&Steiner Kunstführer Nr. 2513), 5.Aufl. Regensburg 2011, S. 48

Abb. 74 und 75 aus: Julian Hanschke, Die Wormser Johanneskirche, in: Der Wormsgau 33, 2017, S. 42 und 43 (Originale Historisches Museum der Pfalz, Speyer)

Abb. 100 Grundriss und Schnitt, 101 und 102 Vorentwürfe, 104 aus: Joachim Hotz, Balthasar Neumann Hochaltar im Wormser Dom, in: Der Wormsgau 6, 1963/64, Abb. 2 und 3, Abb. 4 und 5, Abb. 6

Abb. 103 aus: Martin Hürlimann, Rom in hundert Bildern. Zürich 1954, S. 133

Abb. 105 aus Joachim Glatz, St. Quintin, Mainz. DKV Kunstführer 2007, S. 15 (Nachlass Arens, Universität Regensburg)

Abb. 106 https://commons.wikimedia.org/wiki/File: Fulda_Dom_St._Salvator_%26_Bonifatius_Innen_Hochaltar_1

Abb. 111 aus: Ernst Wörner: KDM Kreis Worms 1887, Tafel 43

AUTORINNEN UND AUTOREN

Luzie Bratner, Kunsthistorikerin, Forschungsschwerpunkte: Skulptur des 17.–20. Jahrhunderts, angewandte Kunst, Mainzer Kunstgeschichte

Gerold Bönnen, Historiker, Leiter des Stadtarchivs Worms und des Jüdischen Museums Worms, Honorarprofessor Universität Heidelberg

Franz Brendle, Historiker, Apl. Professor FB Geschichtswissenschaft, Neuere Geschichte Universität Tübingen, Forschungsschwerpunkte: Reformations-und Konfessionsgeschichte

Rainer Cebulla, Dipl. Ing, Baubetreuung im Dezernat Bau- und Kunstwesen, Bistum Mainz

Aquilante De Filippo, Kunsthistoriker, Doktorand am ZEGK Heidelberg, Lehrkraft für besondere Aufgaben am Kunstgeschichtlichen Institut der Ruhr-Universität Bochum

Diana Ecker, Kunsthistorikerin, Konservatorin der Kirchlichen Denkmalpflege des Bistums Mainz

Sandra Ehses, Musikwissenschaftlerin und Musikpädagogin, Sängerin: Alte Musik in historischer Aufführungspraxis

Meinrad v. Engelberg, Kunsthistoriker, akademischer Rat am Fachbereich Architektur der TU Darmstadt. Forschungsschwerpunkte: barocke Kunst- und Architekturgeschichte Mitteleuropas

Wilfried E. Keil, Kunsthistoriker, ZEGK Universität Heidelberg. Forschungsschwerpunkte: mittelalterliche Architektur und Bauskulptur, Bautechnik, Inschriften

Peter Kohlgraf, Bischof von Mainz, zuvor Professor für Pastoraltheologie an der Katholischen Hochschule Mainz

Clemens Kosch, Kunsthistoriker und Liturgiewissenschaftler, Forschungsschwerpunkte: mittelalterliche Ordensbaukunst, Interdependenzen von Architektur/Bildender Kunst und Theologie/Kultgeschichte

Kardinal Karl Lehmann †, 1936–11. März 2018, Bischof von Mainz seit 1983, Kardinal seit 2001

Tobias Schäfer, Theologe und Priester, seit 2014 Propst am Dom zu Worms, Dekan des kath. Dekanates Worms, Ehrendomkapitular des Mainzer Domkapitels

Günter Schneider, Theologe, Glockensachverständiger im Bistum Mainz

Lena Schulten, Kunsthistorikerin, Forschungsschwerpunkte: Architektur des Mittelalters, Kulturtransfer zwischen Europa und Asien

Eduard Sebald, Kunsthistoriker, Leiter der Graphischen Sammlung und Abt. Kunsthandwerk, Landesmuseum Mainz. Forschungsschwerpunkte: mittelalterliche Architektur und Skulptur, Denkmalpflege, Comics

Irene Spille, Kunsthistorikerin, langjährige Denkmalpflegerin der Stadt Worms, Forschungsschwerpunkte: Baugeschichte und Wormser Kunstgeschichte

Stefan Weinfurter, Historiker, Professor für Mittelalterliche Geschichte, Direktor der Forschungsstelle Geschichte und kulturelles Erbe an der Universität Heidelberg

Matthias Untermann, Kunsthistoriker und Mittelalterarchäologe, Professor am Institut für Europäische Kunstgeschichte Heidelberg

Dethard von Winterfeld, Kunsthistoriker und Bauforscher, Professor em., Kunsthistorisches Institut der Universität Mainz

Dan Zerfaß, Domkantor Worms und Regionalkantor für das Bistum Mainz

Umschlagabbildung: Worms, Dom von Südosten gesehen

Redaktion: Felicitas Janson

Bibliografische Information der Deutschen Nationalbibliothek:
Die Deutsche Nationalbibliothek verzeichnet diese Publikation
in der Deutschen Nationalbibliografie; detaillierte bibliografische
Daten sind im Internet über http://dnb.dnb.de abrufbar.

1. Auflage 2018

Satz: typegerecht, Berlin
Druck: Grafisches Centrum Cuno GmbH & Co. KG, Calbe
ISBN 978-3-7954-3146-4

Weitere Informationen zum Verlagsprogramm erhalten Sie unter:
www.schnell-und-steiner.de